交通与运载工程学科：
前沿技术发展与科学问题
|第二册|

张　军　田红旗　侯　晓
　　　　严新平　王云鹏　总　主　编
赵祥模　史忠科　安毅生　执行总主编

　　　　田红旗　赵国堂　主　　编
高广军　林国斌　王　平　执行主编

人民交通出版社股份有限公司
北　京

内 容 提 要

本册主要阐述轨道交通与磁浮运载系统学科方向的科学问题，共分两篇：第一篇包括轨道交通规划设计与运营管理、轨道交通信息与控制、轨道交通安全与环境、线路基础设施设计与运维、机车车辆工程与系统动力学、轨道交通牵引与能源系统等方向问题；第二篇包括磁浮交通轨道与环境相容性、磁浮交通车辆及平稳性、磁浮交通悬浮导向及运行控制、磁浮交通牵引供电等方向问题。

本书可供轨道交通及磁浮运载系统领域科研人员以及相关专业高年级研究生工作学习参考。

图书在版编目（CIP）数据

交通与运载工程学科：前沿技术发展与科学问题.
第二册 / 田红旗，赵国堂主编. — 北京：人民交通出版社股份有限公司，2023.11
　　ISBN 978-7-114-18969-2

Ⅰ.①交⋯　Ⅱ.①田⋯②赵⋯　Ⅲ.①交通工程—文集　Ⅳ.①U491-53

中国国家版本馆 CIP 数据核字（2023）第 173415 号

Jiaotong yu Yunzai Gongcheng Xueke Qianyan Jishu Fazhan yu Kexue Wenti（Di-er Ce）

书　　名：	交通与运载工程学科：前沿技术发展与科学问题（第二册）
著　作　者：	田红旗　赵国堂
责任编辑：	刘永超　刘　彤　朱伟康
责任校对：	赵媛媛　龙　雪
责任印制：	张　凯
出版发行：	人民交通出版社股份有限公司
地　　址：	（100011）北京市朝阳区安定门外外馆斜街 3 号
网　　址：	http://www.ccpcl.com.cn
销售电话：	（010）59757973
总 经 销：	人民交通出版社股份有限公司发行部
经　　销：	各地新华书店
印　　刷：	北京印匠彩色印刷有限公司
开　　本：	787×1092　1/16
印　　张：	24.25
字　　数：	484 千
版　　次：	2023 年 11 月　第 1 版
印　　次：	2023 年 11 月　第 1 次印刷
书　　号：	ISBN 978-7-114-18969-2
定　　价：	140.00 元

（有印刷、装订质量问题的图书，由本公司负责调换）

咨询委员会
Consulting Committee

丁荣军　马　建　马福海　方守恩　田红旗　刘文杰　关积珍
孙逢春　杜彦良　闫晓波　严新平　李　骏　吴光辉　岑晏青
张　军　张进华　项昌乐　赵国堂　钟志华　姚俊臣　黄维和
翟婉明

（按姓氏笔画排序）

审定委员会
Review Committee

于登云　王云鹏　王志东　王殿海　史忠科　冯小香　孙逢春
向锦武　朱祖超　关积珍　刘　攀　严新平　李克强　杨晓光
杨绍普　张进华　张　宁　张来斌　张劲军　余卓平　余祖俊
金永兴　项昌乐　赵国堂　侯　晓　蒋先国　管　欣　翟婉明

（按姓氏笔画排序）

编写委员会
Editorial Committee

马志勋	计明军	王开云	王立文	王志东	王建强	王　萍
王震坡	冯小香	龙志强	龙　腾	皮大伟	石保禄	石晓辉
史忠科	安　晨	安毅生	刘占文	刘全民	刘　城	刘　辉
乔　栋	曲云腾	孙友刚	孙　剑	闫学东	朱祖超	陈　昊
陈　峻	来　飞	李玩幽	李　峰	李　霓	邵春福	邵　荃
宋国华	吴　兵	吴超仲	肖飞鹏	杨晓光	杨　敏	杨　磊
余荣杰	张代雨	张立军	张伟伟	张　洁	张　笛	金永兴
林国斌	林贵平	罗小明	周俊杰	赵祥模	赵　靖	费庆国
侯　磊	胡　笳	胡明华	姜　毅	高广军	高仕斌	高　亮
郭继峰	聂　磊	唐　涛	索　涛	徐志刚	殷国栋	梁永图
梁法春	董雷霆	鲁光泉	鲁植雄	曾国锋	路庆昌	蔡开泉
廖　绮						

（按姓氏笔画排序）

序
Preface

　　科学的发展本质就是不断地发现问题和解决问题的过程，也是科学内涵、科学规律和科学理论不断形成和增长的过程。科学问题的提出、确认和求解构成了科学发展的内生驱动力，也是开启未知世界的一把钥匙。爱因斯坦在《物理学的进化》中说："提出一个问题往往比解决一个问题更为重要。因为解决一个问题也许是一个数学上或实验上的技巧，而提出新的问题、新的可能性，从新的角度看旧问题，却需要创造性的想象力，并且标志着科学的真正进步。"1900 年，德国著名数学家希尔伯特在巴黎召开的国际数学家大会上提出了 23 个数学难题，激发了众多数学家的热情，引领了数学研究的方向，对数学发展产生了难以估量的影响。由此可见，科学问题的提出，尤其是系统、清晰的科学难题更能推动科学的真正进步。

　　一个国家基础科学研究的深度和广度，决定着这个国家原始创新的动力和活力。不断深入探究各个领域的基础科学难题，抢占科技创新发展先机，已经成为世界各大强国的普遍共识。21 世纪初，中国科学院编辑了《21 世纪 100 个交叉科学难题》，在宇宙起源、物质结构、生命起源和智力起源四大探索方向上提出和整理了 100 个科学难题，推动了我国科学技术的前进。2015 年，教育部、科学技术部、中国科学院和国家自然科学基金委员会联合编制《10000 个科学难题》系列丛书，归纳、整理和汇集了多个学科领域当时尚未解决的科学难题，引起了广大研究人员的高度关注。由中共中央、国务院发布的《国家创新驱动发展战略纲要》指出，科技创新是提高社会生产力和综合国力的战略支撑。科学技术部联合教育部、中国科学院、国家自然科学基金委员会共同制定的《"十三五"国家基础研究专项规划》指出"基础研究是整个科学体系的源头，是所有技术问题的总机关"，这再次强调了解决基础研究问题的重要作用。

在国家自然科学基金委员会工程与材料科学部的大力支持下，交通与运载工程学科紧密结合国内外科技和交通运输领域发展趋势，面向"交通强国"等国家重大战略，开展了学科科学问题征集活动，系统归纳、整理和汇集交通与运载工程学科目前尚未解决的科学问题。在这个过程中，回顾了交通与运载工程学科的发展历程，厘清了学科内涵与外延，明确了学科发展的重大需求，研判了学科未来发展趋势及新兴学科生长点。这项工作可启迪我国交通与运载工程的广大科研工作者，引导学科研究人员尤其是青年学者和研究生聚焦关键基础理论问题和"卡脖子"技术，从源头上解决科学难题，实现关键问题和核心技术的自立自强。这项工作对于加强本学科基础科学研究的导向作用，加速学科发展的理论创新与技术突破，响应国家战略、助力国家发展，具有十分重要的意义。

一、交通与运载工程学科发展与科学问题征集

在科学技术发展的进程中，衣食住行始终是人类赖以生存和发展的基础，而交通则是人类科技文明的重要标志。伴随着历次工业革命，汽车、火车、飞机、轮船、航天飞船等交通运载工具的发展极大地提高了人类生活质量、推动了科技进步。

交通行业的快速演变发展，在全球范围内有力地催生了交通运输工程学科的诞生。20世纪30年代，当汽车逐渐开始普及，美国、日本、欧洲等国家和地区以探索交通流运行规律为切入点，开始了交通工程研究。交通学科初期主要是应用科学原理和工程技术探讨有关减缓交通拥堵、保障交通安全的交通工程科学技术和方法等。20世纪60年代，随着电子信息和计算机科技的应用，开始开展交通信号控制、数据分析和交通规划与管理研究，并关注交通环境问题。70年代起，发达国家在大规模开展交通基础设施建设的同时，在交通工程领域引入系统工程理论与方法。80年代末，世界各地的交通问题再次呈现尖锐化的趋势，基于信息科技改善交通的智能交通运输系统被提出。

20世纪80年代以前，我国交通工程相关学科的发展相对滞后。伴随着改革开放，各类交通基础设施大规模建设，多种运载工具逐步实现自主研发制造。20世纪90年代，伴随着我国大规模交通基础设施建设以及城镇化、机动化进程的不断加快，交通学科进入快速发展时期。2019年，中共中央、国务院印发《交通强国建设纲要》,指明了新时代我国交通发展的战略方针。为积极响应"交通强国"国家战略,适应交通系统与运载工具变革及多学科交叉融合发展需要,2020年1月,国家自然科学基金委员会工程与材料科学部率先落实改革方案,遵循知识体系结构和逻辑演化规律及趋势,优化学科布局调整,设立了"交通与运载工程"学科。

2021年以来,为了解决我国交通与运载工程领域"卡脖子"技术背后的基础科学问题和关键技术难题,遵循"需求牵引、问题导向"原则,在国家自然科学基金委员会工程与材料科学部交通与运载工程学科处的指导下,交通与运载工程学科学术共同体发起倡议,在全国近140所相关高校、科研院所、国家级学会和行业学会开展了"交通与运载工程学科前沿技术发展与科学问题"(简称"科学问题百问")征集活动。此次征集活动历时两年,最终遴选出涵盖七大交通方式和八个二级学科领域的科学问题共557个,内容包括重大基础研究、前沿瓶颈研究、关键共性技术、颠覆性技术、"卡脖子"技术等多个类型。

二、交通与运载工程学科内涵与重大需求

"科学问题百问"的征集与编撰工作是解析当今科学技术飞速发展对交通与运载工程学科的影响机理,引领未来交通与运载工程学科发展的重要学术活动,其编目体系的科学性、系统性、可操作性对于顺利完成此项工作意义重大。编目体系的确立与学科内涵的挖掘和提炼紧密相关。在交通与运载工程学科处统筹安排下,借助学科发展论坛、青年学者论坛、广泛调研等多种形式,凝练出本学科的内涵为:交通与运载工程学科针对道路、轨道、水路、航空、航天、管道运输、作业运输、综合与新型交通等交通运输方式(体系),研究交通参与者、运载工具、交通设施、空间资源、环境与信息等要素构成的系统,及系统与各要素之间的相互作用和内在规律;研究系统的规划与设计、运行与控制、集成与匹配、运维与管养,实现各种交通运输方式和综合交通系统的安全、经济、高效、节能、环保。

"科学问题百问"的征集过程中,坚持"需求牵引、问题导向",重视引导专家学者瞄准制约我国交通与运载工程领域发展的基础理论和关键核心技术瓶颈提出科学问题。具体来讲,当前学科发展面临的科学难题主要来自以下一些方面：综合立体交通多网融合给综合运输服务品质、综合交通系统整体效能带来的挑战；变革性技术和第四次工业革命给交通行业带来的新问题与新挑战；新型交通运载体系与原创关键技术对交通与运载工程学科基础理论的挑战；地面运载工具的功能与性能测试评价理论与关键技术带来的挑战；资源约束条件下交通与运载工具的可持续发展问题等。

三、交通与运载工程学科未来趋势

通过对学科发展现状的调研、对学科发展方向的梳理和对科学难题演化趋势的研判，交通与运载工程学科的未来将呈现出技术集成、交叉融通等特征。本学科与材料科学、制造科学、电气科学、自动化与控制、信息科学与人工智能、土木建筑，以及经济与管理等学科高度交叉、深度融合，是以行业需求为牵引的技术科学学科，具有鲜明的工程应用特征。基于学科特征和战略发展趋势，交通与运载工程学科未来主要工作应强化基础科学和面向重大需求领域的共性难题研究，将立足国防安全、国家重大任务及行业发展的现实需求，加强顶层设计与战略布局；深度挖掘亟须解决的行业"卡脖子"难题与工程技术背后的科学问题；围绕学科基础理论与关键技术，增强重点及重大科学项目部署；加强多学科领域协同合作、交叉融通；加快研究成果落地应用，促进交通运输行业科技进步。基于学科未来多元发展方向，瞄准世界科技前沿，服务国家重大发展战略需求，交通与运载工程学科未来将着力于交通运输系统的高度智能网联化、数字交通基础设施推动的自动驾驶的车路系统、智能电动化运载工具的设计与控制、磁浮组网、智慧码头、军民融合的航空运输网络、空天飞行器可重复使用可靠性与寿命评估、管道关键装备自主研发、城市群综合交通网络协同规划设计与运行管控、临近空间飞行器等重点领域的基础理论和关键技术研究。

总而言之，挖掘学科研究难题，探明学科发展趋势，为交通与运载工程学科健康稳定发展奠定坚实的科学基础，促进交通与运载工程学科在支撑国家重大需求、产生原创性基础研究成果等方面做出应有的贡献是本书的初心和使命。本书是全国交通与运载工程广大科研工作者的集体智慧结晶，期盼此项工作能对我国交通与运载工程相关研究产生有益的引导，激发科研工作者探索未知、努力创新的研究热情，引导广大研究人员从源头上破解学科难题,有力支撑并引领我国交通与运载工程科技和学科的发展。

中国工程院机械与运载工程学部主任

2023 年 9 月 12 日

前 言
Foreword

新一轮科技革命深入发展,科学研究的范式和组织方式正在经历深刻变革,应对全球性挑战和满足国家经济社会高质量发展对源头创新的需求愈加迫切。党的二十大报告明确了实现高水平科技自立自强和加快建设科技强国的奋斗目标,提出了社会主义现代化建设对基础研究和核心关键技术创新的新任务新要求。

基础科学研究是创新的基石,科学问题的提出和解决是推动基础科学研究不断发展的源泉。2021年初,在国家自然科学基金委工程与材料科学部大力支持下,在交通与运载工程学科处的指导帮助下,依托科学基金专项项目,全国交通与运载工程学科有关高校、科研院所、国家级学会和行业协会共同发起了"交通与运载工程学科前沿技术发展与科学问题"(简称"科学问题百问")征集活动,旨在凝练交通与运载工程学科关键科学问题和国家重大工程中蕴含的科学技术难题。在整个科学问题百问征集过程中,始终坚持"需求牵引、问题导向",通过汇聚行业共识,夯实学科基础,激发科研人员从源头破解科学难题的热情,以促进交通与运载工程学科健康发展,有力支撑"交通强国"建设。

科学问题百问工作由长安大学和西北工业大学牵头,同济大学、清华大学、中南大学、武汉理工大学、东南大学、北京理工大学、中国石油大学(北京)、北京航空航天大学、中国铁道学会、中国汽车工程学会等高校和学会发挥了主力军作用,包括西南交通大学、北京交通大学、哈尔滨工业大学、重庆理工大学、浙江理工大学等在内的140个依托单位的4200余名专家学者积极参与编撰工作,实现了产学研用的有机结合,形成了全国交通与运载工程学科基础研究的强大合力。

科学问题百问工作自启动以来，完成了自下而上广泛征集和自上而下顶层设计查漏补缺两个阶段的工作。由领军学者掌舵把关，优秀学者亲力亲为，按照道路、轨道、水路、航空、航天、管道运输、作业运输、综合与新型交通等各交通运输方式进行顶层设计，综合考虑覆盖度、关联度、发展历程等因素，设计科学问题百问总体架构，对最初征集的812个科学问题，通过分类、合并、提炼，经层层筛选、螺旋递进，最终确定了557个科学问题。编委会邀请交通运输各领域的领军学者为本领域的科学问题撰写综述，"学史明理、展望未来"，梳理相关领域科学问题的前世今生，总结研究热点，预判未来发展趋势及新兴学科生长点。

全书共分五册：第一册包括道路交通篇和综合与新型交通系统篇，共108个科学问题；第二册包括轨道交通篇和磁浮运载系统篇，共74个科学问题；第三册包括水路交通篇和管道运输篇，共136个科学问题；第四册包括航空交通篇和航天运载工程篇，共131个科学问题；第五册包括地面运载工程篇和移动作业装备与作业工程篇，共108个科学问题。

科学问题百问征集、编撰、审稿全过程得到了国家自然科学基金委员会工程与材料科学部交通与运载工程学科处王之中主任的悉心指导和热情帮助，在此表示诚挚的感谢！在科学问题百问的征集、审定和成书过程中得到了张军院士、翟婉明院士、田红旗院士、侯晓院士、项昌乐院士、严新平院士、王云鹏院士、李克强院士、黄维和院士、陈志杰院士等战略科学家的指导，对他们的关心和帮助表达真诚的感谢！最后，我们代表本书编写组衷心感谢参加此项工作的全国交通与运载工程学科领域的专家学者及相关工作人员。

本书凝聚了全国交通与运载工程学科专家学者的智慧和心血，是国内外最新的对该学科领域科学问题较为全面的总结和凝练，期盼能对我国交通与运载工程广大学者的科学研究和技术创新产生有益启发，引导学科研究人员尤其是青年学者和研究生聚焦共性科学问题和"卡脖子"技术，从源头上解决科学难题，实现关键问题和核心技术的自立自强。希望本书能有力支撑我国交通与运载工程学科的发展，破解我国交通与运载工程行业在高质量发展中遇到的科学问题和技术难题，引领学科研究前沿，为我国"科技强国"和"交通强国"建设做出应有的贡献。作为交通与运载工程学科科学问题的初次探索,在科学问题征集和凝练过程中虽然努力涵盖各个方向,但难免存在疏漏,各个科学问题的内涵描述也不一定十分准确,希望广大读者批评指正,以便在再版更新时进行补充和修正。

《交通与运载工程学科:前沿技术发展与科学问题》编撰工作总召集人

2023 年 9 月 12 日

目录
Contents

第一篇 轨道交通

绪论 …………………………………………………………………… 003

第 1 章 轨道交通规划设计与运营管理 …………………………… 007

基于中转客流需求特征分析的列车接续方案优化 ………………… 008
需求响应的高速铁路柔性运行计划优化 …………………………… 012
复杂路网条件下高铁动态票价与座席分配一体化优化
理论与方法 …………………………………………………………… 016
基于行车调度的时速 400km + 高铁列车追踪间隔时间优化 ……… 019
高铁智能化运营条件下的能力综合利用理论与技术 ……………… 023
智能铁路运输流运行机制及管控一体运输组织理论 ……………… 028
"双循环"对铁路网运力资源配置影响机理及铁路通道
枢纽协调优化 ………………………………………………………… 032
智能铁路场站与枢纽设计优化理论及技术 ………………………… 036
大规模铁路网动态运能瓶颈产生机理和优化调控理论 …………… 040
无人化智能车站管控一体作业优化理论与方法 …………………… 044
城市轨道交通站区一体化空间规划及智慧管控关键技术 ………… 049
城市轨道交通装备运维数字孪生关键技术 ………………………… 053
都市圈轨道交通复合网络协同运营优化理论及方法 ……………… 057
超大规模多层次轨道客运服务网络动态演化与协同优化理论 …… 062
城市群模式下轨道交通出行规律与站群效能提升 ………………… 068
基于轨道交通的多层级多模式快速货运系统网络与协同运行 …… 071
重载铁路列车速度、密度、重量协同机理与运力优化配置方法 … 076

高原铁路工程建设物资运输组织与应急调度关键技术……………… 081

高原环境下铁路绿色运输理论与方法…………………………………… 085

第2章 轨道交通信息与控制 …………………………………………… 092

复杂环境下基于车-轨-云协调的列车自主定位感知方法研究 …… 093

高速铁路复杂环境下线路净空智能感知方法…………………………… 097

面向高速铁路可信车车通信理论方法…………………………………… 101

面向动态时空的列车安全防护控制方法………………………………… 105

面向虚拟连挂的列车调度指挥与优化控制方法研究………………… 110

快速重载货运列车安全运行协同控制关键理论与方法……………… 114

列车控制系统电磁兼容与电磁安全风险控制技术研究……………… 118

第3章 轨道交通安全与环境 …………………………………………… 123

铁路沿线风/沙/雨/雪/冰等恶劣环境致灾机理及抑控方法……… 125

更高速铁路隧道微气压波辐射机理和缓解……………………………… 131

列车运动火灾防控关键基础问题研究…………………………………… 135

轨道车辆客室空气品质控制与优化……………………………………… 139

铁路危险货物运输风险识别及安全保障基本理论与关键技术…… 144

超大规模地铁网络大客流风险主动识别及协同管控技术…………… 147

第4章 线路基础设施设计与运维 ……………………………………… 152

复杂环境轨道交通多目标综合智能选线………………………………… 154

复杂条件下无砟轨道长期服役性能演变与耐久性提升机理……… 160

超大跨径桥梁与轨道相互作用机理及建养策略……………………… 166

轨道交通环境振动噪声耦合机制及协同控制………………………… 170

复杂条件下高速铁路基础结构全寿命服役可靠性
及养护维修策略……………………………………………………………… 176

复杂自然灾害下铁路基础设施灾变机理与风险防控………………… 181

第5章 机车车辆工程与系统动力学 …………………………………… 187

近波速弓网作用机制及系统匹配………………………………………… 189

高速列车界面流动控制减阻机理………………………………………… 193

高速列车气动增阻机理与控制…………………………………………… 197

更高速列车振动噪声机理与控制 ·········· 201

重载列车制动安全及操纵策略 ·············· 206

列车乘坐舒适性综合评价及性能提升 ······ 211

高速列车服役性能劣化机理与控制方法 ···· 216

轨道车辆智能运维数字孪生系统理论与设计方法 ······ 221

第 6 章　轨道交通牵引与能源系统　227

轨道交通"车-图-网-线"协同优化的列车安全与节能运行 ······ 229

高功率密度永磁牵引电机轻量化设计方法 ······ 233

开放互通的轨道交通柔性牵引供电理论 ···· 238

轨道交通"网-源-储-车"交互作用机制与协同控制方法 ······ 243

时速 400km 及以上高速弓网关系 ·········· 248

轨道交通非接触供电理论 ···················· 252

深埋跨海峡牵引供电系统结构与可靠性 ···· 257

第二篇
磁浮运载系统

绪论 ······ 263

第 1 章　磁浮交通轨道与环境相容性　268

长期服役下影响磁浮平稳运行的轨道线形劣化规律及精度控制方法 ······ 269

高速磁浮交通网络关键节点高适应性列车换线系统设计、控制及可靠性研究 ······ 274

高速磁浮车内及沿线声振磁指标变化规律及抑制技术 ······ 278

超高速磁浮列车气动噪声 ···················· 283

第 2 章　磁浮交通车辆及平稳性　287

时速 600km 及以上高速磁浮列车紧急制动安全域理论与关键技术 ······ 288

EMS 磁浮车-钢梁耦合动力作用分析与试验研究 ······ 292

高速磁浮涡流制动电磁特性与感应板损耗研究 ······ 297

超导电动悬浮列车多场耦合下运行品质与减振控制 ······ 302

高速磁浮交通平稳性控制理论与优化方法研究……………… 307
　　超导磁浮磁轨不平顺管理及车辆运行平稳性研究…………… 311

第3章　磁浮交通悬浮导向及运行控制…………………… 316

　　高速运行条件下电磁悬浮控制系统的适应性问题研究……… 317
　　磁浮列车长期服役下的悬浮性能退化评估与在线恢复研究… 321
　　复杂环境下高速磁浮交通的系统稳定性及主动控制方法研究… 323
　　高速磁浮列车运行控制理论和关键技术研究………………… 327
　　高速磁浮系统车地综合通信理论和关键技术研究…………… 331

第4章　磁浮交通牵引供电……………………………………… 336

　　网络化高速磁浮交通系统的地面牵引设备高效控制技术
　　及优化配置方法……………………………………………… 337
　　高速磁浮列车非接触高效供电原理与关键技术……………… 341
　　高速磁浮长初级多相永磁直线同步电机驱动系统…………… 345
　　高速磁浮系统直线同步牵引电机优化与控制策略关键技术
　　研究…………………………………………………………… 351
　　高速磁浮列车悬浮牵引供电一体化基础理论与关键技术…… 357
　　电动式高速磁浮系统直线发电机的设计与阻尼特性研究…… 360

第一篇

轨 道 交 通

绪　　论

轨道交通是指高速铁路、普速铁路、城际铁路、重载铁路、城市轨道交通（含单轨交通、旅客自动输送系统 APM 等）等以固定轨道运行的系统，涉及机械、电气、软件、控制、空气动力、能源、环境、通信、电子、材料和服务管理等多学科、多专业和多技术门类。从全世界不同国家轨道交通发展历程来看，轨道交通系统不仅是国民经济的大动脉所在，也是维持城市功能运转的重要物质基础，更是综合交通体系中不可或缺的重要组成部分。

21 世纪以来，绿色、环保、智能、可持续等理念在世界范围内都逐渐深入人心，轨道交通系统固有的经济、快捷、便利、低碳等特征，都很好地契合了这些社会经济发展理念和需求，在拉动区域经济发展、助力"双碳"目标实现、优化城市空间结构、缓解城市道路拥堵等方面起到了重要作用。截至 2022 年底，我国铁路营业里程达 15.5 万 km（其中高速铁路营业里程达到 4.2 万 km），55 个城市开通城市轨道交通运营线路 308 条，运营线路总长度达 10287.45km。❶ 我国已是全世界铁路运营规模最大、运营制式最全的国家。同时，我国的轨道交通装备制造业，也已经成为自主创新程度最高、国际创新竞争力最强、产业带动效应最明显的高端装备制造行业之一。

轨道交通系统大致可以分为基础设施、动车组、通信信号、牵引供电、运营调度、旅客服务 6 个主要子系统，各子系统之间既自成体系，又相互关联、相互影响。尽管我国轨道交通技术体系已经处于世界领先国家行列，但是在信息与控制、安全与环境、列车车辆制造、基础设施建设与运维、牵引供电等方面，还有系列"卡脖子"关键核心技术亟待突破，同时在规划设计、运营管理等服务领域，与日本、英国、法国等轨道交通发达国家相比仍有较大差距。

根据中国国家铁路集团有限公司（以下简称国铁集团）发布的《新时代交通强国铁路先行规划纲要》，预计到 2035 年，将会实现全国铁路网 20 万 km 左右，其中高铁 7 万 km 左

---

❶ 香港、澳门特别行政区及台湾省统计数据未包括在内，后同。

右,20万以上人口城市实现铁路覆盖,50万以上人口城市实现高铁覆盖。同时,全国还有56个城市正在实施城市轨道交通建设规划线路6988km。人脸识别、自动驾驶、5G技术等一系列智慧化技术在高速铁路、城市轨道交通等领域的普遍应用,也向我们展现了智慧轨道交通的璀璨未来。

随着轨道交通的持续发展,这一庞大的系统工程也在不断出现新的内涵和要求。积极面向未来,与时俱进,主动创新,善于创新,突破阻碍高质量发展的系列科学技术关键难题,是我国轨道交通行业提升国际竞争力、更好服务国民经济发展的根本所在。

1 轨道交通与运载工程发展历程

1755年,世界上第一辆马拉火车出现;1804年,世界上第一台轮轨式蒸汽机车"新城堡号"诞生;1825年,世界上第一条商业运营的铁路——英国斯托克顿—达灵顿铁路建成通车,时速24km,开创了陆上运输新纪元;1863年,世界上第一条地铁在英国伦敦建成通车;1888年,第一条有轨电车系统在美国投入运用;1901年,德国西门子电力机车时速达到162km;1964年,日本开通运营世界首条高速铁路,时速200km;1981年,法国高速列车(Train a Grande Vitesse,TGV)在巴黎—里昂间运行速度达到270km/h;2002年底,上海磁悬浮正式启用,最高时速431km;2008年,我国和谐号(China Railways Highspeed,CRH)动车组在北京—天津间运行,最高时速350km。另外,轮轨列车和磁浮列车的试验运行时速更是分别超过400km和600km。总之,经过近270年的发展,轨道交通与运载工程已经发生了翻天覆地的变化。

在轨道交通规划设计与运营管理方面,由于在国情和管理模式等方面与铁路发达国家存在差异,我国逐渐形成了具有中国特色的轨道交通技术管理理论体系,国际班列运输组织、智能铁路运输组织、低碳绿色运输组织也在稳步发展。在轨道交通信息与控制方向上,从人骑马持信号旗的原始引导方式,发展到无人驾驶系统投入使用。在轨道交通安全与环境方向上,国内外也已展开了大量研究,针对自然风影响行车安全、噪声污染、自然资源保护等都开展了较为深入的研究。在线路基础设施设计与运维方向上,自1964年东海道新干线开通以来,原本逐渐衰落的传统铁路获得了新的生命力,并蓬勃发展至今。在机车车辆工程与系统动力学方向上,从世界第一台蒸汽机车诞生开始,到内燃机车、电力机车的出现,一直到现在高速铁路动车组的发展、磁悬浮列车的投入使用,列车运行的速度不断提升,列车的舒适度和安全性也得到了极大改善。在轨道交通牵引与能源系统方向上,1879年,柏林贸易展览会上展示第一条电气化铁道;1924年,苏联制成了一台电力传动内燃机车;2017年,世界首列商用型氢燃料电池有轨电车在中国工业旅游产业发展联合大会上载客运营。

轨道交通与运载工程的持续深化发展,不断影响和改变着人民群众的生产生活方式,并为国民经济发展和社会进步提供新动力。

2 轨道交通与运载工程发展现状和趋势

轨道交通与运载工程学科的研究方向主要包括规划设计、运营管理、信息与控制、安全与环境、线路基础设施、车辆工程、系统动力学、牵引与能源系统等领域,研究问题坚持服务"四个面向",重点围绕"交通强国"战略,聚焦运营管理"便利、可靠、融合"、载运工具"高速、绿色、可持续",努力打造轨道交通的"一张网"+"一条线"+"一列车"。

在轨道交通装备方向,未来应重点针对轨道交通信息控制和调速系统、车辆制造、线路建设和系统集成等关键技术开展研究,为轨道交通的广泛应用提供系统成套技术作为支持;在载运工具方向,重点对于无人驾驶的车地协同控制技术、3万吨级重载列车协同控制理论、CR450高速列车制动基础理论进行探索;在轨道交通基础设施方向,提高比重和优化结构是重点所在;在规划设计和运营管理方面,铁路网动态运能优化调控、基于"车-圈-网-线"的协同优化及柔性牵引供电技术、轨道网络动态演化与协同优化等,都是未来技术理论研究中的重要方向。

综合来看,高速、重载、融合和可持续,将是未来较长一段时间内轨道交通与运载工程学科研究工作中绕不开的主题,也是轨道交通与运载工程学科发展的大势所趋。

3 现有科学问题梳理

根据学科内涵、研究方向与问题属性,将轨道交通与运载工程学科的科学问题划分为6个栏目,分别是:轨道交通规划设计与运营管理、轨道交通信息与控制、轨道交通安全与环境、线路基础设施设计与运维、机车车辆工程与系统动力学、轨道交通牵引与能源系统。经过对轨道交通与运载工程领域的发展历史、发展现状以及未来方向的分析,收集整理了围绕轨道交通与运载工程学科的关键科学问题53个,并对各个科学问题的问题概况、研究背景以及研究进展进行了阐述。

"轨道交通规划设计与运营管理"主要研究高速铁路、普速铁路、城轨交通、多网轨道、高原重载铁路等五个领域的规划、设计与运营管理科学问题,未来轨道交通规划设计与运营管理将围绕双循环、低碳绿色、服务改进等目标,重点突破多式联运网络协同配置优化、旅客出行行为与服务网络设计、重载铁路列车运力优化、高铁枢纽布局及车站设计优化、城轨客运优化与智慧管控、运输流运行机制及管控一体、高速铁路运营优化与智能检修、铁路智能运输调度与智能车站调控、铁路绿色运输组织优化、集装箱联运一体化调控优化等所涉及的基础理论和关键技术。

"轨道交通信息与控制"主要研究的是轨道交通态势感知、列车防护控制、列车自动运行控制、轨道交通信息传输、列控系统电磁兼容、控制系统故障诊断、轨道交通系统测试验证等方面,未来将重点突破车-轨智能感知、高可靠移动信息传输、协同/编队控制、信息安全与测试验证等所涉及的基础理论和关键技术。

"轨道交通安全与环境"主要研究关于列车状态检测与健康管理、列车风险防控、轨道交通与环境耦合动力学、轨道交通噪声、轨道交通基础设施灾变防控、轨道交通环境安全防护、轨道交通应急管理、轨道交通空气动力与环境等方面的内容,未来将重点突破自然环境下的列车行车安全、列车火灾防控及客室空气优化、铁路货车特种货物运输安全、城轨安全防控等方面所涉及的基础理论及关键技术。

"线路基础设施设计与运维"主要研究轨道交通选线设计、轨道结构设计、轨道基础结构设计、轨道系统动力学、轨道交通基础振动、轨道交通供电系统设计等,未来将重点突破轨道交通基础设施减振降噪、多目标综合智能选线、基础设施全寿命周期安全评估及防灾减灾、轨道基础设施安全服役性能等所涉及的基础理论及关键技术。

"机车车辆工程与系统动力学"主要研究轨道车辆系统动力学、车辆结构振动与动强度、列车纵向动力学、列车碰撞动力学、弓网系统动力学、列车空气动力学和车线耦合动力学等,未来将重点突破设计阶段列车的性能匹配和性能提升,以及运营阶段列车的性能保持与性能维护等所涉及的基础理论及关键技术。

"轨道交通牵引与能源系统"主要研究轨道交通能源供给、轨道交通牵引供电系统、轨道交通受流系统、轨道交通供电自动化、列车牵引传动、列车制动能量控制、轨道交通过电压防护等,未来将重点突破既有系统能力保持、轨道交通节能减碳、未来/新型系统前沿、特殊环境下系统适应性等所涉及的基础理论及关键技术。

第1章 轨道交通规划设计与运营管理

轨道交通运营管理科学,是以运输为中心,对轨道交通系统全生命周期各个阶段进行全面、系统、科学的规划管理,创造运输系统的时间效用和空间效用的科学。轨道交通运营管理科学具有交叉学科属性和很强的综合性和实践性特征,其内涵与研究主题与时俱进。

由于特殊的国情和发展背景,我国在高速铁路网规划和网络化运输组织、大运量高强度产运销一体的重载运输技术与管理的综合集成、多年冻土/生态脆弱/环境恶劣的高原高寒铁路运输/环境/安全和健康协同管理模式等方面有很多创新与实践,形成异军突起、努力赶超和逐步引领的新格局。但在交通运营基础科学和交通行为内在机理方面的基础研究仍落后于欧美国家,对市场化条件下的运输降本提质、结构调整和环境改善的关注相对不足,对绿色综合交通体系发展规划的研究尚需进一步深化。

轨道交通系统可以抽象为一个承载人流、物流的交通流移动的广域拓扑网络。由基础设施构成的物理网络、由物理网络上有组织的交通流构成的服务网络(简称交通网络)、支撑交通网络运行的信息网络和能源网络叠加形成的复杂网络系统。四个网络协同演化的微观机理和宏观表现,构成轨道交通规划运营管理的复杂性。科学问题主要体现在以下方面:

(1)深化轨道交通基础理论研究。对复杂交通行为特殊机理的认识深化,在微观层面,包括对客货交通行为的特征及内在机理、运载工具移动变化及影响范围的微观机理、交通流的随机有控与有控随机现象相互转化机理、能力瓶颈形成与转移机理的深化探索。在中观层面,包括流、网互动的运网能力计算、利用、加强理论,"双碳"目标导向的、高新技术支撑的、网络化条件下的普速、高速、重载和高原铁路的交通流理论。在宏观层面,包括市场经济条件下客货运输需求的生成、发展、分布和交流的规律,构建国际国内双循环新格局下产业链、物流链、供应链、价值链的关联互动等。主要难点在于对轨道交通复杂系统内外因素交互、外部影响和动态演变机理特殊性认识把握的深度和广度。

（2）推进面向综合交通运输体系的轨道交通规划、设计、运营和可持续发展研究。基于铁路在我国综合交通体系规划中的主体架构作用，研究经济、社会发展与能源、环境、生态制约的运输方式竞合关系与结构演化，综合运输体系规划、运输布局规划理论与决策，网络化运营资源配置和运输产品设计，轨道交通主导与配合的综合运输枢纽规划与设计，旅客联程运输、货物运多式联运的组织与管理现代化，综合交通运输发展政策研究等。主要难点在于对新的发展环境下运输方式竞合关系与结构演化的认识与把握，以充分体现综合交通运输体系发展的协同、管理的协调和运营的协作。

（3）创新高新技术支撑的轨道交通系统建模和协同优化理论方法研究。内容包括数据驱动和场景分析相结合的科学建模和深度仿真等基础理论和方法，先进信息、控制、决策技术支持的调度平台集成与应用设计，以泛在感知、物联网、车联网、区块链等先进技术支撑的无人化场站的作业组织，基于全寿命周期的运营与设备设施维护一体化管理技术等。主要难点在于选择和综合应用先进技术方法，辅助系统分析与优化系统设计。

（4）强化轨道交通运输组织方式与应用的新技术研究。内容包括强化高新技术应用的冷藏、危险、阔大等特种货物专门化运输技术中的安全监控、质量保证、环境保护、风险管控、应急管理技术，新型货物快捷运输系统建设与管理技术中的节点规划、产品设计、场站改造和运输组织创新，城市轨道交通提高运输能力、强化运行秩序的列车虚拟编组技术的运输组织，努力攻克压缩高铁列车追踪间隔时间的技术难点，进一步研究高铁和普铁双网协同的列车开行方案和列车运行图编制的优化技术方法等。主要难点在于认识把握轨道交通运营管理问题具有流网耦合、动态演化、海量规模等复杂特点，战略政策目标导向的抽象数学建模，优化求解技术和选择仿真实验方法，攻克运输组织中的 NP 难题。

基于以上分析，共提炼出高铁类、普速类、城轨类、多网类、高原重载类 5 个领域 19 个科学问题。科学问题体现了绿色、低碳、可持续发展战略的政策导向要求，服务国民经济主战场的数字化、网络化、智能化、国际化应用等现实发展需求。

基于中转客流需求特征分析的列车接续方案优化

Train connection plan optimization based on the analysis of transfer demand characteristics

1　科学问题概述

截至 2022 年底，我国铁路营业里程达到 15.5 万 km，其中高速铁路营业里程达到 4.2

万 km,高速铁路对百万人口以上城市覆盖率超过 95%,高速铁路的客流 OD 不断增加。从国内运营经验分析,直达服务是有限的,必然存在大量的潜在中转换乘客流需求,并且随着高铁网的不断拓展,这些需求还将持续增长。因此,提高中转换乘旅客服务效率是提升我国高铁服务水平的重要内容。

然而,多年来我国铁路客流输送方式以"直达服务"为主,对于"中转换乘服务"采用"粗放式"的组织与管理方式,"快速直达"与"高效中转"相结合的客流输送模式推广缓慢,由此导致现实中,旅客中转运输服务仍处于低效运行阶段。为了切实解决中转换乘旅客服务低效性的问题,需要探索以下科学问题:

(1)揭示中转换乘客流演变规律与精细化出行需求特征。传统研究所掌握的客流信息难以满足列车接续方案精细化设计要求,亟待系统研究中转换乘客流更精细粒度的时空分布、层次结构等特征,探索个体的出行决策机理,并揭示高速铁路成网条件下旅客中转换乘需求生成及演变规律。

(2)探究直达与中转换乘模式组合与客流需求的相互影响机理。路网中巨量 OD 之间的直达、中转、直达结合中转的服务模式组合复杂,与客流需求之间相互影响,提出中转换乘模式必要性与适用性论证理论方法。

(3)揭示列车间不确定性约束规模及范围对直达与中转方案优化模型及求解复杂度的影响。大规模成网运营的复杂性带来列车间约束的不确定性,使得列车接续方案编制问题模型与求解复杂度显著增加,将面临网络优化的全局性要求和合理控制解空间规模的有效性要求双重挑战。故需揭示列车间不确定性约束规模及范围对模型及求解复杂度的影响,为大规模路网条件下的列车接续方案建模的复杂度控制与高效算法的设计提供科学依据,支撑从理论研究到应用可行。

此外,由于铁路系统的复杂程度显著高于公交、地铁等城市交通系统(如客流特征的复杂性、需求分布的差异性、开行方案的强异质性等),以上科学问题的解决对于城市交通系统内部以及系统间高效协同、精准换乘目标的实现具有很强的借鉴意义。

2 科学问题背景

随着我国高铁运营里程的快速增长、客流需求总量快速增加,以"直达服务"为主的客流输送模式越来越难以满足日益增长的客流需求。大量客流 OD 需要通过中转换乘完成出行。当前,即使 OD 间有直达列车,服务频率也不高,因此,优化中转换乘方案也有助于提高 OD 之间的总体列车服务频率,进一步激发客流量增长。精准把握中转换乘客流特征、设计高效中转的列车接续方案对于我国高铁服务水平的提升具有十分重要的意义,然而理论研究与运营实践中仍存在诸多不足,具体如下:

(1)对中转换乘客流特征研究的缺乏,从源头上成为了制约中转客流服务水平提升的症结。我国高速铁路快速成网,对中转换乘客流缺少长时间系统化的数据积累与精细化的客流需求分析方法,制约了更精细化的列车接续方案编制,影响了中转客流组织工作的开展。

（2）尚未形成一套系统的列车接续方案编制理论方法,限制了我国中转换乘服务效率的提升空间。实践层面,目前已开通约50个便捷换乘的高铁站,铁路12306客票系统在2017年就开通了换乘接续查询与票务预定功能,但列车接续方案的生成是基于编制好的列车时刻表,列车之间接续关系的形成带有一定随机性,因此中转服务效率降低。由于缺乏列车接续方案的系统性指导,中转服务效率的进一步提升受限,中转换乘配套的软、硬件设施服务效能难以充分发挥。

（3）运力资源优化瓶颈难以突破,迫切需要发掘中转换乘服务潜力。我国长期以来实施基于"非周期"的列车运营组织模式与"直达为主"的客流输送方式,越来越难以满足日益增长的旅客出行需求。同时,由于直达服务覆盖的客流OD十分有限,且受我国繁忙干线运输能力瓶颈限制,进一步提高直达服务水平存在困难。为应对日益增长的客流需求与日趋紧张的干线通过能力间的矛盾,需要配合路网列车接续方案,创新性地发掘换乘服务潜力,使得高铁出行服务供给从"直达为主"向"直达+高效中转"转变。

3 科学问题研究进展

针对旅客换乘与列车接续优化问题,国外学者已经做了大量研究,研究内容更侧重于周期性列车运行图稳定性、晚点条件列车接续的调整方法、列车接续查询系统的研究等方面,并且列车接续已经在欧洲铁路的实际运营中取得较好效果。为保证换乘客流的服务质量,列车接续是欧洲铁路在周期性列车运行图编制阶段普遍考虑的因素。欧洲铁路的列车接续方案是在长期的市场运营与列车运行图调整中逐步明确的;我国高速铁路快速成网,尚未采用周期性列车运行图,短时间内很难通过市场运营形成一套符合我国高速铁路换乘需求的列车接续关系,且我国高速铁路车站的换乘组织模式与欧洲车站换乘组织模式存在差异,导致欧洲铁路的列车接续模式难以完全适应我国高速铁路的运营特点。

我国学者对列车接续方案的研究侧重于不同速度等级线路的跨线客流组织、接续枢纽的旅客换乘组织、轨道交通列车时刻表协调优化、轨道交通早末班列车接续组织、列车接续服务评价等方面,针对高速铁路网的列车接续方案研究尚处于起步阶段,缺乏系统研究。城市轨道交通的列车接续特点与干线铁路的列车接续方案有较大差异,主要体现在列车起讫点少、停站方案单一、各条线路独立运营,列车接续侧重于线路之间的列车到发时间接续,列车接续关系较为简单。我国高速铁路网络化运营、列车起讫点多、停站模式复杂且开行大量跨线列车,列车之间可能存在的接续关系多,导致轨道交通的列车接续方案编制理论也不能完全适应我国高速铁路的列车接续方案编制。

根据国内外学者的研究现状并结合我国高速铁路实际运营特点,总结列车接续方案研究领域存在的问题或需要加强的研究内容,主要有以下几个方面。

3.1 对我国高速铁路中转客流需求特征与变化规律把握不足

预测客流时,我国学者侧重预测铁路线路的总客流量、区段客流密度、OD客流量等,需要进一步结合可能开行的列车起讫点、停站方案等因素从全网角度分析我国高速铁路中转客流的规模及结构。

3.2 需要进一步明确列车接续方案的内涵及编制流程

虽然部分学者对列车接续方案做了研究,但研究内容往往局限于单一角度,列车接续方案的构成要素不够清晰,缺乏一套从列车开行方案到列车运行图的编制流程,需要进一步完善列车接续方案的内涵并构建一套适合我国高速铁路特点的列车接续方案编制流程。

3.3 缺乏基于大规模不确定性接续约束的列车运行图编制方法

传统的列车运行图编制模型在调整列车接续时会导致模型不断重构,增加了周期性列车运行图编制难度,且调整列车接续时还会影响换乘客流的接续服务质量,所以需要进一步研究列车接续不确定条件下、考虑换乘客流接续服务质量的周期性列车运行图编制模型。

3.4 列车运行图反馈调整列车接续方案的理论研究缺乏

国内外学者对列车接续方案与列车运行图的研究一般为单向研究,即设置列车接续约束、编制列车运行图,根据列车运行图编制结果反馈调整列车接续的理论研究有待加强。

主要参考文献

[1] Liebchen C. The First Optimized Railway Timetable in Practice[J]. Transportation Science,2008,42(4):420-435.

[2] Wong R C W,Yuen T W Y,Fung K W,et al. Optimizing Timetable Synchronization for Rail Mass Transit[J]. Transportation Science,2008,42(1):57-69.

[3] Kroon L G,Peeters L W P,Wagenaar J C. Flexible Connections in PESP Models for Cyclic Passenger Railway Timetabling[J]. Transportation Science,2013,48(1):136-154.

[4] 郭根材.高速铁路周期性列车接续方案编制理论与方法[D].北京:北京交通大

学,2015.

[5] 郭根材,聂磊,佟璐.高速铁路网周期性列车运行图接续约束生成模型[J].铁道学报,2015,37(8):1-7.

[6] Ibarra-Rojas O J, López-Irarragorri F, Rios-Solis Y A. Multiperiod Bus Timetabling[J]. Transportation Science,2016,50(3):805-822.

[7] Kang L,Wu J,Sun H,et al. A Case Study on the Coordination of Last Trains for the Beijing Subway Network[J]. Transportation Research Part B,2015,72:112-127.

[8] 郭根材,聂磊,佟璐,等.基于备选列车接续的周期性列车运行图编制模型研究[J].铁道学报,2016,38(8):8-15.

[9] Chen Y,Mao B,Bai Y,et al. Timetable Synchronization of Last Trains for Urban Rail Networks with Maximum Accessibility[J]. Transportation Research Part C,2019,99:110-129.

[10] 李天琦,聂磊,谭宇燕.基于换乘接续优化的高铁周期性列车运行图编制研究[J].铁道学报,2019,41(3):10-19.

撰稿人:聂磊(北京交通大学)

需求响应的高速铁路柔性运行计划优化

Optimization of demand responsive flexible operation schedule for high speed railway

1 科学问题概述

我国高速铁路路网规模和技术装备水平在世界处于领先地位。截至2022年底,我国高速铁路营业里程达到4.2万km,总里程占世界的三分之二以上。然而,与先进的装备相比,配套的运营技术始终与普速铁路相同,高铁运营网络中"一票难求"和"运力虚糜"同时存在,无法很好地满足旅客运输需求,尽管有庞大的客运市场,但高速铁路尚未完全发挥其优势。这一问题背后的深层次原因是大规模高速铁路网络上动态不确定需求与运力资源的匹配机制尚不清楚,具体来说就是:网络上运输需求具有一定的波动性和随机性,而旅客需求与运输供给双方信息缺乏对称,动态运输需求一直不被运输企业准确及时地预测,粗粒度、低精度的需求预测使运输资源配置无法匹配动态随机的需求,造成运力不足。因此,必须突破基于预测的固定运输计划范式,才有可能从根本上解决这一问题。新一代信息技术的发展为解决这一问题提供了新的思路,即设计具有可变列车运行径路、编组、停站、时刻等的高速铁路柔性运行计划,并通过需求响应机制在生产过程中动态收集旅客需求和配置运力,滚动形成刚性计划,最终实现供需匹配的新范式。这一范式下,高速铁路柔性运行计划的优化将成为解决这一问题的突破口。新范式形成之前必须要解决一系列关键基础科学问题,例如:适合柔性的高速铁路运输组织模式究竟是什么样的? 从信息不对称到部分信息对称条件后高速铁路旅客行为究竟会发生什么样的变化? 如何根据预约需求和随机需求配置运力资源? 图定列车和需求响应型列车共存条件下大规模高速铁路网络运行计划如何优化?

2 科学问题背景

长期以来,我国铁路客运系统一直沿用规划型的运输组织模式,即通过预测一定时期的客运需求,并根据这一预测需求分阶段编制列车开行方案、列车运行图、车底运用计划、乘务计划等,尽可能实现运力配置与预测需求的匹配。然而,由于运输需求具有一定的波动性和随机性,同时收集信息并预测反馈本身需要较长时间,动态运输需求一直不被运输企业准确及时地掌握。为了缓解这一问题,在实际生产过程中,我国铁路经历了"一年一调图""一季一图"再到"一日一图"三个阶段。目前,铁路部门通过每季度花费大量人力物力集中调图,形成基本图框架。在此基础上,日常运营中通过调度命令进行适当抽线,响应运输需求和供给端的变化。这种做法存在如下问题:首先,通过压缩调图周期,并不能从根本上解决供需信息不对称问题;其次,基本图框架为"满图",用这一固定框架去套千变万化的日常需求,无法实现运力精准匹配;最后,现有每个季度调图耗费大量人力物力,依靠现有手段,已经无法进一步压缩调图周期。如果这一问题不解决,将导致巨量的运力浪费,每列动车组的价格近 2 亿元人民币,如果因为供需匹配问题出现 10 列运力不足,将导致 20 亿资产流失。此外,额外的运营人员费用、能耗费用、维修费用等更是加剧了这一问题。为了更好地响应旅客出行需求,我国铁路运输企业一直不懈努力,希望通过新型运输组织模式,使得动态变化的客流能够及时、精准地体现在列车运行图上。

近年来,需求响应型交通逐渐成为国际上学术界的研究热点,在高速公路、城市公共交通等多个交通领域都已开展了一些关于需求响应型出行方面的研究。需求响应型运输组织模式的提出为动态匹配旅客需求和运输能力提供了重要的思路,其核心机理是改善供需双方信息不对称的问题。通过互联网手段,预约系统将旅客的出行需求信息及时呈现到铁路运输企业面前,铁路运输企业快速做出响应,将无序出行变为有序出行,并从中实现资源更有效的配置。在新的组织模式下,列车运行计划不再是刚性不变的,而是根据预约系统中不同弹性的旅客需求动态生成的,或称为柔性列车运行计划基础上刚性化。高速铁路柔性运行计划研究有望揭示信息部分对称条件下高速铁路旅客对客运产品选择行为特征及分布规律,最终实现大规模网络上不同客运产品与多粒度需求的最优化匹配,大幅度降低运输成本、提升运营效率,彻底解决大规模高速铁路网络上不确定性动态需求与运力资源的匹配难题。

3 科学问题研究进展

目前,有关高速铁路柔性计划优化的研究较少,相关基础理论主要涉及运输需求侧优化、供给侧优化以及二者协同优化三方面的问题:在需求侧,国内外研究主要集中在旅客对产品的选择行为以及旅客席位控制两个方面。相关研究主要是在研究包括旅客收入、费用类型、出行距离、票价率和旅行时间等因素对旅客的选择行为影响的基础上,进行供需不对称条件下的席位控制,方式主要包括两种,一是基于用户均衡的票额分配计划制定方法,二是通过差别定价实现弹性用户需求的引导。在供给侧,主要研究包括仅考虑生产端的运输组织问题、基于动态需求的运输组织问题。这两类问题横向又可以分为周期性组织问题和非周期性组织问题。在供给侧与需求侧协同优化方面的初步探索主要集中在城市道路交通和城市轨道交通方面,通过协同限流和运输组织优化,提高轨道交通服务水平。

与高速铁路形成鲜明的对比的是,城市交通领域供需协同优化已经成为一项显著的趋势,以出行即服务(Mobility as a Service,MaaS)为代表的出行服务理论正在突破传统范式,为提高供给侧效率和需求侧服务水平提供了重要的方向。然而,高铁点多、线长、面广、需求复杂、容量庞大、计划性强,这些特点都限制了出行服务在高铁上的应用。

综上,国内外学者围绕需求侧的需求控制问题、供给侧的运输组织问题、供给侧与需求侧协同优化调整等问题从不同维度展开了研究,取得了一定的成果,但所有研究均未突破基于预测进行运行计划优化这一传统范式,尚没有高速铁路柔性运行计划方面的研究。建立需求响应的高速铁路柔性运行计划优化方法与理论体系,必须要解决如下关键难题。

3.1 柔性条件下高速铁路运输组织范式

既有的运输组织理论是与既有的运输生产力布局和生产关系相配合建立起来的,需求响应虽在城市交通广泛应用,但对于大运量、长距离、计划性强的高速铁路,如何建立一套与柔性运行计划相适应的新范式,是这一问题的基础性科学问题。涉及新模式下旅客和企业的新收益、成本函数的刻画及动态博弈关系,具有高度复杂性。

3.2 信息部分对称条件下高速铁路旅客选择行为机理

需要解决的核心问题是揭示从原来信息不对称条件(运输企业不掌握具体的旅客出行需求弹性),到部分信息对称条件下(部分需求由旅客通过预约系统提出)旅客选择行为变化问题。其难点是目前需求响应型列车尚未大规模开行,必须找到科学严谨的论证方法。

3.3 超大规模个性化客运需求管控与运力资源配置一体化优化建模

即使是不考虑个性化需求的运行图编制问题已经是超大规模问题,如果考虑大规模预约需求逐一匹配到客运产品将更容易产生组合爆炸,难以直接求解。如何通过科学地设计问题分解框架并有效求解,是解决这一问题的难点,也是解决这一问题的关键。

城市交通中出行即服务理论的初步研究和实践已经为解决类似问题提供了原型参考。面对大运量、高速度的高速铁路网络,柔性运行计划的研究将为解决大规模高铁网络上的供需匹配核心问题提供颠覆性的解决方案,因此,相关基础研究必须先行。

主要参考文献

[1] 温念慈,王文宪,倪少权,等. 成渝高速铁路旅客客运产品选择行为研究[J]. 铁道科学与工程学报,2017,14(5):14-20.

[2] 史峰,陈彦,周文梁,等. 基于用户平衡分析的铁路旅客列车票额分配计划制定及评价方法[J]. 中国铁道科学,2008,29(6):98-103.

[3] 赵鹏,宋文波,李璐. 考虑旅客出行选择的高速铁路差别定价[J]. 铁道学报,2021,43(3):18-24.

[4] Cadarso L, Marín A. Robust Rolling Stock in Rapid Transit Networks[J]. Computers & Operations Research,2011,38(8):1131-1142.

[5] Niu H, Zhou X, Gao R. Train Scheduling for Minimizing Passenger Waiting Time with Time-Dependent Demand and Skip-Stop Patterns: Nonlinear Integer Programming Models with Linear Constraints[J]. Transportation Research Part B: Methodological,2015,76(6):117-135.

[6] Yin Y, Li D, Bešinović N, et al. Hybrid Demand-Driven and Cyclic Timetabling Considering Rolling Stock Circulation for a Bidirectional Railway Line[J]. Computer-Aided Civil and Infrastructure Engineering,2018,34(2):164-187.

[7] Xu X, Li C, Xu Z. Train Timetabling with Stop-Skipping, Passenger Flow, and Platform Choice Considerations[J]. Transportation Research Part B: Methodological,2021,150(8):52-74.

[8] Shi J, Yang L, Yang J, et al. Service-Oriented Train Timetabling with Collaborative Passenger Flow Control on an Oversaturated Metro Line: An Integer Linear Optimization Approach[J]. Transportation Research Part B: Methodological,2018,110(4):26-59.

[9] Robenek, T, Azadeh S S, Maknoon Y, et al. Train Timetable Design Under Elastic Passenger Demand[J]. Transportation Research Part B：Methodological, 2018, 111(5)：19-38.

撰稿人：李得伟（北京交通大学）

复杂路网条件下高铁动态票价与座席分配一体化优化理论与方法
Theory and method of integrated optimization of dynamic pricing and seat allocation in complex high-speed railway network

1 科学问题概述

2015年开始，国家将铁路行业列为推进价格机制改革重点领域，并赋予高铁自主定价权。但由于不同国情和商业机密，定价策略无法直接借鉴航空企业和国外高铁企业的相关技术，国内外既有研究成果也无法解决实际规模问题。为了响应《交通强国建设纲要》中关于建设"人民满意度明显提高""治理能力现代化"交通运输体系的重大需求，助力铁路行业可持续发展，亟须构建科学的高铁票价定价决策方法体系，探索我国高铁市场的旅客出行需求规律和票价优化策略，以实现提高企业收益、提升服务水平、促进市场竞争和方便旅客出行等目标。

高铁动态票价与座席分配一体化优化问题可以表述为：给定高铁列车运行图，即确定列车的起讫点、中间停站、旅行时间、定员，在满足列车定员和定价政策的约束下，基于旅客购票选择行为，求解在各个预售阶段列车服务高铁网络中不同OD的最优票价及席位分配数量，使得总客票收入最大化。由于实际运营中路网环境复杂且规模较大，同时高铁列车运营具有单列车服务多OD对和多列车服务同一OD对的特征，因此，高铁客票定价和席位分配综合优化问题的决策空间巨大、客票价格相互影响关系复杂、席位约束相互交错，高铁网络收益管理问题无法按照单个OD对、单列车或局部线路进行优化。因此，如何构建适应大规模复杂路网条件下的高铁动态票价和席位分配一体化优化模型，设计适应于大规模问题的高效求解算法和求解加速机制，是核心科学问题。

2 科学问题背景

我国已拥有全世界规模最大的高铁运营网络，但其运营管理水平相对其他高铁国家而言，仍存在较大差距，市场化经营水平明显落后，尤其是直接影响高铁企业服务水平和收益水平的票价，目前仍主要是按照20世纪的"固定费率，递远递减"的基本原则进行制定，既未充分考虑高铁客运市场的需求特征，同时也缺乏科学、灵活的市场化调整机制，由此导致了高铁价格体系的内部比价不尽合理、票价灵活性不够等问题,甚至导致部分线路长期处于亏损状态。

2015年,中共中央、国务院发布的《关于推进价格机制改革的若干意见》(中发〔2015〕28号)中指出:"逐步放开铁路运输竞争性领域价格,扩大由经营者自主定价的范围",并将铁路行业作为价格改革的重点领域,要求"构建以列车运行速度和等级为基础、体现服务质量差异的旅客运输票价体系"。同年,国家发改委发布的《关于改革完善高铁动车组旅客票价政策的通知》(发改价格〔2015〕3070号)指出,从2016年起铁路实施主要客运产品自主定价,同时要求高铁运输企业在制定高铁动车组一、二等座旅客票价时,应首先制定无折扣的公布票价,在此基础上根据运输市场竞争状况、服务设施条件差异、客流分布变化规律、旅客承受能力和需求特点等实行折扣,确定实际执行票价。

3 科学问题研究进展

3.1 高铁客票定价子问题研究进展

定价问题是指如何通过客票价格影响客流需求以及旅客的选择行为,最终达到提高客票收入的目的。动态定价是民航运输和铁路运输最为常见的价格策略,其理论基础是动态规划(Dynamic Programming,DP)理论。动态规划的方法可以确定任何状态(即剩余席位数量和剩余预售时间的组合)下的最优票价。然而,由于"维数灾难"的出现导致动态规划问题在实际应用过程中对铁路定价问题的规模有较大限制。数学规划模型可以作为替代动态规划方法来解决大规模的定价优化问题。有学者将铁路定价和席位分配的协同优化问题描述为数学规划模型,通过对预售阶段的划分并给定席位分配方案,提出了高铁定价问题的多阶段数学规划模型。与动态规划方法相比,数学规划模型更适合大规模的优化问题,尤其是构建连续、可微、有界且凸的数学规划模型。

差异化定价策略是针对可替代产品的不同商品属性和特征制定不同的价格。对于服务相同OD对的不同高铁列车,其提供的运输服务就可以视为可替代产品。对可替代产品进行差异化定价,通过影响旅客的选择行为,调整不同列车的能力利用率,最终达到提升收益的目的。除了动态定价和差异化定价问题以外,现有的研究还考虑在民航运输或公路运输等交通方式竞争的条件下的高铁定价问题,特殊高铁客运服务(如高铁动卧)的定价问题等。尽管大多数定价问题的相关研究均以收益最大化为优化目标,部分学者还探讨了考虑客票收入和旅客福利的多目标定价优化问题。定价策略和高铁列车运行图或列车开行方案的协同优化、考虑多类用户(不同出行目的或收入水平的旅客)的差别定价策略是未来的研究方向。

3.2 铁路座席分配子问题研究进展

座席分配也称为席位控制或票额分配。座席分配问题是指以客票收益最大化为目标，在不同的票价水平下设置相应席别的预订数量上限，具体表现为在当前票价水平下是否接受旅客的购票请求。由于铁路采用多停站的运输组织模式，列车上的席位可以出售给从始发站上车到终到站下车的旅客，也可以分段先后出售给多名在中间停站上下车的旅客。民航采用点对点的运输组织模式，而单一列车往往可以服务多个 OD 的旅客，这导致列车的座席分配问题相较于民航的座席分配问题更为复杂。传统的售票策略，包括席位复用、短途套用、票额共用等，均体现了通过席位管理提高座席利用率的理念。

对旅客的出行需求和购票需求的预测和分析是研究座席分配问题的基础。在座席分配的相关研究中，对需求的描述方式主要分为两类，确定性需求和随机需求。确定性需求下的需求函数是一个确定的函数；随机需求下的需求函数以概率分布函数的形式存在。需求分布函数通常可以利用历史售票数据并结合统计方法进行估计。相应地，考虑随机需求时，一般以期望收益最大化为目标。现有的座席分配问题相关研究与定价相关研究一样受到问题规模的制约，使得其应用于实际生产过程受限。

3.3 定价和座席分配综合优化问题研究进展

由于票价会影响旅客的出行需求，而座席分配优化建立在客流需求的基础上，因此定价问题和座席分配问题相互影响，相互关联。然而，现有的研究往往研究单一的定价问题或座席分配问题，高铁客票定价和座席分配系统优化的相关研究较少。Hetrakul 和 Cirillo 利用潜类别模型描述旅客的选择行为，首次提出了铁路票价和座席分配问题的协同优化模型并设计了相应的求解算法。然而，该研究并未考虑多列车服务同一 OD 对的情形。有学者针对高铁票价和座席分配的协同优化问题构建了双层规划模型，但是均未给出求解算法和算例分析。在单一列车运行的假设条件下，有学者提出了随机需求下的高铁动态定价与座席分配综合优化模型；考虑多列车服务同一 OD 对的情形下，学者们围绕旅客选择行为，构建高铁动态定价和座席分配协同优化模型。这些研究的主要差异体现在旅客出行需求的描述方式、票价的约束条件和票额决策变量的形式等方面。赵翔等还将多种交通方式竞争的情形融入到高铁票价和座席分配协同优化的研究中。

现有的铁路运输领域客票定价和座席分配协同优化相关研究的数量较少，研究方法大多数存在无法解决大规模问题的不足，与实际应用存在一定差距；在定价策略方面往往仅考虑差异化定价策略或者动态定价策略，没有将两种策略相结合；在描述旅客购票选择行为方面，未考虑除了票价和列车旅客时间以外，包括退票费用和购票失败风险等多方面的因素。

主要参考文献

[1] Sato K, Sawaki K. Dynamic Pricing of High-Speed Rail with Transport Competition[J]. Journal of Revenue and Pricing Management, 2012, 11(5): 548-559.

[2] Zheng J, Liu J. The Research on Ticket Fare Optimization for China's High-Speed Train [J]. Mathematical Problems in Engineering, 2016, Article ID 5073053: 1-8.

[3] Hetrakul P, Cirillo C. A Latent Class Choice Based Model System for Railway Optimal Pricing and Seat Allocation[J]. Transportation Research Part E: Logistics and Transportation Review, 2014, 61: 68-83.

[4] 宋文波,赵鹏,李博. 考虑动态购票需求的高速铁路票额分配[J]. 铁道学报,2019,41(9): 20-27.

[5] 宋文波,赵鹏,李博. 高速铁路单列车动态定价与票额分配综合优化研究[J]. 铁道学报,2018,40(7): 10-16.

[6] 赵翔,赵鹏,姚向明,等. 高速列车折扣票价与票额分配组合优化模型[J]. 东南大学学报(自然科学版),2018,48(4): 759-765.

[7] 秦进,吴旋科,徐彦,等. 高速铁路动态定价与票额分配协同优化研究[J]. 铁道学报,2020,42(3): 32-41.

[8] 邓连波,曾宁鑫,陈雨欣,等. 基于票额分配的高速铁路动态定价分治优化方法[J]. 铁道科学与工程学报,2019,16(10): 2407-2412.

[9] 赵翔,赵鹏,李博,等. 多交通方式竞争条件下高速铁路票价和票额综合优化研究[J]. 铁道学报,2018,40(5): 20-25.

撰稿人:秦进(中南大学) 胡心磊(中南大学)

基于行车调度的时速400km+高铁列车追踪间隔时间优化

Train dispatching approach based headway optimization of high-speed train with speed of 400km/h+

1 科学问题概述

高铁追踪间隔时间是高铁线路同方向上追踪运行的两列列车之间的最小时间间隔,是决定线路通过能力的重要因素,通过压缩列车追踪间隔时间可以显著提高线路通过能力。我国高速铁路的设计目标均为追踪间隔时间可实现3min,但实际运营中普遍采用4~5min追踪间隔,少数线路能够真正实现3min追踪间隔时间运行,极大地限制了高速铁路运输能力的充分发挥。更高设计时速的高速铁路线路的高速度为人们带来了更短的旅行时间之外,也给我国高铁列车追踪间隔时间带来了更大的挑战。因为速度越高,意味着列车需要的制动距离越长,为保证安全,前后列车就必须在任何时候都保持更长的间隔距离,从而影响列车频率。作为个体的出行者更在意出行时间的长短,而对于整体系统来说,列车频率无法提高则意味着输送能力的不足,在面临大规模客流的场景时将无法从容面对。不解决更高速度高铁列车的追踪间隔时间问题,就无法真正发挥我国高速铁路系统的能力和优势。

列车追踪间隔时间已成为制约我国高速铁路运营水平的"卡脖子"因素。在高速铁路繁忙干线上压缩列车追踪间隔时间,既是速度日益提高、日渐繁忙的高铁线路对通过能力提高的迫切需要,也是推动我国高速铁路运输组织达到世界领先水平、增强我国高铁竞争力的重要支撑。

要解决更高速度(如时速400km)高铁列车的追踪间隔时间问题,需要在更高时速高速列车追踪间隔时间影响因素分析的基础上,识别速度提高条件下的高速铁路列车追踪间隔时间瓶颈,针对到达、出发、区间等各类追踪间隔时间分别研究相应的列车追踪间隔时间压缩方法,任意一类追踪间隔时间短板都将导致整个高铁系统的追踪间隔时间无法达到满意值。

2 科学问题背景

随着我国高速铁路技术水平不断提高,更高速、更安全、更舒适、更经济成为高速铁路未来发展方向,其中400km/h高速铁路是当前世界铁路重要发展趋势,成都到重庆的成南达万高速铁路建设将成为里程碑式事件。列车运行速度提升至400km/h,对高速铁路运输组织各方面的作业标准都提出了新要求,而在高速铁路"故障导向安全"安全设计下,速度提升必然使列车运行过程中的追踪间隔时间增加,从而影响线路整体通过能力,因此如何采取措施缩短高时速列车的追踪间隔时间成为保障高速铁路的社会、经济作用充分发挥的关键。

高速铁路追踪间隔时间是在采用分散自律调度集中(Centralized Traffic Control,CTC)行车指挥方式下,列车运行图中相邻的同向或对向列车间必须保持的最小间隔时间,是加强铁路线路运输能力的重要参数。在世界范围内,中国、欧洲、日本等在高速铁路追踪间隔时间的定义与计算方法方面均类似。在实际日常运营中,日本东海道新干线、法国TGV等地均实现了3min追踪间隔,英国HS2线单方向每小时行车量达到了18列,而我国在实际运营中仅有部分线路可以按照4min追踪间隔时间铺画图运行。具体而言,我国高速铁路追踪间隔时间在区间追踪方面可达到3min以下,而到达与出发追踪间隔时间使得高速铁路整体追踪间隔时间无法突破3min以下瓶颈。

3　科学问题研究进展

列车追踪间隔的影响因素包括动车组性能、列控系统参数、线路条件、信号系统参数等多个方面,而我国由于客运需求、客运组织模式方面原因,追踪间隔时间压缩的影响因素更多,包括高铁车站规模、司机操作、安全机制等。例如日本、欧洲等高铁发达的主要国家的高速铁路车站站场规模通常不大,东海道新干线东京站和英国欧洲之星伦敦圣潘可拉斯站仅6股道、法国TGV东南线巴黎北站仅7股道,整个进出站进路长度不超过1km。而我国拥有大量大规模高铁车站,如北京南30股道、上海虹桥30股道、成都东28股道、西安北34股道等,造成列车进出站进路长度更长,最长可达2km以上,给列车的进出站过程带来了很大影响。各方面因素使得我国高铁较国外具有更大的追踪间隔时间,其压缩难度更大。在高速铁路追踪间隔时间的压缩方面,已有研究多集中于闭塞分区布局优化、相关设备设施性能升级和列车控制策略改进等类型的方法。

3.1　优化闭塞分区布局来压缩追踪间隔

国外学者的研究主要集中于城市轨道交通,但城市轨道交通线路长度短、区间长度小且车站配线少,很难直接应用于高速铁路场景。少部分研究以欧洲列车运行控制系统(European Train Control System,ETCS)为基础,提出了高速铁路闭塞分区分布的优化方法,或重点针对临近车站的区间分布进行优化,但由于欧洲高铁车站配线数量少,到达与出发追踪间隔不形成明显瓶颈,其优化对象多针对区间追踪间隔时间。针对中国列车运行控制系统(China Train Control System,CTCS),刘海东等采用差分进化算法求解以信号数最少为目标的高速铁路区间信号布置优化模型,并利用实验证明了对追踪间隔的压缩效果,但未见对列车到、发相关追踪间隔的明确描述。高国隆等则考虑了长大下坡道区段内,在给定闭塞分区数量的基础上,以优化列车追踪间隔为目标建立数学模型,优化闭塞分区的布置。王丹彤等采用整体分布优化的方法将区间的若干个闭塞分区进行重新划分,并让列车在进站前提前降速至180km/h,并建立了基于元胞自动机的仿真模型验证了对到达间隔的压缩效果,但并未对降速对到达间隔起到压缩效果的原理以及限制值取值进行描述和分析。综上,闭塞分区布局优化方面的研究多针对区间追踪间隔,少量对到达间隔压缩的布局优化研究仍有赖于列车降速措施;该方法的另一问题在于其依赖工程改造,影响繁忙的高铁行车,推广具有难度。

3.2　设备设施性能提升

设备设施性能提升也是追踪间隔压缩的主要技术方向,主要包括提高道岔限速、提升动车组牵引制动性能等手段。Zhao Y 等基于列车通信系统设计了一种新列车控制系统（Positive Train Control，PTC），假定列车永远不会因为故障或事故等原因停车，并且始终可以使用最大紧急制动进行制动，因此相邻两列前后车的最小安全距离就包括了前车制动距离，从而压缩了列车的追踪间隔。目前 CTCS 系统采用的是准移动闭塞的闭塞方式，而移动闭塞下列车追踪间隔更小，因此部分学者考虑使用移动闭塞代替准移动闭塞以压缩追踪间隔时间。设备设施性能提升是追踪时间压缩的有效方法，但其存在投资大、研发、应用周期长等问题。

3.3 列车控制策略优化改进

Emery 提出使用紧急制动工况代替最大常用制动，从而缩短列车在行驶过程中的制动距离，以达到缩短列车追踪间隔的目的，但是从乘客舒适度、车辆使用寿命、司机操纵等方面均难以接受。Gao S 等提出了一种基于自适应动态规划的协同优化算法，通过综合考虑基本阻力、空气阻力、曲线阻力等，对轨道坡度进行拟合化简，以多阶段决策的方式实时计算并优化高速铁路列车的制动距离以压缩追踪间隔时间。鲁工圆等采用多智能体仿真的方法分析了区间限速对区间与到达追踪间隔的影响，提升仿真精度的同时采用实际数据进行实验，验证了区间速度控制的调度手段对列车追踪间隔的压缩效果。李博等通过设置限速区段的方式，分析了限速对列车出发、区间、到达追踪间隔的影响，并使用 Opentrack 仿真验证了限速将增加区间间隔、减少到达间隔的结论。高质量的列车控制策略是压缩追踪间隔时间的有效方法，也是目前该问题研究的热点领域之一。

综上所述，我国高速铁路的特点造成了我国高速铁路到达与出发相关的追踪间隔时间较国外更难压缩，在既有的高速铁路追踪间隔时间压缩方法研究中，设施设备升级的思路存在研发和推广的投资与周期问题，列车控制策略改进的方法多针对区间追踪间隔，少量针对到达追踪间隔，针对其他类型追踪间隔时间的讨论较少。针对我国高速铁路追踪间隔时间的特有问题，亟待开展更系统、更易应用和具有更好压缩效果的追踪间隔时间压缩理论与方法研究。

主要参考文献

[1] Vignali V, Cuppi F, Lantieri C, et al. A Methodology for the Design of Sections Block Length on ETCS L2 Railway Networks [J]. Journal of Rail Transport Planning and Management, 2020, 13(5):100-160.

[2] Wagter W. Block Sections Around Stations Under ETCS: the Effect of the Block Layout on the Headways at Stations [D]. University of Twente, 2019.

[3] 刘海东,毛保华,王保山,等. 基于差分进化算法的高速铁路区间信号布置优化方法研

究[J].铁道学报,2013,35(5):40-46.
[4] 王丹彤.高速铁路列车追踪间隔优化及仿真研究[D].成都:西南交通大学,2016.
[5] 高慧敏.大西客运专线动车组追踪间隔时间研究[D].北京:中国铁道科学研究院,2015.
[6] Zhao Y,Ioannou P. Positive Train Control with Dynamic Headway Based on an Active Communication System[J]. IEEE Transactions on Intelligent Transportation Systems,2015,16(6):3095-3103.
[7] Gao S,Zheng Y. Adjustment of Train Interval Time Based on Dynamic Programming Algorithm[C]. 2018 IEEE International Conference of Intelligent Robotic and Control Engineering(IRCE),2018:106-110.
[8] 鲁工圆,沈子力,彭其渊,等.基于区间速度控制的列车到达追踪间隔时间压缩方法研究[J].铁道学报,2021,43(1):19-27.

撰稿人:鲁工圆(西南交通大学) 何必胜(西南交通大学)

高铁智能化运营条件下的能力综合利用理论与技术

Capacity integrated utilization theory and techniques for intelligent operation of high-speed railway

1 科学问题概述

随着云计算、大数据、物联网、移动互联、人工智能、北斗导航、建筑信息模型(Building Information Modeling,BIM)、第五代移动通信技术(5th-Generation Mobile Communication Technology,5G)等新一代信息技术的快速发展,智能高速铁路成为我国提高高速铁路服务质量、提升高速铁路运输安全、提高经营效率和效益的重要支撑。这些技术和设备的发展,为建立高速铁路智能调度指挥体系提供必要条件。高速铁路智能调度指挥系统担负着组织指挥列车运行和日常生产活动的重要任务,是保证高速列车安全、正点、高效运行的现代控制与管理系统。

2020年起,在国铁集团的统一部署下,各铁路局集团公司积极开展铁路智能调度的初步探索。中国铁路广州局集团有限公司开展了列车运行计划自动调整、列车运行计划自动编制的研究和实践,大大减轻了调度员的劳动强度,提升了运输效率。中国铁路沈阳局集团有限公司研发了高速铁路设备故障综合处理系统,为行车指挥提供决策支持,初步实现了调度命令的自动拟写和下达。中国铁路北京局集团有限公司、中国铁路武汉局集团有限公司、中国铁路兰州局集团有限公司等研发了调度工作质量评估方法及原型系统,对调度员工作质量进行智能分析。中国铁道科学研究院集团有限公司等单位研发了高速列车自动驾驶系统(Automatic Train Operation,ATO),按照"交通强国,铁路先行"战略目标,从我国国情和铁路系统特点出发,我国加快了智能铁路发展战略、技术路线及关键技术体系的规划和制定。以智能京张高速铁路(北京北—张家口)和京雄城际铁路为代表的智能高速铁路调度系统建设正快速推进,瞄准未来旅客"易行"出行需求,综合运用人工智能、大数据、边缘计算等赋能技术,实现个性化出行需求的高效满足和高速铁路效能的充分发挥。

高铁智能化运营条件下的能力综合利用的科学问题,具体指的是在高铁成网及设施设备智慧化升级的背景下,如何基于时变需求,建立能力驱动的"大调度"综合理论和体系,解决横向(网络中不同线路间)及纵向(需求管理、开行方案设计、运行图编制、动车组周转等)各层次间的综合调度难题,进而实现具有主动型、预测式、快速响应的高铁智能化调度体系的一系列问题。

高铁智能化运营条件下能力综合利用的科学问题,主要针对以下实践问题:①高速铁路调度系统总体方案框架,尚无有效的调度指挥工作流程评价方法,列车开行方案调整和调度命令在全流程贯通和格式化管理方面比较欠缺,调度计划和客运调度命令之间联动性不强;②高速铁路调度系统对运输需求的动态感知能力较弱,各专业信息子系统间缺乏高度充分和高度耦合的数据共享能力,仍然需要依赖大量的文电交换和数据人工比对等,对客运调度信息资源的综合利用程度不高;③高速铁路调度系统无法实现对大规模路网能力要素的分布规律进行演化预测,各工种数据的分析仍主要通过人工手段实现,调度智能化水平不高,利用计算机智能的数据处理算法和技术仍待发展;④高速铁路调度系统暂时难以实时精准感知大规模路网多粒度设施设备应用情况,国铁集团与铁路局集团公司相互之间以及铁路局集团公司相互之间的数据共享度不高,调度系统提供统一运力资源调整的辅助决策支撑能力不强;⑤高速铁路调度系统在紧急情况或异常条件下,缺乏列车晚点与预测信息实时感知获取技术,难以在调度系统内进行充分数据共享和联动,进一步调度调整的精细化能力比较欠缺。

2 科学问题背景

高速铁路调度指挥数字化、智能化是世界各国应对客运市场内外部环境变化而提出的下一代高速铁路调度指挥体系发展战略,如欧洲 Rail Route 2050 提出无缝衔接旅程服务、列车准时性达95%、运营职能与自动化等内容;法国铁路提出路网运力自适应、优化客户服务、优化资源利用等内容;瑞士铁路实现"欧洲列车控制系统";澳大利亚铁路提出列车运行安全风险自动监测与控制;德国铁路4.0提出远期实现运营过程全自动化。我国基于智能交通系统体系框架研究成果也提出了铁路智能运输系统(Railway Intelligent Transportation System,RITS)总体框架。从发展过程来看,建立主动型、预测试、快速响应的高速铁路智能化调度理论与技术体系是不可或缺的一环。

长期以来,我国高速铁路运输组织与调度指挥基本是严格围绕预定计划有序开展的,形成了以能力利用最大化为主的计划编制与调度指挥原则,调度指挥过程中对新技术、新装备的融合与运用不足,调度指挥系统的自动化、智能化水平还需提升。与此同时,我国高速铁路网络结构已经基本稳定,新型装备大量投产,信息技术不断革新,运输市场供给侧与需求侧发生根本性变化,高速铁路智能调度的基本矛盾已由过去的尽力满足因外界环境引起的被动调整,向实现个性化出行需求的高效满足和高速铁路效能的充分发挥转变。再者,根据《"十四五"铁路科技创新规划》,到2025年,在运输服务方面,要明显提高高效、快速、精细化运维水平,突破旅客联程运输网络构建与协同运输组织技术;在智能铁路方面,要实现智能铁路成套技术体系不断完善,北斗卫星导航、5G、人工智能、大数据等信息技术在铁路实现更广泛、成体系应用。在新的运输环境与发展要求下,亟须一套打破经验调度瓶颈、引领铁路未来发展的运输调度组织理论与技术体系来支撑未来高速铁路发展。该理论与技术需改变传统经验调度模式,精准预判客运市场需求,协调客、机、辆、工、电等运输部门,融合计划编制与调度指挥职能,兼顾行车指挥与运输服务双目标导向,形成一套主动型、预测式、快速响应的高铁智能化调度理论与技术,为运输调度组织的数字化、专业化、智能化提供理论支撑,极具现实意义。

3　科学问题研究进展

现有研究已从硬件智慧化、软件集成化、管理规范化等角度,对铁路调度体系进行了局部提升,但尚未形成完备的理论方法体系。为实现时变需求下的主动型、预测式、快速响应的高铁智能化调度体系及相应技术,需在理论、理念以及技术方法等多方面进行突破。所面临的主要挑战如下。

3.1　树立"大调度"理念,从生产关系规律辨析出发建立铁路调度指挥体系

如何解决技术爆发后铁路新生产力布局与传统生产关系之间的关联规律,是建立"大调度"理论的核心科学问题。该问题需研究当前运输技术基本条件,从网络能力综合应用、新形势下调度组织模式及适应高质量发展的运输调度组织构架几个角度,从理念和理论层面引导"大调度"相关先进架构、方法和技术研发的开展。现有调度指挥体系主要有定性与定量两类研究方法。定性研究侧重于调度指挥流程再造与优化,而定量研究侧重具体调度指挥技术研发。现有研究取得了一定成果但也存在着一些突出问题亟待深化研究,主要表现在以下方面:①定性研究与定量研究尚未实现有机结合,对运输调度组织理

论缺乏系统性、全面性和前瞻性的梳理;②定性研究对于问题的挖掘程度有待提升,缺少对于生产力要素(路网规模、结构,运输需求等)变化与生产关系关联规律的研究;③采用数学模型的定量研究多以延误成本最小化、旅客不满意度最小化或旅客旅行时间最小化作为目标函数,缺少从路网能力利用率最大或多目标寻优角度出发的解决思路。

3.2 多粒度运输能力与市场需求动态匹配关系

调度决策需要快速动态地解决运输能力与客流货流需求之间的适应与匹配关系问题。该问题需结合运能制约因素动态规律,研究适应运输市场的运力资源匹配模式,进而提出市场需求导向和效率优先条件下的铁路网运能协同利用方案。已有成果为本课题的研究打下了良好基础,但也存在一些突出问题亟待深化研究,主要表现在以下方面:①现有的发达路网运输能力及其影响因素的相关概念体系已较为完备,但针对运能制约因素的研究大多着眼于单一层面,而点线运能的协调优化以及网络中关键制约因素还鲜有研究;②现有市场需求研究着眼于运量预测与态势推演,但依然缺乏落地的技术手段与途径,且与较为静态的调度指挥体系不兼容;③现有的运能协同利用相关研究大多基于静态的资源配置方案,难以适应动态变化的运输市场需求。为此,从横向增强铁路系统对市场的感知能力,并从纵向增强铁路系统对内部不同层级能力的利用掌握力度,最终实现供需匹配是需要研究的要点。

3.3 研究精准动态的能力利用管控一体化方法

由于能力比较紧张,我国铁路形成了以能力利用最大化为主的计划编制和运输调整原则。能力的管控偏向事后静态,侧重企业成本收益,强调运输安全和可持续发展,关注运力资源指标、运营效益指标、运营效率指标、服务质量指标、安全管理指标和综合能耗指标。但这种管控方法较为动态单一。尽管在车辆调配、运力资源分配等已有一定的研究成果,但研究或局限于某一作业环节,或考虑目标局限有某一具体运输指标,难以支撑能力的动态综合管控。当前,我国既有线运输能力得到较大释放,路网供需关系已经改变,为准确及时响应运输市场动态变化,必须要准确掌握网络运输综合效能状态并考虑运能利用、效益等及时进行动态运输调整。因此,亟须对关键理论技术展开创新性研发工作。应以网络运营环境为目标,研究铁路系统横-纵双维度管控一体技术方法与系统。其中,从横向打通网络不同等级线路融合瓶颈,构建多等级模式与复杂业务下的协同协作框架,从纵向建立"计划编制-态势推演-指标验证-需求反馈"四位一体的多层级体系,实现联程需求、开行方案、运行图、调度指挥等能力利用核心环节的互联互通与管控一体。

3.4 基于能力综合利用的调度指挥与协调组织

传统调度指挥技术根据车流、列车、动车组等多业务部分独立进行,缺乏适用于全路规模的统一体系。可在揭示铁路动态网络流分配及调控机理的基础上,基于车流波动规律,设计动态服务网络,动态调整和运用运力资源,动态评估不同网络的能力应用情况,以能力为核心,串联开行方案、运行图、动车组运用等计划的优化,并结合流分析技术,深入研究路网列流调控及相应动车组的影响,以及动车组周转图和列车运行图之间的协调方法。

3.5 异常条件下列车实时晚点感知与调度指挥技术

囿于传统技术方法的低精准度与更新率,对于异常情况的判断一直是研究的热点,却也是落地应用的难点。基于铁路网运营数据的融合与挖掘,明晰运输需求、运输条件、运能利用对动态运能瓶颈产生的影响与反馈关系,研究揭示铁路网、线路、节点等不同层面运输能力瓶颈的形成机理,支撑铁路网动态运能瓶颈识别与预警机制的建设。之后,在多粒度网络精准感知的基础上,实时获取固定设施与移动设备的时空关系,预测列车晚点情况,并前瞻性进行调度指挥,从而在次生延误发生之前阻断延误发展,提升系统整体韧性,从而进一步降低整体运营风险,提高运营质量。

主要参考文献

[1] Veelenturf, L P, Kroon L G, et al. Passenger Oriented Railway Disruption Management by Adapting Timetables and Rolling Stock Schedules[J]. Transportation Research Part C: Emerging Technologies, 2017, 80(6): 133-147.

[2] 文超,李津,李忠灿,等.机器学习在铁路列车调度调整中的应用综述[J].交通运输工程与信息学报,2022,20(1):1-14.

[3] Altazin, Estelle, Stéphane Dauzère-Pérès, et al. A Multi-Objective Optimization-Simulation Approach for Real Time Rescheduling in Dense Railway Systems[J]. European Journal of Operational Research, 2020, 286(2): 662-672.

[4] 徐辉章,陈军华,李崇楠,等.基于邻域核密度估计的高速铁路列车正晚点分布模型研究[J].铁道学报,2022,44(5):1-9.

[5] Zhan S, Wong S C, Shang P, et al. Integrated Railway Timetable Rescheduling and Dynamic Passenger Routing During a Complete Blockage[J]. Transportation Research Part B: Methodological, 2021, 143: 86-123.

[6] 郑汉.基于不确定性分析的铁路通过能力利用优化研究[D].北京:北京交通大学,2020.

[7] Liao Z, Li H, Miao J, et al. Railway Capacity Estimation Considering Vehicle Circulation: Integrated Timetable and Vehicles Scheduling on Hybrid Time-Space Networks[J].

Transportation Research Part C:Emerging Technologies,2021,124:102961.
［8］ 张宏杰,冯小芳,孔庆玮.京张高铁智能综合调度系统方案设计研究［J］.中国铁路,2022,(4):14-20.
［9］ Khadilkar,Harshad. A Scalable Reinforcement Learning Algorithm for Scheduling Railway Lines［J］. IEEE Transactions on Intelligent Transportation Systems,2018,20（2）:727-736.
［10］ Arshad,Mohd,Muqeem Ahmed. Train Delay Estimation in Indian Railways by Including Weather Factors Through Machine Learning Techniques［J］. Recent Advances in Computer Science and Communications,2021,14(4):1300-1307.

撰稿人:陈军华(北京交通大学)

智能铁路运输流运行机制及管控一体运输组织理论

Traffic flow operating mechanism and integrated transport organization theory of management and control for intelligent railway

1　科学问题概述

铁路将进入到智能运输的新阶段;铁路的基础设施、移动装备和控制技术正在发生根本性变化,铁路运输组织必须引导和适应智能运输的发展,以期实现铁路运输流在全球智能化大潮中高效安全地运行。智能铁路运输流运行机制及管控一体融合创新理论与技术,以提升用户服务质量为目标,重点研究在智能环境下铁路运输流运行管理和控制的全要素耦合作用机制,突破需求管理、车流组织、产品规划、调度调整和安全保障等运输组织融合创新的关键难题,为解决铁路智能管控一体化运输组织提供基础理论体系和关键技术支撑,为确保我国铁路在世界的领先地位提供理论和技术储备。

智能铁路运输流运行机制及管控一体运输组织包含铁路运输管理、控制领域一系列的科学问题和关键技术,核心科学问题主要有:

(1)智能铁路列车流运行机理;

(2)智能铁路车流组织理论与技术;

(3)全出行链的精细化铁路客运产品设计基础理论和关键技术;

(4)智能铁路管控一体化理论与技术;

(5)智能铁路系统评价理论研究。

2　科学问题背景

进入21世纪以来,信息技术的发展突飞猛进,智能化技术取得突破性进展,作为综合运输体系骨干的铁路行业,面临着前所未有的挑战,在此背景下,智能铁路的概念应运而生。

智能铁路是广泛应用云计算、物联网、大数据、人工智能、机器人、下一代通信、北斗卫星导航、BIM等新技术,通过对铁路移动装备、固定基础设施及相关内外部环境信息的全面感知、泛在互联、融合处理、主动学习和科学决策,高效综合利用铁路所有移动、固定、空间、时间和人力等资源,实现铁路建设、运输全过程、全寿命周期的高度信息化、自动化、智能化,打造更加安全可靠、更加经济高效、更加温馨舒适、更加方便快捷、更加节能环保的新一代铁路运输系统。近年来,随着智能铁路研究的深入及技术的成熟,我国智能铁路建设逐渐进入实质性阶段。京张高速铁路、京雄城际铁路、福厦高速铁路、蒙华铁路以及珠三角城际铁路,都成为智能铁路建设的前沿。

已有的铁路运输组织理论与技术是基于20世纪的设施、设备、技术条件和运输需求提出并逐步完善形成的,随着新兴技术的快速发展,其局限性越来越突出,已难以满足目前铁路快速发展的需要,更不能有效指导未来智能铁路建设与运营。

铁路运输管理和控制分属不同学科,控制理论与技术发展较快,运输组织理论未针对新的技术条件做根本性变革,对于智能铁路的"需求—车流—列流—控制—调度—管理"闭环运行机理没有深入研究,存在大量领域内以及跨学科的难题。

3　科学问题研究进展

随着时代的发展,传统铁路运输组织理论与技术已难以适应实际需要。未来的技术路线需综合考虑各运输组织环节,通过大数据管理,挖掘铁路运输需求,打造全出行链的精细化铁路客运产品,基于车流波动动态调整车流组织,基于虚拟编组和移动闭塞精准控制列车运行,实现智能环境下复杂路网的铁路运输调度、控制及管理一体化。

智能化铁路运输流运行机制及管控一体融合创新理论与技术作为未来智能铁路建设与运营的基础理论体系和重要技术支撑,重点依托智能化的骨干路网、升级改造后的设备设施、大数据、5G通信和云计算等技术手段,需重点解决多模态海量需求数据的挖掘、动态车流组织和调整、智能环境下复杂路网列车运行调度与精准控制、智能铁路管控一体化验证平台和系统搭建等跨学科难题。

3.1　智能铁路列车流运行机理

微观列车间作用机理研究是实现铁路运输管理与列车运行控制两者深层联系的重点,传统铁路运输组织理论及控制策略中,均对此类问题有忽略,未作深入讨论分析。过往研究中多集中于对列车运行控制机理的探讨,探讨闭塞系统、发车间隔等因素对铁路列车流的影响,仅以晚点时间或到发能力的形式分析列车流的变化,对于列车流运行机制缺乏系统的认识。

在智能铁路大背景下,无线定位与信息交互技术迅速发展,移动闭塞及车车通信等技术的应用,列车间的作用机理发生了变化。因此有必要从列车流微观运动与宏观基本图切入,建立列车追踪运行模型和宏观基本图,理解铁路列车流特性,从而在车辆微观运动行为与宏观交通流之间架起一座桥梁,建立系统的铁路交通流理论,为智能铁路交通流管控奠定基础。

3.2 智能铁路车流组织理论与技术

传统铁路货物运输组织理论与技术基于原有设备设施、技术条件、计划需求等,依靠计划运量,基于传统分析方法和数学方法,从货流-车流-列流的角度顺序归并得到列车编组计划并作为指导日常车流组织的基础。由于缺乏考虑实际车流的波动性及其运行机制,而实际车流组织又依靠经验和围绕生产指标,造成计划难以反映实际、实际难以遵循计划的矛盾问题。同时缺乏考虑车流实时需求信息,难以得到系统最优、客户满意的车流组织计划。传统铁路运输组织理论与技术既割裂了需求管理、车流组织、产品规划、列车调度调整和安全保障等运输过程的内在联系,又缺乏统筹融合各运输环节,严重制约了铁路运输设备设施的能力,影响了铁路运输企业的经济效益。智能铁路以实时需求为导向,通过缩短计划编制周期,采取动态调整货物列车编制计划和运行图的方法,提升铁路货运的市场竞争力。

3.3 全出行链的精细化铁路客运产品设计基础理论和关键技术

现有的铁路运输产品设计客运需求挖掘不深,产品与需求贴合不紧;运行图编制技术手段落后,编制周期长,工作强度大;需要高度专业人员才能驾驭的产品设计过程,智能性差。智能高铁亟须实现多专业协同的一体化运输产品设计,广泛应用大数据和人工智能等新技术,综合高效利用资源,在市场需求分析和高铁移动装备(动车交路和动车检修)、固定设施(车站作业)、人员作业(乘务计划)等数据自动采集和信息集成的基础上,建立基于大数据技术的精细化铁路运输产品设计理论,实现智能高铁多专业协同运作、一体化自动编制,创新和丰富"一日一图"内涵,提高运营效率和旅客满意度。

3.4 智能铁路管控一体化理论与技术

国内近年来在高速铁路运输组织、信号控制等领域已有独立、完整的前期进展,但智能铁路管理和控制一体化概念尚无统一定义且无系统性研究。明确智能铁路管理和控制一体化的内涵,体系化地研究高速铁路管理和控制一体化理论、方法与技术,通过自主创新有效适应高速铁路不同时期重大发展需求,为高铁应对来自复杂网络空间环境的挑战、强化"人-车-路-网"耦合关系提供支撑,使高速铁路作为国家运输体系核心骨干的经济、社会、人文等综合效益实现有机统一,对推进高铁开放、协作、有序发展,维护国家发展利益及实现交通强国战略目标具有重大意义。

在智能环境下,从底层设备控制到上层用户体验和运输效率提升,将铁路运输从管理和控制等方面进行一体化深度融合,实现服务质量和路网整体效益和效率的全局最优,将铁路运输目前需要高度专业人员才能驾驭的复杂操作和管理流程转化成高效的、可预知的、智能的系统和平台,引领国际轨道交通领域研究方向与技术发展。

3.5 智能铁路系统评价理论与技术

关于铁路系统评价问题,国内外有较多研究。从评价对象来看,主要是针对既有铁路系统,如高速铁路、重载铁路、普速铁路开展的;从评价内容来看,主要包括铁路系统的信号、线路、机务、供电等系统的技术性能评价;从评价的指标来看,主要包括安全、可靠性、成本等的评价;从评价的方法来看,主要包括定性评价和定量评价。

智能铁路属于下一代的铁路系统,应从安全、效能、系统稳定性、全寿命周期成本、公共利益、国家运输政策等方面,采用可靠的评价理论和方法对智能铁路运输系统开展综合评价,保障智能铁路的科学发展。

主要参考文献

[1] 王同军.智能铁路总体架构与发展展望[J].铁路计算机应用,2018,27(7):1-8.

[2] 马小宁,史天运.智能铁路的内涵及关键技术研究[C]//第八届中国智能交通年会学术委员会.第八届中国智能交通年会优秀论文集.北京:电子工业出版社,2013.

[3] Rivera A,Dick C T. Illustrating the Implications of Moving Blocks on Railway Traffic Flow Behavior with Fundamental Diagrams[J]. Transportation Research Part C:Emerging Technologies,2021,123(2):1-19.

[4] 肖杰,林柏梁,王家喜,等.技术站列车编组计划的综合优化方法[J].中国铁道科学,2016,37(2):128-136.

[5] Dollevoet T,Huisman D,Kroon L G,et. al. Application of an Iterative Framework for Real-time Railway Rescheduling[J]. Computers&Operations Research,2016,78(2):203-217.

[6] Fang W,Yang S,Yao X. A Survey on Problem Models and Solution Approaches to Rescheduling in Railway Networks[J]. IEEE Transactions on Intelligent Transportation Systems,2015,16(6):2997-3016.

[7] Yue Y X, Han J T, Wang S F, et. al. Integrated Train Timetabling and Rolling Stock Scheduling Model Based on Time-Dependent Demand for Urban Rail Transit. Computer-Aided Civil and Infrastructure Engineering[J]. 2017, 32 (10):856-873.

撰稿人：魏玉光（北京交通大学）　乐逸祥（北京交通大学）

"双循环"对铁路网运力资源配置影响机理及铁路通道枢纽协调优化

Influence mechanism on railway network capacity resource allocation of "double cycle" strategy and the corresponding coordination optimization of railway channels and hubs

1　科学问题概述

由党的十九届五中全会通过的《中共中央关于制定国民经济和社会发展第十四个五年规划和二〇三五年远景目标的建议》提出，要加快构建以国内大循环为主体、国内国际"双循环"相互促进的新发展格局。这是中央充分结合当前国内国际形势发展的新变化、新趋势和新挑战对现代流通体系及供应链体系发展提出的重要战略部署。但目前我国的货运结构中铁路货运量仍不超一成，在快运货物中该比例甚至更低。究其原因，在庞大的货运市场背景下，铁路运输尚未完全发挥其优势，仍存在以下问题：①缺乏针对动态货运需求的货物列车谱系化产品设计；②货运需求与运输能力不匹配，存在"高需求、低能力"等现实问题；③缺乏针对货物运输的智能枢纽与集散点，以及货物运输组织多式联运效率较低。因此，基于"双循环"战略背景，研究铁路网运力资源配置影响机理及铁路通道枢纽协调优化，加深对"货运需求演化—运输产品设计—运力资源配置—通道枢纽优化"复杂关系的科学认知，是"双循环"战略背景下我国铁路运输需要迫切发展的任务之一。

2　科学问题背景

铁路运输作为国民经济的基础性、战略性、先导性和服务性产业，在改革开放中取得了长足发展，初步具备了发展双循环所需的流通体系及供应链体系再构建基础。作为促进"双循环"的"先行官"，铁路运输企业理应主动作为，承担起促进构建物流业新格局的使命。立足于"双循环"背景和当前物流市场变化，建立以消费者和国际出口为出发点的谱系化物流产品及对应的服务、统筹推进双循环流通体系建设是铁路进一步发展的关键。如今我国铁路跨越式发展不断推进，铁路运输系统不断向重载化、高速化、网络化的方向转变，传统的运输组织模式下的运力资源总量已不能满足多种运输产品的运输需求，理应挖掘"双循环"背景下考虑不同货运产品的运力资源优化配置方法,开展新运输组织模式,从而改善铁路资源配置的现状。此外,还应进一步考虑货物运输作业过程中产生的能力负荷以及相邻点线设备间的交互影响,协调好铁路运输通道与枢纽节点的关系,开展多网融合下的运输组织新模式,从而提高国内外货物运输整体效率,更好开展铁路货运服务。

构建以国内大循环为主体,国内国际双循环相互促进的新发展格局,可进一步明确铁路业务的发展方向,持续提高铁路的输送能力,增强铁路运输在市场流通和供应链体系中的作用;通过设计基于"双循环"的铁路谱系化运输产品,能够积极优化货运产品,满足多元化的消费与国际出口需求,提升铁路服务质量;考虑铁路路网点线能力和产品需求的匹配关系,最大程度优化货物作业流程,使铁路运力资源配置更加合理,实现国内外市场高效对接;研究各类运输产品在枢纽节点的运输组织方法,从而找到适合我国铁路多网融合的枢纽节点的运输组织模式,使交通枢纽更趋于便捷化和智能化,提高铁路运输在货运市场中的影响力和竞争力。

3　科学问题研究进展

在"双循环"背景下,铁路网运力资源配置与铁路通道枢纽优化的相关研究主要集中在"双循环"与流通及供应链体系、铁路运输产品设计、铁路运力资源配置优化以及铁路枢纽节点运输组织方式四个方面。

有关"双循环"与现代流通及供应链体系建设的研究以国内研究为主。郭懿提出双循环体系要求立足于新旧动能转换与产业创新体系,充分展现供应链本身的自生性、行业性、结构性以及系统性,通过提升其创新能力达到提高双循环体系成效;高滋棠和廖志刚通过分析大连物流供应链体系,提出组织搭建内循环为主、外循环为辅的物流公共信息平台,并依托信息平台打通海关、大宗商品交易、税务等各类行业管理信息平台和交易平台,提高进出口货物国内国际双循环通关效率。

关于铁路运输产品设计方面的研究,国内学者主要研究方向在于铁路运输产品组织研究。王莹对铁路行包运输的服务网络、专列开行方案展开了研究;王保华等对快捷货运动态服务网络设计优化问题展开了研究。国外学者对铁路运输产品设计的研究重点在于运输网络模型优化设计,G Lulli 等通过研究意大利铁路货运运输,设计了一种面向多商品运输的运输网络优化模型。

国内外学者对优化配置铁路运力资源的研究主要有设计运力配置系统、研究运力配置方式方法以及建立运力路径分配模型等。张巍提出并设计铁路运力资源优化配置决策支持系统;李俊阳提出一种基于三方博弈的中国铁路运力资源优化配置方法,并建立具有普适性的优化模型;Erwin Abbink 等针对荷兰铁路运营商高峰时段列车运力不足的问题,提出一种面向多种列车的最优路径分配模型。

铁路枢纽节点运输组织方式研究以国内研究为主。沈莉莉以上海虹桥枢纽为背景,研究发现设施布局与客运组织对枢纽的服务能力会产生显著影响。国外学者对枢纽节点运输组织方式的研究侧重于提出具体运输组织措施,Heddebaut 等分析了欧洲 27 个交通枢纽的换乘情况,提出连接法国里尔两个功能不同的交通枢纽,优化二者运输组织方式,并证明该方式对商业发展具有促进作用。

综上,国内外学者围绕铁路运力资源优化配置及通道枢纽协调优化展开了研究,取得了一定的成果,但仍存在以下不足:①"双循环"战略背景下,我国的货运市场需求动态演化规律相关研究较少,并缺乏适应货运需求的铁路运输产品;②国内外学者对铁路网运力资源优化配置的理论研究成果相对比较丰富,但定量优化研究较少;③基于枢纽节点的多式联运货物运输是未来研究的重点问题之一,缺乏针对货运需求的货物运输多式联运组织方式的探索。为了解决上述问题,需要对以下问题进行研究:

3.1 基于"双循环"的铁路在供应链体系中的作用机理研究

分析"以出口为导向"的外向型经济下铁路在流通及供应链体系中的作用及现状,研究"以出口为导向"和"双循环"战略下铁路运输在供应链体系中的演变过程,提出"双循环"背景下以铁路运输为骨干的供应链重构机制,加快现代流通供应链体系的重构,满足国内消费升级需要;分析"双循环"战略驱动下我国铁路复杂网络运输的新需求,搭建基于"双循环"的货流推演方法框架,完善基于"双循环"的高铁成网条件下货流推演理论。

3.2 基于"双循环"的铁路谱系化运输产品设计研究

研究"双循环"背景下动态货流需求驱动的铁路运输产品设计理论。分析"双循环"背景下我国铁路货流结构,研究面向国内消费者的集装箱班列、货物快运班列、高铁快运货物的谱系化直达运输产品设计,以及面向出口的中欧班列、铁海联运班列货物谱系化直达运输产品设计;研究面向国内消费者和国际出口的铁路货运产品直达列车组织技术,对比直达和中转运输方式,研究多类型产品多维度评估技术,提升铁路谱系化运输产品设计质量;研究不同运营条件下货物列车开行模式,建立适应多种开行模式的货运产品谱系优化模型。

3.3 基于谱系化铁路产品的运力资源配置优化研究

"双循环"及路网背景下,铁路运力资源要素规模庞大、类型复杂,亟须研究不同需求结构下的运力资源配置优化理论体系,以此支撑动态货流需求驱动的铁路运输产品设计,计算路网点线能力与铁路运输产品需求的匹配关系,优化基于瓶颈能力识别和数量结构优化的铁路固定设施动态配置;运用系统科学、运筹学等基础理论方法,挖掘高速铁路和既有普速铁路中高速铁路旅客列车、普通旅客列车、集装箱班列、高铁快运班列、普通货运列车间的合作博弈关系,研究基于多品类铁路运输产品的运力资源优化配置方法,建立具有普适性的优化模型,得到"双循环"背景下铁路运力资源优化配置方法。

3.4　基于谱系化铁路产品的枢纽节点运输组织方法研究

铁路通道运输效率与枢纽节点运输组织息息相关,亟须研究"双循环"背景下各类运输产品在枢纽节点的运输组织方法,探索适合我国高速铁路、普速铁路、城际铁路、城市轨道交通等多网融合下枢纽节点的运输组织模式;分析"双循环"背景下建设智能化枢纽和集散点的需求,提出我国综合交通枢纽智能化发展的建议,以期为全方位建设智能化枢纽和集散中心提出解决方案;科学探索"双循环"背景下基于枢纽节点的多式联运组织理论研究,提出动态货流需求驱动下考虑列车跨线运行的多式联运产品开行方案设计问题,建立基于枢纽节点的铁路列车开行方案优化模型,解决考虑枢纽节点的复杂路网结构网络化列车开行方案优化难题。

主要参考文献

[1] 郭懿. 供应链体系建设协同双循环创新发展的思考[J]. 投资与创业,2020,31(23):47-49.

[2] 高滋棠,廖志刚. 加快构建大连市"大循环、双循环"物流供应链体系对策建议[J]. 物流科技,2021,44(8):149-151.

[3] 王莹,刘军. 铁路行包快运专列开行方案优化编制方法的研究[J]. 交通运输系统工程与信息,2007(3):125-129.

[4] 王保华,何世伟,宋瑞,等. 快捷货运动态服务网络设计优化模型及其算法[J]. 铁道学报,2009,31(5):17-22.

[5] G Lulli, U Pietropaoli, N Ricciardi. Service Network Design for Freight Railway Transportation: the Italian Case[J]. Journal of the Operational Research Society, 2011, 62(12): 2107-2119.

[6] 张巍. 铁路运力资源优化配置决策支持系统设计[J]. 铁道运输与经济,2013,35(11):13-17.

[7] 李俊阳. 基于三方博弈的中国铁路运力资源优化配置研究[D]. 北京:北京交通大学,2014.

[8] Erwin Abbink, Bianca van den Berg, Leo Kroon, et al. Allocation of Railway Rolling Stock for Passenger Trains[J]. Transportation Science, 2004, 38(1): 33-41.

[9] 沈莉莉. 大型综合交通枢纽的城市内外客运交通衔接研究[J]. 工程建设与设计,

2019,(2):126-128.

[10] Heddebaut, Di Ciommo. Transport Intermodal Interchanges: Socio-Economic Impacts at Lille European Metropolis[C]//Ferrandiz, Franco, Sanchez. Congreso de Ingeniería del Transporte: 12th Conference on Transport Engineering. Valencia: UNIV POLITECNICA VALENCIA, 2016.

撰稿人：景云(北京交通大学)　何世伟(北京交通大学)

智能铁路场站与枢纽设计优化理论及技术

Design optimization theory and technology of intelligent railway station and hub

1　科学问题概述

铁路运输组织工作中，车场是办理同类(或同方向)技术作业的场所；车站是集成了客货运业务、运转、信联闭等多种设备，承担着旅客乘降、货物装卸及列车接发、会让、越行等各项作业的运输基层生产单位；枢纽则是由若干专用车站(编组站、客运站、货运站)和连接这些车站的联络线、迂回线、进出站线路及其他分界点等技术设备所构成的综合体。铁路场站与枢纽是服务客货运输、保障铁路畅通的重要支撑。

在智能化发展的浪潮下，各行各业都在进行智能化改造。铁路运输是一种规模化、网络化、军团化的运输方式，各专业、各铁路局、各基层站段人员协作的过程中，由人因导致的运输风险始终难以克服。因此，场站作业无人化、少人化是未来的发展趋势，依靠智能化技术实现铁路运输高精度、高效率的协同工作是智能铁路的发展方向。在智能化发展趋势下，如何构建新形势下场站与枢纽设计优化理论与方法体系是铁路场站与枢纽设计领域面临的难题，其核心科学问题主要有：

(1)智能化铁路场站作业流程与场型适配优化理论与技术；

(2)基于拓扑网络的场站与枢纽设计优化理论；

(3)智能场站与枢纽设计优化技术。

2　科学问题背景

2021年初，中共中央、国务院印发的《国家综合立体交通网规划纲要》指出，到2035年，基本建成便捷顺畅、经济高效、绿色集约、智能先进、安全可靠的现代化高质量国家综合立体交通网。铁路运输是综合立体交通网络的重要组成部分，铁路场站与枢纽又是铁路运输网络的重要节点与中枢。因此，铁路场站与枢纽的畅通对国家立体综合交通网络的正常运转起到重要作用。

随着"云物移大智、声光电感知"等智能技术的发展,交通运输行业也在应用智能技术进行升级,如民航的智慧机场,公路的自动驾驶、车路协同,水运的智慧港口、无人堆场等。铁路运输在向智能化方向发展的同时,场站与枢纽设计问题逐渐凸显,具体有:

(1)目前的场站设计基于既有的人工作业方式与作业流程,场站作业智能化会改变既有的作业流程与效率,出现场站规模与作业能力的适配问题;

(2)针对智能铁路场站与枢纽设计理论方法的探索较少,无法适应智能化发展趋势;

(3)相关行业设计规范缺失,无法进行规范化设计,反过来影响场站的智能化发展。

3 科学问题研究进展

3.1 发展概况

1)智能铁路场站方面

智能化铁路场站是广泛应用云计算、物联网、大数据、人工智能、机器人、下一代通信、北斗卫星导航、BIM 等新技术,通过对铁路移动装备、固定基础设施及相关内外部环境信息的全面感知、泛在互联、融合处理、主动学习和科学决策,高效综合利用铁路所有移动、固定空间、时间和人力等资源,实现铁路建设、运输全过程、全生命周期的高度信息化、自动化、智能化。现有铁路场站智能化研究主要集中在铁路集装箱智能场站技术,通过着眼于现代铁路集装箱场站装卸作业的智能化流程再造,采用自动化堆场技术,实现场站自动化远程智能控制。铁路作业根据运输对象可分为客运作业和货运作业,在客运作业流程优化方面,现有研究包括:铁路车站接发车作业优化,铁路客车整备所业务流程优化等;在货运作业流程优化方面,现有研究包括:货票电子化的业务流程优化,利用 Petri 网模型、湿法冶金全流程优化模型、设计结构矩阵(Design Structure Matrix,DSM)优化模型等方法对整个作业流程进行相关优化,利用 Petri 网模型对高铁货运作业流程进行优化等。场型适配技术方面的研究较少,目前关于场型的研究停留在基于既有的运输组织方式、作业流程、周边环境而选择对应的设计方案,暂无智能化场站场型适配技术方面的研究。

2)场站与枢纽设计优化方面

在铁路车站,由于结构的复杂性和作用的关键性,作业能力的瓶颈主要集中在咽喉区,因此在铁路车站平面设计的过程中,咽喉区的设计是整个设计的主要部分。目前,关于场站咽喉区优化设计存在两类方法:一类方法认为可将整个咽喉区分为咽喉进路区以及咽喉线束区两部分,并通过邻接矩阵表示出咽喉进路区道岔连接关系,运用线性规划模型求解出岔心间的距离;另一类方法则利用计算机的强大算力,应用约束推理方法对车站咽喉结构图形中道岔连接关系进行自动识别,通过优化模型计算得到最优岔心位置坐标。在20世纪90年代,国内对车场咽喉区的设计多集中于以定型为主的中间站,设计方法多以存储大量现行咽喉区布置图经拼制而成,在大型车场设计方面进展缓慢;也有针对驼峰平纵断面优化设计通用软件的研究,但由于设计对象是一个车场内特殊部位的咽喉区,很难移植到其他咽喉设计当中去。随后,一些学者陆续对铁路场站辅助设计软件进行开发,实现了根据道岔的初始连接关系结合作业、安全等约束进行叉心坐标计算的功能,但这些软件最终都是采用交互方式或模块化方法逐个绘出上述各实体,当网络结构较复杂时,其工作十分烦琐。近年来,国内的研究主要集中于完善铁路场站平面图的自动生成方法,根据初始网络结构图中的图形信息自动进行优化计算,最终生成咽喉区平面图。

铁路枢纽网络的优化设计包括枢纽内线位、站位的选址、规模等级、与其他交通方式设施的衔接以及相关设施的空间布局等,是维持铁路枢纽功能的基础。枢纽网络的优化设计是铁路线路设计优化的一部分,铁路线路设计优化多采用计算机辅助设计系统。20世纪60年代初,国外便开始将计算机辅助设计系统应用于铁路线路设计中,随后进行了大量研究,系统几乎都采用了智能计算机辅助设计方法。20世纪70年代后期,我国这方面的研究才刚刚起步,而且主要集中于道路交通领域。20世纪80年代末期至90年代中期,随着AutoCAD和计算机图形学等软件的发展,线路计算机辅助设计技术逐步向图形交互式自动设计发展,技术部门研发出了集线路设计全流程于一体的计算机辅助设计系统。进入20世纪90年代以来,我国铁路计算机辅助设计系统取得了长足的发展,"铁路线路纵断面优化设计系统""铁路线路平纵面整体优化设计系统"等辅助设计系统应用于铁路勘测设计部门。进入21世纪以来,一些学者和部门开始对铁路枢纽网络的计算机辅助设计系统进行专项研究,如"铁路全阶段数字化选线平台",其中,铁路枢纽线路设计模块能实现枢纽线路群的组织管理、线路实时动态耦合约束定线和线路交点快速计算。同时,也有学者和部门通过搭建特定数据文件接口,实现向铁路枢纽网络数字化模型的自动转化,通过图形化界面向用户演示枢纽的结构特征以及线路、车站等实体和属性,并根据不同设计方案自动生成铁路枢纽客货运输能力结果。

3)智能场站与枢纽设计优化技术

BIM技术在铁路行业应用晚,但发展迅速。2013年12月,"中国铁路BIM联盟"正式成立,随后相继颁布铁路行业BIM应用相关标准。目前市场上现有的BIM设计软件均不能满足中国铁路行业的规范要求,存在专业化程度不高的问题,尤其车站综合路基工程,涉及专业多,相关BIM设计软件不够成熟,BIM技术应用研究较少。

3.2 亟待解决的问题

综上所述,虽然已有学者和机构对场站作业、辅助设计、智能化设计技术等进行了研

究,但仍有如下关键问题有待深入探索:

1) 智能化铁路场站作业流程优化与场型适配理论与技术

通过智能化技术缩短必要作业环节的作业时间、整合业务流程、合理改变作业次序,从而实现铁路场站作业流程在时间上和结构上的优化。智能化铁路场站的应用,使得铁路作业流程在时间和结构上得以优化,因而在作业总量不变的情况下,所需的场站规模、场型结构需要进行重新适配。

2) 基于拓扑结构的场站与枢纽设计优化理论

场站与枢纽设计优化的关键在于咽喉区的优化,场站咽喉区的设计优化理论和技术需逐步攻克咽喉区初始平面图自动生成、叉心坐标自动计算、连接关系自动变换和最终平面图自动生成的一体化理论与技术。而枢纽网络的设计优化则需攻克基于地理信息系统(Geographic Information System,GIS)信息的区位理论、枢纽网络拓扑优化等关键技术。

3) 智能场站与枢纽设计优化技术

基于通用 BIM 技术及规范,研制面向智能铁路场站与枢纽设计的集成化平台,构建专业化的铁路 BIM 关键构件库,推动形成铁路场站与枢纽专业 BIM 构件行业规范,探索智能化设计与智能运营一体化技术。

主要参考文献

[1] 王同军.智能铁路总体架构与发展展望[J].铁路计算机应用,2018,27(7):1-8.
[2] 朱志国,叶怀珍.铁路站场计算机辅助设计系统——咽喉区优化设计[J].西南交通大学学报,1995,30(2):194-199.
[3] 黄孝章,谢如鹤,胡思继.铁路站场咽喉区优化设计及图形自动生成方法研究[J].长沙铁道学院学报,1998,16(1):102-107.
[4] 王明生,彭兴东.BIM 技术在铁路站场中的应用探讨[J].铁道运输与经济,2015,37(9):29-32.
[5] 王浩.BIM 技术在铁路工程设计应用中的现状及前景分析[J].工程建设与设计,2015,64(12):94-96,99.
[6] 王鹏.铁路站场 BIM 技术应用研究[J].铁道标准设计,2019,63(11):27-29.
[7] 宋宗莹,张红亮.重载铁路智慧车站架构与功能设计研究[J].铁道运输与经济,2020,42(10):74-78.

撰稿人:张红亮(北京交通大学)

大规模铁路网动态运能瓶颈产生机理和优化调控理论

Generation mechanism and optimal dispatching theory of large scale railway network dynamic capacity bottleneck

1 科学问题概述

运输能力的配置与调控问题是运输科学研究的热点与前沿,而运输能力的路网性和动态性特征更是当前运输能力研究关注的焦点。目前,我国铁路日常运输生产运能配置和管控,是通过建立工作量(主要是装车数等运输需求)、周转时间和载运工具需要量(如各类运用车保有量、机车数量等)的轮廓计划法确定载运工具配置指标,再编制列车、货运和机车等调度工作计划具体确定的,这种传统的运能配置和运输管控方法存在如下问题:①运能利用不充分:运输能力的计算、配置与利用主要是按年均 OD 进行的,无法满足动态变化运输需求和运营环境下对路网运输能力充分合理利用的需要;②计划管控不精准:基于固定静态时间断面(如每天 6:00、18:00)移动运力资源配置状况及其方案进行轮廓安排,无法满足精准的日常运输生产监控与运能利用实时调整的需要;③车流管控不连贯:由于货物运输有一定的时段延续性和阶段规律性,需要做一周、一旬甚至更长时间动态车流分析,以日计划为基础的日常调度作业计划方法,无法满足时间连贯性强的运输全过程车流管控要求。

随着铁路数字化和智能化建设的推进,铁路调度部门掌握越来越多的运输需求和运输能力利用的实时动态信息,传统的静态铁路运输能力计算、利用与调控的理论方法,由于割裂了运输生产过程与结果管理的内在联系,也无法利用运输生产各种实时动态变化信息,在组织生产时难以适应运输需求与运输供给(特别是运输市场波动、突发性线路中断、车站堵塞、空车与机车不足等)变动的需要,已越来越难以满足现代铁路运输组织管理发展的需要。由于铁路动态运能调控涉及铁路网中数千铁路车站、数万列车、数百万铁路货流 OD、连续时空维度的货运需求,为了实现"网-车-流"的精准时空供需匹配,应加深对"运营环境演化—运能瓶颈识别—运力资源协同管控—系统效能提升"复杂关系的科学认识,需要重点研究铁路线路和车站拥堵产生和传播机理、货运服务网络管控一体协调理论,突破服务网络中时变货流列流、运力资源、运输服务、价格收益、车流组织之间的精准管控耦合难题,迫切需要对铁路网动态运能瓶颈形成机理和调控理论展开研究,这对于完善与深化铁路运输能力计算和利用理论,促进铁路运输和信息交叉学科的发展,增强运输的适应性与突发事件下铁路生产管控能力,提高调度决策质量和生产效能都具有极其重要的理论意义和实用价值。

2 科学问题背景

提升调度指挥智能化水平,是实现铁路提质增效的重要内容,随着我国铁路网的不断建设和发展,客货运能矛盾已得到很大的缓解,但由于客货运输市场的波动或运营环境的变化(如春运、暑运、特定物资调拨、抢险救灾运输等),铁路在局部的区域和时间段仍然存在大量的临时或阶段性的动态运能瓶颈,需要调度部门对运输生产进行统筹考虑,综合安排。

目前,国铁集团全年平均能力利用率80%以上的分界口有50多个,这些分界口,当出现突发性需求或环境灾害影响时,就会出现能力紧张,典型的如2018年初南方冰雪灾害,2021年7月河南河北的特大水灾等。而在某些时间段问题更突出,如国铁集团四季度能力利用率90%以上的分界口有30多个,非常容易出现临时性的动态能力瓶颈。为更好适应运输市场变化,近年来铁路推出了"一日一图"等在内的一系列运输组织新举措,但"一日一图"更多适应客运市场,货物运输由于有一定的时段延续性和阶段规律性,具有不同于客运市场的特征,在统筹安排面向路网运能瓶颈区段的装、卸、运作业和载运工具方面,比客运组织更加复杂,需要对路网主要区域车流和列流进行预推,多次反馈才能形成与动态能力相适应的运输调整方案,以指导连贯性强的日常生产计划编制。此外,近年来运输市场变化和营业线施工导致的动态运能瓶颈及运输调控更加频繁,仅运输淡季,国铁集团调度指挥中心每日发布的涉及路网瓶颈的18个铁路局变更日常车流径路的指令就有500余条,涉及全路上万列车在数千车站走行径路和作业地点变更,有些车流较原有路径的迂回路线长度多达1000km以上,产生大量额外运输成本支出。目前,我国铁路已构建完善的实时运输生产信息动态采集和报告系统,但对未来运输生产的临时性运能瓶颈的研判和调控仍主要依赖静态车流推算结合人工经验方法,特别是缺乏基于运能瓶颈的优化预判往往带来调整时机滞后、车流调控量不准、机车和机班等运力配置不适配等一系列问题,如果能根据动态运能瓶颈及早采取措施,减少不必要的路网拥堵和车辆停时增加,每年大约可节省运输和时间费用数十亿元。

因此,精准预判运输生产可能存在的问题和演化规律,生成适应客货市场变化的更科学合理的运输组织调整方案,对于提升调度生产管理水平和运输效益,具有重要的理论意义和实用价值,具体如下:

(1)动态运能瓶颈形成机理研究的缺乏,从源头上成为运能瓶颈判别和运力调控疏解水平提升的症结。我国每天产生海量的货车和列车轨迹大数据,为揭示我国运能瓶颈形成机理奠定数据基础,但基于大数据的精细化瓶颈演化规律提取与发现方法研究仍非常欠缺。

(2)尚未形成一套满意的车流方案智能生成机制和调控理论方法,实际车流调整必须兼顾社会效益和经济效益目标,考虑各种复杂约束条件来保证其可实现性,如满足"双碳"目标下铁路货运增量国家战略目标的实现要求等,这增大了理论研究的复杂性和困难程度。

(3)运力资源优化调控的算法效率瓶颈难以突破,由于铁路动态运能调控涉及铁路网中数千车站、数万列车、数百万铁路货流 OD 在连续时空网络中的冲突变化及疏解,对算法求解质量和效率要求很高,现有优化技术难以满足需要,亟须研究新的高效率求解算法。

3 科学问题研究进展

国外在静态运能瓶颈研究方面有不少可以借鉴的成果和经验,但欧美国家运能富余、效益导向的组织模式与我国运能相对紧缺、公益性与效益性综合导向的模式有较大差异,其研究理论并不能直接应用到我国铁路研究中。国内对静态路网运输能力和运能瓶颈也有较多的研究,先后提出路网总体运输能力、有效运输能力等概念及计算方法,静态运能瓶颈一般用线路或车站高能力利用率来代表,能力瓶颈识别主要采用考虑能力约束的路网流量分配方法实现,静态运输能力瓶颈识别的相关研究成果曾先后应用到我国中长期铁路网规划、"十三五"铁路网规划中,取得重要的社会经济效益,但动态运能瓶颈和静态有很大的区别,动态运能瓶颈除考虑设施设备的高利用率(称为拥堵强度)外,还考虑拥堵时间和拥堵传播影响范围,这导致不能简单应用路网流量分配的方法确定路网能力瓶颈,而拥堵时间和影响范围又与受影响列车运行状态变化有关,因此列车晚点传播过程相关理论往往也应用于分析动态运能瓶颈的形成及演变过程。

3.1 动态运能瓶颈形成机理研究

与动态运能瓶颈相关的研究工作包括:①运用复杂网络动力学理论,研究多种拥堵因素导致列车连带晚点的传播规律等,如张雅琴基于复杂网络理论和易感-感染-免疫(Susceptible-Infected-Recovered,SIR)理论,构建我国铁路网拓扑模型,分析铁路网鲁棒性,并建立路网晚点传播模型,分析了突发事件下晚点传播在车站间的扩散过程及其传播特点。②运用极大加代数方法,分析列车晚点在时间和空间上的传播,如 Goverde 提出的基于极大加代数法的分析模型。③采用随机概率模型,预测列车晚点情况,如 Huisman 运用排队论理论,建立了一个可解的排队路网模型,模型可以预测列车晚点时间。④采用大数据技术等预测路网流量变化,如 Kecman 利用大数据挖掘技术,构建了一种基于闭环控制方法的路网预测控制模型,预测路网未来的流量变化,并通过模型优化路网车流分布;孙晨冉采用改进 XGBoost 算法对铁路货物列车分布态势进行研究,对宏观掌控铁路网络车流动态演化规律有参考价值。

3.2 超大规模铁路路网运能与运输资源管控理论

在超大规模铁路路网运能与运输资源管控方面的核心理论及方法包括：①基于大数据的铁路实际车流径路提取方法研究，结合货车轨迹实绩大数据，设计高效大数据提取方法，提取每支 OD 对的实际车流径路，形成基于路径选择概率的 OD 对实际运行径路数据集；分析每支 OD 对的实际轨迹及其在技术站停留时间，提取并获得每支 OD 对实际运行径路的列车编组计划数据集。②考虑理想径路和实际径路融合的满意车流路径智能生成方法，运用智能优化方法，结合基于货车轨迹大数据获得的实际车流径路，综合实际货运需求、运力设施能力利用水平等因素，研究提出考虑理想径路、实际车流径路和编组计划结合的铁路车流 K-短路径的智能生成技术。③考虑"双碳"等多目标和多约束的铁路路网车流智能分配理论研究，构建考虑碳排放、距离、费用、时间等多目标和能力、运输时间等多约束的铁路网车流组织优化模型，研究提出包括微进化等高效智能优化算法，分别对考虑运输能力利用最大化、考虑效益最大化、考虑时效性需求、考虑全程物流方案影响的车流全网调控优化问题展开研究。④基于知识图谱的铁路路网车流调控理论，基于列车运行和货车轨迹实际大数据，构建基于不同季节、月、日的全网区段能力利用率和复杂运行环境下货车运行径路和编组计划变动的知识图谱，设计考虑可靠性车流组织优化模型，发展多种有效的深度学习方法和数据挖掘方法，给出变化运营环境下车流动态调控优化策略，挖掘提炼各种复杂运营环境下的车流变化规律。

目前，铁路网动态瓶颈生成机理和车流调控优化理论研究已取得一定研究进展，但仍存在如下挑战：①路网动态运能瓶颈转移转换规律研究，目前的对于网络瓶颈的识别多基于静态配流方式生成，动态瓶颈分析主要是从列车晚点传播影响的角度展开，对于影响运能瓶颈生成的需求、运营环境和运力关系的内在机理及瓶颈转移转换关系尚缺乏深入系统的研究。②基于"网-车-流"互馈匹配机制，建立异构式多要素协同优化的 K-短路径车流组织优化模型，以分级节点降解网络规模为基本思路设计层级式的求解技术。③基于大规模铁路网"点、线、网"状态演变特性和关键节点转移规律，构建以改进满意车流径路问题为基础的不同粒度时空网络模型，以大规模超算技术为基础设计分布式 K-短路径的车流组织并行求解技术。④基于时间尺度可控的大规模货物运输服务网络建模方法，采用 Bender 网络分解、列生成、快速 K 短路计算、动态网络流分配等技术，进行大规模路网货运服务径路生成与货流分配；基于货车轨迹大数据，利用服务网络重构、知识图谱、智能优化、增量优化技术，设计基于微进化机理的车流调控策略优化方法，支撑车流径路及编组方案的动态调整。⑤智能学习型优化技术，面对诸多尚不明确的运营风险和处置经验，如何更充分利用相关信息和数据，提升智能学习的效率和质量，进一步完善车流智能调控的策略库和知识库。

上述问题研究取得突破后,对推动大规模复杂路网车流调控理论的发展、研发智能铁路调度系统、实现"双碳"目标下铁路货运增量目标、提高铁路网运输能力供给和运输服务水平等具有重要作用与意义,对铁路发展产生重大的科技、经济和社会效益。

主要参考文献

[1] 何世伟,宋瑞,戴新鋆,等.路网运输能力及计算方法的研究[J].铁道学报,2003,25(2):5-9.

[2] 张雅琴.突发事件下铁路网性能及传播影响分析的研究[D].北京:北京交通大学,2010.

[3] Goverde R M P. A Delay Propagation Algorithm for Large-Scale Railway Traffic Networks[J]. Transportation Research Part C Emerging Technologies,2010,18(3):269-287.

[4] Huisman T,Boucherieb R J,Dijka N M V. A Solvable Queueing Network Model for Railway Networks and Its Validation and Applications for the Netherlands[J]. European Journal of Operational Research,2017,142(1):30-51.

[5] Kecman P. Models for Predictive Railway Traffic Management[M]. TRAIL,2014.

[6] 孙晨冉.改进XGBoost算法的铁路货物列车分布态势推演方法研究[D].北京:北京交通大学,2020.

[7] Lan Z K,He S W,Xu Y. Combining Benders Decomposition and Column Generation for Scheduled Service Network Design Problem in Rail Freight Transportation[J]. Transportmetrica A:Transport Science,2020,7(12):1-23.

[8] Lin B L,Wang Z M,Tian Y M,et. al. Optimizing the Freight Train Connection Service Network of a Large-Scale Rail System[J]. Transportation Research Part B,2012,46(5):649-667.

撰稿人:何世伟(北京交通大学)

无人化智能车站管控一体作业优化理论与方法

Theory and method of integrated management & control optimization for intelligent railway stations

1 科学问题概述

人工智能、数字孪生、5G、信息物理融合等新技术飞速发展,伴随着新一代信息技术与铁路业务的深度结合,铁路行业快速进入智能时代。作为铁路运输网络、综合立体交通网络的核心组成部分,智能车站的发展建设决定了整个系统的智能化水平。智能铁路车站是在现代铁路管理与服务理念,以及云计算、物联网、大数据、人工智能、机器人等新一代信息技术的基础上,以客货便捷服务、生产高效组织、安全有力保障、绿色节能环保为目标,实现铁路车站智能客货服务、智能生产组织、智能安全应急、智能绿色节能有机统一的生产服务系统。

2020年,中国国家铁路集团有限公司发布了《新时代交通强国铁路先行规划纲要》,提出"以推动新一代信息技术与铁路深度融合赋能赋智为牵引,打造现代智慧铁路系统""发展无人智慧场站""构筑一体衔接顺畅的现代综合枢纽……提升货运场站数字化、智能化水平,推动货运枢纽向现代综合物流枢纽转型"。《交通强国建设纲要》与《国家综合立体交通网规划纲要》等也提出"推进智慧发展"。在此背景下,《智能高速铁路体系架构》编制实施,智能客运站技术体系不断完善,并在"智能京张""数字京雄"得到有效实践;货运场站的智能化建设也在快速推进,新一代编组站综合自动化系统持续发展与完善,基于全路车流精准推算的局站一体化稳步发展。然而,目前智能车站建设还处于起步阶段,对于旅客出行、货物运输的智能服务支撑还显不足,表现为旅客出行的智能化服务(如列车延误通知等)不足,货物运输过程中的装卸时间长、中转接续计划随机性大等严重影响着货物运到期限兑现率。因此,研究面向智能车站的管控一体作业优化理论与技术方法,解析车站组织管理与作业控制的耦合机理,突破面向智能运输的车站多源信息融合与挖掘利用、面向管控一体的车站作业计划编制等关键技术,形成车站管控一体作业优化理论与方法体系,支撑无人化智能车站的建设,对我国铁路运输组织水平与运输服务的提升具有重要的意义。

2 科学问题背景

建设智能车站,实现车站作业少人化或无人化,对于铁路运输智能化水平的提升具有十分重要的工程意义。经过多年的发展,我国在智能车站建设方面已具有良好的基础条件:一是政策的大力支持,《交通强国建设纲要》《国家综合立体交通网规划纲要》与《新时代交通强国铁路先行规划纲要》等都在强调建设智能交通运输体系,国铁集团的《铁路信息化总体规划》(铁总信息〔2017〕152号)和《铁路大数据应用实施方案》(铁总信息〔2017〕155号)等对于铁路发展的数字化、智能化做了基础规划与部署,这有力支撑了铁路智能化的发展;二是技术设备的支撑,近年来,智能化设施设备在铁路车站中大规模应用,如客运车站的智能检票、安检,站内机器人服务,编组站的综合自动化系统,无人车站智能视频分析等,取得了良好的应用效果;与此同时,新装备、新技术不断开展应用实践,如无人驾驶调车机车的研发与实践,持续提升车站的智能化水平;三是组织优化技术的持续突破,车站作业班计划、阶段计划、阶段计划与钩计划一体化、大型客运站股道运用计划、大型场站调车作业计划等的自动化编制技术已逐步完善,并在编组站、大型客运站、集装箱办理站等不同类型场站中得到了有效的应用。然而,目前的发展也存在一些问题:①车站配备了大量设施设备,支撑不同类型的生产作业,实现设施设备更精细时空粒度的高效运用管理,支撑作业任务的高质量,在理论与技术上都极具挑战性;②车站智能化建设过程中重控制、轻组织管理,已有智能设备与管理系统存在管控协调难度大等问题;③铁路车站经过多年的信息化、数字化建设,研发了不同类型的信息系统,然而系统由不同企业研发,信息来源多样,导致信息融合与利用存在难度;④车站与区域(枢纽、路局)在信息运用、运输能力、作业计划编制等方面"点-面"协调性差,制约了车站作业组织水平的提升,影响整个运输服务网络的效率与效益。

因此,面向少人化或无人化智能车站的发展需求,应重点围绕上述问题展开研究,实现理论与方法上的创新与突破,主要表现在:一是研究更精细时空粒度的车站运力资源与生产组织任务的协调匹配关系,实现车站作业计划的精细化编制;二是明晰车站组织管理与作业控制的耦合机理,突破面向智能车站的管控一体作业优化理论与技术,解决少人化/无人化智能车站发展建设的技术保障问题;三是针对车站的信息化、数字化建设缺乏统筹导致的信息多源、研发平台多样等问题,研究形成车站作业信息智能感知与识别技术方法,为智能车站的发展建设提供重要基础保障。

3 科学问题研究进展

对于铁路智能车站管控一体作业优化的研究,主要从以下三个方面展开:①智能车站架构及多源信息融合挖掘;②车站作业计划编制优化;③车站管控一体作业组织优化。

3.1 智能车站架构及多源信息融合挖掘方面

智能车站架构设计研究近年来才得到重视,研究主要集中在智能高铁车站建设方面,在"智能高速铁路体系架构"中有如站车智能服务、智能综合调度等内容。部分研究提出包含旅客服务智能化、作业生产智能化、经营管理智能化等模块的智能车站解决方案。对于货运车站,相关研究较少,神华铁路提出智能车站的设想,包含了车站智能化基础平台、车站智慧大脑系统、车站智能业务系统、车站智能人员管理系统等在内的智能车站总体规划设想。

铁路车站信息化发展历程,决定了其在智能化发展过程中需重点解决车站作业多源信息融合与挖掘利用的问题。以路网型编组站为例,目前已经配备了车号自动识别系统(Automatic Train Identification System, ATIS)、现车处理采用铁路车站综合管理信息系统(Synthesize Manage Information System, SMIS)、车站综合自动化系统(Synthetic Automation of Marshalling,SAM)、铁路货检安全监控与管理系统等；为保证车站作业安全有序地进行，还配备了大量的手持终端等设施设备、摄像头设备，基本形成了覆盖全站、全作业流程的物联网络。已有系统之间信息尚未实现互联互通，信息综合利用效率较低，对车站运输经营和改革发展的支撑作用尚未完全发挥。部分研究以统一数据管理、统一通信、统一平台为理念，力求实现不同设备、不同系统的信息资源整合，但阻力重重。

3.2 车站作业计划编制优化方面

大量学者针对车站作业计划编制问题开展了深入的研究，从针对不同类型车站的到发线运用优化，以及编组站内部的列车解编顺序、车流接续等问题的研究，到部分关联问题的一体化优化，如调车机车运用与车流接续的一体化优化等，都有大量的理论研究文献。为适应车站作业要求，对计划编制的计算方法也开展了深入研究，比如遗传算法、拉格朗日松弛算法等的应用研究，以期满足车站作业时效性的要求。近年来，随着计算能力的提升，部分研究进一步扩大计划编制优化范畴，如动车段所作业计划与高铁客运站到发线运用的综合优化、构建编组站阶段计划与钩计划（考虑调车场股道运用）一体化优化模型等。

3.3 车站管控一体作业组织优化方面

以编组站综合自动化(Computer Integrated Process System,CIPS)与 SAM 为代表，铁路编组站综合自动化发展过程中实践了管控一体作业组织。如 CIPS 是编组站自动化控制系统和综合管理信息系统的综合集成，2007 年首次在成都北编组站投入使用，有效提高了编组站的列车编解能力以及成都铁路枢纽的运输能力。经过十余年的发展，其在车站作业自动控制方面日趋成熟，然而在作业计划优化方面的不足也日益凸显。

3.4 亟待解决的问题

综上分析，在车站智能化发展方面，局限于局部环节的智能化，智能感知、智能识别、智能计算、智能交互等技术或方法尚未完全渗透到车站管理决策、调度指挥、执行控制、运行维护等多个业务层面。在车站作业组织方面，已有研究或注重作业组织的局部优化，或注重车站作业控制，对于铁路车站管控一体作业组织的系统化支撑还不足。为解决上述问题，需攻克以下科学问题与关键技术。

1) 铁路车站作业组织与运力资源运用的精细时空粒度协调匹配机理

铁路车站的作业类型与运力资源类型多样，其计划编制与设施设备运用的时空粒度也具有差异，如班计划、阶段计划等计划周期与所要求设备运用精细化程度各不相同。面向少人化或无人化智能车站建设需求，需解决车站作业组织计划的精细化编制、车站运力资源的精细化运用,以及两者的时空协调匹配问题,为数字孪生系统研发、智能车站建设提供基础技术支持。

2)铁路车站作业信息智能识别与应用技术

面向少人化或无人化智能车站建设对基础数据的要求,针对车站信息多源的特点,充分运用智能化设备与技术,研究车站作业信息的获取、业务数据的清洗和存储、数据融合与挖掘、非结构化数据特征提取等技术;贴合铁路车站作业计划编制要求,突出"人控、物控、技控"三级安全卡控中的技控环节,研究铁路车站作业信息应用技术,提升车站作业计划编制质量与生产作业安全水平。

3)面向智能化的车站管控一体组织理论与技术

针对车站作业组织管理与生产作业控制发展不平衡、协调匹配性不高的特点,从生产组织流程、安全卡控流程优化角度,明晰车站组织管理与作业控制的耦合关系与互反馈机理,研究突破面向管控一体化的信息智能处理、车站管控一体作业组织优化关键技术,形成面向智能化的车站管控一体组织理论与技术体系,稳步提升铁路车站的智能化管控水平。

主要参考文献

[1] 中国国家铁路集团有限公司. 智能高速铁路体系架构[R].

[2] 王同军. 中国智能高速铁路体系架构研究及应用[J]. 铁道学报,2019,41(11):1-9.

[3] 薛锋,马晓晨. 综合自动化编组站的资源构成与调度策略分析[J]. 交通运输工程与信息学报,2016,14(2):12-19,25.

[4] Shiwe He, Rui Song, Chaudhry S. S. An Integrated Dispatching Model for Rail Yards Operations [J]. Computers &Operations Research,2003,30(7):939-966.

[5] Boysen N, Fliedner M, Jaehn F, et al. Shunting Yard Operations: Theoretical Aspects and Applications[J]. European Journal of Operational Research,2012,220(1):1-14.

[6] 黎浩东,宋瑞,呼志刚. 铁路编组站分类线运用优化研究[J]. 铁道学报,2015,37(12):8-13.

[7] Selsabc P, Vansteenwegena P, Dewildea T, et. al. The Train Platforming Problem: The Infrastructure Management Company Perspective[J]. Transportation Research Part B: Methodological,2014,61:55-72.

[8] Wang J, Zhao Y, Gronalt M, et al. Synchronized Optimization for Service Scheduling, Train Parking and Routing at High-Speed Rail Maintenance Depot[J]. IEEE Transactions on Intelligent Transportation Systems,2021,23(5):4525-4540.

[9] 何世伟. 新一代编组站调度系统的开发理念与实践[J]. 铁道货运,2010,28(7):5-

11,21.

[10] 耿颖,丁昆.我国铁路编组站综合集成自动化的发展[J].中国铁路,2008,47(9):18-23.

撰稿人:黎浩东(北京交通大学) 何世伟(北京交通大学)

城市轨道交通站区一体化空间规划及智慧管控关键技术

Key technologies for integrated spatial planning and intelligent management and control in urban rail transit stations

1 科学问题概述

国务院于2017年印发了《"十三五"现代综合交通运输体系发展规划》,已明确在加强城市轨道交通建设的同时,应重视运输服务的提质升级,推动智能化运输服务。2021年,"十四五"交通运输重点工作也已确定,强调要提高运营管理智慧化水平,打造综合交通运输"数字大脑",构建数字出行网络。然而,与我国城市轨道交通建设规模及客运需求的高速增长相比,运输服务水平亟待提升,存在着客运组织压力大、运输安全形势严峻、运营质量效率不高、智能化程度滞后等问题。作为城市轨道交通基层生产单位和客流集散场所的车站,所显现的运营管理问题更为突出。城市轨道交通车站空间结构和大部分客运设施在设计、施工阶段已基本定型,要解决车站运营管理问题,就需要在设计、施工、运营等全生命周期各阶段内重视客流的动态影响,协同优化车站空间环境、客运设施设备、客流运动三者之间的交互关系。以BIM技术等为代表的智能化技术已逐步在交通设计规划阶段推广应用,能协助对车站全生命周期内各环节关键要素进行整合和有效利用,拓展改进仿真模型的广度和深度,以满足车站运营安全、便捷、高效的要求。因此,深入研究智能化技术在车站运营管理中应用的理论和方法,具有明确的问题导向和极其重要的理论、实践指导意义。

2 科学问题背景

近年来,我国城市轨道交通发展十分迅速,城市轨道交通网络规模不断扩大,所承担的客运量呈非线性增长趋势,在城市公共交通中的骨干作用日益明显。交通运输部相关成员在实地数次调研后都一直强调,要不断加强城市轨道交通运营安全管理,进一步提升服务水平,更好保障人民群众安全便捷出行。但作为城市轨道交通服务重要一环的车站,前期规划设计与后期运营需求的不匹配导致局部突发的大客流远远超出现有车站的承载能力,带来客流群集风险,大大降低了车站运营管理质量。城市轨道交通运营管理部门在大客流冲击和突发事件应急处置中,进行客流管控措施的时机、条件、区域等要素主要依靠车站管理人员的主观判断,缺乏科学、精细的量化评估手段,多出现处置响应速度慢、效率不高等情况。

城市轨道交通车站除了具有传统房屋建筑的特性,在空间规划、设施设备组成等方面也有着空间多层次、运动连续性、布局混联式、作业多环节、数据多源异构等自身的特点,并影响着车站运营管理。现有的车站设计主要依据《地铁设计规范》(GB 50157—2013)等标准规范中提供的静态数据进行,设计阶段难以充分考虑建成运营后乘客在各类设备设施间的运动特性以及运营需求,容易造成规划设计的运能与后期客流不匹配等问题。目前车站管理人员从多路视频监控系统和与其他站务人员的对讲机交流中主观获得客流信息,并凭经验做出客流分布态势研判,缺少及时、准确、直观的客流态势研判与预警方法,特别是缺少考虑混联结构设施设备能力瓶颈的动态转移、变化特点,难以为客运组织工作提供科学的技术支撑。目前主要采用车站客流仿真的方法辅助解决上述问题,仿真所需的车站空间布局及设施设备信息仍以二维图纸形式为主,建模精度较低;车站设施设备、客流等要素的实时状态仍是一个个"信息孤岛",未能应用于仿真模型中,客流仿真在直观、精准地还原现实场景等方面仍存在着局限性,影响了仿真结果的科学性、可靠性和准确性。

BIM技术的兴起为解决上述困境提供了新思路。作为一种3D数字化新技术,它集成了建筑工程项目中规划、设计、施工和运营维护等阶段的各项相关信息数据,使得所有参与者可以在统一的建筑信息集成平台上进行方案改进并及时获取、更新项目信息,保证了建筑信息的延续性和一致性。轨道交通车站BIM为车站空间规划、结构设计、设施设备的精确定位及实时状态的把控等工作提供了有效的工具,也为车站运营管理智能化、客流仿真技术革新提供了新的途径。基于BIM的技术特点,在BIM技术应用于轨道交通车站设计、施工阶段的基础上,进一步研究拓展其应用范围,响应和满足更长阶段的车站客运组织需求,结合客流仿真重点解决在设计、施工、运营各阶段的空间规划、车站承载能力评估、客流管控措施和应急处置方案优化等问题,对辅助改进轨道交通车站设计、提升客运组织水平和服务质量、保障运营安全起到重大的促进作用。

3 科学问题研究进展

以城市轨道交通站区一体化空间规划和智慧管控为目标,开展城市轨道交通车站运营管理及建筑业BIM技术应用两个领域的交叉研究,主要从以下三个方面展开:①车站客流仿真;②车站能力瓶颈与客流集群风险识别;③BIM技术应用研究。

3.1 车站客流仿真

大多学者仅通过视频图像或室内定位技术对乘客运动轨迹进行提取。但这两类方法都存在一定的局限性,在车站复杂环境中仅用单一方式难以精准感知大规模客流运动,并且应用案例较少。由于大部分仿真环境均以土建工程设计图纸为基础构建,模型的改进虽然考虑了环境因素影响、乘客心理作用等方面,但仅能模拟乘客在二维空间中的运动特征。这使得客流仿真不仅难以准确反映车站立体连续性空间结构,而且图纸中包含的几何参数只能呈现出理想化静态场景,无法完整体现外部环境、乘客行为决策和设施设备三者间的动态作用关系,一定程度上降低了仿真结果的准确性。此外,相比二维仿真环境,多维连续空间中的个体仿真运动对碰撞规避和全局路径选择的要求更高,需改进现有算法。

3.2 车站能力瓶颈与客流集群风险识别

主要以数学分析和系统仿真两类方法为主。相比之下,微观层面的系统仿真方法(即客流仿真)所考虑的因素更为全面,但仍存在需要多次仿真、定量性差、评估指标有限等不足,不仅降低了能力瓶颈识别的效率,也不利于在车站设计及运营管理中提供客观、量化的决策参考。

3.3 BIM 技术应用研究

主要集中在项目规划、设计、施工阶段。虽然 BIM 在运营阶段已有部分模型标准,但仅适用于业务数据管理,且重点满足对设施设备的运维管理中,难以满足考虑乘客对设施设备实际运用背景下的车站客运组织的需求。

3.4 待开展的研究

在现有研究成果的基础上,结合我国城市轨道交通车站客运组织需求和 BIM 的技术特点,需要在以下方面进行深入研究:

1)基于多源数据的城轨车站客流集群分析

基于多源数据[如调查数据、演练数据、虚拟现实(Virtual Reality,VR)实验数据等]的分析与结合应用,研究城市轨道交通车站人群湍流、激波形成的机理和条件,分析湍流、激波对行人流演化的影响,掌握行人流运行状态,从而有针对性地规避客流群集风险。

2)基于多源异构数据融合的轨道交通车站客流分布感知

在分析多源异构数据特征的基础上,采用图像识别、轨迹跟踪、深度学习等理论和方法,研究多模多源下客流运动数据的生成和校核方法,并形成多层复杂空间环境下的全景实时客流分布态势推演方法,为客流仿真提供真实参数。

3)智慧交通导向下的轨道交通车站地区空间规划方法

基于智慧交通需求、轨道交通车站地区发展时空特征与轨道出行的耦合关系,探究轨道站区的空间优化策略,以提升站点、站区的智慧化水平,并适应"人本尺度"的群体行为,是空间规划方法的难点问题。

4)考虑客运组织需求的轨道交通车站 BIM 模型扩展

对客运组织所需的相关设施设备构件(电梯、楼扶梯、自动售检票系统、消防及其他机电设备等)增加服务状态、客流密度等标准化属性,设计与客运组织方案、客流监测设备端的参数接口,以响应 BIM 扩展应用于运营阶段的需求,并为客流仿真与 BIM 技术结合打下基础。

5)多层复杂空间环境下车站客流分布态势仿真模型

提出基于 BIM 的可变仿真环境建模方法,以充分体现动态、多层的车站环境;在此基础上,从多层复杂空间下乘客运动特征入手,重点研究考虑设施设备状态的乘客运动模型、路径选择模型和路径规划算法等模型算法,并提出 BIM 模型轻量化的实现方法和途径,使得仿真模型更真实、更有效。

6)车站能力瓶颈与客流集群风险主动识别及智慧管控

通过分析串并联混合下车站设施设备能力间的关联性,以及车站整体能力与设施设备能力间的关系,完善车站能力瓶颈识别的指标体系;结合车站客流集群分析与实时监测数据,基于车站 BIM 的客流仿真,主动识别车站客运能力瓶颈与客流集群风险,并辅助客运组织方案的优化及联动调整。

主要参考文献

[1] Huang J, Zhou F, Xi M. Calculation Method for Load Capacity of Urban Rail Transit Station considering Cascading Failure[J]. Journal of Advanced Transportation, 2018.

[2] Zhou X, Wang P, Jia X. Cellula Automaton Simulation of Pedestrian Evacuation Considering the Guidance Information[C] // Transportation Research Board 96th Annual Meeting. Washington DC, 2017.

[3] 汪瑞琪,张缨. 城市轨道交通车站内客流集散瓶颈识别及排序方法[J]. 交通信息与安全, 2017, 35(1): 71.

[4] Abanda F H, Byers L. An Investigation of the Impact of Building Orientation on Energy Consumption in a Domestic Building Using Emerging BIM (Building Information Modelling)[J]. Energy, 2016, 97: 517-527.

[5] Qu Y, Gao Z, Xiao Y, et al. Modeling the Pedestrian's Movement and Simulating Evacuation

Dynamics on Stairs[J]. Safety Science,2014,70:189-201.

[6] Hou L,Liu J G,Pan X,et al. A Social Force Evacuation Model with the Leadership Effect[J]. Physica A:Statistical Mechanics and Its Applications,2014,400:93-99.

[7] 薛霏,方卫宁,郭北苑. 基于系统动力学的轨道交通车站客流演变算法[J]. 铁道学报,2014,36(2):1-10.

[8] Dirk Helbing, Lubos Buzna, Anders Johansson, et. al. Self-Organized Pedestrian Crowd Dynamics:Experiments, Simulations, and Design Solutions[J]. Transportation Science,2005,39(1):1-24.

[9] Serge Hoogendoorn, Piet H. L. Bovy. Gas-Kinetic Modeling and Simulation of Pedestrian Flows[J]. Transportation Research Record:Journal of the Transportation Research Board,2000(1710):28-36.

撰稿人：徐瑞华(同济大学) 朱炜(同济大学) 陈艳艳(北京工业大学)
陈亮(北京工业大学) 李永行(北京工业大学) 崔叙(西南交通大学)

城市轨道交通装备运维数字孪生关键技术

Digital twin key technology of operation and maintenance for urban rail transit equipment

1 科学问题概述

随着地铁、轻轨等大运量城市公共交通的出现,不同运输方式之间的功能分配日益明显,轨道交通装备运维逐渐成为城市多模式交通协调发展的关键。通过对城市轨道交通装备运维进行研究实现交通资源合理配置和综合交通效率提高,已成为现代交通综合管理的重要组成部分。由于轨道交通装备故障诊断与预测模型需要与装备的维保系统结合才具有市场效益,所以必须形成"现场设备""数据洞察中心""现场维保"之间的闭合回路,才能对客户具有实用价值。随着移动互联网、物联网、大数据等技术的发展,信息的获取及分析手段更加多元,发展具有自学习、自调整等属性的轨道交通装备运维体系是研究热点之一。

2 科学问题背景

目前,香港、广州、上海、南京等城市的轨道交通均有不同程度的委外维保,其中香港将军澳线以及台湾地铁设备全面委托外部专业公司进行维保;上海、南京地铁将部分机电系统或设备委托外部维保公司。在架大修环节,随着越来越多的制造企业走向制造服务化和维修业务的专业化分工,轨道交通车辆厂商(如中车株洲电力机车有限公司)就与上海申通地铁成立了公司,从事相关线路车辆的整车架大修业务。国外城市轨道交通装备运维正逐渐发展应用基于实时状态的运维策略,但尚未有较成熟的预测性维护策略应用。而目前国内城市轨道交通装备运维模式大多停留在计划性维护和事后维修,存在着明显的不足:

(1)虽然有部分新役设备装有相关传感器采集及状态监测系统,但仍未有效打通状态数据与维护决策的壁垒,未形成状态监测、故障分析、运维决策的有效闭环。

(2)人工检测容易漏检。检查人员专业程度不高,导致很难确保检测的准确性。

(3)由于轨道运输装备结构较为复杂、涉及的技术领域众多、损坏率较高等因素,导致其维修难度增加,一旦设备出现车站维护人员无法解决的问题时,用户只能通过邮件或电话求助。等最终确认故障再派出维护工程师前往客户现场进行检查维修,使得整个维护过程相当漫长,影响轨道交通运输的服务质量和运营效率。

(4)缺乏一个统一的信息管理平台,造成了企业各车辆运行状态信息的缺乏,无法从根本上保证服务工作的及时性、主动性、前瞻性。

3 科学问题研究进展

3.1 技术优势

我国的地铁数量多,车型平台多,运行速度高,安全运营和经济维修面临巨大挑战。为对车辆的运行状态进行实时监测,及时发现行车安全隐患,进行报警和预警,有力保障车辆的检修质量和安全高效运行,可以借鉴数字孪生技术在产品远程运维中的应用经验,利用数字孪生"虚实结合,以虚控实"的特点,以现有装备数据为基础,通过统一接入、处理和分析,监测车辆状态,预测车辆状态变化的趋势,为运行故障应急处置人员提前发现和规避运行安全风险提供服务,帮助调度人员全面掌握检修生产情况。将数字孪生技术与城市轨道交通装备运维系统相结合,具有以下优势。

1)三维可视化

数字孪生打破了通过平面图纸整合装备信息的传统模式,通过3D建模技术映射物理现实世界的模型。能够逼真还原运维装备的机械结构、电气系统等,同时涵盖满足管理精度的相关几何、材料和状态信息。

2)全生命周期

数字孪生技术可以与城市轨道交通"运、检、修、管"四个方面进行深度结合,贯穿轨道交通装备使用全生命周期。改善了传统模式中产品交付阶段、运营阶段和维保阶段信息分别储存的弊端,减少了维护成本。

3) 预测性分析

数字孪生技术的引入为预测性决策和分析提供了基础。利用传感器监测大功率或易触发故障点的关键数据;可借助深度学习算法分析监控采集设备内部图像;根据系统的配置和传感器采集的数据,进行性能分析、健康监测与故障诊断。

3.2 技术研究方向

针对目前城市轨道交通装备运维系统中数据交互性差、设备基础信息和维修知识库不完整、高效的故障管理及分析体系缺乏、维护计划效率低等问题,研究数字孪生技术在轨道交通装备运维过程中的应用,如基于轨道交通设备的物理模型和运行过程中产生的孪生数据,构建轨道交通设备的数字孪生模型框架,各个设备间通过设备孪生数据连接,实现各部分的关联,是研究的关键技术。

城市轨道交通装备的数字孪生关键技术研究有以下方向:

1) 轨道交通设备检修知识服务模型研究

针对目前轨道交通设备点巡检、维修知识库不完整的问题,对轨道交通设备维修知识进行深度调研,基于自然语言处理技术和大数据分析技术,建立轨道设备维修的知识表达模型;研究图数据存储技术,建立轨道交通设备维修知识库,为工人维修提供知识服务;基于数字孪生技术对轨道交通设备典型问题的重点监控和轨道交通设备在运行阶段的状态数据、人工检测数据、历史故障数据等,构建轨道交通设备的动力装置、控制系统等方面的故障预测模型;以维修阶段的数字孪生体和故障预测模型为基础,结合运行、设计方、材料设备厂家数据等,制定故障或损伤恢复方案,恢复相关功能。

2) 基于迁移学习的故障诊断与预测技术

借鉴人类利用已有知识对新领域进行认知推理的方法,研究标签数据知识库的建立、未标签数据知识迁移推理等内容。基于迁移学习,利用实验室类似设备的故障、寿命实验数据,辅助训练轨道交通运输装备的故障诊断/故障预测模型。通过迁移学习的方法,减小目标域源域差异对模型效果的影响,从而实现故障诊断/预测模型的有效迁移。通过利用实验室类似设备积累的实验数据训练故障诊断/故障预测模型,基于迁移学习将其迁移至预测性维护系统,实现初步故障诊断和预测。而随着实际标签数据的积累,迁移学习也可不断对故障诊断/故障预测模型进行修正,提高在役轨道交通装备故障诊断与故障预测效果。

3) 在线故障诊断与预测技术

目前设备故障诊断与预测大多采用离线历史数据实现对模型的学习,且设备健康管理模型大多是静态的,即在训练建立好设备故障诊断或故障预测的模型后,就一直沿用该模型。但在实际轨道交通运输装备状态监测中,设备状态数据是不断积累的,静态故障诊断/故障预测模型无法有效利用设备运行过程中不断积累的新数据,造成资源浪费;当运输车辆的工作环境、工作负载发生变化时,静态模型的诊断或预测效果易变得差强人意。所以需要研究在线故障诊断与预测技术,开发在线故障诊断与预测模型,实现轨道交通设备健康管理。

4)维护决策技术研究

为车辆运营期提供基于各个部件状态的智能维护决策方法,保证车辆在平衡运维成本及可靠性间取得收益最大化。基于历史传感器数据、关联分析算法和智能时间序列预测算法,通过建立性能劣化分析模型和劣化故障智能预测模型,预测得未来可能发生的故障及故障时间点,完成部件健康及寿命指标计算,并综合考虑投入和收益,采用决策树、模糊推理、遗传算法等决策优化算法,优化维护时间间隔、新增临时维护、确定未来重点维护对象等,最终形成科学有效的维护决策。

主要参考文献

[1] He B, Li T, Xiao J. Digital Twin-Driven Controller Tuning Method for Dynamics[J]. Journal of Computing and Information Science in Engineering, 2021, 21(3):1-27.

[2] He B, Liu L, Zhang D. Digital Twin-Driven Remaining Useful Life Prediction for Gear Performance Degradation: A Review[J]. Journal of Computing and Information Science in Engineering, 2021, 21(3):030801-16.

[3] 陶飞,张贺,戚庆林,等. 数字孪生模型构建理论及应用[J]. 计算机集成制造系统, 2021, 27(1):1-15.

[4] Xu G, Liu M, Jiang Z, et al. Online Fault Diagnosis Method Based on Transfer Convolutional Neural Networks[J]. IEEE Transactions on Instrumentation and Measurement, 2020, 69(2):509-520.

[5] Dai Y, Zhang Y. Adaptive Digital Twin for Vehicular Edge Computing and Networks[J]. Journal of Communications and Information Networks, 2022, 7(1):48-59.

[6] Bellavista P, Giannelli C, Mamei M, et al. Application-Driven Network-Aware Digital Twin Management in Industrial Edge Environments[J]. IEEE Transactions on Industrial Informatics, 2021, 17(11):7791-801.

[7] Liao X, Wang Z, Zhao X, et al. Cooperative Ramp Merging Design and Field Implementation: A Digital Twin Approach Based on Vehicle-to-Cloud Communication[J]. IEEE Transactions on Intelligent Transportation Systems, 2022, 23(5):4490-500.

[8] Dang H V, Tatipamula M, Nguyen H X. Cloud-Based Digital Twinning for Structural Health

Monitoring Using Deep Learning[J]. IEEE Transactions on Industrial Informatics, 2022, 18(6):3820-30.

[9] Newrzella S R, Franklin D W, Haider S. 5-Dimension Cross-Industry Digital Twin Applications Model and Analysis of Digital Twin Classification Terms and Models[J]. IEEE Access, 2021, 17(9):131306-21.

撰稿人：康劲松(同济大学)　刘敏(同济大学)

都市圈轨道交通复合网络协同运营优化理论及方法

Optimization theory and method of coordinated operation of metropolitan rail transit network

1　科学问题概述

合理有效的综合交通运输体系是都市圈形成和持续发展过程中不可或缺的前提与保障，轨道交通以其大容量、方便快捷、安全准时、节能环保等优势为都市圈的发展提供了强有力的支撑与引领作用，成为都市圈综合交通运输体系的骨干网络。2019年9月，中共中央、国务院印发《交通强国建设纲要》，提出建设城市群一体化交通网，推进干线铁路、城际铁路、市域(郊)铁路、城市轨道交通融合发展。在《交通强国建设纲要》指引下，我国大力规划布局城际铁路、市域(郊)铁路建设，提出将京津冀、长三角、粤港澳大湾区三大区域城际和市域(郊)铁路作为重大工程纳入"十四五"规划。以长三角区域为例，截至2022年底，已建成铁路营业里程近1.4万 km，其中高铁里程6668km，基本形成"1小时"高铁交通圈，到2025年基本建成"轨道上的长三角"3小时区际交通圈。同时，正在加快城际和市域(郊)铁路网建设，打造"轨道上的长三角"，支撑长三角地区更高质量一体化发展，形成了都市圈轨道交通的复合网络基础。

2021年2月，中共中央、国务院印发《国家综合立体交通网规划纲要》，提出推动干线铁路、城际铁路、市域(郊)铁路融合建设，并做好与城市轨道交通衔接协调，构建运营管理和服务"一张网"，实现设施互联、票制互通、安检互认、信息共享、支付兼容。在现阶段，我国长三角、京津冀、粤港澳等主要都市圈或城市群已经规划建设了较为完善的多制式轨道交通网络[包含干线铁路、城际铁路、市域(郊)铁路和地铁等]，但各制式轨道交通仍处于独立发展及运营阶段，尚未形成一体化成网运营局面。面对日益增长的轨道交通出行需求和多制式轨道交通复合网络的完善，旅客一体化出行的需求以及对全程出行链不同制式轨道交通系统间"互联互通"以实现快捷、舒适、经济出行的需求将日益凸显，特别是随着 5G、人工智能等新技术快速发展、MaaS 等新交通出行服务理念不断普及，旅客更加注重全过程出行链智慧化、一体化出行体验，对多制式轨道交通网络的联程运输模式和协同运营水平提出了更高的要求。因此，在多制式轨道交通网络规模大幅扩张、覆盖城市网络层级不断深化、网络能力及通达性显著提升的背景下，研究先进有效的联程运输模式与运输组织方式，推进干线铁路、城际铁路、市域（郊）铁路、城市轨道交通融合发展，充分发挥不同轨道交通系统的组合效率，实现多制式轨道交通间的互动和协同，是推动"四网融合"、实现"3 小时交通圈"亟须解决的关键难题。

2　科学问题背景

目前，限于轨道交通的管理模式及技术发展，不同制式轨道交通系统间互联互通尚未形成、管理体系相对孤立、信息共享不佳，制约了多制式轨道交通复合网络的整体运输效率和服务质量的提升，随着我国多制式轨道交通复合网络的逐步形成，将在运输需求、运输组织模式、运输计划协同等方面呈现新变化，面临新问题。

2.1　伴随着不同制式轨道交通系统的快速发展及网络化运营，客运需求将演化变革

随着都市圈、城市群建设的快速推进，轨道交通运营模式由单制式独立运营向多制式协同运营转变，旅客出行也由单一交通方式出行向多种交通方式组合出行转变。多制式、高密度的轨道交通网络极大地提高了运输网络的通达性，改变了旅客原有的出行时空感知，旅客出行更加关注安全、便捷、高效、一体化的出行体验，由此带来了旅客出行需求及出行质量要求的显著提升。

2.2　基于旅客全出行链，多制式轨道交通系统将呈现联程运输、协同运营的新局面

在多制式轨道交通复合网络快速发展背景下，为了给旅客提供出行链一体化、全过程无缝化的出行服务，各制式轨道交通需根据自身功能定位、技术特征及竞合关系，进行有效分工、合理协作，呈现出合作共赢的多制式轨道交通联程运输、协同运营新态势。

2.3　多制式轨道交通复合网络联程运输模式需要协同化、智能化运输组织予以响应和保障

跨制式、立体化客运需求给多制式轨道系统协同运营提出了新的挑战，旅客在一体化的全程出行链中更关注运输衔接流畅性、节点换乘便捷性，因此，需从旅客全程出行链角度实现不同制式轨道交通系统运输能力匹配与运输计划衔接，研究相应运输组织方案协同优化的理论方法，为构建一体化、多层次、高效协同的多制式轨道交通系统提供支撑。

因此，基于多制式轨道交通复合网络快速发展的趋势，着眼旅客全程出行链需求、多

制式轨道交通复合网络的整体能力和综合效益,深入研究客运需求变化特点,提出多制式轨道交通复合网络的联程运输与协同运营优化理论和方法,实现旅客接续换乘"零距离"、列车衔接"无缝化"、客运服务"智慧化"、旅客出行"一体化",对保障区域一体化发展战略的实施,提高客运服务水平和网络整体运营效益具有重要的意义。

3 科学问题研究进展

面向多制式轨道交通复合网络,目前对多制式轨道交通复合网络的旅客联程运输与协同运营优化理论及方法的研究,主要从以下方面展开。

3.1 多制式轨道交通复合网络客运需求分析

随着信息技术发展,旅客出行大数据的数据量、来源和种类等多个方面都得到了丰富和拓展,数据采集技术为多源时空数据获取提供了基础。国内外学者利用各类客流数据,采用数据驱动方法、行为/意向(Revealed Preference/Stated Preference,RP/SP)调研与非集计建模、客票数据挖掘等方法,分析综合运输体系中旅客出行方式选择与路径选择;并对旅客出行选择关键因素进行总结,包括个人社会经济属性(如性别、年龄)、交通特征属性(如票价、在途时间)和出行特征属性(如旅客出行目的、出行时间)等多个方面,从统计分析决策、信息化平台构建等方面讨论大数据技术在客运需求预测方面的意义和运用角度,运用神经网络、深度学习等方法,实现短时客流需求预测。

3.2 多制式轨道交通复合网络联程运输模式

为了更好地服务乘客"一体化"出行需求,不同运输方式间需协调合作,为乘客提供联程运输服务模式,主要包含以下内容:共享时刻表、订票信息和站点位置等;制定浮动票制、优惠票价实现客流诱导;制定适用于不同运营主体的票务体系及清分方法;提供最优组合出行方案的推荐及路径规划。目前,我国已有学者针对跨模式组合出行规划方法进行初步探索,芬兰、德国、新加坡等国家已开始提供基于订阅的 MaaS 服务,但目前均主要面向城市公共交通及市域交通。

3.3 多制式轨道交通复合网络运输组织协同优化方法

现有研究主要集中在多方式运能匹配与计划衔接优化两方面。其中,针对多方式运能匹配评价的研究,主要体现在点线能力的配置与协调上:一是综合客运枢纽内部换乘系统设施合理配置、设施能力匹配,主要关注客流特征与换乘设施通过能力的相互影响及作用机制;二是不同运输方式之间运输能力的协调与耦合,从减少换乘节点客流滞留、协调网络运输能力和优化开行方案等方面,提升路网的整体效益。在多制式轨道交通运行计划衔接优化方面,主要进行了以下研究:以换乘站为研究对象,以路网层换乘客流总换乘等待时间最小为目标,构建基于换乘衔接协调的城市轨道交通网络列车运行计划协同优化模型;以最小化乘客出行时间和企业运营成本为目标,构建轨道交通运行图及时刻表优化模型,并设计相应算法进行求解;基于高速铁路到达客流时变特征,构建高速铁路与城市轨道交通运输能力与运行计划匹配耦合模型。

3.4 亟待攻克的难点

综上,国内外学者围绕客运需求分析与预测、多方式旅客联程运输模式、多方式运能匹配与计划衔接优化等问题从不同角度展开了研究,取得了丰富的成果,但仍存在以下不足:①面向轨道交通复合网络旅客出行新需求变化,目前的研究多聚焦于某单一方式的客运需求分析与预测,对旅客全程出行链的行为特征与规律关注较少,无法满足多制式轨道交通联程运输模式对于客流出行机理分析的全面性、客观性、动态性的要求;②多制式轨道交通复合网络的联程运输模式,亟待在出行规划、票务体系及清分、联程运输组织模式等方面进行深入研究;③现有的多方式运能匹配与计划衔接的研究多以具有明显主从关系的两种交通方式为研究对象,不适用于多节点、多层次、多制式轨道交通复合网络,需要进一步研究不同制式轨道交通运输能力匹配评价与优化及列车运行计划衔接优化问题。为了进一步解决上述问题,需要攻克以下难点。

1)基于全程出行链的多制式轨道交通复合网络客运需求分析

旅客出行特征是揭示多制式轨道交通复合网络协同运营的内在动力机制的关键,也是确定多制式轨道交通复合网络联程运输模式、运输组织协同优化的基础。在多制式轨道交通复合网络中,旅客全程出行链将涉及两种及两种以上制式轨道交通,呈现联程运输、多方式组合出行的特点。采用传统的方式分担进行客流分布分析及预测难以反映"联程运输、票制互通"要求下的客流变化的内在机理。因此,需要提出旅客全程出行链出行大数据关联、融合分析方法,解析多制式轨道交通复合网络客流出行时空特征与集散特性,研究建立面向多制式轨道交通复合网络的客运需求预测模型。

2)基于MaaS理念的多制式轨道交通复合网络联程运输模式

不同制式轨道交通系统因其技术特征、功能定位、运营主体等的不同,在服务客流的性质方面各有侧重,运输组织方式也存在较大差异,在多制式轨道交通复合网络联程运输票制互通背景下,需考虑复合网络客运需求特征及多制式轨道交通技术经济特征,重点解决以下三个核心难题:①构建复合网络轨道交通出行制式与路径联合选择模型,研究面向旅客全程出行链的出行方案规划技术;②建立联程运输条件下轨道交通票制互通体系架构,研究多制式轨道交通联程运输票价模型、票务模式与清分方法;③以MaaS理念为指导,研究建立多制式轨道交通复合网络中行车组织、客运服务有机联动的联程运输模式。

3）不同制式轨道交通运输能力匹配评价与优化

不同制式轨道交通运输方式存在内在的相互竞争、相互促进、相互补充的竞合关系，因此，多制式轨道交通复合网络下，客运需求与运输能力的耦合机理更趋复杂，不同制式的轨道交通系统运能供给既要考虑系统自身的客运需求，还要兼顾跨制式换乘客流的需求，同时还要考虑系统间能力的合理匹配。因此，需从多层次、跨制式出行需求出发，研究多层次客运需求与多制式轨道交通运输能力耦合机理；构建基于供需耦合的多制式轨道交通系统运输能力优化匹配模型和基于时刻表匹配的多制式轨道交通列车运行计划衔接优化模型，并设计适用于复合网络系统的分布式并行求解方法，实现多制式轨道交通协同运营。

主要参考文献

[1] Shafahi Y, Khani A. A Practical Model for Transfer Optimization in a Transit Network: Model Formulations and Solutions[J]. Transportation Research Part A: Policy and Practice, 2010, 44(6): 377-389.

[2] 刘杰,何世伟,宋瑞,等. 基于运输方式备选集的多式联运动态路径优化研究[J]. 铁道学报, 2011, 33(10): 1-6.

[3] Sivakumaran K, Li Y, Cassidy M J, et al. Cost-Saving Properties of Schedule Coordination in a Simple Trunk-and-Feeder Transit System[J]. Transportation Research Part A, 2012, 46(1): 131-139.

[4] Xia W, Zhang A. High-Speed Rail and Air Transport Competition and Cooperation: A Vertical Differentiation Approach[J]. Transportation Research Part B: Methodological, 2016, 94(12): 456-481.

[5] Ke J, Zheng H, Yang H, et al. Short-Term Forecasting of Passenger Demand Under on-Demand Ride Services: A Spatio-Temporal Deep Learning Approach[J]. Transportation Research, 2017, 85(12): 591-608.

[6] 赵学彧,杨家其,彭亚美. 城市轨道交通与地面公交竞合关系演化机制[J]. 吉林大学学报(工学版), 2017, 47(3): 756-764.

[7] Djavadian S, Chow J. An Agent-Based Day-to-Day Adjustment Process for Modeling 'Mobility as a Service' with a Two-Sided Flexible Transport Market[J]. Transportation Research, 2017, 104(12): 36-57.

[8] Tang Y, Jiang Y, Yang H, et al. Modeling and Optimizing a Fare Incentive Strategy to Manage Queuing and Crowding in Mass Transit Systems[J]. Transportation Research Part B:

Methodological, 2020, 138: 247-267.

撰稿人：徐瑞华（同济大学）　邹晓磊（同济大学）

超大规模多层次轨道客运服务网络动态演化与协同优化理论

Dynamic evolution and collaborative optimization theory of super large scale and multi-level rail passenger transport service network

1 科学问题概述

1.1 问题表象

截至2021年底，我国已建成覆盖全国的包括普速、高速、城际、市郊铁路在内的超大规模多层次铁路运输系统，营业里程达到15万km，为提升旅客出行质量提供了强大的硬件支撑。以铁路为骨干的轨道客运网络在空间上实现了全国多节点城市的物理连通，而时空上的快速、便捷的运输服务连通则需要依靠优良的客运服务网络设计，以支撑《交通强国建设纲要》"全国123出行交通圈"目标的达成。多层次轨道客运服务网络设计，是对列车速度、种类、起终点、径路、停站、开行频率、编组等空间要素，以及各站到发时刻、区段席位动态票额与价格等时间要素进行组合，向任意节点之间的旅客提供直达或中转出行乘车径路方案，并考虑多交通方式的接驳，满足旅客出行链需求；它是综合了客流需求、列车开行方案、运行图、车辆运用、联程联运、服务、调度等多阶段从宏观到微观的运输计划。

多层次轨道客运服务网络设计需要综合考虑运输企业的效益和旅客的出行效用，例如，一方面要尽可能提高旅速、减少旅客中转，另一方面也要尽可能提高上座率，降低列车开行成本。以列车开行方案、运行图等运输计划为基础构成的旅客运输服务网络，既是一张"能力网"，也是一张"效益网"，反映了运输企业满足旅客出行数量与质量需求的程度，以及运输资源利用效率与成本支出。

1.2 内在机理

以铁路为骨干的多层次轨道线网中有规模超大、多元复杂度极高的旅客出行需求。为实现"车-流-网"的精准供需匹配，重点研究客运服务网络管控一体协调理论，突破服务网络中时变客流、车站、线路、列车、席位、时刻、价格、乘车链路与服务内容之间的管控耦合难题，形成列车运行时空效用关系网络设计理论，在信息技术、新基建、新车辆装备、列控技术等全系统升级赋能背景下,为解决铁路客运服务网络组织演变过程中的数学、信息、系统、运输等多学科交叉科学问题提供理论支持与关键技术支撑。

1.3 科学问题

超大规模多层次轨道客运服务网络动态演化与协同优化问题从本质上讲是运输资源与客流需求之间的匹配问题,其中蕴含的科学问题如图1所示。

从客流需求角度,研究客流细粒度的时空分布、层次结构、出行环节,探索个体出行的决策机理,揭示巨量、异质、个性化出行需求生成及演变规律,辨识客流时空分布特征,从源头上把握服务网络设计应解决的需求症结,如图1中①所示。

从运输资源角度,在路网多种有限运输资源制约下,不同速度等级和服务类型列车之间存在强耦合关系,揭示列车关系强耦合作用下巨量运输资源复杂联动运用中运输能力瓶颈的动态分布特征,形成客运服务网络设计中的运输资源运用关键技术,如图1中②所示。

从运输资源与客流需求两者角度,研究客运服务网络对两者的联结关系,即资源约束下的服务供给与旅客出行需求的动态匹配关系,以及网络运营背景下不同等级线路间多种供需匹配关系之间的相互协调,揭示巨量、异质、个性化出行需求与多粒度客运服务网络强时空耦合与协同机理,解决"流、车、网"复杂匹配问题,如图1中③所示。

该供需匹配问题的难点在于,即便决策单一运输计划(某项要素)往往都极为困难,由"供"向"需"匹配的客运服务网络中更多或全部要素的协同优化决策将是个超维组合NP难问题。

2 科学问题背景

过去的10余年间我国已建成4.2万km世界最大规模高速铁路网,15.5万km的铁路网中从日开行百十列车增长到万列,从只需应对几个节假日客流增长的临时"高峰方案"到适应客流频繁波动的"一日一图",从铁路设计自身的列车运输计划到必须要兼顾多种交通方式的联合运输计划编制,多技术层次特征的铁路轨道客运服务网络的设计复杂度激增,决策难度越来越大。

2.1 铁路运输企业的做法现状

目前面向以铁路为骨干的多层次轨道客运服务网络设计问题,我国铁路运输企业的现状做法是:

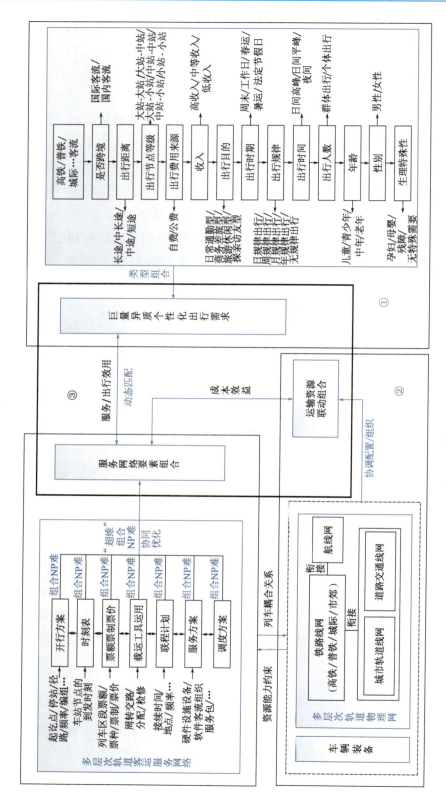

图1 多层次轨道客运服务网络协同决策科学问题

1）设计机制方面

①普速铁路、高速铁路、城际铁路、市郊铁路等各层次轨道线网的服务网络设计相对独立,缺乏协调与衔接,但是旅客出行是在整个网络中进行,并形成巨量出行链,客观上要求面向全网进行设计。②铁路独立于其他交通方式设计,与城市轨道交通等其他交通方式彼此资源不共享,缺乏联运资源协调配置与联运产品设计协同优化,难以适应我国跨方式客流需求日益增长的需要。③多个运营主体、运输服务需求主体难以参与运输计划设计过程,多数情况是被动接受主体运营方设计的出行服务。

2）设计手段方面

①长期以来的运输计划依靠传统人工编制,在理论上缺乏超大规模网络上、巨量多层次需求、多运营主体下,提升铁路经济与社会效益、降低全社会旅客出行成本、快速响应动态需求的优化理论与方法。②从技术支撑上,亟须全社会服务需求的高效采集挖掘技术,缺乏适应超大规模多层次轨道客运服务网络设计的优化决策工具。

2.2 不利影响

上述现状已构成铁路依托大规模线网资源使客运经营向更高层次发展的瓶颈。

1）不利于节约旅客出行成本

客运服务网络设计直接影响整体客流输送效用,以2030年铁路年70亿人次发送量计算,如果客运服务网络设计不够科学合理,若人均产生仅5min的时间浪费,将产生数百亿级计的时间价值损失,从而损失掉巨大的经济社会效益。

2）难以从供给侧解决人民日益增长的出行需要与不平衡不充分服务供给之间的矛盾

客运服务网络设计如果不够精准,则难以满足人们日益增长的个性化出行需求,也难以支撑广大铁路旅客智能化出行的目标。

3）阻碍运输资源融合与共享水平的提升,导致投资与运营成本增加

如果不能协同化、一体化地设计客运服务网络,就很难提高旅客全程出行链的无缝衔接水平,多层次轨道线网之间、不同经营主体之间共站、共线、共通道、共移动设备、共运营设备、共检修设施、共运营平台的可能性就难以保证,不仅会增加基础设施投资,也会产生庞大的运营成本。

4）难以突破制约铁路市场化改革的技术瓶颈,不利于开放型铁路市场经营环境的形成

面向多层次轨道线网复杂性服务需求的客运服务网络,如果不能智能化、协同化、一体化地设计并实现相关技术平台,将难以从技术手段上克服目前不同运营主体、不同需求主体、不同"交通延伸服务"主体参与铁路运输产品的设计、销售、实施过程的困境,将严重阻碍铁路从生产型企业向市场服务型企业转变,从运输企业向旅行综合服务企业转变。

3 科学问题研究进展

3.1 既有技术的可行性

轨道交通线网客运服务网络设计问题的内涵和内容丰富,是世界性管理优化难题。目前,解决轨道交通列车服务网络优化问题的途径,主要是对要素分解求之,即分别优化运输计划中的某一项,以及某项运输计划中的一个或某几个要素。针对单项运输计划或全部要素中的子集要素(如列车开行方案、运行图、列车开行方案中的停站要素、列车运行图中的列车顺序方案等)、单交通运输方式中2~3项运输计划协同(如铁路列车开行方案与运行图协同等)、两个层次交通线网载运工具运行计划联合(如空铁、轨道与公交时刻表联合)的优化技术已有较多成熟的研究成果。

但是,既有技术针对的轨道线路大多线路较短、路网较小,验证方法的实例规模十分有限,且"分治"的解决途径难以获得满意的全局优化方案,仅能实现供需之间的局部匹配,更大联动系统的供需匹配可能是失衡的甚至是错位的。客运服务网络设计分阶段、分环节割裂化的研究即为公认难题,一体协调更是难度加剧,理论方法缺乏,并且世界上任何一个国家都不面临我国这种超大规模、层次结构复杂的轨道客运网络和客流量,适应列车运行时空与旅客出行效用最佳匹配的超大规模复杂网络设计的理论方法是空白的。

3.2 技术路线的创新性

无论是单层次还是多方式轨道客运服务网络设计问题,供需高效匹配目标下的多层次供给服务要素与旅客效用要素之间"动态化""一体化""协同化"设计是发展趋势,在超大规模复杂变量与约束的模型构建技术、计算机算力、数据资源、AI 辅助的新兴智能算法的支持下,逐步实现图 1 中多层次轨道客运服务网络要素由少到多到全部的协同优化,该问题的深化研究将从以下方面体现创新性:

(1)新基建、新装备、新技术对轨道客运服务网络形态特征的影响机制。
(2)基于海量数据的客流链式时空组合动态需求智能分析技术。
(3)基于宏观、中观、微观客运服务网络多形式演变辨识与耦合决策,面向"车-流-网"最佳匹配的运输综合计划协调一体优化理论。
(4)全过程无缝、精准、高品质智慧出行服务设计技术。
(5)多层次轨道客运服务网络管控技术平台。

3.3 技术路线的优势

按照本问题的"动态化""一体化""协同化"设计技术路线进行研究,具有以下优势:

(1) 形成基于多层次轨道交通的客运服务网络创新,丰富运输服务网络理论体系。

(2) 形成适应我国超大规模、层次结构复杂的轨道客运网络和客流量条件下列车运行时空与旅客出行效用最佳匹配的超大规模复杂网络设计的理论方法,为综合解决运输计划工程实践中存在的痛点难点问题提供理论和方法支撑。

(3) 实质性推动我国铁路客运经营管控平台系统研发及相应服务与技术产品"走出去"进程。

主要参考文献

[1] Huiling Fu, Lei Nie, Lingyun Meng, et al. A Hierarchical Line Planning Approach for a Large-Scale High Speed Rail Network: the China Case[J]. Transportation Research Part A: Policy and Practice, 2015, 75: 61-83.

[2] Marc Goerigk, Marie Schmidt. Line Planning with User-Optimal Route Choice[J]. European Journal of Operational Research, 2017, 259(2): 424-436.

[3] Xiaopeng Tian, Huimin Niu. Optimization of Demand-Oriented Train Timetables Under Overtaking Operations: A Surrogate-Dual-Variable Column Generation for Eliminating Indivisibility[J]. Transportation Research Part B: Methodological, 2020, 142: 143-173.

[4] Yu Mei, Weihua Guo, Michael Cassidy, et al. Planning Skip-Stop Transit Service Under Heterogeneous Demands[J]. Transportation Research Part B: Methodological, 2021, 150: 503-523.

[5] Robenek T, Maknoon Y, Azadeh S S, et al. Passenger Centric Train Timetabling Problem[J]. Transportation Research Part B: Methodological, 2016, 89: 107-126.

[6] Yixiang Yue, Shifeng Wang, Leishan Zhou, et al. Optimizing Train Stopping Patterns and Schedules for High-Speed Passenger Rail Corridors[J]. Transportation Research Part C: Emerging Technologies, 2016, 63: 126-146.

[7] Yongxiang Zhang, Qiyuan Peng, Gongyuan Lu, et al. Integrated Line Planning and Train Timetabling Through Price-Based Cross-Resolution Feedback Mechanism[J]. Transportation Research Part B: Methodological, 2022, 155: 240-277.

[8] Qin Zhang, Richard Martin Lusby, Pan Shang, et al. A Heuristic Approach to Integrate Train Timetabling, Platforming, and Railway Network Maintenance Scheduling Decisions[J]. Transportation Research Part B: Methodological, 2022, 158: 210-238.

[9] Yu Ke, Lei Nie, Christian Liebchen, et al. Improving Synchronization in an Air and High-Speed Rail Integration Service via Adjusting a Rail Timetable: A Real-World Case Study in China[J]. Journal of Advanced Transportation, 2022.

[10] 李欣,戴章,李怀悦,等.基于连续近似模型的轨道交通与常规公交耦合优化设计[J].交通运输系统工程与信息,2022,22(2):206-213.

撰稿人:聂磊(北京交通大学)　付慧伶(北京交通大学)

城市群模式下轨道交通出行规律与站群效能提升

The trip rules and station-groups efficiency improvement of rail transit under the urban agglomeration mode

1　科学问题概述

《中华人民共和国国民经济和社会发展第十四个五年规划和2035年远景目标纲要》中强调,要加快建设交通强国,完善综合运输大通道,推进城市群都市圈一体化,提高交通通达深度。中共中央、国务院发布《关于建立更加有效的区域协调发展新机制的意见》,明确提出要建立以中心城市引领城市群发展、城市群带动区域发展新模式。然而,在城市群模式下,我国轨道站、站群仍存在以下问题:站城结构合理匹配问题,交通综合体类型和布局以服务铁路网络为主,总体结构与城市的耦合能力不强,作用能级和匹配程度不高。站体要素协同设计问题,站体还无法较好地响应城市群发展导向的功能及空间需求,交通综合体用地及建筑面积大、地铁至高铁换乘距离长、空间布局和设施配置简单、功能组合差。以上问题可归结为对城市群模式下的"使用者-轨道站-城市群"复杂关系缺乏深入系统分析。因此,有必要科学认知三者的关系,并基于轨道使用人群出行规律、形成机制,实现站群效能的提升。

2　科学问题背景

我国城市密集区与城市群的迅速发展,对交通网络化、现代化的需求日益迫切,而轨道交通是城市群发展的重要条件和前提。轨道交通(传统铁路、城市轨道、城际轨道)加速了城市(群)之间要素流动的速率,包括交通流、信息流等多维要素,呈现"流空间"的发展趋势。然而,人本尺度视角下,现有的高铁客流数据、地铁刷卡数据仅能直观分析以站为主体的客流交互关系,无法洞察轨道使用人群的全过程出行轨迹。因此,必须建立新的出行探测方法,从多源异构的大数据源中,精准提取轨道使用者的全过程活动轨迹,进而解析其形成机制。

在城市群发展模式下,"人-站-城"关联作用改变,主要表现为:①作用层次增加。城市群发展导向促使"人-站-城"相互作用关系在空间上呈现出"轨道站与站区、城市、城市群"多层次联动的作用特征。②活动规律复杂。城市群模式下,城际功能性活动增强及异城化的"周末通勤等常态通勤"现象,内外客流比例等交通需求特征变化,商务、旅游、探亲等多源出行目的动态需求,使得轨道使用人群的活动规律、出行轨迹日趋复杂。③作用能级提升。高铁客流量激增、城际出行比例和频次增加、出行目的多元化和城市复合功能接入使站城作用能级提升。④轨道站类型日趋多样化、类型化,传统基于"点"认知的轨道站效能难以描述城市群导向下的站群效能。因此,有必要科学认知"人-站-城"的多层次复杂对应关系。

3 科学问题研究进展

城市(群)尺度下的轨道使用人群出行规律、形成机制相关研究进展:研究人群移动特性有助于深层次挖掘移动出行的时空特征和演化规律,在城市(群)尺度下,轨道使用人群的研究多集中于以下两个层面:以高铁运输数据解析客流的时空分布与网络关联结构。如孙娜等使用2014—2019年高铁客流数据和网络分析法,对中国城市网络结构特征演变进行探讨,发现节点功能和地位的时序变动重塑了网络的空间格局,改变了由少数东部城市主导的网络格局,呈现出多中心、均衡化的发展趋势。以城市轨道交通数据解析城市居民轨道出行、集聚机理。如Huang等基于北京地铁刷卡数据,解析了地铁使用者七年的地铁使用规律与住房选择迁移模式;周雨霏等以深圳市地铁为案例,利用百度热力图,通过热力平均值和热力离散系数构建轨道站点服务区人群使用活力。近年来,部分学者开始利用手机信令数据的地下基站数据分析地铁使用者的时空分布,实现地铁使用者的精准识别与分析。如万涛等利用天津的手机地下基站数据,提出了获取轨道交通出行链信息和车站客流来源分布的计算流程以及其中涉及的轨道交通基站检测、出行端点识别、轨道交通乘车信息提取等技术方法。

站点(群)效能优化的相关研究进展:崔叙等基于客站人群疏散密度对微气候优化范围的影响,提出兼顾疏散安全性和热舒适性的站前广场微气候优化方法。宋文杰等基于"节点-场所"模型测算高铁站区综合价值,针对偏离均衡区车站提出优化措施,寻求站区交通与城市功能平衡。Yang等基于特征价格理论建模分析土地综合开发,研究其对站域地区商业地产价值的影响。吴昊等构建站城引力模型,测算车站的站城引力值对站区差异性发展的影响,发现站区所在经济、人口、车站规模、到发人数以及站城时空间距离是影响站区发展的主要因素。金旭炜等从价值性、成长性及支撑性三个维度构建适用于铁路土地综合开发的评估体系。汪天翔等构建以位置特征、商业网点特征、客流特征为主的铁路枢纽车站商业网点租价评估指标,为铁路枢纽站区商业布局与经济发展提供积极启示。

综上,交通、建筑等专业的学者围绕轨道站、站点群"站群网络结构、站点布局模式、站体空间组织"等问题从不同维度展开研究,取得了丰富的成果。但面对轨道站点(群)愈加动态的人群类型和空间结构,轨道站复杂的空间组织交通流线,轨道站群网络结构与布局模式正面临相互协同的理论问题,存在以下难点需逐渐攻克。

3.1 轨道使用人群的"点-群"活动模态与形成机制

轨道使用人群出行规律具有由节点到网络的"点-群"集散规律,且使用人群出行轨迹、时序特征、出行目的复杂多变,难以分析其在站体、城市群内的出行规律。结合传统数据与新兴多源异构大数据,进而获取使用者在不同空间层次的活动特征、时空规律、使用偏好、链接模式、运动轨迹。在此基础上,探寻"使用者-轨道站-城市群"要素间合理、高效匹配的作用机理和模型,是定量刻画轨道站体(点)人群活动模态以及站群(群)出行规律、形成机制的难点问题。

3.2 不同类型轨道站(群)的效能多尺度测度机制

基于"使用者-轨道站-城市群"关联作用的复杂性,以及轨道站的类型差异性,解构轨道站群结构、站体综合多个尺度的效能影响因素,并分析影响因素对不同类型轨道站(群)效能的贡献度,建立多类型轨道站(群)多尺度测度机制,表征多尺度效能测度因子,构建各类型轨道站(群)效能测度模型,是建立轨道站点、站群效能复杂测度体系的难点问题。

3.3 轨道使用人群站体活动链与轨道站空间配置的交互影响机制

基于轨道站用户群体活动链属性特征和影响因素分析,探寻轨道站用户群体在轨道站的活动规律,形成活动链集,并基于不同的空间配置对活动链进行测试和标定,解构用户群体活动链与空间配置的相互作用机制,建立活动链选择模型,是轨道站群效能优化方法中"节点"效能优化的难点问题。

3.4 轨道使用人群全过程出行链与城市(群)空间的互动规律及站群效能优化机制

基于轨道使用人群在城市群之间的流动规律和在城市内来源去向等全过程出行链,结合城市(群)的空间结构,洞悉城市群模式下,使用人群的接驳方式选择机制、路径规划空间效应、使用频次影响要素、站群结构的流量分配机制等一系列"出行-空间"的互动规律,是轨道站群效能优化方法中"点-群"效能优化的难点问题。

主要参考文献

[1] 汪天翔.高速铁路客站商业网点租价评估神经网络模型应用研究[J].铁道运输与经济,2019,41(4):7-13.

[2] Huang J, Levinson D, Wang J, et al. Tracking Job and Housing Dynamics with Smartcard

Data[J]. Proceedings of the National Academy of Sciences of the United States of America, 2018,115(50):12710-12715.

[3] 周雨霏,杨家文,周江评,等.基于热力图数据的轨道交通站点服务区活力测度研究——以深圳市地铁为例[J].北京大学学报(自然科学版),2020,56(5):875-883.

[4] 万涛,高煦明,刘杰,等.轨道交通车站客流来源空间分析及接驳优化——以天津市为例[J].城市交通,2021,19(2):112-120.

[5] 宋文杰,史煜瑾,朱青,等.基于节点-场所模型的高铁站点地区规划评价——以长三角地区为例[J].经济地理,2016,36(10):18-25,38.

[6] 金旭炜,谭啸.新建铁路土地综合开发评估体系探讨[J].铁道经济研究,2017,(4):27-32.

[7] 吴昊,李玲.我国高铁站区发展差异性研究——基于引力模型的分析[J].价格理论与实践,2018(9):159-162.

[8] Yang L C, Chau K W, Chu X L. Accessibility-Based Premiums and Proximity-Induced Discounts Stemming from Bus Rapid Transit in China: Empirical Evidence and Policy Implications[J]. Sustainable Cities and Society,2019,48,101561.

[9] 张凌菲,崔叙,王一诺,等.铁路客站广场微气候优化方法研究——基于疏散安全和热舒适兼顾的设计探索[J].中国园林,2019,35(3):86-91.

[10] 孙娜,张梅青.基于高铁流的中国城市网络结构特征演变研究[J].地理科学进展,2020,39(5):727-737.

撰稿人:崔叙(西南交通大学)

基于轨道交通的多层级多模式快速货运系统网络与协同运行

Network and cooperative operation of multi-level and multi-mode express freight system based on rail transit

1 科学问题概述

2021年2月24日,中共中央、国务院印发的《国家综合立体交通网规划纲要》中提出了物流未来的发展目标:到2035年,实现国际国内互联互通、全国主要城市立体畅达、县级节点有效覆盖,有力支撑"全球123快货物流圈"。2020年9月9日,中央财经委员会第八次会议中指出,要加强高铁货运和国际航空货运能力建设,加快形成内外联通、安全高效的快速货运网络。同时,构建协调、高效、可持续发展的多式联运物流系统是我国交通运输行业中长期发展战略的重要内容。《交通强国建设纲要》明确要求,推动铁水、公铁、公水、空陆等联运发展。然而,目前我国的低碳高效的多模式快速货运体系尚未形成。在构建低碳、高效、可持续发展的多模式快速货运系统的过程中,仍存在以下几方面问题:①基础设施薄弱、数据共享率低、区域协同性差;②"高成本、低效率和高排放"等现实挑战依然严峻;③不同运输方式的运力协同耦合能力弱,导致"点-线"能力不匹配,造成资源浪费与整体效率低。

因此,从构建低碳可持续视角,研究基于轨道交通的多模式快速货运系统拓扑结构演化规律与协同配置机理,加深对"货运需求演化-物理网络协同配置-运力资源协同配置-系统效能提升"复杂关系的科学认识,把握大规模多层级多模式快速货运系统的需求时空演化规律与供需匹配耦合机制,探究多模式快速货运系统资源时空协同配置优化机理,从而提升我国快速货运系统能力与效率,是当前我国可持续货运系统建设中所面临的紧迫任务之一。

2　科学问题背景

国务院办公厅于2021年12月印发《推进多式联运发展优化调整运输结构工作方案(2021—2025年)》,明确要求大力发展多式联运,推动各种交通运输方式深度融合,进一步优化调整运输结构。随着我国多式联运发展的不断推进,其"降本增效"性能显著,但由于多式联运业在我国起步较晚,在快速发展过程中尚存在诸多不利因素,构成了制约行业发展的瓶颈。

此外,随着我国产业结构不断调整、升级与完善,高附加值、高时效性货物运输的需求日益增长,以公路为主的快运物流服务距离有限且难以满足可持续的发展要求,航空快运物流稳定性差且成本较高,将具有"高时效、大运能、高准点率"等技术特性的轨道交通(传统铁路、高速铁路、城市轨道、城际轨道)引入现有快运系统成为解决上述问题的关键。然而,目前如何合理充分挖掘轨道交通运输能力,实现我国快速货运系统可持续发展,亟待解决以下科学问题:一方面从顶层设计的角度出发,探究多模式快货运输网络结构演化规律,形成多层级多模式快速货运系统的宏观布局,有序推进我国多模式快速货运系统建设;另一方面在实践中探索,加强运力资源的集约利用,协调不同运输方式的有效衔接及其资源协同配置,形成与"双循环"发展格局相应的可持续多模式快运物流体系。

基于轨道交通的多模式快速货运系统主要涵盖以下三类典型场景。

2.1　基于轨道交通的干线快速货运体系

在干线层面上,铁路与航空、公路、水路运输网络有效结合。合理利用既有高铁铁路、航空网络、高速公路等基础设施与运力资源,形成低碳、高效、快速的高端货物类型的多式联运物流体系,形成"航空-高铁""高铁-城市配送"等有效互补的一体化快速货物多式联运。

2.2 基于轨道交通的多模式快速货运运输链系统

基于轨道交通的快速货运系统与公路、内河航运等运力资源协同配置和无缝衔接。合理利用既有普速铁路骨干网络、内河航运骨干网络,以及公路骨干网络,形成功能匹配的大宗物资、集装箱等适运货物的多式联运系统。

2.3 基于轨道交通的城市多模式快速货运体系

构建畅通的"最后一公里"快速货运体系,需要有效整合市郊铁路、城市地铁、基于新能源车辆的城市配送资源,形成面向大城市可持续的多模式低碳快速货运系统,支撑我国低碳可持续城市建设。

3 科学问题研究进展

快运物流系统发展理论:国内外相关学者从区域经济、地理科学、产业经济学和计量经济学、复杂网络等视角研究了快运物流与经济的互动机理、物流效率及其空间分布演化规律。Ni 等运用空间计量模型方法研究我国快运零担的关键影响因素及其流量分布变化规律。贺韵竹和杨忠振针对快运货物的特征,研究了公共交通与自营货车协同配送的运营模式,研究结果指出,共同配送可以降低物流成本、减少环境污染。唐承辉和马学广利用快递物流大数据,运用社会网络分析与空间经济学等方法研究我国快运物流网络的空间格局及其特征与结构。

网络协同配置理论与方法:物流网络是一个协同系统,如何将协同学原理应用到物流网络优化中,近年来受到国内外学者的关注。Xu 等研究了多个假设场景离散不确定性下的协同物流网络设计优化问题。徐小峰和孙玉萍研究了物流网络中的任务资源配置优化、物流线路协同优化和运作机制协同优化。Wei 研究了如何利用中铁快运信息共享平台,构建无水港之间的横向协同联盟体系,并研究联盟协同管理与运行机制。

运力配置理论与方法:轨道快运运力配置是在现有轨道交通基础设施网络的基础上,协同客运与快运物流服务,从而实现资源效率利用最大化。Bi 和 He 研究了高铁快递网络性能适应性评估方法,并进行实证研究,研究发现目前中国高铁网络的运输能力充足、适应性强。李新毅等进一步研究高铁快运专列开行方案及运行图相结合的集成优化问题。

综上,国内外学者围绕快运货运系统发展理论、网络协同配置、运力配置等问题从不同维度展开了研究,取得了丰富的成果,但仍存在以下不足:①我国基于轨道交通的多模式快速货运系统的研究尚处于初期阶段,关于产业结构、数字经济、消费模式与快速货运需求之间的互动机理的研究成果较少;②国内外学者在宏观战略层面对物流网络协同内涵、发展战略、协同途径和协同利益分配等方面的定性研究成果比较丰富,定量优化研究较少;③现有研究成果大多数集中在单一运输方式的运力配置优化上,多模式货运网络中的有效运力衔接问题是未来值得研究的课题之一。要解决上述问题,需要攻克以下难点。

3.1 多层级多模式的快速货运需求形成机理与时空演化规律

快运需求变化及其时空演化规律分析是轨道快货运输网络协同布局与运力协同配置优化的基础。快运物流随着我国"一带一路""双循环"发展战略的快速推进、产业结构的升级转型、交通基础设施网络的日趋完善而不断发展,其需求具有不确定性,难以把握其内在变化规律。需要进一步运用物流大数据、复杂网络理论、计量经济学等理论与方法,甄别影响我国快运物流需求的关键影响因素,探究在新发展格局下,产业结构、国际贸易、人口、消费模式与快速货运需求的耦合机理,挖掘快运物流需求时空分布规律及其演化机理。

3.2 基于轨道交通的多层级多模式快速货运系统网络设计

从可持续发展与供需平衡视角,探索多层级、多模式和多主体的复杂多式联运体系中,不同功能、不同等级、不同规模的多模式快速货运系统中物流枢纽节点资源时空协同配置优化机理,形成基于数据和模型混合驱动的多模式快速货运系统资源协同配置鲁棒优化的新理论与新方法,提升快速物流系统效率与效能。

重点解决以下三个核心难题:①基于不同等级快运枢纽"数量-规模-布局"关联作用的复杂性,针对快速货运体系中不同产品谱系,从供需平衡视角,探究不同类型枢纽的协同配置模式及其优化机理,实现快速货运系统中不同枢纽点协同配置;②基于多层级多模式快运网络的复杂属性与特征,从网络相融性的角度出发,决策不同货运通道的扩容与新建,及其相应规模,实现枢纽规模(点)与不同运输模式能力(线)的匹配;③基于快运物流发展过程中物流需求总量与结构的不确定性,针对大型物流节点中存在的投资风险问题,结合不同物流 OD 对之间快运物流需求特征及其时空演化规律,优化快速货运系统中基础设施(枢纽、通道)的投资规模与投资时序。

3.3 基于轨道交通的快速货运系统多维度、分布式资源匹配与协同运行优化

多层级多模式多主体的快速货运系统中,分布式资源的协同配置与高效运作是其可持续发展的关键。因此,如何通过基于轨道交通的快速货运系统中的信息链、价值链分析,揭示多式联运货运服务时效与运输效率的时空耦合特征、作用关系与反馈机理。在此

基础上,从供需协同视角,分析多式联运系统中,集装箱、载运工具(汽车、轨道交通、水运等运输工具)、线路、枢纽站场等的多维度、分布式资源协同运作机制,以及不同类型的分布式资源最佳匹配模式,如何利用超网络理论、多目标决策、机器学习,实现多式联运资源动态匹配;利用深度学习智能协同过滤算法、计算机仿真,研究基于分布式资源的集装箱联运智能调度优化,也是拟解决的难题之一。

3.4　多层级多主体的快速货运系统协同运作机制

大规模的多式联运网络中,多个利益相关主体的存在使得联运系统更加复杂,因此,研究其合理的协同运作模式与协同保障机理机制,也是多层级大规模多主体的快速货运系统可持续发展的关键与难点。在规划层面,在考虑风险共担的基础上,设计合理的基础设施建设与运营的投融资管理激励机制,激励更多企业和政府参与多式联运系统的协同运作;在运营层面,运用大数据、人工智能和博弈论等理论与方法,探究多主体、多层级、大规模的快速货运系统多式联运一体化服务网络协同运作机制及其优化机理,进而提升物流网络整体的协同运作效率,是拟解决的难题之一。

主要参考文献

[1] Archetti C, Peirano L, Speranza M G. Optimization in Multimodal Freight Transportation Problems: A Survey [J]. European Journal of Operational Research, 2022, 299(1): 1-20.

[2] Ni L, Wang X C, Zhang D. Impacts of Information Technology and Urbanization on Less-than-Truckload Freight Flows in China: An Analysis Considering Spatial Effects [J]. Transportation Research Part A: Policy and Practice, 2016, 92: 12-25.

[3] Xu X, Hao J, Deng Y, Wang Y. Design Optimization of Resource Combination for Collaborative Logistics Network Under Uncertainty [J]. Applied Soft Computing, 2017, 56: 684-691.

[4] Wei X, Jia S, Meng Q, et al. Tugboat Scheduling for Container Ports [J]. Transportation Research Part E, 2020, 142.

[5] Bi M, He S, Xu X. Express Delivery with High-Speed Railway: Definitely Feasible or Just a Publicity Stunt [J]. Transportation Research Part A, 2019, 120: 165-187.

[6] 贺韵竹, 杨忠振. 自营货车与公交车协同快件配送优化 [J]. 交通运输工程学报, 2017, 17(6): 97-103.

[7] 李新毅, 李海鹰, 王莹, 等. 铁路快运班列开行方案与车底周转一体化优化研究 [J]. 铁道学报, 2020, 42(10): 9-15.

[8] 唐承辉, 马学广. 中国城市网络化物流联系空间格局与结构——基于快递网点数据的

研究[J]. 地理科学进展,2020,39(11):1809-1821.

[9] 谭志加,曾宪扬,孟强. 多式联运网络环境下的内河港口托运人选择分析[J]. 系统工程理论与实践,2021(9):1-22.

[10] 徐小峰,孙玉萍. 多枢纽轴辐式协同物流网络任务-路径优化匹配研究[J]. 中国管理科学,2019(9):175-182.

撰稿人:张得志(中南大学)

重载铁路列车速度、密度、重量协同机理与运力优化配置方法

Coordination mechanism of train speed, density and weight and optimal allocation method of transport capacity in heavy haul railway

1 科学问题概述

客运高速化、货运重载化,是铁路现代化的必然趋势和重要标志。重载铁路运输具有运量大、污染小、成本低和运输效率较高等优点,不仅能够达到缓解铁路运力紧张、提高线路输送能力的目的,同时能够有效地降低铁路运输成本。对于中长距离货物运输,尤其是煤炭这类大宗货物,重载运输特性更是显示出了独具的优势。《中华人民共和国国民经济和社会发展第十四个五年规划和2035年远景目标纲要》中明确指出,要加快大宗货物和中长途货物运输"公转铁",同时加强铁路货运能力,这成为实现我国"交通强国"战略目标的迫切要求。长期以来,我国铁路煤炭运量占货运总量的比重一直在40%以上,繁重的煤运任务要求铁路必须迅速突破运输"瓶颈",形成大运力的煤炭运输系统。我国目前已经形成"西煤东运""北煤南运""疆煤外运"的煤炭运输总体格局。近几年,随着下游生产需求增加以及国家政策影响,我国煤炭生产量、运输总量及占比均恢复上升趋势。因此,重载铁路发展有着广阔的市场,而提升重载线路的运输能力与服务质量则至关重要。

列车速度、密度、重量是表示铁路运输能力、运输质量和技术水平的重要技术指标,也关系到重载运输发展方向,三者之间关系密切、相互制约、相互促进。受国情和路情影响,我国铁路必须建立客货并重,数量与质量兼顾,列车速度、密度、重量合理组合、协调发展,高新技术与适用技术并重,不同层次技术装备并存的具有中国特点的技术体系。所谓合理组合,主要是根据不同的线路条件及其承担的客货运输任务,采用相应的列车速度、密度、重量。所谓协调发展,主要是要处理好列车速度、密度、重量三要素间的关系,使三者的组合能有效地提高运输质量、扩大运输能力。因此,如何有效破解重载铁路"速密重"技术难题,实现重载铁路列车速度、密度、质量的协同匹配,并在此基础上对铁路运力进行优

化配置,已成为确保重载铁路运输效率和效益最大化的迫切问题。同时,随着移动闭塞、新技术电控空气制动系统(Electronically Controued Pneumatic, ECP)以及列车自动运行控制系统等新技术的运用,对重载列车速度、密度、重量的协同匹配以及运力优化配置提出了新的挑战。

其科学问题归纳为:随着移动闭塞、自动驾驶、虚拟编组等新技术应用,重载铁路列车流运行规律将发生重大变化,需要揭示新技术条件下重载铁路列车速度、密度、重量的协同机理,建立基于跟驰模型的重载列车追踪理论,同时考虑资源有限性和设施设备适配性约束,为重载铁路运力资源的优化配置及行车组织提供理论支撑。

2 科学问题背景

重载铁路运输已经发展50余年,目前世界上越来越多的国家在建设重载铁路和开行重载列车。由于各个国家政策、经济、路网规模、土地面积等均有所差异,因此重载运输组织模式各不相同。在路网规模大、运能比较富裕的国家,如美国、加拿大、澳大利亚等,重载铁路多采取点对点专线封闭式运输模式,货物运量需求相对较小,同时列车牵引重量、制动技术等尚领先于国内。因此,国外重载铁路普遍采用低密度、大载重量、固定车底循环拉运模式,主要依托高新技术的优化配置,设备有充分的维护时间,运能资源配置和运输组织反而比较简单。我国的重载运输线路为"三西"地区煤炭资源外运的主要通道,其货流来源及去向的多样性、车流组合的复杂性、车流密度及运输强度均远超国外重载铁路,而运输技术设备的水平,如制动技术等尚低于国际先进水平。因此,在运输三要素中,我国重载列车速度和密度已处于世界领先水平,但在机车车辆轴重、列车牵引重量等方面尚存在差距,使得我国尽管货车运用效率较高,但辆均货车周转量指标却远低于美国等发达国家。大秦铁路作为我国第一条双线电气化重载铁路,通过长期以来的技术创新,煤炭年运量由设计初的1亿t提升至常态化4.5亿t,形成了以大载重量、高密度、快速周转为特色的集疏运一体化体系。

铁路货运一直遵循"速度、密度与重量"协调发展的策略,而列车三要素合理组合是一个复杂的问题,其内涵十分丰富,涉及铁路的车、机、工、电、辆等各个生产部门。目前针对重载铁路列车速度、密度、重量提高往往基于单个方面,鲜有研究结合其中某两个方面开展,且未能取得较好成果,而这三个方面又是构成运输能力的基本要素,既相互依存,又互相制约,三者合理匹配才能最大程度地提高运输能力。因此,列车速度、密度、重量协同机理将成为重载运输技术体系的核心和研究重点,从而为三者有机结合提供一个科学的依据。

铁路运力资源是一种稀缺资源,其配置受到很多方面因素制约,而运力资源需求又是社会经济活动的现实需要,随着各项方针政策的提出与实施,重载铁路市场需求将发生增长,因此,实现重载铁路运力资源的优化配置,是资源高效利用、效益最大化和可持续发展的重要前提。目前既有重载线路运力资源配置还存在以下问题:①集疏运系统能力不匹配,不能充分发挥系统功能;②设备设施不统一,相互不匹配;③既有线客货并行,干扰程度大等问题。因此铁路运力供给不能满足市场需求,只能采取有效措施增加运力、提高配置。重载铁路作为区域间物资运输的大通道,其运力资源配置与铁路网运力资源配置方法存在不同,需要充分研究重载铁路系统的集疏运一体化理论,深入研究重载铁路列车速度、密度、重量协同机理,考虑资源有限性和设施设备适配性约束,从而实现对重载铁路运力资源的优化配置。

3 科学问题研究进展

3.1 重载铁路列车速度、密度、重量协同机理

列车速度、密度、重量合理匹配的目标是提高铁路运量和铁路运输企业的经济效益。在技术、设备等条件允许的情况下,重载列车三要素合理配置的主要影响因素涉及供给和需求两个方面。重载列车是为货物运输需求服务的,因此货流需求是影响重载列车开行的主要因素。具体包括区段货流密度,货物的流量、流向,货物的品类,货主对运到时间的要求等,铁路运输企业必须考虑货主需求的差异。从重载运输供给方面考虑,铁路运输能力是重载列车开行方案的保证。重载运输供给包括铁路运能(线路、车辆等运输设备能力)及运输企业的经济效益等。

目前研究主要探讨了重载铁路速度、密度、重量三要素的特点和相互关系,以及对线路运输能力的影响,并结合具体重载线路运输现状,分析现有重载列车速度、密度和重量匹配方案,研究进一步提高重载列车速度、密度和重量的途径及措施。基于特定线路现状,对重载运输提质增量的过程实质上是从提高运输三要素中某一方面开始,并逐步组合优化其中某两个方面,直至最后期望三方面同时组合优化。

关于重载列车速度与重量的组合优化相对简单,主要取决于机车车辆的牵引制动性能,重载列车多采用专用大功率电力机车牵引,且随着列车编组数量(牵引质量)增加,机车数量也会相应增加。因此在线路条件给定时,重载列车的运行限速相对固定,而空车方向会略高于重车方向。此外,运用新型大功率机车,可在保持运行限速不变的基础上,满足小幅度提升列车牵引重量的需求。

关于重载列车密度与重量的组合优化,实质上是重载装卸车域范围内的重载车流组织问题。重载列车密度与重量直接决定了铁路输送能力或实际完成的运输量,在运量需求一定时,列车行车密度与列车重量成反比关系。对于重载线路,列车重量与编组形式直接相关,常见列车编组包括万t单元列车与2万t组合列车。目前重载线路输送能力相对

紧张，组合站技术作业繁忙，以装车域为例，此问题应在重载线路通过能力、装车区装车能力、组合站作业能力等约束下，确定合适装车域装载方案以及重载组合站的组合方案，从而在提高输送能力的前提下，尽可能减少组合站技术作业负担，提高设备利用率，加速机车车辆周转，加速"组列上线进程"。

关于重载列车速度与密度的组合优化，两者之间主要基于线路追踪间隔时间和通过能力产生关联。相关学者借鉴道路交通流理论，建立了描述重载铁路列车速度、密度及流量关系的宏观基本图，用以分析在不同信号系统中（固定闭塞或移动闭塞）重载列车流的特性及相关现象。此外，基于列车运行机理的探讨，建立了微观列车追踪模型，用以模拟列车在长大下坡道区段、限速区段以及进出站过程中列车追踪运行特点，从而分析列车速度与追踪间隔的关系。最后将两者相结合，进一步研究了重载列车流冲击波产生的机理及传播规律，为重载运输列车流的管控提供了理论基础。

整体来说，关于重载运输三要素协同机理的研究取得了一些成果，但随着技术设备的持续发展，重载列车三要素的特点及关系也存在较大的变化，还需要重点关注以下科学问题。

1）移动闭塞条件下重载列车群的协同控制

重载运输的特点，如固定编组、固定列车载重以及相对简单封闭的线路条件，相对简单的行车模式为移动闭塞技术的率先应用创造了有利条件。在移动闭塞或虚拟联挂条件下，列车运行机理与道路车辆较为相似，重载列车可像道路车队一样紧密运行，列车速度与追踪间隔密切联系。因此借助对重载列车速度与密度的组合优化，可以实现对重载列车群的协同控制，从而能够有效地使列车群通过线路瓶颈区段或在延误中断情况下快速恢复运行秩序。

2）天窗影响等条件下重载列车运行调整理论

随着一系列技术的运用，重载线路的追踪间隔大幅降低，通过能力显著提升，为压缩货物周转时间和降低车站工作量，会尽可能地组织开行装车地直达的单元列车，从而减少列车在途中技术站的停留作业时间。而在天窗期（或线路运行中断）后，部分车站往往存在大量重载列车积压，要在短时间内放行通过尽可能多的列车，可以考虑对重载列车密度和重量进行组合优化，组织部分单元列车在具备作业条件的车站进行组合作业，以实现局部通过能力的快速提升和列车运行秩序的快速恢复。

3.2 重载铁路运力优化配置方法

综合分析世界各国铁路重载运输组织模式，包括全封闭模式、全开放模式及半封闭模式。根据不同模式重载铁路的运输组织特点以及我国目前大部分重载铁路为全开放功能模式和半封闭功能模式的现状，重载铁路运力优化配置方法从以下两个方面展开。

1）集疏运一体化系统优化

相关学者认为面向重载运输的铁路货运集中化应以信息技术为主要手段，实现"集中受理，优化装车"；以站点优化为基础；以业务流程重组为条件；以改进集疏运系统为配套措施；以提高企业产品价值为目的。最终面向重载运输的铁路货运集中化可分枢纽及区段、区域、铁路货运企业集中化三个阶段逐步推进。从重载铁路格局调整变化、需求集中化程度增加、集疏运衔接优化、服务质量提高等方面，分析我国重载铁路集疏运现状，提出我国重载铁路集疏运优化方案，即：①实施重载铁路网络统一管理；②实现重载铁路集疏运能力协调；③突显重载铁路功能模式特点；④提升重载铁路服务质量，以加快实现集疏运环节协调优化。

2）车流组织优化

相关学者结合众多学者和专家对车流组织优化模型和算法的研究提出四个重载运输车流组织基本方法：①"固定车底"的循环运输组织。在符合条件的重载运输专用通道组织固定车底的循环运输，减少重载列车在技术站的有调作业，提高车底的周转速度。②"重来重去"运输组织。优化运输组织，变零散为直达，变分散考虑为系统安排，实现均衡运输。③装车地大宗货物直达列车组织。在可以保证提供大宗、稳定货源货流的装车站加强直达重载列车组织工作，获取规模经济效益。④重载班列运输组织。组织双层集装箱重载班列运输，拓展铁路重载吸引货源并提高重载运输效率效益。此外，还有学者在综合考虑装车地直达运输系统时间消耗的基础上，针对运输网络中存在路径择优及重载通道部分车站进行换重作业的特殊情况，构建以重载列车组合作业时间及在途运行消耗之和最小的装车地直达车流组织优化模型，该研究把群智能搜索算法应用于车流计算与规划中，将铁路运输组织理论与信息智能计算技术结合，为解决重载运输车流组织实际问题提供理论依据。

综上，目前对重载铁路运力优化配置方法的研究以车流组织优化方面居多，对既有设备设施改造优化等方面研究较少。因此在对车流组织优化方法进行研究时，应寻找新的角度优化模型或结合新兴技术（使用更先进的智能搜索优化算法等），基于已有的诸多成果对现有车流组织进一步优化。同时还应从设施改造优化等方面从实际线路条件出发，尝试探索运力优化配置方法，以深化对该类问题的研究：①重载设施设备全生命周期管理理论研究；②ECP条件下重载专用车辆运用优化研究；③固定车底循环运用条件下的检修计划优化研究。

主要参考文献

[1] 冯芬玲.铁路重载运输发展动因及组织策略研究[D].长沙：中南大学，2009.
[2] 贾传峻，胡思继，杨宇栋.重载铁路列车重量、速度、密度与运输组织模式的关系[J].

铁道运输与经济,2011,33(4):85-87.
[3] 夏胜利,杨浩,张进川,等.我国重载铁路发展模式研究[J].铁道运输与经济,2011,33(9):9-13.
[4] 董世鑫,魏玉光,张进川.重载组合站列车组合方案随机机会规划模型及算法[J].铁道学报,2020,42(11):8-14.
[5] 董世鑫,谭立刚,魏玉光.移动闭塞条件下重载铁路列车流特性研究[J].铁道学报,2021,43(9):9-17.
[6] Rivera A,Dick C T. Illustrating the Implications of Moving Blocks on Railway Traffic Flow Behavior with Fundamental Diagrams[J]. Transportation Research Part C:Emerging Technologies,2021,123(7):102982.
[7] 陈继伟.重载条件下货物列车速度、密度、重量对运输能力影响的分析[J].中国设备工程,2018,(13):198-199.
[8] 孙雁胜,于海军,魏玉光.大秦铁路重载列车"速密重"合理匹配研究[J].铁道运输与经济,2020,42(11):1-5.
[9] 倪继娜,张楷唯,张巍,等.我国重载铁路集疏运优化方案探讨[J].铁道货运,2021,39(1):37-42.
[10] 田长海.发展中的我国铁路列车速度、密度、重量[J].中国铁道科学,2020,41(4):127-135.

撰稿人:张进川(北京交通大学) 魏玉光(北京交通大学)

高原铁路工程建设物资运输组织与应急调度关键技术

Key technologies of construction material transportation organization and emergency dispatching for tableland railway

1 科学问题概述

高原铁路建设面临恶劣的自然环境,需穿越高原高寒高海拔复杂艰险山区,沿线地质条件复杂,板块构造活跃,地形变化显著。相较于平原地区的铁路建设,高原铁路的建设难度更高,工程物资供应保障难度大,主要原因表现在:①高原铁路工程建设物资需求量大、品类多样,供应难度大。高原铁路沿线物资相对匮乏,分布不均,建设物资主要依靠内陆地区长途运抵工地;工程物资品类多,生产地分布面广,如青藏铁路、川藏铁路的建设,都需从青海、四川、宁夏、云南等地采购与运输工程物资;物资需求季节性波动明显,动态需求、应急需求频发。物资需求的复杂性对于物资稳定供应提出了巨大的挑战，是工程进度的关键制约因素。②高原铁路工程沿线的交通基础设施相对薄弱，物资运输能力相对较小。高原铁路穿越高原高寒高海拔地区，沿线区域山高路陡、地灾频发、气候恶劣。道路海拔高，容易出现冰冻，且部分区域冰冻期较长，交通管制频繁；更容易出现交通事故，且救援难度大，运输能力保障不足。因此，高原铁路工程建设物资运输组织与应急调度难度大幅提升的实质是由工程物资供需矛盾、运输供需矛盾等多维因素综合作用导致的。其科学问题的本质为多主体参与条件下工程物资运输计划协同编制、多类型运输车辆动态调度优化以及复杂内外部因素影响下的应急运输调度的互馈耦合问题。因此，需针对高原铁路工程建设物资需求数量大、品类多、装运条件复杂，沿线路网结构单一、网络弹性脆弱等特点，研究高原铁路工程物资需求与物资运输组织的动态平衡机理，突破货运计划滚动编制、联运组织优化、物资运输车辆协同调度、运输风险识别及应急调度等关键技术，形成高原铁路工程建设物资运输组织与应急调度理论与方法体系，对保障高原铁路工程建设的顺利推进具有重要的意义。

2 科学问题背景

我国典型的高原铁路有青藏铁路与正在建设的川藏铁路。青藏铁路 2006 年全线通车，穿越海拔 4000m 以上地段达 960km，最高点为海拔 5072m，建设过程中解决了千里多年冻土的地质构造、高寒缺氧的环境和脆弱的生态三大难题。川藏铁路是习近平总书记亲自谋划、亲自部署、亲自推动的重大战略工程，是我国第二个一百年进程中的标志性工程。川藏铁路拉林段与成雅段于 2014 年 12 月开工建设，2018 年 12 月 28 日川藏铁路成雅段开通运营，2021 年 6 月 25 日川藏铁路拉林段开通运营。2021 年 12 月 13 日，川藏铁路四川段全线建设现场推进会在位于甘孜州康定市的川藏铁路新都桥高尔寺山隧道进口建设工地举行；12 月 14 日，西藏段全线建设现场推进会在昌都市举行，这标志着川藏铁路进入全线开工建设新阶段。分析青藏、川藏等高原铁路建设的工程物资运输可知，高原铁路工程建设物流具有需求量大、季节性波动强、大件特种装备运输多、可靠性要求高等特征，既受沿线物资匮乏、交通通道单一脆弱、物流场地建设难等因素制约，又面临生态环境敏感、气候条件恶劣、自然灾害频发等严峻挑战。工程建设物资运输保障研究极具复杂性。

2.1 运输供需矛盾极为突出

如川藏铁路建设的工程物资运输需求品类多、需求量大，预计钢材、水泥、粉煤灰等的需求量各为 315 万 t、2288 万 t、567 万 t，砂石料、弃渣等的运量都接近亿方；合同约定的常规装备 2.7 万台套，全断面硬岩隧道掘进机、架桥机等大型装备及大型桥梁钢构件 70 多万 t,预制构件和混凝土也是天量。运输供给方面,所依托的 317 和 318 国道能力紧张。沿线地质灾害多、事故频发,容易导致断道;沿线旅游车辆及人员多,2020 年达到 3505 万人次,安全隐患大。

2.2 面向众多参与主体,运输组织与应急调度复杂

高原铁路工程物资运输组织涉及工程物资生产企业、运输企业、工程物资存储基地、施工工段等不同主体,调度指挥方面还涉及地方政府、安全部门等,需多方协同才能更高效地组织运输生产,运输组织与调度复杂性高;与此同时,受自然条件的影响,运输通道沿线地质灾害多,事故频发,对应急调度的要求极高。

2.3 可借鉴的理论、方法、经验少

在一般的工程物资运输保障方面,国内外经过大量研究与实践,已形成完善的物流组织、调度优化理论与技术体系。超大工程建设运输保障方面,虽已通过三峡工程、青藏铁路、川藏铁路拉林段及港珠澳大桥等大型建设工程的实践与总结,但仍无法满足如川藏铁路高寒高海拔复杂艰险地形、沿线工程物资匮乏、交通基础设施薄弱、物流通道单一且脆弱、供需不确定性因素多等特殊条件。

因此,应重点围绕工程物资的运输组织与应急调度技术展开深入研究,实现理论与方法上的创新与突破,主要表现在:一是研究高原铁路工程物资运输供给能力与运输需求随工程进度动态变化的协调匹配关系,实现高原铁路工程物资多主体货运计划及运输方案编制的优化编制;二是研究复杂艰险地区交通流演化机理,解决工程物资运输通道上车辆动态调度问题;三是针对高原铁路工程物资运输通道沿线自然环境复杂、极易出现运输中断的特点,研究高原铁路工程物资运输风险预警及应急调度技术与方法,为高原铁路工程建设的物资运输提供系统的理论方法支持。

3 科学问题研究进展

国内外已形成比较完善的一般性工程项目物流组织及优化调度技术,在超大型工程项目方面,主要成果集中在大型跨海和超级城市隧道工程、运河开凿工程等方面。中国经过三峡工程、青藏铁路、川藏铁路拉林段以及港珠澳大桥等大型建设工程的实践与总结,已形成一套成熟的工程物资运输保障技术。王红卫团队研究三峡工程物资调拨优化,开发基于 GIS 的辅助决策原型系统。巴西南大河联邦大学 Rafaela Bortolini 从精益生产的视角,将 BIM 4D 建模方法应用于建筑过程的现场装配物流,实现了生产规划与工程物流的一致性。英国 Crossrail 项目公司以伦敦伊丽莎白线为例,研究了铁路建设过程中的物资配送策略、车辆管理方法以及组织协同机制,从战略层面探索了铁路工程物流的管理策

略。但与国内外超大型工程相比,我国如川藏铁路等高原铁路工程位于高寒高海拔复杂艰险地区,沿线工程物资匮乏,交通基础设施薄弱,物流通道单一且脆弱,供需不确定性因素多,对工程建设物资运输组织、应急调度等提出更高更新的要求。

综上分析,复杂艰险地区超大型工程物资运输组织具有需求量巨大、通道能力不足且脆弱、工程建设周期长等鲜明特点,对工程物资运输组织与应急调度提出巨大挑战,亟待从协同高效、智慧敏捷、经济绿色等方面开展关键技术攻关以及理论创新,以保证高原铁路工程建设物资设备的可靠供应。需攻克的科学问题与关键技术包括下面几个方面。

3.1 高原铁路工程物资多主体运输计划编制技术

分析高原铁路工程物资运输供给能力与运输需求随工程进度动态变化的数量关系,研究运能波动与运输需求相对稳定的条件下,工程物资运输年、季、月度的货运计划与运输方案协同编制技术;研究高原铁路工程建设大宗物资公铁联运组织模式、联运技术条件,以及多主体、多品类、正逆向全过程的工程物资联运组织优化技术;研究高原铁路工程物资货运计划及运输方案编制的时空量多维度阶段性变化特征,提出基于天、路、人、车、库的综合运输方案的动态调整方法,为高原铁路工程物资的稳定运输提供支撑。

3.2 高原铁路工程物资运输车辆协同调度技术

分析高原铁路工程物资运输多主体、弱可控及脆路网等特征,依据高原铁路工程物资运输方案,研究多主体、多类型车辆动态协同调度优化模型,编制高原铁路工程物资调度工作日常计划;提出工程物资协同输送能力动态分析评估方法,利用交通流历史和实时监控数据,推演计划日交通流规律,形成高原铁路工程物资运输关联通道交通流管控技术方案。

3.3 高原铁路工程物资运输风险识别及应急调度研究

通过采集高原铁路工程物资运输风险、气候(温度、雨雪、风力等)、地质条件等的历史数据,通过数据融合与挖掘,提出高原铁路工程物资运输风险动态识别方法;研究地质灾害、恶劣气候等条件下通道网络交通流运行机理,拥堵传播及中断恢复规律,提出工程物资运输交通流的推演方法,形成高原铁路工程物资运输风险的评估与预警技术;研究应急路径生成、交通管控、救援物资调配方法,提出高原铁路工程物资运输应急调度策略生成技术,为高原铁路物资运输应急响应与保障提供技术支撑。

主要参考文献

[1] Lu C, Cai C. Challenges and Countermeasures for Construction Safety during the Sichuan-

Tibet Railway Project[J]. Engineering,2019,5(5):833-838.
[2] Lu C,Cai C. Overview on Safety Management and Maintenance of High-Speed Railway in China[J]. Transportation Geotechnics,2020,25:100397.
[3] 刘丹,王红卫,祁超,等.基于多主体的应急决策组织建模[J].公共管理学报,2013,10(4):78-87,140-141.
[4] Bortolini R,Formoso C T,Viana D D. Site Logistics Planning and Control for Engineer-to-Order Prefabricated Building Systems Using BIM 4D Modeling[J]. Automation in Construction,2019,98(2):248-264.
[5] 陈宏权,曾赛星,苏权科.重大工程全景式创新管理——以港珠澳大桥工程为例[J].管理世界,2020,36(12):212-227.
[6] 李照星,王鹏,史俊玲,等.超大型复杂铁路工程建设经验及启示[J].中国铁路,2021,(11):88-94.
[7] 孙永福,王孟钧,陈辉华,等.青藏铁路工程方法研究[J].工程研究-跨学科视野中的工程,2016,8(5):491-501.
[8] 孙永福,杨浩.青藏铁路环境-健康-安全-运输一体化管理系统探索[J].中国管理科学,2005,13(3):131-137.
[9] 麦强,安实,林翰,等.重大工程复杂性与适应性组织——港珠澳大桥的案例[J].管理科学,2018,31(3):86-99.
[10] 张劲文,朱永灵.复杂性管理:港珠澳大桥主体工程管理思想与实践创新[J].系统管理学报,2018,27(1):186-191.

撰稿人:黎浩东(北京交通大学)　魏玉光(北京交通大学)　张红亮(北京交通大学)

高原环境下铁路绿色运输理论与方法
Theory and method of railway green transportation in plateau environment

1 科学问题概述

为推动我国的交通运输发展由追求速度规模向更加注重质量效益转变,从而构建安全、便捷、高效、绿色、经济的现代化综合交通运输体系,2019年9月,中共中央、国务院印发了《交通强国建设纲要》,对交通基础设施的智能化与绿色化设计、施工、运营、养护等环节做出了"绿色发展、节约集约、低碳环保"的重要指示和目标要求,特别指出要促进资源节约集约利用、强化节能减排和污染防治、强化交通生态环境保护修复。作为便捷高效的现代物流系统重要组成部分、交通强国先行者的铁路交通,在保障国民经济和社会又好又快发展的同时,更具低碳节能、绿色环保的运输优势。

2020年8月,国铁集团印发了《新时代交通强国铁路先行规划纲要》,明确指出:到2035年,我国铁路要充分发挥绿色骨干优势,与其他交通运输方式实现深度融合、优势互补,显著提升国际竞争力和影响力;到2050年,我国铁路的智慧化和绿色化水平、科技创新能力和产业链水平、国际竞争力和影响力保持领先。2021年10月,国务院印发了《2030年前碳达峰行动方案》(国发〔2021〕23号),提出了将碳达峰贯穿于经济社会发展全过程和各方面,重点实施能源绿色低碳转型行动、节能降碳增效行动、交通运输绿色低碳行动、绿色低碳科技创新行动等"碳达峰十大行动"重点任务要求。由此可见,低碳节能、绿色环保运输组织方式将是中国铁路特别是高原铁路必然选择和势趋所向。

目前,我国铁路特别是高原铁路对绿色运输相关理论与方法的研究存在以下不足:

(1)围绕铁路绿色运输的概念、内涵与外延界定尚不清晰,铁路绿色运输的实施路径及关键决策技术研究与实践比较薄弱,对绿色运输关键技术及方法的实施效果分析评价缺乏科学、有效的指标体系。

(2)围绕铁路绿色运输车站工作组织的研究近乎空白,对绿色车站工作组织的概念、内涵缺乏准确界定,对基于绿色节能、低碳环保目标的铁路车站作业组织流程与协同组织效果缺乏科学的评价方法。

(3)围绕铁路绿色运输的列车运行节能操纵与控制技术研究还不够系统深入,无法适应高原铁路复杂多变的运输环境与脆弱的生态环境要求。

因此,从提升能源综合利用效能、优化铁路用能结构的角度,通过科学规划路网、合理布局场站枢纽、有效调配设备设施,集约节约利用土地、通道、枢纽等资源,推广应用新型节能材料与工艺、技术与装备,促进铁路运输结构的深度调整,进而构建绿色低碳的铁路运输网络体系,是降低社会物流成本,集约节约利用资源能源的迫切关键问题之一。

2 科学问题背景

为全面贯彻新发展理念,构建新发展格局,以推动经济社会发展建立在资源高效利用和绿色低碳发展的基础之上,加快发展绿色低碳的交通运输方式则成为关键。随着铁路网规模的逐步扩张,特别是地理条件复杂、生态环境脆弱的高原区铁路,研究探索铁路运输组织过程的低碳节能方法以及沿线生态环境、经济社会的绿色和谐发展理论,进而提出铁路绿色运输的理论方法与应用技术,可为我国铁路绿色发展提供良好范本。这对于我国铁路乃至整个交通运输行业的绿色转型发展都具有重要的参考价值,也可为国家生态文明建设做出贡献。

研究的科学意义和价值体现在以下几个方面。

2.1 高原铁路绿色运输的理论与方法，可以为我国铁路发展提供新范式

针对以青藏、川藏等高原铁路为代表的艰险高原区长大干线铁路的全生命周期绿色工程技术体系研究，形成适用于高原铁路特殊复杂建设、运营环境的绿色运输成套理论、碳减排技术及应用策略，有利于推动铁路运输向低碳节能、绿色环保方向转型，进而保护铁路沿线生态敏感区和脆弱点，为铁路行业的新一轮发展提供方法和技术支持。

2.2 高原铁路绿色运输的理论与方法，可以对高原铁路的绿色可持续发展提供科学指导与评价

青藏、川藏等高原铁路沿线具有生态环境脆弱、地质环境复杂、桥隧占比极高的特点，传统的粗放型铁路运输组织理论与方法侧重于系统自身各工种、各环节的协同配合、有序衔接，而对铁路运输组织过程中的资源能源消耗、碳排放乃至绿色运输理念的研究不够系统深入，缺乏基于绿色理念的铁路运输组织理论方法体系。因此，需要建立铁路运输组织过程中能源、环境、碳排放等成本效益的量化方法，揭示铁路运输关键环节和关键技术对绿色效益的影响机制，实现对高原铁路绿色运输效益效果的科学评价，从而指导高原铁路的绿色可持续发展。

2.3 高原铁路绿色运输的理论与方法，有助于形成发展与保护互相促进的新局面，保障高原地区经济社会的可持续发展

基于低碳节能、绿色环保理念的铁路运输组织理念，可以有效降低区域整体的生态环境负荷、改善城市环境，实现车站与线路网络、沿线空间布局和产业布局的有效融合，进而推动沿线地区新型城镇化建设和社会经济高质量发展，间接创造良好的社会效益。也有助于提高当地人民群众幸福感，巩固拓展脱贫攻坚成果同乡村振兴有效衔接，保障高原地区的生态安全，实现资源可持续利用。

2.4 高原铁路绿色运输的理论与方法，有助于促进绿色综合交通运输体系的构建，助力美丽中国建设

通过研究高原铁路运营阶段的低能耗、低碳排放、环境友好型行车组织方案与评价技术，提出适用于高原铁路特殊复杂建设运营环境的绿色关键技术，有助于推进绿色综合交通运输体系的构建，让高原铁路在发挥交通支撑和带动经济社会发展的同时，守住"青山绿水"，创造更加和谐美丽的生产生活环境。

3 科学问题研究进展

目前，直接以高原铁路绿色运输为研究主题的文献极少，与之相关的高原铁路列车运

行安全、列车节能运行或列车运行优化等问题已有部分学者展开了相应研究,取得了一些有价值的研究成果。

高原铁路列车运行安全问题:自世界上海拔最高、线路最长的高原铁路——青藏铁路建成投运以来,对高原铁路列车运行安全的研究受到我国科研工作者的关注。田红旗通过青藏铁路大风对列车空气动力、列车运行稳定性、安全特性等行车安全影响机理的分析,研究得出不同路况、不同车型下的列车安全运行速度限制,并研发出青藏铁路大风监测预警行车安全指挥系统,为东部沿海地区、西部高原地区大风环境影响下的客货列车运行安全提供了决策支持。许平针对青藏铁路格尔木至拉萨段沿线特殊的恶劣风环境下的铁路运输安全问题,对沿线各测风站位置及其辖域风区的风速、路况、列车等信息进行融合分析,建立了青藏铁路列车-大风-路况一体多源的信息融合处理方法,进而得到青藏铁路特殊风环境下的列车安全运行临界速度,进一步研究定出风速-路况-车外形与质量不同组合状态的列车安全运行速度限值,并据此建立以车辆倾覆系数为主要运行安全评判准则的"决策模型",为保障大风环境下的行车安全提供了一种有效手段。程刚通过分析拉萨—日喀则铁路所面临的恶劣高原气候、不良地质条件、独特社会环境等特殊性,从行车人员安全保障、设施设备安全保障、行车环境安全保障、运输安全应急救援4个方面建立拉日铁路的运输安全保障系统,为高原铁路制定合理行车时间范围、行车规范等提供行车安全保障对策。

列车节能运行优化问题:列车节能运行问题,本质上是一个最优控制问题,即在保证列车安全、正点、舒适、准确停车基础上,研究如何操纵列车,使得列车运行能耗最少。关于列车节能运行控制的研究最早起源于20世纪60年代,经过半个多世纪的不断探索,国内外学者以不同方式从不同角度展开了大量卓有成效的研究,取得了较丰富的基础研究成果。总体来看,大致可以按照研究对象分为目标速度曲线优化和列车运行速度跟踪控制两个方向。

关于目标速度曲线优化的研究,涉及能耗机理分析、运动学分析、系统建模、最优化等方面内容。付印平对列车运行受干扰时的节能操纵优化进行研究,建立了列车运行动力学最优化模型,采用变长度染色体遗传算法结合工况序列表对问题进行求解。通过对受干扰时列车运行的速度距离曲线与无干扰时的速度距离曲线进行比较,分析了速度、时间之间的相互变化,并结合能耗距离曲线,揭示了列车节能操纵的一些原则。杨杰以电力牵引的货运列车为对象,采用数学推理、逻辑分析及软件仿真相结合的方法,提出一种新的目标速度曲线节能运行优化算法,并采用逐步深入的方式进行介绍。杨杰针对传统速度曲线优化算法在极限线路条件下鲁棒性差、易陷入局部最优的缺点,提出一种基于启发式遗传算法的速度曲线优化算法。基于列车运行基本模型和相关约束条件,按经典的四阶段法规划速度曲线轮廓,选取巡航速度和惰行点位置作为优化变量,采用启发式遗传算法进行寻优,中途如因限速变化等情况与最短时间运行曲线交汇,则强制沿最短时间运行曲线运行。仿真实验结果显示,该算法具有收敛速度快、优化精度高、鲁棒性好的优点。

关于列车运行速度跟踪控制的研究,主要包括 PID 控制、自适应控制、智能控制等方法。毛保华将启发式算法与计算机仿真相结合,探讨了列车运行过程的仿真模拟问题,重点研究了操纵策略优化的模型及其求解方法,并且开发了一套计算机仿真软件。杨杰在目标速度优化曲线给定的基础上,针对货运列车运行过程的非线性、大滞后、多目标、多约束的特点,围绕速度跟踪控制问题展开研究。再对现役列车普遍采用的 PI 控制进行简要分析,针对被控对象的特点提出多模态模糊 PID 控制算法(Multi Modal Framework PID,MMFPID)。为应对货运列车的大滞后特性,采用牵引力前馈的方法,较好地提升了控制器的动态性能。针对车速超调在低限速区段引起的撞线制动问题,采用局部输出限幅的策略,在无须增加限速安全余量的同时,收到了满意的效果。陈志杰以两列车在两站间运行的总能耗最小为目标,研究了在给定站间运行时分前提下的城市轨道交通追踪列车节能操纵优化模型,通过同时优化前行列车和追踪列车的操纵策略以提高再生制动能的利用。Wang Yihui 基于列车运行水平的灵活选择,研究了地铁线路的节能列车时刻表和机车车辆流通规划问题,包括运行水平(各种运行时间和速度曲线)和停留水平(在车站的各种停留时间),提出了一种混合整数非线性规划公式来同时优化列车时刻表和机车车辆的流通计划,目的是最小化与服务模式相关的车距偏差、相邻列车服务之间的车距变化、机车车辆所需的车站移动,以及整体能耗。数值结果表明,与没有运行级别选择的列车时刻表相比,采用灵活选择运行级别的节能列车时刻表模型获得的每日列车时刻表的能耗降低了 9.90%。此外,优化相同选择和预先选择运行级别的节能列车时刻表的节能率分别为 7.67% 和 5.75%。然而,具有运行级别选择的节能列车时刻表模型的计算时间明显长于没有运行级别选择的模型。

由于青藏、川藏等高原铁路沿线条件的复杂多变性和自然环境的脆弱性,使得高原铁路以绿色低碳、节能环保为目标的绿色运输技术与方法研究显得尤为迫切。但是,绿色运输所涉及的列车节能操纵优化、运行组织优化等问题具有影响因素多、问题规模大的复杂特征,使得其运输需求、运力配置和列车运行组织与控制三者之间的关系极其复杂。而现有文献中,关于列车节能操纵技术、运行优化方法和车站工作组织均难以适应青藏、川藏等高原铁路线路的复杂条件和脆弱环境。

基于此,迫切需要科学地分析高原铁路复杂的运输环境,在满足沿途客货运输需求的前提下,综合运用物联网、大数据、机器学习和人工智能等先进技术与方法,界定高原铁路复杂运输组织条件下的列车节能运行控制、绿色车站工作组织等的理论内涵,构建高原铁路绿色运输理论与方法体系。为此,需要攻克以下难题。

3.1 基于"空-天-地"一体化的多元立体监测网络构建

由于青藏、川藏这类高原铁路线路途经区域地质气候条件复杂多变、生态环境脆弱，大量列车运行所产生的震动、噪声、污染物以及碳排放对沿线生态环境、地质结构、水文条件的影响机理或作用规律如何，目前仍不明晰。需要借助北斗导航系统、航测航拍测绘系统、地质地貌监测系统等构建一个"空-天-地"一体化的多元监测网络，以提取与列车运行、车站作业、周边生态密切相关的多维关联影响参数，建立特征参数与绿色运输过程的动态感知智能模型，客观揭示各类参数与绿色运输的派生和源发关系。

3.2 高海拔、大落差区域超长坡道频繁变化时列车节能操纵技术的优化方法研究

高原铁路列车运行时，频繁跨越高海拔、大落差区域，导致较短时间内坡道频繁变化，使得列车运行控制以及节能操纵技术成为新的难题。需要依据铁路再生制动能量的传输机理、传输效率和使用策略，构建适应高海拔大落差区域超长坡道频繁变化的列车节能操纵曲线模型和列车运行再生制动能量利用模型，提高再生制动能量的有效利用率，实现高原铁路列车运行的节能环保目标。

3.3 掌握高原铁路车站的能耗变化规律，提出适用于高原铁路车站的能耗测算方法

通过分析气候环境、用能方式等因素对典型高原车站能耗变化的作用规律，建立能耗计算模型和用能分析模型，厘清不同能源保障方案下的用能差异。建立高原车站能源系统供需平衡模型，揭示运输生产、通风照明等能源需求侧的变化特征，提出与之相匹配的能源供给侧部署思路，以实现能源供需协同匹配的目标，提出基于可再生能源的"低碳车站"典型绿色工程技术方案。

主要参考文献

[1] 许平.青藏铁路大风监测预警与行车指挥系统研究[D].长沙:中南大学,2009.

[2] 程刚,张艳,杨丹.拉日铁路行车安全保障对策的探讨[J].铁道运输与经济,2016,38(2):56-59.

[3] 付印平,高自友,李克平.路网中的列车节能操纵优化方法研究[J].交通运输系统工程与信息,2009,9(4):90-96.

[4] 杨杰,贾利民,卢少锋,等.电力牵引货运列车节能运行研究(一):目标速度曲线优化[J].铁道学报,2016,38(4):22-31.

[5] 杨杰,吴佳焱,王彪,等.基于启发式遗传算法的列车节能运行目标速度曲线优化算法研究[J].铁道学报,2019,41(8):1-8.

[6] 毛保华,何天键,袁振洲,等.通用列车运行模拟软件系统研究[J].铁道学报,2000(1):1-6.

[7] 杨杰,贾利民,付云骁,等.电力牵引货运列车节能运行研究(二):速度跟踪组合控制方法[J].铁道学报,2016,38(6):23-31.

[8] 陈志杰,毛保华,柏赟,等.城市轨道交通追踪列车定时节能操纵优化[J].铁道学报,2017,39(8):10-17.

[9] Wang Y,Zhu S,D'Ariano A,et al. Energy-Efficient Timetabling and Rolling Stock Circulation Planning Based on Automatic Train Operation Levels for Metro Lines[J]. Transportation Research Part C:Emerging Technologies,2021,129:103209.

撰稿人:李海军(兰州交通大学)　钱名军(兰州交通大学)　张玉召(兰州交通大学)

第2章
轨道交通信息与控制

作为轨道交通的大脑与神经中枢,轨道交通信息与控制是保证轨道交通列车运行安全、提高运输效率、提升服务水平、降低全寿命周期成本的方法和技术。轨道交通运输需求的持续增加对列车速度和密度的不断提升提出了更高要求,现代信息技术推动轨道交通向自动化、智能化发展,使轨道交通的功能和作用得到了极大增强。轨道交通信息与控制是控制、通信、计算机、微电子及信息分析与处理等方法和技术与轨道交通技术的综合交叉和集成应用。

轨道交通列车沿轨道径向行驶,只能通过移动道岔的尖轨改变路径,具有速度高、载重大、制动距离长的特点,单纯依靠司机视觉、依赖人工操作无法保证行车安全。19世纪及20世纪早期的铁路信号由最早的信号旗、电报,发展形成了以轨道电路、机车信号、车站联锁等为主的现代化控制设备。20世纪50年代后,高速铁路的崛起和发展给世界铁路的重新振兴带来了勃勃生机,对铁道信号装备提出了更高的要求。传统的以地面信号显示传递行车命令,司机按行车规定操纵列车运行已不能满足要求。铁路信号领域先后研发和投入使用了列车自动控制系统、超速防护系统、列车自动驾驶系统等,并在1983年在法国成功研发了世界上第一套城轨无人驾驶系统,实现了列车无人驾驶、系统全过程的自动化,进一步提升了轨道交通系统的安全与效率。进入20世纪80年代,计算机、通信技术的发展使轨道交通信息与控制系统带来了颠覆性的变化,轨道交通信息与控制由保障行车安全转为实现行车指挥自动化、列车运行自动化。先发研发和投入使用了计算机联锁系统、分散自律调度集中系统等。欧洲也先后发布了欧洲列车运行控制系统、基于通信的列车运行控制技术、全自动运行系统等标准规范,并在铁路和城市轨道交通中大量推广和应用。

轨道交通信息与控制技术在21世纪得到了迅速发展。在高速铁路和干线铁路领域,借鉴欧洲列控系统技术规范和实践经验,2004 年,中国铁路颁布了《CTCS 技术规范总则》,确定了中国列车运行控制系统的总体架构。截至 2021 年,我国高速铁路运营里程已超过 4 万 km,基本都采用了 CTCS-2 或 CTCS-3 列控系统,列车实际运营速度已达到 350km/h,极大提高了乘客出行效率,并已经建立了包含技术体系规范制定、系统规范验证、系统功能与性能测试、电磁兼容检测等在内的一套自主可控的列控系统互操作安全保障技术体系,自主研发了高速铁路自动驾驶系统全套装备,在世界上首次开通了高铁自动驾驶功能。在城市轨道交通领域,轨道交通信息与控制在技术先进性和自动化程度上发展更快,已经在自动化驾驶等级为 2 级(Grade of Automation 2,GOA 2)列车自动驾驶技术的基础上进一步提升,实现了 GOA 4 级别列车全自动运行控制技术,我国也先后自主研发了基于通信的列车运行控制系统(Communication Based Train Control,CBTC)和全自动运行系统(Fully Automatic Operation,FAO)成套装备并应用。在重载铁路方面,目前已经将城市轨道交通中经过验证的移动闭塞技术和防护控制技术应用到了重载铁路中,使列车平均发车间隔缩短了 34%,该应用填补了国际重载铁路移动闭塞技术领域的空白,对我国既有铁路扩能改造具有示范引领作用。

综上,随着我国轨道交通建设规模的不断扩大,虽然各制式轨道交通的特色、技术路径和发展阶段不完全相同,但整体上我国轨道交通信息与控制技术已经取得了长足的发展,不仅实现了国产化和自主化,而且相关技术也从跟跑逐渐过渡到并跑地位。

未来轨道交通在逐步向更高速、更高密度运营发展。此外,随着人工智能、大数据、云计算、5G 通信、卫星导航等智能技术的发展和引进,轨道交通信息与控制技术开始进入新的发展阶段,高安全、智能化、自主化、系统化、网络化、标准化成为轨道交通信息与控制的发展方向。未来的轨道交通信息与控制研究方向依然围绕信息感知、传输、控制几个重要环节,聚焦列车自主定位感知、线路净空智能感知、可信车车通信理论、动态时空安全防护控制等 7 项基础科学和关键问题研究,进一步提升轨道交通系统运输的安全和效率,为重载铁路、川藏铁路等重大工程提供有力支撑。

复杂环境下基于车-轨-云协调的列车自主定位感知方法研究

Autonomous train positioning in complex environment based on the train-trackside-cloud cooperation

1 科学问题概述

铁路是国民经济大动脉、重大民生工程和综合交通运输体系骨干,对轨道交通运输的作用至关重要。2020年8月,国铁集团发布《新时代交通强国铁路先行规划纲要》,铁路作为交通强国的重要标志和关键支撑,大力推进前沿技术与铁路技术装备的深度融合,提升铁路"智慧化"水平。作为轨道交通系统的核心,列车运行控制系统(以下简称"列控系统")承担了进路方向、列车间隔、运行速度的控制任务,是保障行车安全、提高运输效率的关键技术和核心装备,对确保行车安全、提高铁路运输效率具有重要意义。列控系统作为一个安全苛求系统,为了实现列车的安全运行,需要实时获取列车位置、速度等信息,同时还应具备轨道占用状态决策以及对周围环境特征的主动感知能力,以完成轨道占用识别和轨道障碍物、人员、列车检测。

然而,铁路线路周边自然环境条件复杂,如高原、山区、长大隧道、桥梁、雨雪冰雹天气、电磁干扰等,对列车定位技术的可靠性、复杂环境下的适应性、周围环境的感知能力提出更高的挑战。在复杂环境下,如何在确保列车定位的精确性和降低列车运营成本的前提下,提高列车对复杂环境,甚至是通信中断条件下的自主感知能力,支撑轨道占用识别和轨道障碍物检测,是确保列车安全稳定运行、避免列车追尾等安全事故的一项关键基础问题。

2 科学问题背景

随着列控系统自主化、智能化的不断发展,利用新技术和新方法提高列车智能化水平,已经成为列车运行控制的重要发展方向。美、欧、日等国家(地区)均在列控系统的发展方面取得了重要进展,我国自主研发的列车运行控制系统在近年来取得了瞩目的成就,CTCS-2/CTCS-3级系统技术体系已经发展成熟,有力支撑了列车的安全运行。继续深入探索适应我国自身发展需求的技术体系,进一步引入人工智能、大数据、云计算、物联网等新兴前沿技术,实现列车车载设备、运行环境等信息的全面感知,实现列车全面自主运行控制,将成为未来列车运行控制系统的重要发展方向。

列车在途位置、速度等运行状态的感知是列车运行控制系统实现列车控制的关键需求。目前,我国CTCS-2/CTCS-3级列控系统普遍采用地面应答器辅助轮轴测速测距传感器实现列车运行状态感知,利用轨道电路实现列车占用检测。然而,这种方式的定位精度完全依赖地面设备铺设密度,制约了列车行车效率、定位自主性和成本效益的优化,难以适用于低密度铁路等复杂运行环境。随着卫星定位技术的发展,基于卫星定位的列车运行控制系统在不依赖轨旁电路和应答器的基础上实现了列车安全定位,有效降低了建设和运营成本,提高了列车定位精度。然而,卫星信号容易受到干扰和遮挡,使得基于卫星定位的列车运行状态感知面临着卫星拒止环境下的严峻挑战,无法直接满足列车定位系统的可靠性、可用性、连续性等要求,制约了卫星定位技术在铁路领域的应用。

因此,为了确保在复杂运行环境下实现列车可靠定位并始终满足列车运行控制系统的苛刻需求,需要在现有列控系统中引入车载辅助传感器,如视觉传感器、激光雷达等,以感知列车、轨道、周边环境等信息,建立轨道基础信息库(如图像、雷达点云等轨道关键点特征信息)并存储至云端,在列车实时运行过程中,采用有效技术手段完成多源传感器列车定位信息的感知融合,完成列车实时定位与轨道特征的提取,传输至云端完成轨道基础信息库的特征匹配,解决基于车-轨-云协调的列车自主定位感知问题,力求在列车自主定位感知的精确性、可信性、连续性、可用性、完整性等方面实现质的飞跃。

3 科学问题研究进展

列车运行状态自主感知主要体现在对列车位置的估计、列车轨道占用的检测和列车周边环境特征的感知。将视觉传感器、激光雷达等自主感知技术应用于轨道交通领域,为实现列车自主定位感知奠定了重要的基础。相较于视觉技术,近年来激光雷达技术在列车运行相关感知监测系统中的应用成为了研究热点。研究人员及轨道交通装备厂商对此进行了一些探索:如法国泰雷兹公司的下一代定位系统,使用惯性导航系统、雷达和无线电测距传感器或全球定位系统(Global Positioning System,GPS),与3D电子地图相结合以实现列车精确定位,计划使用激光雷达和高清摄像机实现列车运行环境感知,以实现障碍物检测等功能;徕卡 Pegasus:Two Ultimate 移动激光扫描系统,已经在阿尔卑斯山的 NRLA 铁路线的圣格达基线隧道(全世界最长的隧道)进行了隧道内基础设施的检测;欧洲 RDS 公司开发了基于图像序列的列车定位方法,通过比较相邻两幅图像中某特征的位移计算列车的实际位移,通过积分获取行驶里程。

近年来,国内外研究人员均在积极推进视觉传感器、激光雷达等自主感知技术在铁路列车运行控制系统中的应用,主要集中在列车自主定位感知估计方法、轨道占用识别方法、列车运行邻域目标的主动检测方法等方面,具体的研究进展及其面临的挑战如下所述。

3.1 车载高度自主化的动态自适应可信融合估计方法

随着列车定位相关技术的快速发展,众多以视觉传感器、激光雷达为核心的多源融合列车定位方案也在不断发展。然而,基于视觉图像、激光雷达点云处理的列车定位技术需面临计算处理实时性与估计性能之间的矛盾,观测数据处理算法的性能与其时间成本成正比,如何权衡测量精度与实时性,使其满足列车定位对精度和实时性的要求是一个待解决的问题。此外,视觉图像、激光雷达点云数据的观测过程受到多种因素影响,容易受到外部环境的干扰,鲁棒性较差,相机的抖动、光照环境的变化、点云畸变等问题会导致观测质量下降,基于单一传感器的列车运行状态估计方法面临诸多局限性,而在组合融合结构下实施状态估计还考虑列车运行环境的复杂性和多种传感器的异构性,如何在车载系统高度自主化的前提框架下,实现多源融合列车自主定位对复杂动态环境的有效适应,是亟待解决的一个关键问题。

3.2　面向多源信息融合的自主完好性监测与故障容错策略

状态感知决策结果要为列车运行控制等安全应用提供数据输入,需要满足特定的可靠性、安全性需求。为此,如何实现对多种信息源融合的自主完好性监测、有效识别并排除其中的故障风险,是一项重要的安全应用需求。基于统计假设检验理论,需研究并设计列车运行状态感知逻辑的主动式故障探测及剔除算法,形成故障误检、漏检及误判概率的量化评估方法,提高感知精度稳定性及定位结果可靠性。然而,复杂运行环境下多种感知源观测信号质量、信号源几何分布对感知决策性能存在显著影响,这些因素会与传感感知过程相互交织,造成显著的复杂性。为此,如何将故障检测与防护能力拓展至基于多源融合的全息感知系统,构建完整的组合系统级故障容错方案,并相应解决列车运行状态感知融合模型及结构重构自调节的一致关联,是提高状态感知精度的稳定性及容错能力的另一关键难题。

3.3　基于轨道空间全息数据的复杂环境车-轨-云协同感知方法

针对车载传感器存在感知盲区、精细度不够,以及多端、多源信息传输延迟等问题,需要构建车-轨-云实时动态信息叠加与融合框架,结合视觉图像、激光雷达点云实施目标检测识别所需线路环境的空间全息数据,解决动态交通目标的车端、轨旁感知定位问题。为此,如何解决大规模轨道线路环境参考数据库的动态更新与标定,协调处理轨道空间全息环境先验知识与实时观测感知数据的关系,提出相应基于环境特征的多场景匹配与耦合方法,提供车-轨-云协同下的实时动态定位感知服务,解决跨场景动态交通目标最优状态估计与置信度评估问题,是实现超视距、无盲区协同定位感知的一项重要技术瓶颈。

主要参考文献

[1] Wang Z Y, Yu G Z, Zhou B, et al. A Train Positioning Method Based-on Vision and Millimeter-Wave Radar Data Fusion[J]. IEEE Transactions on Intelligent Transportation Systems, 2022, 23(5):4603-4613.

[2] Wang Z, Yu G Z, Wu X K, et al. A Camera and LiDAR Data Fusion Method for Railway Object Detection[J]. IEEE Sensors Journal, 2021, 21(12):13442-13454.

[3] Stein D, Lauer M, Spindler M. An Analysis of Different Sensors for Turnout Detection for Train-Borne Localization Systems[J]. WIT Transactions on The Built Environment, 2014, 135:827-838.

［4］ Daoust T, Pomerleau F, Barfoot T D. Light at the End of the Tunnel: High-Speed Lidar-Based Train Localization in Challenging Underground Environments[C]//2016 13th Conference on Computer and Robot Vision (CRV). IEEE,2016:93-100.

［5］ Wei J, Yu Y Z, Zong K B, et al. A Seamless Train Positioning System Using a Lidar-Aided Hybrid Integration Methodology[J]. IEEE Transactions on Vehicular Technology,2021,70(7):6371-6384.

［6］ Fioretti F, Ruffaldi E, Avizzano C A. A Single Camera Inspection System to Detect and Localize Obstacles on Railways Based on Manifold Kalman filtering[C]//2018 IEEE 23rd International Conference on Emerging Technologies and Factory Automation (ETFA). IEEE,2018,1:768-775.

撰稿人：蔡伯根（北京交通大学）

高速铁路复杂环境下线路净空智能感知方法

Intelligent clearance perception for high-speed rail complex environment

1 科学问题概述

根据2019年9月中共中央、国务院印发的《交通强国建设纲要》，研发时速400公里级高速轮轨（含可变轨距客运列车系统）是交通强国战略的重要内容，到本世纪中叶交通安全要达到国际先进水平。2020年8月国铁集团发布的《新时代交通强国铁路先行规划纲要》指出，自主研发新型智能列控系统，系统掌握智能高铁、智慧铁路关键核心技术。自主驾驶高速列车是我国铁路装备智能化的重要方向，探索高速列车全自主驾驶技术是铁路行业落实《交通强国建设纲要》的重要举措，是中国工程院重大咨询项目"智能高铁战略研究"确立的2035年远期目标。目前，我国高速列车紧急制动距离超过6.5km，随着400公里级高速列车的成功研制，制动距离还将进一步提升，由于列车制动距离远超司机瞭望距离，入侵高速铁路净空的人员和异物严重威胁运营安全，研究高速铁路全天候复杂环境下超视距净空环境状态智能可靠感知方法既是研发高速列车自主驾驶的基础，也是提升我国既有高速铁路安全运营水平的重要手段。列车运行控制系统是安全苛求系统，对线路净空超视距智能感知系统的环境适应性和感知结果的可靠性和实时性提出了极高的要求。

高速列车运行净空超视距感知结果的可靠性和实时性受复杂天气及光线变化、单感知手段适应性差、远距离小目标识别困难、识别过程耗时长等多种复杂因素综合影响。其科学问题的本质是如何实现多传感融合入侵小目标可靠识别并提高复杂环境干扰条件下算法识别的准确性和效率。因此,需要在现有铁路周界及异物入侵单独检测手段的基础上,研究复杂场景及复杂气候条件下远距离小目标可信识别方法、多源感知信息高效融合可靠识别策略、识别模型轻量高效化及分布式边缘部署方法等。

2　科学问题背景

我国已建成世界规模最大的高速铁路网,人员或异物侵入高铁净空会严重影响运营安全。目前,我国高铁普遍安装了综合视频监测系统,可用于净空状态感知,但只具备基本的视频自动分析功能,由于检测准确率低,一般用于事后人工取证,远无法满足自动驾驶所需的净空环境智能感知需求。此外,目前高铁沿线的监控相机一般采用200m左右间隔布置,在每台相机100m范围以外的入侵目标成像面积非常小,给入侵目标识别带来较大困难。同时,夜晚复杂光线条件会导致入侵目标成像极为模糊,缺乏完整的轮廓和纹理信息,进一步加剧了入侵目标识别难度。此外,自然灾害导致的泥石流、落石等一般发生在大雨等恶劣天气条件下,风、霜、雨、雪、雷、雾、沙、霾等复杂气候条件的适应性也是高铁运行净空智能感知面临的实际问题,需要有效的手段提升全天候条件下入侵目标识别的可靠性和可信性。近10年来,我国在高铁自然环境状态预警方面取得了一定成果,基于深度学习对入侵行人的识别在白天良好天气条件下达到了较好的效果,但针对复杂场景复杂气候条件下运行净空入侵目标高可靠识别方面的研究远无法满足高铁列车自动驾驶的需求。高铁运营环境下入侵目标样本种类及数量少且难以获取的问题严重制约着深度学习识别效果的提升,而且,高速铁路列车运行控制系统是安全苛求系统,对净空入侵目标识别的可靠性和可信性提出了极高要求,一旦发生漏报或误报将严重威胁高速列车运行安全与效率,单纯依靠图像目标识别很难满足全天候条件下行车所需的零漏报、低误报的要求。因此,亟须突破复杂场景复杂气候及光线条件下高铁运行净空入侵目标高可靠识别方法,提升既有高速铁路安全运营水平,同时为智能高铁列车自主运行控制技术奠定基础。

3　科学问题研究进展

为加强高速铁路安全防护,《高速铁路安全防护设计规范》(TB 10671—2019)中规定,高速铁路应设置综合视频监控系统、自然灾害与异物侵限监测系统,可根据需要设置周界入侵监测系统,通过以上各系统监测高速铁路线路环境。但目前综合视频主要用于铁路各专业进行人工视频确认和事后取证,异物侵限监测系统主要采用接触式检测公跨铁桥的落物,周界入侵监测系统主要防范人员和大型牲畜的入侵且防护边界为护栏区域,这些尚未进入运行净空范围内的入侵目标尚不直接威胁行车安全。上述各系统均相互独立,虽然各系统都和行车安全有关联,但目前多数系统提供的报警信息都无法达到控制行车所需的可靠性,各系统防护范围及目标不同,均无法提供直接影响行车安全的线路运行净空入侵目标可信识别结果来作为控制行车的依据。研究线路运行净空范围内入侵目标可靠识别方法可以为行车安全提供统一的防护信息,是保证高速列车运行安全的核心。

目前针对铁路净空感知的研究主要集中在周界和异物入侵监测领域,常规的手段主要包括脉冲电子围栏、红外探测设备、振动电缆/光缆、毫米波/激光雷达、智能视频分析等几类,随着深度学习技术的发展,智能视频分析呈现出明显优势,但在恶劣天气及光线条件下识别准确率仍然较低,同时受可用训练样本量的制约,无法实现对不常见目标的识别。由于铁路场景异常复杂,并且存在各类恶劣的天气条件,上述单传感技术均难以在全天候条件下满足各类复杂高铁场景零漏报、低误报的周界入侵报警需求。例如振动光纤在大风情况下误报率较高,且无法处理高空坠物等非接触式的入侵情形;基于可见光视频智能分析的方法智能化程度高、应用灵活、结果直观,但在黑夜、雾霾、沙尘等视野较差和强光干扰情况下的准确率会降低。

针对上述各类单传感技术对入侵监测的不足,基于多传感技术融合进行高速铁路周界入侵监测已成为新的研究方向。德国宇航中心的 Doehler 等人开发了一种利用多传感技术融合进行移动目标检测的软硬件协同系统,其搭载了 25Hz 或 30Hz 的可见光摄像机与红外摄像机,以及 2Hz 的激光雷达传感器,通过特征级融合的方式同时检测不同移动速度的运动目标。奥地利格拉茨技术大学的 Krispel 等人提出一种在公开数据集上简单而有效的多传感技术融合方法。其基于 SqueezeSeg 模型,将激光雷达数据和可见光图像数据进行融合,利用雷达传感器的密集本地范围表示和设置校准,实现两种数据模式之间的相关关系建立,随后将一种数据映射、融合至另一种数据域中,从而在单个深度神经网络中实现两种数据的同时表征,最终达到场景感知与目标检测的目的。印度卡纳塔克邦国立技术学院的 Alam 等人探究了深度信息相比于可见光图像信息和红外图像信息在弱光环境下的表现,其方法采用 Kinect 设备获取监控区域的深度信息,并采用 YOLO 目标检测网络来测试各种传感技术的性能。南京理工大学的彭树生等人公开了一种基于固定距离的毫米波雷达与视频数据融合方法,将毫米波雷达与可见光视频采集器设置在同一水平面,同时收集毫米波雷达感知到的运动目标数据与可见光视频采集器采集到的目标数据,而后将毫米波雷达信息从毫米波雷达直角坐标系转换到摄像头像素坐标系,实现毫米波雷达数据与视频数据在空间维度上的融合,提高周界入侵监测系统的可靠性与准确性。与单传感监测原理的系统相比,基于多传感融合或联动的周界入侵监测系统性能有明显提升,但为控制成本,现有方案多采用两类传感融合的方式,但仅凭某两种固定类型传感融合仍无法满足高速铁路所有场景在全天候条件下实现零漏报、低误报的入侵报警需求。

虽然目前基于单传感和多传感融合手段的铁路运行净空智能感知技术取得了一些成

果,但在高速铁路复杂环境下仍存在如下难点需要逐步攻克。

3.1 恶劣条件下远距离小目标高可信识别方法

目前可见光图像在白天识别效果尚可,但在夜间及恶劣天气条件下,超过100m的目标很难识别;红外在夜间对人员及动物等具有明显热辐射目标的识别效果较好,但对热辐射区分度不明显目标的识别率较低;激光雷达在100m范围以外,由于线束间距过大也无法实现小目标的可信识别。因此,如何在高速铁路面临的恶劣天气及光线条件下实现远距离小目标的可信识别是亟待解决的一个关键问题。

3.2 复杂环境下非协作不常见目标的高可靠识别方法

常规基于深度学习进行目标识别的方法需要大量的训练样本,但列车运行环境复杂,存在大量非协作不常见目标入侵铁路净空的可能,深度学习模型对未曾训练过目标的识别率极低,无法实现不可见目标的可靠识别,而现实中无法穷尽可能的各类入侵目标,也不可能对每类入侵目标提供足够的训练样本,如何实现高速铁路复杂环境下非协作不常见目标的高可靠识别是核心问题之一。

3.3 多源异构感知信息高效融合策略与方法

针对单一传感器无法适应全天候复杂环境的问题,只有通过多种传感器数据的有效融合才能充分发挥各类传感技术的优势,提高净空入侵目标监测的准确率。目前的研究主要针对多传感监测结果的简单融合或联动方式,未对多源异构感知信息进行深度融合,限制了多传感技术融合的效果。研究各类多源异构感知信息的高效融合策略,充分利用像素级、特征级和目标级的多层级特征进行高效深度融合以提升检测准确性是关键问题之一。

3.4 高效精简识别模型的轻量化设计和边缘部署方法

我国高速铁路运营里程已突破4万km,路侧单点设备的监测范围非常有限,需要海量节点保障高速铁路的运营安全。对海量感知信息进行目标识别需要占用大量的硬件资源,在不增加成本、不降低识别精度的同时实现识别模型的高效精简,可以有效降低运算量,进而减少全线环境感知系统的硬件投入,这是高速铁路运行环境感知系统现场推广应用需要解决的一个核心问题。

主要参考文献

[1] Bogaerts T, Masegosa A D, Angarita-Zapata J S, et al. A Graph CNN-LSTM Neural Network

for Short and Long-Term Traffic Forecasting Based on Trajectory Data[J]. Transportation Research Part C:Emerging Technologies,2020,112:62-77.

[2] Courbariaux M,Bengio Y,David J P. Binary Connect:Training Deep Neural Networks with Binary Weights During Propagations[C]//International Conference on Neural Information Processing Systems. MIT Press,2015.

[3] Chen Z H,Zhang L,Cao Z G,et al. Distilling the Knowledge from Handcrafted Features for Human Activity Recognition[J]. IEEE Transactions on Industrial Informatics,2018,14(10):4334-4342.

[4] Liu L,Amirgholipour S,Jiang J,et al. Performance-Enhancing Network Pruning for Crowd Counting[J]. Neurocomputing,2019,360:246-253.

[5] Singh B,Toshniwal D,Allur S K. Shunt Connection:An Intelligent Skipping of Contiguous Blocks for Optimizing MobileNet-V2[J]. Neural Networks,2019,118:192-203.

[6] 周苏,支雪磊,刘懂,等.基于卷积神经网络的小目标交通标志检测算法[J].同济大学学报:自然科学版,2019,47(11):1626-1632.

[7] 郭保青,王宁.基于改进深度卷积网络的铁路入侵行人分类算法[J].光学精密工程,2018,26(12):3040-3049.

[8] Chen B,Gong C,Yang J. Importance-Aware Semantic Segmentation for Autonomous Vehicles[J]. IEEE Transactions on Intelligent Transportation Systems,2019,20(1):137-148.

[9] Yang S,Wang W S,Liu C,et al. Scene Understanding in Deep Learning-Based End-to-End Controllers for Autonomous Vehicles[J]. IEEE Transactions on Systems,Man,and Cybernetics:Systems,2018,49(1):53-63.

撰稿人:郭保青(北京交通大学)

面向高速铁路可信车车通信理论方法

Dependable train-to-train communication for high-speed railway systems

1 科学问题概述

近年来,国内外针对下一代高速铁路移动通信系统开展了大量的研究,通过无中心分布式通信,实现识别在线列车、锁定前方列车、车车通信追踪的过程,将显著缩短发车间隔,减少轨旁设备,实现系统高度融合,大大提高运营效率,节约建设和运营成本。

鉴于无线通信的固有特征,信道衰落、越区切换、干扰、恶意攻击等均会对车车通信系统的服务质量产生较大的影响,继而影响列车控制、运营环境感知以及调度命令等安全苛求业务的传输,降低列车运行效率和安全性。另外,列车高速运行会导致传输环境和运营场景更为复杂且无法准确预测,列控系统的空间分布特征使得随机多样的系统扰动因素和攻击威胁无法全面精准辨识,列车的紧追踪特征使得既有的传输模式、服务质量保障机制等无法满足低时延、高可靠、大传输速率的需求,对高可靠、高可信的车车通信技术体系的构建提出了巨大的挑战。特别是以虚拟连挂为代表的列车自主协同控制模式下,列车之间的安全耦合关系更为紧密、运营环境动态变化更为强烈,对车车通信和车地通信的高品质需求更为迫切。因此,为了保障列车自主运行控制的精确性、安全性、灵活性、稳定性和鲁棒性,研究构建高可信、高可靠的车车通信传输是尚需解决的重要科学技术问题。

2 科学问题背景

随着客运需求的进一步增大,以及减碳需求持续引起关注,结合国内高速铁路行业新技术的创新引领需求,人工智能、大数据等颠覆性技术的革新,以及自主无人技术在自动驾驶、无人艇、机器人等领域的广泛研究和应用,追踪距离更小、运行速度更快、运营组织模式更为灵活的高速列车自主运行控制系统成为了新的发展方向。列车自主运行控制系统通过平台优化、系统简化、资源细化三大关键创新,实现列车自主资源管理和主动间隔防护,系统结构化繁为简、功能应用以简驭繁、安全防护全程全面。然而,既有的车地通信无法完全满足新的控制模式下对信息传输低时延、高可靠传输的需求,车车通信则成为了重要的技术补充;列车高速运行会导致传输环境和运营场景更为复杂,无法准确预测,特别是以虚拟连挂为代表的列车自主协同控制模式对车车通信和车地通信的高品质需求更为迫切。

针对上述问题,需要研究面向高速铁路的车车通信可信传输系统。根据安全苛求系统的信息可信传输理论,结合新一代列控对信息传输时效性、完整性、真实性、可用性的需求,研究提升车车/车地融合通信系统可信性的方法;以提升列控系统运营效率为目标,研究面向虚拟连挂等列车紧追踪控制模式的高性能车车通信理论与方法体系;以实现列车自主控制为核心的新型运输组织模式为目标,以极复杂艰险运营条件下的列车控制需求为基础,研究车车/车地通信的场景自适应传输机制以及资源受限条件下的公专融合体系。通过以上研究,保障列车自主运行控制的精确性、安全性、灵活性、稳定性和鲁棒性,进一步缩短列车运行间隔、提升系统运力。

3 科学问题研究进展

目前,我国针对高速铁路列车运行控制主要使用的移动通信系统仍然是铁路综合数字移动通信(Global System for Mobile Communications Railway,GSM-R)系统,该系统是针对我国高速铁路列车运行控制的业务特性和列车高速移动特性对全球移动通信（Global System for Mobile Communication,GSM）系统进行改造、再设计的通信系统。随着 5G 技术在公网的成功商用和 5G 技术在工业互联网等领域的优势,铁路领域启动了对铁路 5G 专用移动通信（the Fifth Generation Communication for Railway,5G-R）系统的研究,工信部与国铁集团已就 5G-R 专网建设达成共识,有望采用 2.1GHz 频段进行 5G-R 建设。现阶段 5G-R 技术处于初始研究阶段,基于 GSM-R 和 5G-R 的列车运行控制系统均需实现高速行驶列车与地面控制中心的高速数据传输,是现阶段研究用于实现列车自主运行的关键核心技术。

随着高速铁路列车运行控制系统对可靠性要求的进一步提升,传统的基于车地双向通信的铁路专用无线通信系统已经无法满足诸如列车虚拟连挂等新方式的需求。许多学者转向研究基于车车通信的列车运行控制系统,以突破当前高速铁路列车运行控制系统发展的技术瓶颈。基于车车通信的列车运行控制系统的概念最早由阿尔斯通提出,并在法国里尔 1 号线部署了一种新型列车运行控制系统。不同于现阶段广泛使用的 GSM-R 和正在研究的 5G-R 系统,基于车车通信的列车运行控制系统主要实现运行中的高速列车间的直连实时通信或基于中继的高速通信,通过直连实时通信链路或基于中继的高速通信链路实现大容量、低时延、高可靠的实时苛求信息传输,进而实现高可靠的列车运行控制。

当前针对 GSM-R 在高速铁路列车运行控制系统中的组网方式、接入机制、资源分配方式等已经得到了充分的研究,并实现了在高速铁路列车运行控制系统中的成功应用。针对 5G-R 的无线覆盖设计、组网方式、与传统 GSM-R 网络的融合方式、动态资源分配方案等问题,国内外学者均启动了相关研究,基于传统优化方法和新型人工智能网络的优化方法等也都用于了铁路专用无线通信系统性能的优化,基于 5G-R 的大规模传感网络的部署也在高速铁路运行控制系统中得到了广泛的研究。

目前大量的研究工作和工程实践均是针对基于车地通信的高速铁路列车运行控制专用无线通信系统,部分学者对基于车车通信的高速铁路专用无线通信系统进行了初步探讨研究,但针对当前列车自主运行业务要求的高可靠可信车车通信系统仍然存在诸多的技术难点甚至空白领域需要进一步探索研究,需要攻克的难点总结如下。

3.1 高速铁路车车/车地通信融合组网架构

基于车车通信的通信网络需要突破传统基于进路的控车模式,通过列车计划跟踪、车车协同自律、线路资源按需使用,实现列车运行控制。各种技术指标指明,基于车车通信的架构可以有效缩短通信时延,极大地提升系统的性能表现。然而,实际高速铁路复杂的通信环境场景造成的非视距通信等会极大地降低远端车车通信的性能,因此,基于车车和车地通信的融合组网架构对于保证系统的高安全、高可靠极为重要。如何在保证兼容现有 GSM-R 架构且不影响车车通信系统性能的前提下,综合安全苛求系统的信息可信传输理论,结合未来列控对信息传输时效性、完整性、真实性、可用性的需求,实现车车通信和车地通信的融合组网架构,构建"可管、可控、可靠、可信、可测、可视"融合通信系统是一个亟须解决的核心问题。

3.2 高速铁路车车通信可信传输

针对列车运行控制中车车通信系统的信息可信传输是关键技术核心之一。如何在高速度、高密度、强动态变化环境下实现高铁列车间端到端超可靠低时延传输,并融合现场总线网络、无线接入网络、有线传输网络,突破无线、有线网络传输的隔阂,将车车与车地通信有机融合,支撑高速移动场景下安全苛求业务的端到端超可靠、低时延的高可信信息传输是一个亟须解决的核心问题。

3.3 高速铁路车车通信确定性网络技术

针对列车运行控制模式下虚拟连挂的编组内列车、编组间列车的通信时延、传输信息量、通信环境的不同,在车车-车地通信融合网络架构下包括车车直连通信方式和基于中继的车车通信方式。如何在动态高速变化的环境下,综合动态环境变化、列车业务变化、车车与车地通信资源状况以及列车的编组方式等情况,通过高效的资源管理、业务以及流量调度,实现车车通信服务质量的确定性保障,是面向高速铁路车车通信系统的一个核心问题。

主要参考文献

[1] Saki M, Abolhasan M, Lipman J, et al. Mobility Model for Contact-Aware Data Offloading Through Train-to-Train Communications in Rail Networks[J]. IEEE Transactions on Intelligent Transportation Systems, 2020, 23(1):597-609.

[2] Briso-Rodriguez C, Fratilescu P, Xu Y Y. Path Loss Modeling for Train-to-Train Communications in Subway Tunnels at 900/2400 MHz[J]. IEEE Antennas and Wireless Propagation Letters, 2019, 18(6):1164-1168.

[3] Song H F, Schnieder E. Availability and Performance Analysis of Train-to-Train Data Communication System[J]. IEEE Transactions on Intelligent Transportation Systems, 2019, 20(7):2786-2795.

[4] Wang X X, Liu L J, Tang T, et al. Enhancing Communication-Based Train Control Systems Through Train-to-Train Communications[J]. IEEE Transactions on Intelligent Transportation

Systems,2018,20(4):1544-1561.

[5] Zhao J H,Zhang Y,Nie Y W,et al. Intelligent Resource Allocation for Train-to-Train Communication:A Multi-Agent Deep Reinforcement Learning Approach[J]. IEEE Access, 2020,8:8032-8040.

[6] Unterhuber P,Sand S,Soliman M,et al. Wide Band Propagation in Train-to-Train Scenarios—Measurement Campaign and First Results[C]//2017 11th European Conference on Antennas and Propagation (EuCAP). IEEE,2017:3356-3360.

[7] Guan K,Peng B L,He D P,et al. Channel Sounding and Ray Tracing for Train-to-Train Communications at the THz Band[C]//2019 13th European Conference on Antennas and Propagation (EuCAP). IEEE,2019:1-5.

[8] Song X Y,Song H F,Wu X T,et al. A MDP-Based Adaptive Spread Spectrum Parameter Algorithm Under Train-to-Train Communication[C]//2021 40th Chinese Control Conference (CCC). IEEE,2021:3149-3154.

撰稿人:艾博(北京交通大学)　陈为(北京交通大学)　朱力(北京交通大学)

面向动态时空的列车安全防护控制方法

Train protection methods with respect to dynamic time and space

1　科学问题概述

城市轨道交通是现代大城市交通的发展方向。发展轨道交通是解决大城市病的有效途径。《中国城市轨道交通智慧城轨发展纲要》指出,城市轨道交通是全面开启建设社会主义现代化强国的重要支撑,是建设现代化经济体系的先行领域。大力发展城市轨道交通对保障国民经济持续快速健康发展、提高人民生活水平、促进建设绿色城市和智慧城市具有重要的意义。随着城市轨道交通规模的扩大,城市轨道交通客流量不断攀升,尽管目前的运行间隔已达到系统设计极限,仍无法满足日益增长的客运需求,北京、上海等大城市轨道交通高峰时段部分线路的最大列车满载率甚至超过140%,不仅带来较高的运营风险,也无法满足人们对于美好出行的愿景。欧洲《铁路2030优先研究和创新愿景白皮书》拟利用人工智能等先进技术,实现铁路"运能零浪费";英国铁路技术战略能力将"更高密度的行车"列为轨道交通应持续改进的12个创新能力提升的首要工作,目标是将列车运行间隔缩短至少50%。

基于移动闭塞和速度-距离曲线的防护控制是目前轨道交通领域已经成功应用的最

先进、效率最高的列车防护方式,其能够使列车最小追踪间隔缩短到接近后车制动距离的长度。随着通信技术的发展,各列车/单元列车均具有独立的动力单元之间通过无线通信等方式完成信息共享的能力,进而实现列车更高密度的追踪控制,即列车之间需要通过"撞软墙"防护控制保证安全间隔(动态时空追踪,可称为虚拟编组),这是一种特殊的轨道交通列车运行控制方式,是未来列控技术的重要发展方向。由于动态时空追踪方式下要求列车/单元列车追踪间隔非常小(远小于后车制动距离、接近物理编组方式下车厢间的距离),因此,改进既有列车防护控制方式,实现基于相对制动距离的协同控制是实现列车/单元列车安全防护控制的关键。

2 科学问题背景

避免追踪列车间发生碰撞的关键在于做到对列车运行时空的安全分隔,即保证任意时刻后车的车头位置均不超过前车的车尾位置,为此,需要实现列车安全定位、列车状态信息传输、列车防护控制等各项功能。为最大程度避免列车追尾,传统列车防护控制方法假设前行列车可能出现瞬时停车的情况,并要求后车在最不利条件下也不会越过该假设下前车停车的位置。列车具有质量大、制动加速度小等特点,使得列车制动距离长且与速度的平方正相关,因此,后车必须预留出不小于当前速度下需要的制动距离,才能保证行车安全。

这种方式的优点是实现简单、能够保证行车安全,因此,已经在城市轨道交通(下文简称"城轨")的列车安全防护系统中得到大量应用,高速铁路(下文简称"高铁")列车安全防护系统也在开展相关研究。但是,既有列车防护控制方法的弊端是,列车间隔距离必须大于后车当前速度下所需要的制动距离。根据城轨系统和列车特性,大多数城轨列车的最高运行速度均高于80km/h,在列车速度为80km/h时对应的制动距离通常在300m以上,而虚拟编组单元列车之间的间隔距离需要达到接近物理编组的方式(米级且与速度无关),显然既有列车安全防护方式已无法满足虚拟编组单元列车的需求,成为制约列车虚拟编组实施的瓶颈。

不难看出,传统列车安全防护方式下列车间隔距离较大的原因在于其假设前车瞬时停车、列车避撞控制几乎完全依赖于后车自身的控制,未充分利用前车的动态信息和控制功能。虚拟编组方式下,组成虚拟编组的各单元列车之间可以进行双向、大容量、高频率、实时通信,因此,单元列车之间可以实现充分的信息共享并设计协同防护机制以避免单元列车间相撞。但是,由于列车加速度等参数具有时变性和不确定特性,单元列车间通信也有不确定的延时、丢包甚至通信中断等可能性。因此,如何设计虚拟编组条件下的协同防护控制方法,以及在出现故障时如何切换至基于传统移动闭塞的非编组状态安全防护方式,保证列车在编组、非编组以及状态切换等全过程中的安全性是需要解决的难题。如果对可能存在的危险考虑不足,则可能导致单元列车相撞,甚至发生连环追尾的严重事故。

3　科学问题研究进展

既有基于前车瞬时停车假设的安全防护方法大约在19世纪70年代就已经提出并沿用至今。借鉴道路交通汽车追踪的理念,对于考虑前车制动距离的列车防护思路提出至今也已有近百年的历史,也有一些学者对其具体实现方式进行了研究,并对虚拟编组的理念及可行性、潜在的应用场景和市场效益等进行分析。其主要实现技术路线是:假设前车处于紧急制动状态,首先实现对前车紧急制动曲线的安全预测,即获取前车运行轨迹的下确界。在此基础上,利用原有的安全防护控制原则,生成后车的紧急制动防护曲线,从而实现列车的避撞控制。这种技术方案中,后车的紧急制动防护曲线生成方法因受前车预测紧急制动曲线的约束,会与传统的"撞硬墙"方式略有不同。从工程技术上,这种基于前车紧急制动的"撞软墙"安全防护控制技术方案是可行的。但相关研究一方面不够系统,如,尚未提出在这种技术方案中,列车安全防护控制的安全等级如何保证。因此,这种技术方案至今尚未有成功应用的案例。另一方面,这种方式下的列车安全间隔距离虽然有所缩短,但远远无法达到虚拟编组单元列车间的间隔距离要求。

汽车的纵向避撞控制与轨道交通的"撞软墙"安全防护控制方法具有相似性。理论上,有学者提出基于人工势场的汽车避撞控制方法,其基本原理是将汽车之间的追踪距离作为汽车控制的反馈,从而实现汽车之间跟驰距离的控制。基于此,有学者提出了跟驰过程中的临界安全车头间距计算方法,并分别对减速停车、起动加速和常态行驶三种工况下跟驰控制问题进行了探讨。也有学者根据车辆制动过程建立安全距离模型,并设计了基于模糊控制的纵向紧急制动控制模型;然后设计了侧向换道的触发机制,依据等速偏移轨迹和正弦函数叠加对侧向换道的路径进行规划,在纵向无法保证安全的条件下采用侧向换道策略降低碰撞概率。随着车车通信技术的发展,学者对基于车车协同的汽车避撞控制进行了大量研究。有学者综合多车队列的运动学关系,基于模型预测控制(Model Predictive Control,MPC)方法,通过多车协同控制以避免或减少队列整体的碰撞损失。除此之外,还有学者针对协同避撞控制的稳定性和鲁棒性问题,提出了一种基于概率方向感知的协同避撞方案,有效减少了碰撞概率。然而,列车安全防护控制与汽车避撞控制存在较大的不同。一方面,列车防护控制只能依赖列车自身紧急制动来避撞,汽车避撞控制中的侧向换道、协同控制等手段均无法使用;另一方面,现有面向汽车的纵向避撞控制方法难以满足列车防护控制的高安全与小间隔追踪需求。因此,现有汽车避撞控制的相关研究成果难以直接应用于列车的安全防护控制。

近年来,英国铁路安全与标准委员会(Rail Safety and Standards Board,RSSB)提出了缩短列车间隔的技术路线,建议基于协同控制实现列车防护,作为虚拟编组单元列车间的防护控制方式。该种技术路线将列车编队(或列车群)考虑成一个系统,如其中的单元列车运行出现异常,则从全局的角度考虑各个列车单元间该如何采取运行控制方式(这里不局限于紧急制动方式),才能使列车编队系统的风险最小。当然,也要分析"极小概率事件"给系统带来的风险到底有多大。这种技术方案采用了系统动态风险评估的方式,突破了传统的防护控制实现方式,理论上能够极大地缩短列车编队内单元列车的追踪间隔,满足列车虚拟联挂的技术需求。面向虚拟编队列车的"撞软墙"安全防护控制技术是目前轨道交通领域的技术前沿,是解决轨道交通运力提升瓶颈的关键,率先突破该技术,对实现我国轨道交通列控技术领跑世界,保障我国城轨高效运营具有重大的战略意义。同时,在复杂环境下自治车辆安全决策与控制方向实现理论与技术的突破,不仅在提升轨道交通运输能力方面具有重大的科学意义,于其他交通领域的协同避撞控制而言也具有重要的理论价值。

虽然面向虚拟联挂列车的协同安全防护控制技术路线是可行的,但该前沿性技术仍旧存在以下难点需要攻克。

3.1 列车动态时空轨迹预测

列车自身动力学模型复杂,其参数时变性、非线性强,且传统建模方法在列车复杂运行环境过程中误差较大、精度低。其次,列车动态运行环境复杂多变,受线路坡度、轮轨关系以及空气阻力影响较大,使得牵引/制动系统模型中包含复杂的耦合非线性约束且内部机理未知,极易影响牵引/制动控制效果。最后,列车运行控制行为影响其动态时空轨迹,需要对长时域列车时空轨迹进行预测。列车运行控制行为受到多个控制器影响,控制器之间具有嵌套、并发、强交互等复杂控制结构,每个控制器周期涉及数百个逻辑变量在可劣化的环境中进行信息交互。因此,在列车运动学行为和控制行为耦合下的时空轨迹预测是一个挑战性难题。

3.2 高密度追踪列车运行动态风险在线评估

由于列车在高密度追踪条件下的避撞控制受到环境变化和其他列车行为影响,列车运行风险具有动态变化的复杂特性。一方面,对列车时空轨迹预测具有强非确定性的特性,对于不同条件下列车追踪是一个基于动态模糊信息的风险评估问题,难以提前构建静态的列车运行的安全规则,且系统的危险源及危险演化机理复杂,给风险评估造成困难;另一方面,由于列车追踪运行涉及大量异质变量,风险评估模型存在组合爆炸问题,过高的计算复杂度导致难以在线获得评估结果。因此,如何实现面向复杂动态时空的高密度追踪风险在线评估是亟待解决的科学难题。

3.3 面向动态时空的列车避撞策略生成

为实现列车运行中的动态编组与解编,编队追踪避撞控制的目标是在安全的前提下实现追踪间隔最小化。首先,列车预测轨迹动态变化,使得两车追踪风险高度不确定,传统基于固定逻辑规则的避撞控制方式不再适用,如何面向"撞软墙"方式制定新的安全原则,以保证列车运行的高安全性要求是难题;其次,避撞控制决策具有信息不完备、风险量化规则不明确等问题,如何基于新的安全原则构建满足高安全需求的避撞控制决策模型是另一个难题。最后,由于虚拟编队内的多列车运行环境(线路坡度、曲率等)、自身特性(车型、载重)等异质特性,传统各列车基于获取信息独立决策的方式无法满足小间隔追踪的要求。因此,如何通过协同的方式实现面向动态时空的避撞控制是一个挑战。

主要参考文献

[1] Bock U, Bikker G. Design and Development of a Future Freight Train Concept-"Virtually Coupled Train Formations"[J]. IFAC Proceedings Volumes, 2000, 33(9): 395-400.

[2] Zhao, Y, Ioannou P. Positive Train Control with Dynamic Headway Based on an Active Communication System[J]. IEEE Transactions on Intelligent Transportation Systems, 2015, 16(6): 3095-3103.

[3] Quaglietta, E, Wang M, Goverde R M P. A Multi-State Train-Following Model for the Analysis of Virtual Coupling Railway Operations[J]. Journal of Rail Transport Planning & Management, 2020, 15: 100195.

[4] Meo C D, MD Vaio, Nardone R, et al. ERTMS/ETCS Virtual Coupling: Proof of Concept and Numerical Analysis[J]. IEEE Transactions on Intelligent Transportation Systems, 2020. 6(21): 2545-2556.

[5] Rail Safety and Standards Board Limited (RSSB). Closer Running (Reduced Headways) Preparing a Road Map to Further Develop the Closer Running Concept, 2016.

[6] Haider S, Abbas G, Abbas Z, et al. P-DACCA: A Probabilistic Direction-Aware Cooperative Collision Avoidance Scheme for VANETs[J]. Future Generation Computer Systems, 2020, 103: 1-17.

[7] 胡满江, 徐彪, 秦洪懋, 等. 基于 MPC 的多车纵向协同避撞算法[J]. 清华大学学报(自然科学版), 2017, 57(12): 1280-1286.

撰稿人:唐涛(北京交通大学) 郭进(西南交通大学) 宿帅(北京交通大学)

面向虚拟连挂的列车调度指挥与优化控制方法研究

Research on rail traffic management and optimal control for virtual coupled train platoons

1　科学问题概述

作为一种高效、快捷、准时、绿色的交通工具,轨道交通在我国经济发展和城市化进程中发挥了重要作用,已成为大中型城市公共交通的核心骨干和市域、市内通勤客流出行的首选方式。目前,我国高速铁路和城市轨道交通总运营里程均位居世界第一,截至2022年1月,我国高速铁路总运营里程已突破4万km,超过世界其他国家高铁运营里程之和,已成为一道靓丽的"国家名片"。2021年,《中华人民共和国国民经济和社会发展第十四个五年规划和2035年远景目标纲要》中,也将"加快建设交通强国""加快城市群和都市圈轨道交通网络化"明确列为建设重点。

随着路网规模的扩大,轨道交通客流量不断攀升,尽管目前列车的运行间隔已达到系统设计极限,也仍无法满足人们对于美好出行的迫切需求。与此同时,人工智能、5G、云计算等一系列技术革新正推动轨道交通迈入无人化、智能化阶段,冬奥智能京张高铁、北京新机场线等全自动轨道交通线路陆续投入运营,以实现更近距离追踪、更灵活编组为目标的自主无人虚拟连挂技术已成为轨道交通未来发展的必然方向。然而,随着轨道交通逐步成网、客流量与行车密度进一步增加,其本身的内在复杂性、不确定性与耦合性大大提升,同时,由于无人自主的虚拟连挂系统中不再设置司机岗位,对整个轨道交通系统的统一控制与集中调度提出了更高的要求,亟须从科学角度探明列车虚拟连挂系统管控中的关键基础理论问题,并建立一整套全新的面向未来无人自主虚拟连挂的列车调度指挥与运行控制体系。

2　科学问题背景

列车调度指挥与运行控制系统(以下简称"列控系统")是轨道交通的大脑和神经中枢,是轨道交通系统安全、高效运营的核心。自19世纪70年代以来,列控系统以前车瞬时停车为基本原则,根据列车运行位置将线路划分为独立的"闭塞"区间,防止列车追尾、保证列车运行安全。进入21世纪以来,基于通信的列车运行控制系统实现了移动闭塞技术,已经达到了该安全原则下列车追踪密度的极限。随着近年来5G、智能控制以及高精度传感器等技术的快速发展,虚拟连挂技术正在成为轨道交通列控系统进一步发展的必然方向。虚拟连挂技术通过协调控制列车牵引、制动指令,使多个列车形成一个虚拟耦合的整体列车,在无实际物理连接的情况下,控制多个列车近距离追踪运行,形成虚拟连挂的列车群,并在行进过程中根据运行需求完成动态编组、解编、重联,实现运力与运量的精准匹配,提升轨道交通系统整体运输能力。该技术突破了沿用近两个世纪的列控系统安全原则,也带来了一系列亟待突破的基础科学问题。在目前的列控系统下,列车的最小追踪间隔通常在几公里,而虚拟连挂要求列车在高速行进过程中,通过车车通信以及车车协调控制等手段保持极小的追踪间隔(约在几十米以内)。然而,车车通信的传输效率和信息传递时延受列车运行实时速度、位置及外部环境等因素影响,存在较大不确定性,不同单元列车的牵引、制动控制模型具有显著异质性,且随线路及固定设施的变化而动态变化。这些影响因素对列车编队高精度、平稳追踪运行控制方法提出了极高的要求。另外,从轨道交通系统层面,目前主要依据列车运行控制层的站间运行时分、停站时分等要素的静态经验值编制列车计划运行图,并据此控制列车运行,在列车运行偏离计划时,尚不能根据列车的实时状态进行精细化的列车群自主指挥决策,调度指挥与列车运行控制弱耦合。而面向虚拟连挂的列控系统中,在站间、道岔区域、正线接发车区域复杂运行场景下,单元列车在线实现动态编组与解编,列车运行时分等要素与列车运行控制密切相关,传统的调度与控制弱耦合的方式无法满足列控系统对虚拟连挂列车的指挥与控制。"十四五"期间,我国高速铁路、市域铁路和城轨系统多网融合的持续快速推进,对区域调度与控制的一体化提出了更高的要求。为此,如何探明轨道交通列车调度指挥与运行控制的耦合机理,形成虚拟连挂下列车群的调度指挥与优化控制方法,是轨道交通科学技术领域亟待解决的难题。

3 科学问题研究进展

虚拟连挂概念最早来源于智能汽车编队运行控制,自2012年起,欧盟、英国、瑞士等国家和地区开始部署列车虚拟连挂技术的规划与探索。《欧洲铁路2030研究与创新规划》在下一代列控系统中,将列车编队运行控制技术列为第一个优先发展的主题。2014年,欧盟投资超14亿欧元实施Shift2Rail计划,提出基于列车无人自主编队控制技术研究新的轨道交通调度指挥体系与理论方法,实现系统运能零浪费,满足乘客个性化的出行需求,为实现出行即服务提供支撑。2020年,我国城市轨道交通协会发布《中国城市轨道交通智慧城轨发展纲要》,明确指出将"协同编队"和"灵活编组"等技术用于轨道交通运营管理,赋能轨道交通智能调度与运行控制,实现列车协同最优控制,提升运行效率和运营灵活性。

虚拟连挂概念对轨道交通未来的发展带来了颠覆性的变革。相较于传统列车运行控制,虚拟连挂强调列车群的动态协调与全局优化,以实现系统运能与效率的精准匹配,从而进一步提升轨道交通的便捷性、安全性,降低轨道交通运营成本与碳排放量。因此,研究面向虚拟连挂的列车调度指挥与优化控制是实现虚拟连挂技术的关键与核心。目前，该领域国内外研究主要集中在两方面：一方面，以计算机优化为手段，以车辆运转作业调度模型、车辆路径优化模型以及行列生成算法等组合优化方法为理论支撑，面向实际应用需求研究轨道交通调度指挥与优化决策方法，形成面向突发事件的列车动态调度技术，并拟在实际轨道交通线路中示范推广；另一方面，随着虚拟连挂概念的出现，很多国内外科研团队开始关注面向虚拟连挂的列车协同控制方法，基于模型预测控制、强化学习等智能控制方法设计了一系列面向虚拟连挂的列车协同控制器。面向未来虚拟连挂的实际运用场景，如何将列车调度指挥与运行控制有效结合在一起，值得进一步深入研究。

虽然目前虚拟连挂技术取得了一系列成果，但是随着该技术逐渐从概念走向运营实践，面向未来虚拟连挂的轨道交通列控系统仍旧存在以下难点需逐渐攻克。

3.1 虚拟连挂下轨道交通客货流-车流的时空耦合机理与优化匹配

虚拟连挂技术的核心目标是通过运力的精准、动态配置，解决轨道交通线网运力与运量不匹配的问题。因此，从机理层面研究虚拟连挂下轨道交通客货流-车流的耦合关系与优化匹配方法是实现虚拟连挂的前提。虚拟连挂下，列车单元可在区间任意位置、车站、车辆段等区域行进过程中完成动态编组、解编，这些决策的时空组合会产生无穷多种灵活的运力配置方案，目前基于区段闭塞以及静态客货流需求的运力-运能分析方法无法适用于灵活、可动态编组与解编的虚拟连挂，难以充分释放虚拟连挂技术带来的效益。因此，面向实际运营中的动态客货流需求研究虚拟连挂下轨道交通客货流-车流的时空耦合机理，探明不同网络拓扑、客货流分布以及基础设施/车辆条件对客货流-车流耦合特性的定量影响，进而构建客货流-车流优化匹配模型，为形成虚拟连挂调控一体化体系提供理论支撑。

3.2 面向虚拟连挂的列车调控一体化机理研究

研究面向无人自主列车编组的调度与控制一体化体系和模型是实现列车运行优化决策、提升系统运力的基础。目前轨道交通列车运行组织主要采用独立、分层的管控和建模方法，即在控制层面的建模主要针对列车运行的优化控制，其优化目标包括列车准点、节能性等；在调度层面则主要采用车辆运转作业调度模型，以列车区间运行时间为模型输入，以列车调度命令为优化决策。这种分层建模方法在一定程度上有利于实际运营中的多主体协调指挥，但在很大程度上制约了轨道交通线路运能的进一步释放和运力运量的精准匹配。随着无人自主虚拟连挂技术的发展，以及列车与列车、列车与指挥中心多主体之间信息交互能力的提升，需要首先从理论上研究面向虚拟连挂的列车调控一体化建模方法，探明轨道交通"控制""调度"层面的相互作用机理，深入分析其对于未来轨道交通系统运能和服务质量的影响,为虚拟连挂列车协同优化控制和自主决策的实现提供理论支撑。

3.3 面向虚拟连挂的无人自主列车调度优化方法研究

随着轨道交通逐渐成网,高速铁路、城际轨道交通、城市轨道交通进一步深度融合,目前基于人工调度的管理模式难以适应未来列车自主运行控制的需要。同时,无人自主虚拟连挂一体化调控体系为轨道交通调度优化与自主决策提供了更多的调整手段,以满足多样化的乘客需求,为乘客提供"门到门"的服务。然而,轨道交通网络中列车的调度优化本身是强 NP 难问题,现有的组合优化方法求解难度大、求解时间长,无法满足实际管控需求。因此,亟须在分析网络化运营客流需求特征的基础上,考虑列车在不同区域的编组、解编过程,研究无人自主列车群的动态调度优化方法,形成更为高效的、满足实际系统需要的调度策略,通过列车自主决策与调度优化提高服务品质和线网韧性。

3.4 面向轨道交通虚拟连挂的系统仿真验证方法研究

理论模型与方法的"可信验证"是将理论成果逐渐推广应用,进而服务国家需要、改善社会民生的关键。现有的仿真验证方法存在危险源因素多、测试场景组合爆炸等问题,难以穷尽现实中可能出现的复杂场景,导致理论模型与工程实际应用存在较大偏差。因此,一方面需要进一步研究基于随机仿真优化等方法的虚拟连挂系统测试场景生成理论,从而构建有限的、真实可信的测试案例集;另一方面,也需要研究轨道交通虚拟连挂系统仿真平台构建方法,结合算法与平台实现理论模型的仿真验证,尽可能减少实际的测试验证业务成本,实现系统经济效用优化。

主要参考文献

[1] 王同军,何华武,田红旗.智能高速铁路战略研究[M].北京:中国铁道出版社有限公司,2021.

[2] 宁滨,莫志松,李开成.高速铁路信号系统智能技术应用及发展[J].铁道学报,2019,41(3):1-9.

[3] Felez J,Kim Y,Borrelli F. A Model Predictive Control Approach for Virtual Coupling in Railways[J]. IEEE Transactions on Intelligent Transportation Systems,2019,20(7):2728-2739.

[4] Quaglietta E,Wang M,Goverde R M P. A Multi-State Train-Following Model for the Analysis of Virtual Coupling Railway Operations[J]. Journal of Rail Transport Planning & Management,2020,15:100195.

[5] Aoun J, Quaglietta E, Goverde R M P, et al. A Hybrid Delphi-AHP Multi-Criteria Analysis of Moving Block and Virtual Coupling Railway Signalling[J]. Transportation Research Part C: Emerging Technologies, 2021, 129: 103250.

[6] Park J, Lee B, Eun Y. Virtual Coupling of Railway Vehicles: Gap Reference for Merge and Separation, Robust Control, and Position Measurement[J]. IEEE Transactions on Intelligent Transportation Systems, 2020, 23(2): 1085-1096.

[7] Liu Y F, Zhou Y, Su S, et al. An Analytical Optimal Control Approach for Virtually Coupled High-Speed Trains with Local and String Stability[J]. Transportation Research Part C: Emerging Technologies, 2021, 125: 102886.

[8] 宁滨, 董海荣, 郑伟, 等. 高速铁路运行控制与动态调度一体化的现状与展望[J]. 自动化学报, 2019, 45(12): 2208-2217.

[9] Lamorgese L, Mannino C. An Exact Decomposition Approach for the Real-Time Train Dispatching Problem[J]. Operations Research, 2015, 63(1): 48-64.

[10] Lamorgese L, Mannino C. A Noncompact Formulation for Job-Shop Scheduling Problems in Traffic Management[J]. Operations Research, 2019, 67(6): 1586-1609.

撰稿人：孟令云（北京交通大学） 宿帅（北京交通大学）

快速重载货运列车安全运行协同控制关键理论与方法

Key theories and methods of cooperative control for safe operation of fast and heavy-haul trains

1 科学问题概述

2019年9月，中共中央、国务院印发的《交通强国建设纲要》提出，加强新型载运工具研发，实现3万吨级重载列车、时速250公里级高速轮轨货运列车等方面的重大突破。2021年12月，国家铁路局印发的《"十四五"铁路科技创新规则》提出，推动3万吨级重载列车、时速160公里及以上快捷货运装备成熟应用，推进25~40吨轴重货运装备技术研究运用及产业化。目前，我国已基本形成以大秦、瓦日、神华等为代表的铁路货运干线，现行常规列车编组数为100~200辆、载重为5000~2万t、时速为60~80km，而依据现有的线路条件，3万t载重的重载列车意味着列车编组数多达300~400辆，当运行至弯道或坡道时，列车常被扭成多变曲线和多个起伏。由于长编组列车由分散分布在其不同位置的多台重载机车共同提供动力，处于不同坡道上机车的动力需求往往不同，如处于上坡道的机车需要提供牵引力,而处于下坡道的机车则可能需要提供制动力,加之各机车无线重联通信的不确定时延等因素,快速重载货运列车的安全运行控制更加困难,若不能得到有效协同,则易引起车钩力剧增,甚至导致车钩断裂或脱轨等重大事故。

在更长编组、更快速度下,快速重载货运列车安全运行性能下降问题实质上是由车辆量测信息少、安全运行评估与在线决策难、多机车无线重联协调控制难等复杂因素综合影响下导致的。国外先进的重载货运列车操控技术主要是采用编组固定模式的有线 ECP/WDP 制动策略,无法满足我国因资源分散带来的列车频繁编解组需求;且国外列车运行线路平直、速度慢（30～50km/h）,其安全运行控制技术难以适用于我国多坡道、弯道等复杂环境。我国致力于开行的 300～400 编组、100～120km/h 运行速度的快速重载货运列车,其安全运行控制基础理论与关键技术仍需突破。

2 科学问题背景

我国重载货运列车多运行于多弯道、坡道的路况,必须对处于不同坡道或弯道的机车施加不同的操控才能确保列车运行安全,但却面临着以下问题:

一是列车信息量少且关键信息获取难。受频繁编解组需求,货运列车的传感器大多只安装在机车上,后挂货车几乎无传感器,反映列车空气制动性能的各车辆制动缸气压一般通过列车尾部的风压检测装置间接获取。且因车辆之间的车钩力难以实时感知,列车无线控制指令固有的时延等因素常造成车钩力激变,严重时会导致车钩断裂、列车脱轨等重大事故。尽管机车上安装有传感器,但获取的传感信息类型不一,各传感器的传感频率、信号幅值等特性差异显著。为此,需要在有限的数据信息下,构造融合列车、线路、云端的多物理-信息系统耦合模型,实现不同运行工况下列车车钩力等关键参数的智能感知。

二是复杂多变线路下列车在线安全评估和决策困难。与平直轨道不同,连续坡道与弯道上的长编组列车常被扭曲成不同的形状,且各车辆会处于不同的坡道与弯道线路。随着运行速度的提升,列车各车辆的纵、横、垂向载荷都将发生快速变化,给列车的安全平稳运行带来了极大挑战。为此,需要研究复杂多变线路条件下兼具精准性和快速性的在线安全评估及决策规划方法,通过有效的列车实时安全状态评估和预测,在线调整运行速度,以保证行车安全并提升运行性能。

三是分散分布的多机车高效协同控制困难。因频繁编解组需要,我国现行货运列车多采用无线通信的方式进行同步操控,并利用贯穿全列车的列车风管传递制动指令。列车运行速度的提升会加剧列车纵向冲动,引起车钩力激变和车钩磨损,增加维护成本,甚至导致断钩、脱轨等重大事故;列车编组长度的扩大会增加空气制动指令的传输时延,导致列车前堵后拥,造成列车车钩力激变甚至脱轨等严重事故;更重要的是,不同坡道和弯道上各机车的牵引制动需求不一,使现行的同步操控技术难以适用。为此,需要研究新的满足快速收敛和高效协同要求的列车控制方法,解决纵向冲动大、制动时延长、牵引/制动需求复杂多变等难题。

3 科学问题研究进展

作为重载铁路发展较早的国家,美国、澳大利亚、加拿大等发达国家经过几十年的试验研究和建设运营,积累了大量的经验和试验数据,重载列车安全保障技术也得到了长远的发展。然而,国外先进的重载货运列车操控技术主要是针对固定编组列车的有线 ECP/WDP 制动策略,相关技术无法满足我国因资源分散带来的列车频繁编解组需求。

国内各科研院所及相关单位也展开了相关的研究,取得了很多进展,中车株洲电力机车研究所有限公司研制的重载货运自动驾驶列车已于 2019 年 10 月成功试运行。西南交通大学、中南大学、北京交通大学,以及中国铁道科学研究院等高校和科研院所在重载货运列车安全运行控制基础理论与方法研究方面,均开展了一系列卓有成效的研究工作,取得了一些原创性成果。然而,目前的研究大多针对编组数量少、机车数量少的列车,且多采用同步控制方式,难以直接应用于长编组、多机车的列车协同控制中。

总体而言,虽然目前针对重载货运列车安全运行协同控制理论与方法取得了一系列成果,但随着列车编组的扩大和速度的提升,重载货运列车在复杂运行环境下的安全运行协同控制仍旧存在以下难点亟待攻克。

3.1 "列车-线路-云端"复杂多领域系统模型耦合机制分析

列车运行是典型的列车、线路和云端服务平台(指挥中心)等多系统相互耦合的动态过程,表现为机械、电气、控制、通信等多个学科领域的集成属性,属于典型的复杂多领域系统,具有大多数复杂系统共有的特征。如何挖掘列车、线路和云端多系统之间的耦合关联关系,探究多物理系统的拓扑结构和交互机制,实现统一建模框架下复杂多领域系统模型的有效集成,是实现列车车钩力等关键参数有效感知的核心问题,也可为解决其他复杂系统的建模问题提供参考思路。

3.2 连续坡道弯道变化对快速重载列车运行安全的影响机理

在连续坡道与弯道线路条件下,快速重载列车各车辆常处于相异的坡道与弯道线路,且各车辆所处工况会发生快速变化,进而引起各车辆纵、横、垂向载荷的差异性突变,严重影响列车运行安全。如何精准定量地分析复杂多变坡道弯道线路条件对快速重载列车运行安全的影响机理,对于列车在线安全评估及决策规划具有重要意义,是快速重载列车领域的前沿课题。

3.3 多安全约束下强耦合重载列车分布式协同优化控制理论

快速重载列车在运行过程中的牵引/制动需求往往是不一致的,而列车运行速度的提升会加剧列车纵向冲动,列车编组长度的扩大又会增加制动指令的传输时延,这是典型的强耦合、大时滞的多个体状态协同控制问题。解决具有状态强耦合、有界输入、有限时间收敛以及线路参数、内力变化等多约束的多机车分布式协同控制问题,是实现列车纵向冲动最小化、动力发挥最大化的重要保证。

主要参考文献

[1] Chen M, Sun Y, Zhu S Y, et al. Dynamic Performance Comparison of Different Types of Ballastless Tracks Using Vehicle-Track-Subgrade Coupled Dynamics Model[J]. Engineering Structures, 2021, 249:113390.

[2] 蒋建政,陈再刚,罗天祺,等. 货物偏载对高速货运动车组在直线线路上行车安全影响研究[J]. 铁道学报, 2021, 43(6):63-69.

[3] 王自超,翟婉明,陈再刚,等. 考虑齿轮传动系统的重载电力机车动力学性能研究[J]. 机械工程学报, 2018, 54(6):48-54.

[4] 丁荣军. 现代轨道牵引传动及控制技术研究与发展[J]. 机车电传动, 2010(5):1-8.

[5] Liu Z, Zhang M, Liu F, et al. Multidimensional Feature Fusion and Ensemble Learning-Based Fault Diagnosis for the Braking System of Heavy-Haul Train[J]. IEEE Transactions on Industrial Informatics, 2020, 17(1):41-51.

[6] Chen J Y, Hu H T, Ge Y B, et al. An Energy Storage System for Recycling Regenerative Braking Energy in High-Speed Railway[J]. IEEE Transactions on Power Delivery, 2020, 36(1):320-330.

[7] 何静,刘建华,张昌凡. 重载机车轮轨黏着利用技术研究综述[J]. 铁道学报, 2018, 40(9):30-39.

[8] Yang Y F, Guo X R, Sun Y, et al. Non-Hertzian Contact Analysis of Heavy-Haul Locomotive Wheel/Rail Dynamic Interactions Under Changeable Friction Conditions[J]. Vehicle System Dynamics, 2021:1-23.

[9] Hoang M C, Nguyen K T, Le V H, et al. Independent Electromagnetic Field Control for Practical Approach to Actively Locomotive Wireless Capsule Endoscope[J]. IEEE Transactions on Systems, Man, and Cybernetics: Systems, 2021, 51(5):3040-3052.

[10] Wang X, Li S K, Tang T. Robust Optimal Predictive Control of Heavy Haul Train Under

Imperfect Communication[J]. ISA Transactions,2019,91:52-65.

撰稿人：丁荣军（湖南大学） 刘建华（湖南工业大学）

列车控制系统电磁兼容与电磁安全风险控制技术研究

Research on electromagnetic compatibility and electromagnetic safety risk control technology of train control system

1 科学问题概述

对于轨道交通系统而言，保障列车的电磁兼容性能与电磁安全是确保整个系统安全可靠运行的关键因素之一，也是推进列车装备技术升级的前提和基础。由于大量应用信息通信与自动控制技术，轨道交通系统及其设备对系统内及周边环境中电磁干扰的敏感性显著升高。来自轨道交通系统内外部的电磁干扰，极易引起关键信号设备损毁或功能异常，从而引发轨道系统大范围的故障，带来不可估量的损失。

目前由于我国轨道交通列控系统对于瞬态突发电磁干扰（尤其是同频干扰问题）缺乏有效的电磁风险预测与准确的评估技术，电磁干扰引起的列控设备失效风险很难得到有效控制，极大地威胁整个轨道交通系统的安全性。如复兴号动车组车载应答器设备受扰等电磁兼容故障与整改的实践表明，瞬态突发电磁干扰的频谱分量与列控设备的用频重叠，引发铁路系统通信中断和信号设备功能降级，最终导致行车异常。主要的问题在于现有轨道交通系统电磁防护对于轨道交通信号设备的端口防护等级和频率范围不能适应瞬态突发电磁干扰的信号特征。

从国际范围来看，欧美国家早已开始关注轨道交通电磁安全问题并建立专项研究实验室开展研究工作。美国国家科学基金会长期资助电磁安全领域的研究，欧盟第七框架计划重点资助交通系统的综合电磁环境与电磁兼容性，重大设施的电磁安全与防护策略，新型电磁防护器件、材料和芯片等的研究。

综上，我国目前尚未形成全面的轨道交通系统电磁安全研究体系，亟须针对涉及安全的轨道交通列控系统电磁风险预测评估技术开展深入研究，重点包括轨道交通列控系统电磁兼容和电磁安全基础理论、测量技术及评估方法研究，非电离辐射影响等的安全性研究等。通过进一步制定和完善轨道交通系统电磁兼容及电磁安全相关规范及标准，从根本上改善轨道交通系统电磁环境，保障我国轨道交通系统的电磁安全和驾乘人员的健康安全。

2　科学问题背景

随着我国轨道交通装备技术的快速发展和集成程度的不断提高,列控系统设备级和整车级的电磁兼容及电磁安全评估成为了保障轨道交通系统安全的核心问题,亟须研究轨道交通系统电磁兼容及电磁安全基础理论,探索有效的轨道交通电磁兼容与电磁安全研究试验方法,提出诊断、模拟并解决轨道交通系统电子电气设备级和系统级的电磁安全问题的可实施关键技术,从而保障轨道交通系统电子电气设备级和系统级的电磁兼容和电磁安全。具体如下:

首先,亟须针对强电磁干扰作用下轨道交通系统关键装备的电磁安全评估开展深入研究。轨道交通电子电气系统,特别是通信系统和列控系统的抗电磁干扰技术是保障装备在轨道交通复杂电磁环境里安全运行的重要手段。通过尖峰信号传导敏感度以及瞬态电磁场辐射敏感度试验,可以对轨道交通系统关键装备的电磁安全及受扰机理进行分析,找到电磁攻击的薄弱点。针对这些薄弱点从装备设计方案入手提出电磁干扰和电磁攻击防护技术,通过模拟、验证等手段对防护技术进行验证。

其次,强电磁干扰作用下轨道交通系统风险点及其安全性评估,是保障轨道交通系统电磁安全的基础。应重点研究强电磁干扰进入轨道交通系统及其内部子系统的耦合途径,确定强电磁干扰在轨道交通系统敏感设备处引起的电磁安全风险。通过测量、模拟、验证的方法研究强电磁场作用条件下轨道交通系统及轨道交通网受影响的程度,提出轨道交通系统针对强电磁干扰的风险评估技术,提出防护方案。

再次,还必须针对轨道交通系统内强电磁干扰发射源的特性开展深入研究,重点研究高功率大型轨道交通装备的电磁发射评估方法。主要通过对轨道交通牵引供电系统的传导发射、辐射发射、谐波发射、传导杂散发射进行试验检测,得到其频域特性和时域特性,以及电磁发射的边界,为大型轨道交通高功率装备的发射抑制和系统整体的电磁安全设计打下基础。

最后,迫切需要研究轨道交通系统对人体等生物体的非电离辐射效应,解决轨道交通设备的电磁暴露安全问题和电磁暴露安全评估问题,尤其是对司机、工作人员和戴心脏起搏器等的特殊乘客的电磁暴露水平等。

3　科学问题研究进展

目前在国际上,铁路安全评估体系的基础主要是国际电工委员会(International Electrotechnical Commission,IEC)制定的 IEC 61508 系列标准。该标准提出了安全完好性等级(Safety Integrity Level,SIL)的定义,将这一概念作为对某个系统安全进行综合评估的指标依据。此外,欧洲电工标准化委员会(European Committee for Electrotechnical Standardization,

CENELEC)以 IEC 61508 系列标准为基础,考虑列控系统的技术特点,结合安全系统的开发要求制定了铁路行业应用最广泛的 EN 5012X 系列标准,从而形成了铁路领域的安全评估体系,IEC 之后亦将 EN 5012X 系列标准转化为 IEC 系列标准。参照国际标准,目前我国也已制定该方面的相关标准。EN 50126 标准强调整个生命周期内系统功能各个阶段的管理要求,是第一个关于铁路系统可靠性、可用性、可维修性、安全性(Reliability,Availability,Maintainability,Safety,RAMS)的细则,对危害事件发生的频率和严重等级进行了划分。EN 50128 标准则侧重于软件方面,针对铁路系统中关于通信信号的软件要求、体系及测试和验证等方面进行了详述。EN 50129 标准围绕铁路系统通信、信号和信号安全方面,定义了铁路安全相关电子系统不同安全完整性等级所需满足的设计要求,并基于安全案例规范了系统生命周期内安全相关的管理技术和措施等详细活动。此外,某些发达国家除了要求轨道交通系统的电磁兼容性满足上述要求外,还要求轨道交通系统的辐射量满足 ICNIRP 导则或 IEEE C95 标准所规定的人体电磁安全的要求。其核心指标是人体组织中的感应电场与电流(低频)和比吸收率(高频)。

我国轨道交通列车(尤其是高速铁路列车)在长交路跨线运行过程中,列控系统及设备经历极为复杂、高速动态变化且难以有效控制的电磁环境。其中,我国高速铁路系统采用的单相交流供电方式和高速列车采用的"交-直-交"传动牵引技术,虽然具有可靠性高、维修简便的优势,但同样也具有诸如瞬态电磁骚扰等相应的电磁影响问题。考虑供电系统的负载平衡性,列车每行驶一段距离,就必须更换一次电分相,并产生瞬态电磁干扰。此外,高速动车组牵引变压、变流设备在进行"交-直-交"转换过程中会产生大量的高次谐波,直接影响车载设备及轨道电路等轨旁设备的正常工作。研究成果表明,由于特征复杂且动态瞬变,电磁干扰是导致列控系统各构成单元间信息传输的性能降级和故障问题的主要风险源,目前高铁既有线上已知的列控车载设备电磁干扰故障问题,多由此类瞬态干扰引发的列控信息传输失效导致。

虽然目前在轨道交通系统电磁风险研究方面取得了一系列成果,但是仍旧存在以下难点需逐渐攻克。

3.1 轨道交通列控系统的强电磁受扰机理及动态演化机制

探究并分析轨道交通列控系统中易受电磁攻击的薄弱环节的特征,提出轨道交通系统关键子系统的电磁攻击主动-被动联合防控措施。研究新型电磁防护器件、材料和芯片实现对关键设备的强电磁干扰防护;通过对强电磁干扰信号的特征分析,研究基于自适应对消技术的电磁干扰主动防护策略。利用电磁安全测试系统对所提出的电磁安全防控策略进行验证研究。

3.2 轨道交通列车高功率子系统电磁发射特性的测量技术

重点研究基于多感知源测量信息融合的移动电磁辐射源的精准识别与定位技术,实现移动电磁辐射源的三维实时测量分析,攻克多射频通道的高速、高分辨率数据采集与接口技术难题,实现对不同工况条件下列车高功率子系统电磁发射特性的空/时/频/信息域的联合测量与分析。通过对车载高功率子系统的电磁发射特性进行测量及分析,研究相应的措施,降低列车对外电磁发射,减少对外界电磁环境和敏感设施的影响。

3.3 轨道交通系统电磁兼容与电磁安全评估方法

基于复杂电磁环境与轨道交通系统的相互作用机理,特别是强电磁干扰对轨道交通装备的作用机制,研究轨道交通系统涉及安全的关键设备的电磁敏感性试验方案和电磁安全评估方法,开展轨道交通系统的电磁安全测试与评估。进一步,开展轨道交通电磁兼容与电磁安全相关标准和评估体系的研究,重点研究并分析我国轨道交通电磁兼容标准与国外相关标准的差异性及适用性。开展轨道交通系统关键子系统电磁兼容及电磁干扰防护试验验证技术和电磁安全评估方法研究,建立我国轨道交通电磁安全评估标准体系,为保障我国轨道交通网的电磁安全性提供助力。

3.4 轨道交通系统电磁安全风险控制技术

轨道交通系统的电磁发射源具有复杂性与多样性的特点,如何充分考虑高电压/大电流工频/射频/脉冲等电磁发射源对轨道交通装备和驾乘人员的综合效应,建立满足装备安全可靠工作的电磁环境要求、更精确的人体非电离辐射安全指标,研究针对轨道交通装备和驾乘人员的电磁防护技术,建立轨道交通系统电磁安全风险控制模型是保障轨道交通系统电磁安全性的关键核心问题之一。

主要参考文献

[1] 何华武.高速铁路运行安全检测监测与监控技术[J].中国铁路,2013(3):1-7.
[2] IEC. Functional Safety of Electrical/Electronic/Programmable Electronic Safety Related System:IEC 61508[S].
[3] 闻映红.中国高速动车组列车电磁兼容技术[M].北京:中国铁道出版社,2018.
[4] 唐涛,蔡伯根,闻映红,等.复杂路网条件下高速铁路列控系统互操作和可靠运用关键技术及应用[J].中国科技成果,2018(5):2.
[5] Wen Y H, Hou W X. Research on Electromagnetic Compatibility of Chinese High Speed

Railway System[J]. Chinese Journal of Electronics, 2020, 29(1):16-21.

[6] CENELEC. Railway Applications-The Specification and Demonstration of Reliability, Availability, Maintainability and Safety (RAMS:EN 50126)[S].

[7] CENELEC. Railway Applications-Communication, Signalling and Processing Systems-Software for Railway Control and Protection Systems:EN 50128[S].

[8] CENELEC. Railway Applications-Communication, Signalling and Processing Systems-Safety Related Electronic Systems for Signalling:EN 50129[S].

撰稿人:闻映红(北京交通大学)

第3章 轨道交通安全与环境

我国高速铁路运行范围广、线路长、轮轨关系特殊、运行环境复杂,列车运行安全极易受到各种环境影响。随着列车运行速度提高,环境安全问题更加突出,亟待明确更高速下复杂环境与运载工具系统耦合作用机理,提高列车对极端恶劣自然环境的适应能力,探明风/沙/雨/雪/冰等自然灾害对高速度等级列车运行安全、结构失效的影响机制;探究列车运动空气动力学效应下火灾发展流场结构和传热传质机制,构建列车火灾抑控方法及措施,明确列车客室流场品质保障与气动舒适性提升机理;构建更高速复杂环境下的铁路货运列车运输安全防护体系,形成完善的轨道交通安全与环境研发系统。

我国大量铁路线路分布在沙漠、戈壁区域,时速在160km的普通列车——"绿皮车",在运行时面临的最大危险往往来自风沙侵害。在一些特大桥梁、路堤等特殊风环境路段,列车受到的大风作用更为突出,所受气动载荷明显增大,列车倾覆的可能性也大大增加。同时,在风力作用下,分布在地表的沙尘在风力作用下运动并分布在空气中,与过往车辆碰撞,空气中的沙粒会运动到列车设备舱、机械室等部位,危害列车的正常运行;运动到列车顶部且飘浮在空中的沙粒破坏了电场的均匀性,影响绝缘子击穿电压,从而影响列车受电弓的电力输送;吹到道床的沙粒,导致轨道磨损,影响列车运行;瞬间作用在列车表面的沙粒,会对列车的气动力产生影响,沙粒的撞击作用对车体表层的耐蚀性和使用寿命造成影响,对车窗玻璃的直接破坏影响列车正常运行,甚至危害驾乘人员安全。此外,强风沙天气导致大量的道床积沙,阻碍列车正常运行,造成列车停轮,甚至脱轨,从而极大降低铁路运输效率,甚至危及列车行车安全。线路设备经年往复被积沙侵袭掩埋,极大地降低了线路设备使用寿命,进而引发线路轨枕失效劈裂、钢轨锈蚀伤损、轨面不均匀磨耗等问题。

随着列车运行速度的增加,高速列车时速达200km以上,面临的环境安全问题更加凸显,其中主要包括大风、隧道与积雪等。列车高速运行时,风灾对铁路运营安全的影响更为突出,尤其是在我国西北地区,铁路经过几大风区,时常发生列车停驶或倾覆事故,是我国乃至世界上铁路风灾最严重的地区。列车受到表面压力差的影响,当气动横向力或气动升力超过一定阈值时,可能会导致列车倾覆,造成严重经济损失。除了大风环境之外,我国地形复杂,新修建铁路中隧道比例不断上升。由于列车速度提高,列车通过隧道时产生的气压波大大增加。压力波动以声速传播至隧道口形成反射波,回传,叠加,产生一系列复杂的空气动力学效应。由于瞬变压力造成旅客及乘务人员耳膜不适,而且阻力增大,使得运营耗能增大,经济效益大大降低。此外,沙/雨/雪/冰等恶劣环境对高速列车的运行也存在巨大威胁,尤以积雪结冰为甚。高寒动车组在雪天运行时,转向架区域制动夹钳表面会产生大量积雪结冰,将导致动车组制动缓解失效而无法运行,严重影响了动车组的运输效率。

随着列车运行速度进一步提升,更高速运行场景和极端恶劣环境耦合作用下的行车安全问题日益凸显。首先,更高速列车轴重降低,强横风场景下列车自重恢复力矩降低,致使更高速列车在两侧非对称漩涡作用下的车身稳定性急剧下降,这已然成为制约更高速列车发展的瓶颈问题之一。同时,列车过隧道引起的微气压波问题也更加严重,尤其是对于时速400公里等级轮轨列车和时速600公里等级高速磁浮列车,微气压波大幅激化为"气压爆波",其诱发的隧道口"爆破音"噪声不仅带来严重的噪声污染,甚至损伤隧道口周围建筑结构,已经成为限制时速350km复兴号高速列车进一步提速的另一瓶颈问题。其次,更高速列车运行速度等级高、紧急制动距离长,很难立即停止运行,列车运动效应会助氧燃烧,加速外部火灾蔓延。尤其是在车辆通过的隧道等特殊区段发生火灾时,为便于疏散救援,也会持续运行直至驶出隧道或驶至紧急救援站。列车着火后减速运行,一方面伴随复杂的空气动力学效应,增强火羽流和空气之间湍流卷吸过程,使得燃烧过程更加猛烈;另一方面,持续运动效应也会导致火灾燃烧行为更加复杂,火灾烟气蔓延迅速且时空特征难以预测,给疏散救援带来巨大挑战。最后,随着列车运行速度的提升,列车底部强剪切空气流动特性更为复杂,且为降低高速列车气动能耗,转向架区域的包裹程度会进一步增加,导致高寒丰雪地区更高速列车转向架区域的积雪结冰问题变得更加棘手。

此外,轨道车辆客室流场和空气品质会影响乘员乘车的舒适性,严重时更会威胁乘客的安全。客室内温度场、速度场和压力场等分布较为复杂,温湿度的均匀性较难控制,如何通过空调系统设计实现高品质流场结构是当前提升乘客气动舒适性面临的难题。客室内存在二氧化碳、甲醛、一氧化碳、二氧化氮、二氧化硫、可吸入颗粒等多类污染物,乘客在密闭空间内长时间与低浓度的污染物接触,容易产生疲劳、头晕、胸闷、鼻塞等不适症状,从而影响身心健康。带有病原体的飞沫或气溶胶传播还会引发交叉感染,从而威胁乘客安全。客室内污染物种类较多、污染物传播机制复杂,客室空气品质提升难度大。

除此之外,危险货物所具有的特殊性质决定了其一旦发生事故将很容易对人民生命财产、社会自然环境造成重大破坏。目前铁路危险货物运输在全程安全监测、风险识别、安全防控等方面仍然相对落后,只是针对部分危险货物采取人工押运和途中签认的方式监控载运工具在运输过程中的安全情况,对于危险货物运输状态的安全检查只能在停车站进行,定位追踪方面是依靠铁路货车车号识别系统在相应车站实现,缺乏针对载运工具及货物状态的实时监控手段。因此,系统深入地研究铁路危险货物运输全程监测、风险识别、安全预警、应急保障等方面的基本理论及关键技术是铁路运输领域的又一项紧迫任务。

随着我国地铁发展迅速,部分城市(如上海、北京、广州等)已经进入到了超大规模网络化运营的新阶段,迅猛增长的客流和有限运输能力的矛盾日益突出,一方面表现为部分线路高峰时段超负荷运行、车厢拥挤、候车滞留、大客流集聚等现象日趋严重;另一方面,由于设施设备功能失效和一些不可预知的外部因素(突发事件、恶劣天气等)导致列车发生长时间、大面积延误,造成部分车站客流积压严重,给网络运营安全带来了严重挑战。

本专栏共计6个科学问题,重点开展如下4个跨学科方向的研究:

(1)极端自然环境下列车运行安全:开展风/沙/雪/冰恶劣环境致灾机理及抑控方法,以及更高速铁路隧道微气压波辐射机理与缓解研究。

(2)列车火灾防控及客室空气优化:研究列车运动火灾防控关键技术,开展列车客室空气品质控制与优化研究。

(3)铁路货车特种货物运输:探究快速重载货运列车安全运行协同控制关键理论与方法,研究铁路危险货物运输风险识别及安全保障基本理论与关键技术。

(4)城轨安全防控:解析大客流的集聚、扩散、传播和消散机理,精准把握客流实时分布状态和演变趋势,揭示复杂地铁网络大客流风险产生及演变机理,精确制定客流与列车协同管控策略。

铁路沿线风/沙/雨/雪/冰等恶劣环境致灾机理及抑控方法

Suppressing/controlling measures and disaster-causing mechanism of harsh wind/sand/rain/snow/ice environment along railways

1 科学问题概述

自1999年秦沈客运专线开通以来,我国高速铁路建设里程一直保持高速稳定增长态势。截至2022年底,我国高速铁路运营里程突破4万km,占世界高速铁路里程的三分之二以上。随着高铁线自东向西不断延伸,列车运行环境将变得更为复杂多变,必须提高列车在强风沙、强风雪等恶劣环境下的高速运行适应性。同时,《中华人民共和国国民经济和社会发展第十四个五年规划和2035年远景目标纲要》明确提出推进CR450高速度等级中国标准动车组重大技术装备研发。因此,更高速度等级下风沙、风雪等恶劣环境对列车运行安全的影响机制以及抑控方法亟须明确。

在大风环境下,运行列车受表面压差影响,形成较大的气动横向力和升力,继而产生较大的倾覆力矩,直接影响列车行车安全。在一些特大桥梁、路堤等特殊风环境路段,列车受到的大风作用更为突出,所受气动载荷明显增大,列车倾覆的可能性也明显增加。同时,在风力作用下,分布在地表的沙尘在风力驱动下悬浮游离在空气中,与过往车辆碰撞,空气中的沙粒会运动到列车设备舱、机械室等部位,危害列车的正常运行;运动到列车顶部且漂浮在空中的沙粒破坏了电场的均匀性,影响绝缘子击穿电压,从而影响列车受电弓的电力输送;吹到道床的沙粒,导致轨道磨损,影响列车运行;瞬间作用在列车表面的沙粒,会对列车的气动力产生影响,沙粒的撞击作用对车体表层的耐蚀性和使用寿命造成影响,对车窗玻璃的直接破坏极大影响列车正常运行,甚至危害乘员安全。

当高速列车在强风雨环境下运行时,强风会驱动着降雨作用到运行的列车上,在原来横风作用的基础上,加入了雨滴颗粒的作用,而且风速越大,雨滴作用到车身的载荷也越大,因而会对列车的气动力产生较大的影响,进而影响列车的安全运行;此外,雨滴降落到列车表面发生碰撞后,雨滴会产生破碎和飞溅,使得列车周围的流场结构变得更为复杂,会严重影响列车运行的稳定性。降雨除直接作用到列车车身外,还会影响轮轨之间的黏着状态,降低列车的制动力,使得列车的最大安全运行速度降低;降雨还会造成地面积水,严重时会使设施设备进水,从而引发故障,造成人员伤亡。

而当高速列车在高寒风雪环境中运行时,转向架与地面之间的强剪切流动会将道床上的积雪卷入转向架区域。转向架结构的复杂性导致转向架区域内流场极为紊乱,致使转向架区域产生严重积雪结冰。高速列车的转向架大量积雪结冰不仅影响列车冬季运行品质、劣化乘员舒适性,还会造成转向架刹车系统失灵、曲线通过性能降低、车底设备因冰冻而失效,极大危及高寒高速铁路安全运营。

综上所述,亟须探究列车在风/沙/雪/冰恶劣环境下的运行品质,揭示恶劣环境致灾机理并提出合理可行的抑控方法,从而助力列车高速、安全运行。

2 科学问题背景

我国《中长期铁路网规划》明确提出,到2025年底,中国高速铁路将初步形成覆盖全国所有省份的"八纵八横"高铁网。而我国地域辽阔,不同省份地区环境相差较大,列车面临着各种极端运行环境的挑战。

如新疆铁路、青藏铁路,年均大风在160d以上,最高风速达64m/s,约为12级风力的

2倍。此外,当风力达到一定条件,地表沙粒会被大风吹起并携带到空气中,对处于风区中的机车和列车车窗玻璃造成损害,部分沙粒进入列车设备舱、机械室等部位,危害列车运行安全。因此,相关线路每年近一半时间难以正常行车,严重影响铁路运营。根据现有不完全资料统计,自1960年至今,新疆境内铁路运输因风沙造成的行车安全事故总计38起,其中因大风造成的列车脱轨、倾覆事故21起。

东南部沿海地区,季风持续期长,常受到强台风和强季风的袭击,并伴随有强降雨,运行中的列车在风雨耦合作用下表现得更为不稳定,甚至产生气动载荷恶化,影响列车运行的平稳性和安全性,而降雨带来的轮轨黏着减少更是会使列车的行驶条件进一步恶化。另外,强降雨天气下,排水不及还会带来积水问题,积水会淹没轨道,甚至进入到列车内部,造成行车安全事故。

作为世界首条300km/h速度等级高寒高速铁路,哈尔滨—大连高速铁路纵贯东北三省,其沿线酷寒冬期漫长且降雪较多;全长1786km的兰新高铁大多处于高海拔、强风雪环境中,最低气温达-40℃;以及当前在建的川藏铁路,其沿线气候环境极寒,强降雪天气亦是频频出现。当高速列车在此类高寒风雪线路上运行时,转向架及其附近区域极易产生严重积雪,对高速列车的运行品质造成一系列影响。转向架表面大量积雪会导致轮对轴重显著增加,轮轨之间磨耗加剧导致铁路运维成本增加。高速列车的弹性悬挂装置表面大量积雪导致列车振动加剧,劣化了列车平稳性及乘坐舒适性。最为严重的是,制动夹钳表面的严重积雪会引发列车制动系统工作失效,进而引发严重的列车碰撞事故,严重威胁高速列车运行安全。

由此可见,恶劣环境严重影响列车运行安全性及稳定性,制约国家轨道交通健康快速发展,亟待开展风/沙/雪/冰等恶劣环境致灾机理及抑控方法研究。

3 科学问题研究进展

高速及更高速列车在运行过程中可能导致气动安全事故的恶劣环境主要来源于强风沙与高寒风雪两方面。铁路沿线风沙灾害多位于西北内陆戈壁滩地区,风雨灾害多位于东南部沿海地区,风雪灾害多位于东北、华北等地,从区域分布上存在明显的差异性。

风沙灾害主要体现在:①强风沙作用在列车上的气动力和气动力矩急剧增加,引发列车脱轨或倾覆;②持续性强风沙天气导致大量沙粒在线路上堆积形成道床积沙,甚至掩埋线路,妨碍列车正常运行,造成列车停轮,甚至脱轨;③强风夹杂的沙粒击碎机车或列车车窗玻璃,客室内兜风致使车厢晃动严重,列车不得不降速运行。针对铁路沿线恶劣强风沙环境是采取分而治之的办法。针对防风,主要是在铁路沿线修建防风墙,通过降低线路内的风速来降低车辆受到的气动载荷;针对沙粒击毁车窗玻璃的问题,主要修建较高的挡风墙,使挡风墙挡住直径较大的沙粒;针对线路内的沙粒问题,主要是在挡风墙的上游设置挡沙墙,延缓近地风蚀发展过程并降低近地面风速,削弱环境风的输沙强度,与挡风墙一同构成强风沙防治体系。挡风墙与挡沙墙的协同作用虽能避免沙粒直接高速撞击列车表面，但远处挡沙墙的阻沙效果有限，线路上依然存在大量积沙。另外，我国沙漠/戈壁铁路分布距离长，导致挡风墙与挡沙墙占地面积较大，且施工成本较高。因此亟须开展新式挡风输沙墙设计研究，在提升铁路沿线强风沙防治效果的同时，极大降低铁路沿线风沙防治工程建造成本。

风雨灾害主要体现在：①强风暴雨耦合作用在列车上，使得列车周围流场结构进一步复杂化，甚至使得列车所受气动力和气动力矩剧增，引发列车脱轨或倾覆；②强风暴雨天气会导致轮轨黏着降低，持续性的暴雨甚至会造成积水进而淹没线路，妨碍列车正常运行，造成列车制动力不足，甚至列车进水。针对强风暴雨的耦合作用问题，主要是在铁路沿线修建防风墙，通过降低线路内风速、阻挡雨滴等方法来减少强风暴雨对列车的影响；针对降雨减少轮轨黏着问题，通过向轨道喷洒沙粒等硬颗粒来缓解；针对积水问题，通过修建挡水墙和及时排水来解决。

列车在高寒风雪环境下运行时，影响列车安全运行的主要因素是转向架区域的严重积雪结冰。转向架区域积雪结冰是雪粒进入列车底部，并在转向架区域内产生聚积、融化、再冻结的过程。影响雪粒子在气场中运动的参数因素包括粒子直径、摩擦速度、粒子密度等，随着下落过程中粒子直径、雪粒密度或者摩擦速度的不断变化，粒子的运动情况也随之变复杂，因此真实地模拟其运动轨迹比较困难。从力学角度分析，由于雪粒受浮力、气动阻力及自身重力等多力作用，在下降过程中各种力共同作用，造成接触黏附并形成直径较大的颗粒，当降至列车底部区域时，雪粒会受到较大的气动力，在气流扰动的影响下产生较强的附着性，随气流流向转向架区域并逐渐形成堆积。

为缓解列车转向架区域的积雪情况，国内外铁路运营单位从工程角度提出了相关应对措施：①通过研究铁路防/除雪技术来减少道床上的积雪，进而降低卷入到转向架区域内的雪粒数量；②采用转向架被动融雪技术，对回库列车转向架进行快速融雪处理；③开发转向架区域主动防/除雪技术，对在线运行的列车进行实时除雪处理。

在铁路线路防/除雪技术方面，研究主要分为防止线路外雪粒进入到线路内和清除线路内的积雪。在防雪方面，需要在寒区铁路沿线修建挡雪墙、防雪栅栏、防雪走廊和安装防雪刷。在除雪方面，需要在寒区铁路周围增设专用除雪/融雪设施或配备大功率除雪机车。即便如此，亦不能彻底清除道床上的积雪。虽然铁路线路防/除雪技术在一定程度上缓解了列车底部严重积雪，但不适用于我国的高寒高速铁路。我国高寒地区分布范围较广，且目前已竣工和规划中的高寒高速铁路均为长交路，若在高铁沿线全部配备上述防/除雪装备，不仅耗费大量的人力物力财力，且无法彻底解决我国高速列车转向架区域的积雪问题。

在转向架被动融雪技术方面，国外铁路运营部门开展了大量的研究，并开发了水蒸气融雪、热水融雪、加热融雪剂除雪和火焰烘烤融雪等一系列转向架自动除雪技术。然而，我国在此方面起步较晚、技术积累较少。国外高速列车单程运行时间短、发车密度低，因此高速列车可以通过回库融雪的方式来缓解转向架积雪问题。而我国高速铁路均为长交路，单程运行时间久、发车密度高，列车回库融雪会大大降低高速铁路运输效率。另外，回库融雪无法预防转向架表面产生积雪，列车冬季运行安全依旧存在较大隐患。

在转向架区域主动防/除雪技术方面，国内外轨道车辆制造企业均开展大量研究并提出了一些方法及装置。转向架主动防/除雪技术仅是针对关键部件增设防护装置或者采用特殊材料涂装，仍无法防止转向架区域产生大量积雪，尤其是在电机和齿轮箱等发热元件表面。而车载转向架除雪装置因能耗激增、除雪效果有限而导致推广性不强，且硬质雪块飞溅极易损坏车底及轨侧设备。

当列车高速运行在风/沙/雪/冰等恶劣环境时，采用传统的单一风场来评估列车的运行安全性已不能满足复杂多变的需求。因此，需结合周围环境和列车自身耦合气动效应，开展风/沙/雪/冰多相流对列车运行安全性作用机制、转向架/设备舱/受电弓等关键部位防积雪结冰机制以及新型防风沙基础设施气动设计原理及措施等方面的探索性研究，提升列车在恶劣环境下的运行安全性和适应性。但这些变革性技术目前仍存在以下研究难点需逐渐攻克：

3.1 融合粒子相的多元控制参数的高速列车气动载荷再平衡机制

高速铁路恶劣环境和复杂地形条件对列车非定常气动性能的影响机制异常复杂。车身周围漩涡非对称脱落、再附着以及粒子相无序碰撞的耦合作用下的列车动力学行为演化机制极为复杂，且难以通过传统的流场被动控制措施加以抑制。如何实现强恶劣环境下的高速列车气动载荷再平衡，分析非对称流场与粒子相随机撞击耦合作用引发的列车气动载荷以及动力学响应的作用机制，剖析非对称旋涡-粒子撞击-气动性能-动力学特性-安全评价指标间的映射关系，是恶劣环境下高速列车气动载荷控制变革性技术的难点之一。

3.2 混沌流场内重力/气动力/摩擦力以及扩散效应耦合下粒子相轨迹精确追踪

由于铁路沿线地形地貌复杂，风环境多变，且地形地貌和铁路防风工程设施的三维高程信息涵盖不同尺度，计算网格的分辨率合理布局以及复杂风环境的准确模拟对精确追踪粒子在近地风场内的迁移运动轨迹至关重要。受透风式挡风墙顶部大尺度分离流动和透风口处高速剪切流动的影响，粒子对挡风墙的摩擦作用及线路内设备的撞击作用将处于宏观有序、微观无序的状态。因此，在多尺度、混沌流场内精确模拟粒子相的卸压降速、高速摩擦、撞击反弹和悬浮沉积，是恶劣环境下高速列车气动载荷控制变革性技术的难点之一。

3.3 风/沙/路/墙/车/地形耦合系统的多维广域寻优策略

高速铁路沿线自导流挡风输沙墙的优化设计需要考虑线路内清沙维保、车辆安全性、墙体造价成本以及地形地貌等诸多方面因素,需在风/沙/路/墙/车/地形耦合模型的基础上研究墙体气动外形设计参数与线路内积沙分布和车辆动力学评价指标的精确匹配关系,构建墙体外形与目标函数的多维映射关系谱。因此,风/沙/路/墙/车/地形复杂耦合系统众维度、大规模映射特征谱的多目标寻优问题,是风沙恶劣环境下高速列车气动载荷控制变革性技术的难点之一。

3.4 粒相堆积形态参数与列车系统安全关联机制评估

列车高速运行,将联动雪粒一起飞舞,这些雪粒子极易黏附在转向架等区域,形成堆积效应。但由于转向架区域流场结构复杂,在列车风与转向架结构耦合作用下的粒相堆积形态将呈现多样化。同时在转向架区域还存在一些固定的热源,这些热源使得雪粒融化成水,甩溅至周围其他部件表面并发生固化。如若这些冰雪积聚在转向架减震系统,将直接影响列车的运行舒适性;如若在制动系统发生堆积,将危及行车安全。因此,建立粒相堆积形态参数与列车系统安全关联机制评估,是恶劣风雪环境下高速列车气动载荷控制变革性技术的难点之一。

主要参考文献

[1] 李荧.新疆风区列车气动性能试验分析[J].中国铁路,2011(12):1-3.

[2] Baker C,Johnson T,Flynn D,et al. Train Aerodynamics-Fundamentals and Applications[M]. Elsevier,2019.

[3] 何德华,陈厚嫦,于卫东,等.挡风墙结构对高速列车气动性能的影响[J].铁道机车车辆,2016,36(5):21-27.

[4] 李鲲,梁习锋,杨明智.高速铁路挡风墙防风特性风洞试验及优化比选[J].中南大学学报(自然科学版),2018,49(5):1297-1305.

[5] 张广丰,高志伟.高速铁路特殊地形地貌段路基防风措施研究应用[J].高速铁路技术,2020,11(3):32-36.

[6] Wang J,Gao G,Liu M,et al. Numerical Study of Snow Accumulation on the Bogies of a High-Speed Train Using URANS Coupled with Discrete Phase Model[J]. Journal of Wind Engineering and Industrial Aerodynamics,2018,183:295-314.

[7] Wang J,Zhang J,Zhang Y,et al. Impact of Rotation of Wheels and Bogie Cavity Shapes on Snow Accumulating on the Bogies of High-Speed Trains[J]. Cold regions science and

technology, 2019, 159: 58-70.
[8] Burgelman N, Sichani MS, Enblom R, et al. Influence of Wheel-Rail Contact Modelling on Vehicle Dynamic Simulation[J]. Vehicle System Dynamics, 2015, 53(8): 1190-1203.
[9] 黄照伟, 冯永华, 高广军, 等. 高速列车制动夹钳积雪结冰数值仿真研究[J]. 铁道科学与工程学报, 2017, 14(12): 2516-2524.
[10] 韩运动, 姚松, 陈大伟, 等. 高速列车转向架腔内流场实车测试与数值模拟[J]. 交通运输工程学报, 2015, 15(6): 51-60.

撰稿人：张洁（中南大学）　王家斌（中南大学）　侯博文（北京交通大学）

更高速铁路隧道微气压波辐射机理和缓解

Alleviation methods and radiation mechanism of micro-pressure waves induced by higher-speed trains passing Through tunnels

1 科学问题概述

近年来，随着列车车速的提升，列车通过隧道引起的微气压波问题逐步凸显，尤其是时速400公里等级轮轨列车和时速600公里等级高速磁浮列车，微气压波大幅激化为"气压爆波"，其诱发的隧道口"爆破音"噪声不仅带来严重的噪声污染，甚至损伤隧道口周围建筑结构，已经成为制约高速列车进一步提速的空气动力学瓶颈。

列车高速突入隧道时，由于隧道空间限制，在列车前方产生强瞬态冲击压缩波，其在隧道内以近似声速的速度向隧道出口传播，传至隧道口后，大部分压缩波以膨胀波的形式反射回隧道内，压缩波冲出隧道，形成微气压波。根据欧洲标准化委员会 BS EN14067 采用的微气压波评估公式及 Ozawa 和 Maeda 提出的初始压缩波压力梯度理论模型可知，隧道出口微气压波与列车车速的3次方近似成正比关系。此外，微气压波的决定性因素还包括：表征列车气动参数的 η、隧道断面面积 A、隧道口空间角 Ω 和阻塞比 σ。

我国现有高速铁路相关规定中要求隧道出口 20m 处微气压波幅值不得超过 50Pa，因隧道洞门具有良好的泄压及微气压波控制能力，通过隧道洞门气动参数的优化可基本保障时速350公里级列车通过隧道时微气压波幅值满足要求。然而，列车车速提升至400公里等级和600公里等级后，隧道出口微气压波幅值将分别增至限值 50Pa 的 3 倍和 10 倍以上，传统的列车外形优化和隧道洞门气动参数优化缓解隧道出口微气压波幅值的能力逐步显示出局限性。因此，亟待探索新型的微压波缓解技术，实现更高速铁路隧道微气压波幅值的大幅降低。

2 科学问题背景

2019年9月,中共中央、国务院印发《交通强国建设纲要》,明确要求开展时速600公里级高速磁悬浮系统和时速400公里级高速轮轨列车系统的技术研发,但更高速列车突入隧道产生的强扰动流场导致交变压力及微气压波激化,加剧列车和隧道结构疲劳损伤趋势并引起更恶劣的噪声污染,严重制约更高速列车的行车安全和环保性能。时速350公里级车/隧耦合气动外形及其传统优化方法难以满足现行铁路行车规范和标准对更高速条件下交变压力及微气压波的抑制需求,而抑制交变压力及微气压波的本质是对车/隧耦合流场流动的控制,仿生特征具备非凡的流动控制特性,隧道洞门具有良好的泄压及微气压波控制能力,两者耦合匹配可构成新的车/隧流场流动控制方法——隧道洞门仿生形态特征耦合的强扰动流场流动控制方法。然而,车/隧耦合仿生流场流动机制复杂,仿生流场的演化及交互作用机理、仿生特征诱发的衍生压力波系传播特性及仿生特征的空气动力学匹配特性有待探明,从而为更高速列车及高速磁浮列车与隧道耦合气动效应的进一步缓解提供理论支撑。

3 科学问题研究进展

仿生结构具备良好的流动控制性能,在舰船潜艇、飞行器和汽车减阻降噪领域的理论及应用研究发展迅速,与高速铁路气动特性相关的仿生原理及应用研究近年来也得以开展,主要探索了基于高速列车头型和表面微观结构仿生特征的流动控制机理,而仿生特征对高速列车/隧道耦合气动效应影响的研究鲜有成果发表。具体研究现状及面临的问题如下:

(1)已明确仿生特征的流动控制作用,但高速列车/隧道耦合仿生流动控制机理研究在探索阶段,隧道洞门耦合仿生形态特征对隧道内流场及压力波系演化过程的影响机制未探明。

近几十年,仿生流动控制理论技术研究形成沟槽、凹坑、凸包、柔性壁、超疏水表面等系列仿生形态,仿生对象含水生、飞行和爬行等生物,仿生特征涵盖大尺度、小尺度和微观结构。仿生设计基础理论研究在飞行器、舰船潜艇和汽车领域系统开展,研究认为,从流体力学观点看,仿生特征之所以能够提升气动性能,实质上源于其非凡的流动控制能力,即通过外观本体特征的变形和体表特征的调节干扰外流场流动特性,控制流场时空结构变化,达到气动减阻降噪等目的。近年来,与高速铁路空气动力学相关的仿生原理及其应用研究也得以开展,但主要为高速列车形态仿生研究,少数研究考虑了小尺度和微观尺度的仿生结构,研究表明,无论采用大尺度头型仿生结构还是表面微观仿生特征,均可影响高速列车周围流场特性,在高雷诺数和空气介质条件下,通过形态与微观仿生特征参数的优化可对流场转捩、分离、涡演化等流动现象进行调控,从而实现高速列车气动减阻降噪的目的。然而,上述研究主要针对明线运行条件下高速列车周围流场的流动控制问题,并未探索仿生特征对列车/隧道耦合流场的作用机制。

列车周围流场与隧道洞门仿生结构诱发的流场相互作用,其发展过程相互影响,隧道洞门及内壁大尺度仿生结构引起的衍生压力波系与主压力波系相互干涉,导致车/隧耦合流场流动及压力波系干涉机制更为复杂,亟待借鉴高速列车仿生流动控制原理探索隧道洞门仿生形态特征对车/隧耦合强扰动流场流动的控制机理,提出洞门仿生形态特征耦合的隧道内强扰动流场流动控制方法。

(2)已探明基于隧道洞门气动外形参数优化设计的车/隧耦合气动效应缓解机制,但基于仿生流动控制的抑制机理及方法研究亟待开展,隧道洞门仿生特征与车/隧耦合流场参数之间的匹配特性未明确。

随着微气压波问题日趋凸显,微气压波抑制措施及控制方法研究得以大量开展,由于微气压波与初始压缩波最大压力梯度近似成线性关系,许多研究也集中在隧道洞门参数对初始压缩波及初始压缩波压力梯度的影响等方面。隧道内压力波一维模拟算法首先应用于隧道出口微气压波的模拟仿真,初始压缩波的基本演化规律和圆锥形(喇叭口式)隧道洞门对初始压缩波及隧道出口微气压波的影响得到初探。随着计算机技术及计算流体力学的快速发展,三维精细数值仿真方法逐步应用于不同隧道洞门参数的优化设计研究,变断面圆锥形、常断面(断面扩大)形和新型回转式隧道洞门对微气压波的影响规律得以探知,随后关于隧道洞门更为细致的气动参数解析及优化研究相继开展,隧道洞门长度、面积及开孔率等大量关键气动参数对隧道出口微气压波的影响机制相继完善。

车速的大幅提升导致微气压波不断增大,为了更为有效地缓解隧道出口微气压波幅值,新型斜切式隧道洞门在高速铁路隧道设计及建造中得到广泛应用,相应研究也得以开展。斜切式隧道洞门斜切斜率对初始压缩波压力梯度的影响机理通过理论分析方法得以揭示,同时大量的数值仿真及模型试验研究表明,斜切隧道洞门的上下边界长度和入口高度对微气压波最为灵敏,而入口形状对其敏感度最小。因此,通过改变斜切斜率可有效地降低初始压缩波压力梯度,即使采用与隧道断面面积相等的隧道洞门,其缓解效果依然可观,相比无洞门的隧道,帽檐斜切式隧道洞门可将隧道出口微气压波减小22.8%,帽檐斜切式隧道洞门与开孔式的缓冲结构组合洞门形式可将微气压波幅值降低50%以上。

上述研究现状表明,通过隧道洞门外形参数的优化可有效抑制隧道内初始压缩波的快速上升,缓解初始压缩波最大压力梯度,降低隧道出口微气压波。在此基础上,通过仿生学与流体力学的交叉融合,建立隧道洞门仿生形态特征匹配参数表征的车/隧耦合空气动力学模型,探索基于仿生流动控制原理的车/隧耦合气动效应缓解机理,构建仿生特征参数直观表征交变压力及微气压波的评价模型,提出隧道洞门仿生形态特征的最优匹配方法和模式,有利于进一步缓解更高速列车通过隧道诱发的车/隧耦合气动效应问题。

综上可知，基于仿生原理的列车/隧道耦合气动特性控制机理研究尚处于初步探索阶段。隧道洞门仿生特征对流场的诱发机理、仿生特征诱发的衍生压力波系与主压力波系的耦合机制、隧道洞门仿生特征空气动力学匹配性能均未明确。因此，探明隧道洞门仿生形态特征对隧道内流场及压力波系演化过程的影响机理，并提出缓解车/隧耦合空气动力效应的仿生特征匹配方法和模式，已成为车/隧耦合气动安全保障关键技术研发极具探索价值的研究。然而，该方法仍旧存在以下难点需逐渐攻克。

3.1 列车突入仿生结构诱发的波系特性

隧道洞门仿生形态及参数是决定衍生压力波系属性的关键，仿生特征诱发的压力波可能是压缩波，也可能是膨胀波。衍生压力波系传播过程中与主压力波系在时间和空间上存在干涉和融合行为，同类压力波系叠加导致压力强度增强，异类波系叠加导致压力强度衰减，需明确衍生压力波系的属性，从而能够构建隧道内压力波系的干涉融合规律图谱，确定隧道内不同属性压力波系叠加的区间范围，这是实现仿生压力波系干涉融合过程控制的前提。

3.2 仿生形态特征的车/隧耦合波系的幅频特性及微压波的辐射机理

仿生特征参数的交互作用机制不明，既无法确定主导流场及压力波系变化的主因子，又缺乏耦合仿生特征与流场结构的关联关系，需通过分析仿生形态特征与流场参数的关联关系，构建仿生特征表征的交变压力及微气压波评价模型，剖析仿生特征参数的交叉影响，辨识其中灵敏度最高的仿生特征，实现仿生特征参数的科学分类及表征，这是建立耦合仿生特征最优匹配模式的基础。

3.3 流动控制功能特性与形态特征的微压波缓解效果分析

隧道洞门仿生特征及功能多样化，需根据流动控制需求将不同的仿生特征进行耦合匹配，既需利用大尺度仿生外形的流动"疏导"功能，又需在关键位置设置小尺度流动"疏导"仿生结构，提升洞门泄压能力；同时需采用具备流动"阻滞"功能的大尺度仿生特征提升流动阻力，削弱流场能量，还要关注大尺度仿生特征诱发的衍生压力波系对主压力波系传播过程的影响机制，引导压力波系的叠加过程，从而激化或削弱压力变化。合理处理仿生特征大尺度与小尺度、流动"疏导"与"阻滞"、压力波系激化与削弱等矛盾的匹配问题是保障耦合仿生特征流动控制效果最优化的关键。

主要参考文献

[1] CEN. Railway Applications-Aerodynamics Part 5：Requirements and Test Procedures for Aerodynamics in Tunnels：BS EN，14067-5：2006[S].

［2］ Hemida H, Baker C J. Large-Eddy Simulation of the Flow Around a Freight Sagon Subjected to a Crosswind[J]. Computers and Fluids,2010,39:1944-1956.

［3］ Zhang L, Thurow K, Stoll N, et al. Influence of the Geometry of Equal-Transect Oblique Tunnel Portal on Compression Wave and Micro-Pressure Wave Generated by High-Speed Trains Entering Tunnels[J]. Journal of Wind Engineering and Industrial Aerodynamics, 2018,178:1-17.

［4］ Wang T, Wu F, Yang M, et al. Reduction of Pressure Transients of High-Speed Train Passing Through a Tunnel by Cross-Section Increase[J]. Journal of Wind Engineering and Industrial Aerodynamics,2018,183:235-242.

［5］ 杜健,龚明,田爱琴,等. 基于仿生非光滑沟槽的高速列车减阻研究[J]. 铁道科学与工程学报,2014,11(5):70-76.

［6］ Yang Y, Xu X, Zhang B, et al. Bionic Design for the Aerodynamic Shape of a Stratospheric Airship[J]. Aerospace Science and Technology,2020,98:105664.

［7］ Tian H Q. Review of Research on High-Speed Railway Aerodynamics in China[J]. Transportation Safety and Environment,2019,1(1):1-21.

［8］ Xiang X, Xue L, Wang B, et al. Mechanism and Capability of Ventilation Openings for Alleviating Micro-Pressure Waves Emitted from High-Speed Railway Tunnels[J]. Building and Environment,2018,132:245-254.

［9］ Liu T, Tian H, Liang X. Design and Optimization of Tunnel Hoods[J]. Tunnelling and Underground Space Technology,2010,25(3):212-219.

［10］ 姚拴宝,陈大伟,林鹏,等. 单线高速铁路隧道入口缓冲结构几何外形优化设计[J]. 中国铁道科学,2018,39(5):80-87.

撰稿人:张雷(中南大学)　王宏林(西南交通大学)

列车运动火灾防控关键基础问题研究

Research on critical fundamental problems of the prevention and control of moving train fire

1　科学问题概述

列车在行驶途中起火会形成运动火灾,其传热传质机理与一般静止火灾截然不同,致使燃烧特性发生改变,火灾烟气蔓延迅速,严重威胁列车运行安全和乘员生命安全。列车在运行途中发生火灾时,其运行速度高导致紧急制动距离长,很难立即停止运行;尤其当车辆在通过隧道等特殊区段发生火灾时,为便于疏散救援,也会持续运行直至驶出隧道或驶至紧急救援站。列车着火后持续运行,一方面伴随复杂的空气动力学效应,增强火羽流和空气之间的湍流卷吸过程,使得燃烧过程更加猛烈;另一方面,持续运动效应也会导致火灾燃烧行为更加复杂,火灾烟气蔓延迅速且时空特征难以预测,给疏散救援带来巨大挑战。近年来,国内外频繁发生的列车重大火灾事故,造成了惨痛的人员伤亡、巨额的经济损失和恶劣的社会影响。因此,亟须开展列车运动火灾防控关键基础问题研究,为列车火灾防控提供理论基础和技术支撑。

2 科学问题背景

列车运行途中起火的诱因主要有人为因素(操作失误、抽烟、夹带易燃易爆危险品、纵火和恐怖袭击等)、设备因素(电气设备短路、过载和散热不良等)和机械因素(碰撞和脱轨等)三个方面。近年来,铁路安全管理日益加强,人为因素导致的列车内部火灾得到了有效控制。然而,随着列车运行速度的不断提高,大功率牵引设备的过热、短路故障,以及列车脱轨、碰撞等诱发的列车外部火灾仍不可忽视。如 2018 年我国 G281 次和德国 ICE 高速列车由于牵引电气设备故障起火,2013 年 D2031 次动车组电气设备发生"雾闪"导致车顶起火。列车外部火灾较内部火灾更具危险性。

实际上,高速列车发生火灾后的紧急制动距离很长,列车运动效应会助氧燃烧,加速外部火灾蔓延。特别地,列车在超长隧道中发生火灾时,应驶出隧道或驶至紧急救援站进行人员疏散和救援。这不仅要求着火列车具备足够的持续运行能力,同时隧道活塞风也会导致火灾燃烧和烟气蔓延行为更为复杂,容易造成群死群伤事故。此外,与建筑火灾不同,列车在隧道内着火时,将导致隧道有限空间内迅速缺氧,列车及隧道附属设备着燃,列车乘员呼吸困难、窒息,甚至引发踩踏等附加伤亡事故。尤其当列车着火运行时,车内外烟气分布瞬变,流动复杂,加之典型的"隧道活塞效应"影响,烟气时空特征难以预测,隧道内列车移动火源烟气输运演化机理及致灾控制成为车辆火灾研究的新挑战。上述问题给高速铁路运营安全带来新的挑战,国内外学者对此开展了相关研究。

列车火灾是指在时空范围内失去控制的燃烧,传统控制措施主要有四个方面:火灾探测报警、阻止火灾蔓延、控制烟气流动和主动灭火装备。在火灾探测报警方面,主要是在车内安装烟雾探测器。在阻止火灾蔓延方面,主要是采用阻燃或难燃材料提高列车关键结构耐火极限以防止通风口形成、着火列车在安全速度下运行以防止空气助氧燃烧等。在控制烟气流动方面,主要是在隧道内设置竖井、纵向和横向通风排烟系统等。在主动灭火装备方面,主要是车厢灭火器、隧道消火栓等。

新时期高速列车注重轻量化设计,具有材料新、速度快、电气设备火灾易发等特点。

因此，亟须在以下方面深化列车火灾研究，进而提高铁路运营安全水平。首先是揭示列车电气设备火灾致灾机理，研究电气设备热失控探测和快速灭火技术；其次是研究列车轻量化材料的防耐火性能，建立对应不同车型的列车防火材料数据库，提高超长隧道内着火列车的持续运行能力；最后是研究列车运动火灾蔓延行为和防治措施、隧道内活塞风主导的有毒有害高温烟气流动规律和控制技术。

3 科学问题研究进展

由于列车载客量大，人员密集，加上隧道空间狭窄，疏散不便。因此，列车在区间发生火灾时，在列车完好且未失去动力的情况下，应将列车继续行驶至前方车站组织人员疏散，因而会形成运动火源。在活塞风、隧道结构和通风排烟系统的耦合作用下，运动火灾燃烧特性和烟气扩散行为更加复杂。然而，目前国内外鲜有涉及列车携火源继续运行的研究。一些学者通过缩尺寸试验和数值仿真技术研究了列车运动火灾，主要存在以下问题。

首先，现有运动火灾试验平台对车辆和隧道都进行了很大简化，不能准确模拟列车行驶时产生的空气动力学效应，这会导致列车携火源运行火灾动力学行为的改变。活塞风主要是由列车行驶时产生的增压效应（头部推动力增压、环隙流动剪切力增压和尾部牵引力增压）诱导形成。忽略车辆制式和气动外形，将列车简化为矩形体无疑会影响其运行时产生的空气动力学效应，从而导致隧道内流场结构失真，不能准确反映列车携火源运行的火灾动力学行为。其次，现有研究未深入揭示运动火源热释放速率的变化规律，缺乏火灾时车厢内外热质交换机理的研究。热释放速率是火灾科学研究的重要参量，火源运动会影响燃料的热解和蒸发过程，其产生的局部湍动气流会影响火焰对燃烧床的热反馈机制。此外，列车内发生火灾且车窗破裂时，车厢内外热质交换机理尚不清楚，阻塞比、行车速度和隧道形状等因素对运动火源热释放速率以及对车厢内外传热传质的影响作用亟待研究。最后，现有研究未揭示活塞风、机械通风和火风压等多源驱动力作用下的烟气输运行为特性。列车运动火灾的烟气输运行为是列车运行、隧道结构和通风排烟共同作用的结果。列车携火源运行时，活塞风主导烟气的流动。同时，隧道结构形成的局部阻力和火风压也会影响其蔓延路径。此外，射流通风会扰乱烟气层，加速烟气层沉降。因此，多源驱动力作用下的三维流场特性和烟气扩散建模不仅是隧道通风排烟技术的客观需求，也是隧道火灾研究亟须突破的难点。

综上所述，列车运动火灾安全存在以下关键基础问题亟须研究。

3.1 列车运动火灾研究平台构建与燃烧基础理论研究

研建列车携火源运行的动模型试验平台，搭建参数测试系统和烟气流态捕捉系统、运动火源和烟气发生一体化试验装置;分析火源运动引起的火焰周围局部气流和传热机制的变化,研究火源运动对热释放速率和火羽流行为的影响;研究不同气密性指数的车厢内外气-固-烟多介质非定常流场耦合仿真计算模型,发展适用于不同空间尺度、复杂边界条件下的火灾烟气运动高精度数值计算方法,科学表征烟气在车厢内外的运动过程。

3.2 车内运动火灾车厢内外的热质交换机理研究

针对列车内部火灾,研究列车在不同结构隧道内运行时纵向不稳定剪切流动诱导的车窗附近流场结构特征,分析列车携火源运行时车厢内外热量和烟气的交换机理,阐明外部纵向剪切流动对车厢内火羽流行为、烟气卷吸和特征高度处温度和烟气浓度的影响;分析火源功率、开口位置、阻塞比、隧道结构和运行速度对车厢内外传热传质的促进或抑制机制,建立列车携不同位置火源行驶时车厢内烟气发生溢出的临界判据。

3.3 车外运动火灾烟气输运特性研究

针对列车外部着火情况,研究列车在不同结构隧道内运行诱导的流场结构和活塞风特性,分析不同阻塞比的列车携火源运行与活塞风耦合作用下的烟气卷吸特性和蔓延行为模式;比较活塞风、环隙流动和尾迹流动对烟气蔓延的影响,得到加速、匀速和减速行驶过程中多源驱动力之间的竞争与协同关系;建立列车不同行驶车况下的临界风速参数化模型,分析区间隧道与站台、站厅和楼梯等关键结合区域温度、压力、速度和烟密度等参数的分布及变化规律,为车站及隧道排烟系统设计提供依据。

主要参考文献

[1] 韦良义,梁平.隧道火灾中移动火源研究方法分析[J].科技创新导报,2009,(1):79-80.

[2] 钟茂华,刘畅,史聪灵.地铁火灾全尺寸实验研究进展综述[J].中国安全科学学报,2019,29(10):51-63.

[3] Zhou D,Tian H Q,Zheng J L,et al. Smoke Movement in a Tunnel of a Running Metro Train on Fire[J]. Journal of Central South University,2015,22(1):208-213.

[4] Zhang N,Lu Z J,Zhou D. Influence of Train Speed and Blockage Ratio on the Smoke Characteristics in a Subway Tunnel[J]. Tunnelling and Underground Space Technology,2018,74:33-40.

[5] Wang Z,Zhou D,Krajnovic S,et al. Moving Model Test of the Smoke Movement Characteristics of an on-Fire Subway Train Running Through a Tunnel[J]. Tunnelling and Underground Space Technology,2020,96.

[6] Zhou D, Hu T, Wang Z, et al. Influence of Tunnel Slope on Movement Characteristics of Thermal Smoke in a Moving Subway Train Fire[J]. Case Studies in Thermal Engineering, 2021,28:101472.

[7] Ingason H, Li Y Z, Lönnermark A. Tunnel fire dynamics[M]. Springer, 2014.

[8] Xi Y H, Mao J, Bai G, et al. Safe Velocity of on-Fire Train Running in the tunnel[J]. Tunnelling and Underground Space Technology, 2016, 60:210-223.

[9] 楼波,丁利,龙新峰,等. 直线运动下移动火源燃烧实验和数值模拟[J]. 中南大学学报（自然科学版）,2013,44(3):1240-1245.

[10] Zhou Y L, Wang H L, Bi H Q, et al. Heat Release Rate of High-Speed Train Fire in Railway Tunnels[J]. Tunnelling and Underground Space Technology, 2020, 105.

撰稿人：周丹（中南大学） 王菁（西南交通大学） 郗艳红（北京交通大学） 毛军（北京交通大学）

轨道车辆客室空气品质控制与优化

Control and optimization of air quality in passenger compartments of rail vehicles

1 科学问题概述

近20年,我国轨道交通发展极为迅速,高速列车运营速度最高达350km/h,截至2022年底,高速铁路营业总里程达到4.2万km,我国轨道交通运营线路规模、在建线路规模和客流规模均居全球第一。《交通强国建设纲要》明确指出,要构建安全、便捷、高效、绿色、经济的现代化综合交通体系。未来轨道交通装备向更高速、更智能发展的同时,需要大力提升乘客舒适性和安全性,从而实现以人为本的发展要求。

轨道车辆客室流场和空气品质会影响乘员乘车的舒适性,严重时更会威胁乘客的安全。客室内温度场、速度场和压力场等分布较为复杂,温湿度的均匀性较难控制,如何通过空调系统设计实现高品质流场结构是当前提升乘客气动舒适性面临的难题。客室内存在二氧化碳、甲醛、一氧化碳、二氧化氮、二氧化硫、可吸入颗粒等多类污染物,乘客在密闭空间内长时间与低浓度的污染物接触,容易产生疲劳、头晕、胸闷、鼻塞等不适症状,从而影响身心健康。另外,带有病原体的飞沫或气溶胶传播还会引发交叉感染,从而威胁乘客安全。客室内污染物种类较多、污染物传播机制复杂,客室空气品质提升难度大,亟须开展污染物传播机理和扩散规律的基础研究,并探究基于物理（静电净化、微波辐射和高效空气过滤器过滤等）和化学（等离子体、光触媒和化学消毒剂等）手段的净化设备与空调系统耦合的空气品质提升技术。

目前，轨道车辆多场景运行下对乘客乘坐舒适性和安全性的评价方法仍需完善，并且乘员长时间暴露于低浓度污染物中的生理变化还需通过医工结合的手段开展相关研究。进一步完善客室环境评价标准，揭示客室空气品质劣化机理，提出优化理论和工程设计方案，是环境友好型轨道车辆客室改造升级和优化设计的关键挑战。

2　科学问题背景

现有关于轨道车辆客室环境的标准大部分基于民用建筑室内环境、公共交通卫生环境等相关标准而建立。由于车辆在实际运行中涉及明线、桥、隧、风、沙、雨、雪等复杂场景，多变的外界环境易导致部分行驶区段中车辆客室内的热、湿环境和空气品质劣化，而客室环境劣化则会大概率导致乘员出现头晕、胸闷，甚至呕吐等不适反应。因此，研究轨道车辆多场景运行下的劣化机制对于乘员舒适性提升十分重要。此外，客室环境劣化程度与人体感受之间的映射机制也不甚明确。

轨道车辆客室内人员密集，乘客随身携带物品复杂多样，并且乘客进出和新风供给时会将室外的部分大气污染物带入车内，因此实际运行中的客室内含有气态、液态、固态污染物，污染物种类众多，车内细菌、病毒等微生物来源广泛。乘员长时间暴露于低浓度污染物环境中会引发身体不适，病原体的传播也极大程度威胁乘员身体健康。开展客室内污染物的传播扩散机理研究对于提升空气品质、净化技术工程应用、保障乘客乘车安全性有重要意义。

轨道车辆车厢具有较好的密封性，客室内的空气环境主要通过空调系统来调节。空调系统的送风风量、送风温度、新风-回风比、风道结构、风口位置等参数直接影响客室内气流组织的分布情况。若车辆外部运行环境发生变化，很容易导致室内温湿度分布不均等流场品质问题和多类污染物聚集的空气品质问题。新一代轨道车辆的研发对乘员的乘车舒适性和安全性愈加重视。因此，亟须开展多运行场景下轨道车辆客室内流场组织和污染物扩散研究，攻克客室空气环境提升技术，提升乘客乘车的舒适性和安全性。

3　科学问题研究进展

目前，针对轨道车辆客室流场的研究主要聚焦于车内空气质量、热湿环境、气流组织等方面。车辆在运行过程中，车厢内环境会因为车内外温差、太阳辐射、人员密度等因素发生变化，并且与一般建筑室内环境有明显的差异，主要体现在：①车厢具有良好的密封性，客室环境无法与外界进行自然对流通风，人员较多或满载时，多类污染物和二氧化碳浓度容易超标；②车体表面积大，换热量大，近壁面温度梯度大；③车厢包含多个车窗，阳光辐射会对车厢的温度场带来影响；④车辆连续通过隧道群时车厢内压力波动与新风供给难以取舍,影响乘客的乘车舒适性;⑤运行环境复杂多变,对客室环境影响较大。客室环境主要由车辆的空调系统进行调节和控制,空调系统运行时,首先采集客室内外温度,并根据空调系统预选设定的客室内舒适温度,调整空调送风量和送风状态参数,使客室内温度达到设定的舒适温度。空调系统也是改善客室内空气品质的主要途径,优化轨道车辆空调供风系统设计,理论上能有效防止空气交叉对流循环,抑制污染物的传播和扩散,保障乘客安全。

为满足乘客乘坐舒适性要求,近年来国内外开展了轨道车辆空调系统对客室内气流组织影响的相关研究。空调系统的风道结构、风口位置、送风温度、送风速度等对客室内流场结构影响较大。为了改善温度场分布的均匀性,相关研究考虑了风道结构的优化,通过对送风口面积、挡板、引流道以及挡板和引流道结合四个方案进行分析,发现挡板和引流道相结合的方案效果最佳,能有效提高客室流场的均匀性。通过数值模拟空调客室内空气流动速度和温度分布规律,即热舒适评价指标的分布状况,从热舒适性考虑,得出空调送风速度不应超过 $2m/s$ 的结论。太阳辐射和人体散热对温度场和热舒适性影响较大。在太阳辐射作用下,客室内靠窗区域温度较高,而客室内过道座椅区域附近能满足大部分乘客的热舒适性要求。但以上研究成果仅局限于车辆静止或单一运行环境的空调系统设计和优化上,而复杂多变的运行环境会使得室内温湿度均匀性难以控制,同时涉及客室内压力波动与新风供给难以协同等问题,给空调系统在提升乘客乘坐舒适性的设计和控制上提出巨大的挑战。

除了对车辆客室内流场结构进行优化,客室内的空气品质也需提升,从而保障乘员的舒适性和安全性。客室内空气品质主要受气态、液态和固体污染物的影响。车辆客室由于存在人员密集、密封性好及新风供应不足等问题,导致乘客和乘务组人员长时间暴露在低品质空气环境中,易引起身体不适。为改善轨道车辆客室内空气品质,相关学者通过实车测试、数值仿真以及实验验证等手段,围绕客室内的多类污染物进行了其传播和扩散机理及规律的初步研究。基于流场结构特点,研究了不同污染物的释放、示踪和测量方法以及模拟实验平台的搭建。相关数值模拟研究还开展了适用于污染物传播的湍流模型、边界条件的探究,污染物传播及沉降模型适用性和可靠性的验证,以及客室内流场优化研究,如改变空调机组送风方式、增大新风供应量、减少新风换气时间、改变排风方式等手段对污染物传播和扩散的影响。但目前的研究缺乏对多运行场景下轨道车辆客室热湿环境与污染物扩散的耦合分析,因此需对整体空调系统-乘客-客室布局-辅助导流设施-运行环境等多元耦合体系开展客室内污染物传播和净化技术的深入研究。

下一代轨道车辆在更智能、更环保、更经济的基础上,需要优化流场结构、提升空气品质,来增加乘客乘坐舒适性和安全性。尤其是在面临如非典、流感、新冠疫情等呼吸道传染病乃至全球大流行疾病时,依靠车辆自身通风净化系统和防疫措施,严格控制污染物和传染源的传播和扩散,保障人员正常、健康、安全出行。目前基于轨道车辆客室内乘客乘坐舒适性、安全性的空气品质评价还缺乏完善的系统性检测标准和指标,特别是可引起人感染呼吸道疾病的污染物的含量和限值还缺乏明确规定,这也对人民群众的健康出行造成较大的隐患。同时,客室内还缺乏对空气品质的实时监测和检测技术,不能及时获取客室内的空气质量。因此,亟须建立轨道车辆客室空气质量实时监测响应平台,并基于完善的客室空气质量标准,对客室内空气质量存在超标或者异常情况能够迅速响应并进行相应调控,切实保障乘客出行的舒适性和安全性,满足人民群众对便捷、健康出行体验的需求。

目前轨道车辆客室乘员乘坐舒适性和安全性研究存在以下关键难点亟待攻克。

3.1 基于气流组织的轨道车辆客室内乘客乘坐舒适性与安全性评价方法

轨道车辆客室内热湿环境参数和潜藏的多类污染物会受空气运动作用而影响乘员乘车的安全性和舒适性,尤其是呼吸道感染患者产生的病原体飞沫会使得客室内存在乘员间交叉感染的风险,如何通过医工结合的手段,揭示客室内安全性与乘坐舒适性多因子耦合参数对人员身体指标的影响机理,建立影响参数与评价等级之间的映射关系,完善气流组织下客室内乘员安全性与舒适性评价方法,是本技术的难点之一。

3.2 多运行场景下轨道车辆客室内热湿环境演化规律及污染物传播机理

轨道车辆运行环境涉及明线、交会、桥梁、隧道、风沙雨雪等多个场景,复杂多变的运行环境与车辆构成的系统会通过影响空调系统的运行使得客室内的气流组织呈现混沌现象,进而导致热湿环境参数变化和多类污染物运动难以预测。因此,如何通过列车空气动力学常规研究方法与大数据分析相结合的手段,揭示不同场景以及多场景融合下客室内热湿环境参数的劣化机制,明确多类污染物和热湿环境参数的耦合变化关系,是本技术的难点之一。

3.3 热湿环境与污染物抑控协同优化的轨道车辆空气品质提升策略

轨道车辆拥有良好的密封性,客室环境主要受空调系统控制和调节,而面对复杂多变的运行环境,对协同考虑气动作用下的乘员安全性与舒适性的客室空调系统提出了苛刻的要求。如何通过工效学理论和所建立的评价模型,构建以协同优化客室内热湿环境与污染物抑控为目标的复杂多变运行场景与空调系统的匹配关系,提出多场景运行下轨道车辆客室内高安全性和气动舒适性的空调系统流场结构设计与智能控制方法,是本技术的难点之一。此外,面对以病原体飞沫为代表的多类污染物,如何协同设计和控制新型净化设备与空调系统通风策略,实现高效净化、绿色节能的客室内空气高品质提升技术,也是难点之一。

主要参考文献

[1] 田红旗.中国高速轨道交通空气动力学研究进展及发展思考[J].中国工程科学,2015,17(4):30-41.

[2] Schmeling D, Volkmann A. On the Experimental Investigation of Novel Low-Momentum Ventilation Concepts for Cooling Operation in a Train Compartment[J]. Building and Environment,2020,182:107116.

[3] 邓发强,张继业,李田.某双层动车组中间车厢内气流场及热舒适性分析[J].机械设计与研究,2019,35(1):179-188.

[4] Yang L, Li M, Li X, et al. The Effects of Diffuser Type on Thermal Flow and Contaminant Transport in High-Speed Train (HST) Cabins-a Numerical Study[J]. International Journal of Ventilation,2018,17(1):48-62.

[5] 王烨,胡文婷,徐燚.青藏线空调列车内污染物浓度场的数值研究[J].铁道学报,2015,37(9):46-52.

[6] Zhang L, Li Y. Dispersion of Coughed Droplets in a Fully-Occupied High-Speed Rail Cabin[J]. Building and Environment,2012,47:58-66.

[7] Xie P, Peng Y, Wang T, et al. Risks of Ear Complaints of Passengers and Drivers While Trains are Passing Through Tunnels at High Speed: A Numerical Simulation and Experimental Study[J]. International Journal of Environmental Research and Public Health,2019,16(7):1283.

[8] Zhang Y, Feng G, Bi Y, et al. Distribution of Droplet Aerosols Generated by Mouth Coughing and Nose Breathing in an Air-Conditioned Room[J]. Sustainable Cities and Society,2019,51:101721.

[9] Li T, Wu S, Yi C, et al. Diffusion Characteristics and Risk Assessment of Respiratory Pollutants in High-Speed Train Carriages[J]. Journal of Wind Engineering and Industrial Aerodynamics,2022,222:104930.

[10] Xu R, Qian B, Wu F, et al. Dispersion of Evaporating Droplets in the Passenger Compartment of High-Speed Train[J]. Journal of Building Engineering,2022:104001.

撰稿人:王田天(中南大学)　伍钒(中南大学)　李田(西南交通大学)

铁路危险货物运输风险识别及安全保障基本理论与关键技术

Basic theory and key technology of risk identification and safety control in railway dangerous freight transportation

1 科学问题概述

危险货物所具有的特殊性质决定了其一旦发生事故将很容易对人民生命财产、社会自然环境造成重大破坏。2021年中共中央、国务院印发的《国家综合立体交通网规划纲要》中明确提出了要完善交通运输应急保障体系，建立健全行业系统安全风险和重点安全风险监测防控体系，强化危险货物运输全过程、全网络监测预警。目前铁路危险货物运输在全程安全监测、风险识别、安全防控等方面仍然相对落后，只是针对部分危险货物采取人工押运和途中签认的方式监控载运工具在运输过程中的安全情况，对于危险货物运输状态的安全检查只能在停车站进行，定位追踪方面是依靠铁路货车车号识别系统在相应车站实现，缺乏针对载运工具及货物状态的实时监控手段。

根据调查分析，铁路危险货物运量偏小、运输环境相对封闭、安全形势总体平稳等方面是导致先进监控技术和安全保障方法未在铁路危险货物运输领域被广泛应用的重要原因，但究其根本，全程监控所需的关键技术未厘清，风险识别所需的机理未揭示，安全保障所需的理论未探明，这些才是导致前述问题的核心所在。因此，系统深入地研究铁路危险货物运输全程监测、风险识别、安全预警、应急保障等方面的基本理论及关键技术是铁路运输领域的一项紧迫任务。

2 科学问题背景

社会经济的快速发展带动了危险货物运输需求的持续增长，传统的公路运输危险货物近年来出现了多起安全事故，造成了较大的生命财产损失和不良的社会影响，铁路运输危险货物运量在各运输方式危险货物运输总量中的占比不到5%，未能充分发挥铁路运输安全性好、运能大的优势。增加铁路危险货物运量，提高其在整个危险货物运输市场中的作用，探索危险货物集装箱多式联运方案，是近年来相关领域专家提出的优化危险货物运输结构的一些策略。然而，目前铁路危险货物运输仍然存在检测监测技术水平相对落后、安全预警方法相对缺失、应急保障协同性相对不强、专业化智能化设备发展相对滞后、监管力量相对不足等方面的问题，在应对危险货物运输多样化的外部环境、多元化的运输品类、多过程的运输环节方面与全过程、全网络监测预警、智能化安全防控的要求尚有较大差距，其中的基本理论和关键技术如若不能深入研究、系统解决，将会明显制约铁路危货物运输安全水平和组织效率提升,并成为限制安全、高效、绿色、经济危险货物运输体系构建的核心要素。

因此,必须从不同角度开展相关工作,一方面从基础研究入手,探索铁路危险货物运输全过程和多维度智能监测、智能预警、智能控制的基本理论,形成风险识别和安全保障理论体系;另一方面从实践出发,结合铁路危险货物运输的实际条件和特征,研究铁路危险货物状态和位置及其内外部环境全程监控的关键技术,形成保障其安全的技术体系。

3 科学问题研究进展

目前有大量针对危险货物运输的研究集中在路径优化、安全评价、调度决策等方面,通过考虑风险、时间、成本、需求等因素,构建数学优化模型,设计求解算法,从而求出相应的最优路径、评价结果及调度方案。这些研究可以为铁路危险货物运输风险识别和安全保障提供一些参考,但无法为核心理论和关键技术的发展提供太大帮助。在危险货物运输监测预警、风险评估、安全保障等方面,公路领域研究相对较多,铁路领域则整体偏少,有待进一步深化和拓展,针对本方向科学问题的研究进展从以下三个方面进行阐述。

3.1 铁路危险货物运输全过程、全方位智能监测理论与技术

铁路危险货物运输系统主要由设备设施、人员、环境、管理、货物等因素共同构成,多种因素共同作用于货物从而影响其运输安全。因此,实时监测的对象既包括危险货物的状态和位置,也包括危险货物所处的内外部环境,如温度、湿度、气压、振动等参数,还需要考虑监测设备和技术与环境的适应性,从而保障监测的准确性和可靠性。

目前铁路危险货物运输监测技术的研究和应用主要体现在针对某一类危险货物或某一类载运工具条件下,但由于不同类型危险货物的性质有很大的差异性,其所需的运输条件及影响货物运输安全的参数也大不相同,只是对某一类危险货物的研究并不能完全具有代表性,需要在综合研究的情况下,探索通用性理论和技术。此外,相关研究所考虑的监测手段一般都是传感器和无线网络,但很少分析这些设备与技术在不同工作条件下的适应性,以及铁路危险货物运输所具有的内外部环境对监测技术的要求。道路危险货物运输监测技术的研究虽然较为宽泛,且通用性也更强,但由于运输方式和环境上的巨大差异,相关理论与技术也无法直接应用于铁路危险运输。因此,有必要厘清铁路危险货物运输监测的对象和范围,分析各种监测技术在不同环境下的适应性,揭示各种监测因素之间的相互作用规律,为危险货物运输的风险识别、智能预警、安全控制提供更为可靠的依据。

3.2 铁路危险货物运输风险识别及预警理论与技术

铁路危险货物风险识别及预警需要在实时监测的基础上,综合分析多种影响安全的

因素,结合各种类型危险货物的性质及风险临界点,识别出潜在的安全风险,设定出预警条件,设计出预警的方法。目前铁路危险货物运输领域的风险识别方法主要是以德尔菲法为代表的定性方法,缺乏定量的方法;对于预警的方法则往往基于贝叶斯网络、可拓理论等理论与方法构建风险预警模型,但预警的动态性和准确性仍有待提高。

为了保障风险识别及实时预警的准确性与及时性,需要进一步分析影响铁路危险货物运输安全的因素,探明各种因素之间的作用机理及关联规律,构建风险识别及预警的指标体系,厘清各情境下的目标阈值,确定出合理的风险预测方法,研究能够实时准确识别安全风险的定量方法以及可靠预警的理论与技术,为铁路危险货物运输风险管理及风险控制提供支撑。

3.3 铁路危险货物运输安全控制及应急保障理论与技术

目前针对铁路危险货物运输的安全控制仍然主要依靠人工检查,缺少必要的先进技术手段。在应急保障方面,各相关企业一般都编制有相应的应急预案,并按要求进行应急演练,但相互协作的实时性与联动性有待提高。有必要结合大数据、人工智能、云计算等最新的技术和设备,针对铁路危险货物运输安全控制的成套理论与技术进行深入探索,制定出不同情境下的安全控制方法,从而实现危险货物运输过程中的自动风险控制。结合最新的技术方法,并考虑实际操作的可行性,研究公安、消防、医疗、卫生、交通、环境等多部门联动的铁路危险货物运输应急保障理论与技术,从而提高应急处理能力和效率。

通过系统的理论研究和关键技术的探索,为铁路危险货物运输安全防控和应急处置提供科学的参考依据,并助力构建安全、智能、高效、绿色、经济的危险货物运输体系。

主要参考文献

[1] 甘春晖,杨月芳.基于风险最小的气体类危险货物在列车中的编挂辆数研究[J].铁道学报,2018,40(5):26-30.

[2] 栾婷婷,郭湛,庞磊,等.基于组合权重的铁路危险货物运输风险预警模型[J].铁道学报,2017,39(12):1-7.

[3] Hosseini S D, Verma M. Equitable Routing of Rail Hazardous Materials Shipments Using CVaR Methodology[J]. Computers & Operations Research,2021,129:105222.

[4] 杨能普,杨月芳,冯伟.基于模糊贝叶斯网络的铁路危险货物运输过程风险评估[J].铁道学报,2014,36(7):8-15.

[5] 马昌喜,何瑞春,熊瑞琦.基于双层规划的危险货物配送路径鲁棒优化[J].交通运输工程学报,2018,18(5):165-175.

[6] Fang K, Ke G Y, Verma M. A Routing and Scheculing Approach to Rail Transportation of

Hazardous Materials with Demand Due Dates [J]. European Journal of Operational Research, 2017, 261(1):154-168.

[7] Abuobidalla O, Chen M, Chauhan S. A Matheuristic Method for Planning Railway Freight Transportation with Hazardous Materials[J]. Journal of Rail Transport Planning & Management, 2019, 10:46-61.

[8] 代存杰,李引珍,马昌喜,等.考虑风险分布特征的危险品运输路径优化[J].中国公路学报,2018,31(4):330-342.

[9] Huang W, Liu H, Zhang Y, et al. Railway Dangerous Goods Transportation System Risk Identification: Comparisons Among SVM, PSO-SVM, GA-SVM and GS-SVM[J]. Applied Soft Computing, 2021, 109:107541.

[10] 赵慧英,钱大琳,张博,等.危险货物道路运输车辆出行链活动类型识别[J].哈尔滨工业大学学报,2019,51(9):193-200.

撰稿人:张玉召(兰州交通大学) 李海军(兰州交通大学)

超大规模地铁网络大客流风险主动识别及协同管控技术

Active identification and collaborative management of mass passenger flow risk in large-scale metro network

1 科学问题概述

我国地铁发展迅速,部分城市(如上海、北京、广州等)已经进入到了超大规模网络化运营的新阶段,迅猛增长的客流和有限运输能力之间的矛盾日益突出,一方面表现为部分线路高峰时段超负荷运行、车厢拥挤、候车滞留、大客流集聚等现象日趋严重;另一方面,由于设施设备功能失效和一些不可预知的外部因素(突发事件、恶劣天气等)导致列车发生长时间、大面积延误,造成部分车站客流积压严重,给网络运营安全带来了严重挑战,以地铁为防控重点的大客流输送与高密度集散所引发的公共安全问题进一步受到关注。2018年5月,交通运输部发布了《城市轨道交通运营管理规定》,2019年10月,交通运输部发布了《城市轨道交通客运组织与服务管理办法》,2020年3月,中国城市轨道交通协会发布了《中国城市轨道交通智慧城轨发展纲要》,这些文件都提到了地铁大客流风险,并对运营企业在大客流监测、管理与控制等方面提出了明确要求。

大客流风险管控的核心是需要以由乘客流动和列车运行组成的动态网络为研究对象,以保障网络运营安全和高效为目标,基于网络规模大、因素多、约束和目标多、强实时性和动态性等特点,以历史及实时获取的网络出行时空数据和运营状态数据为基础,解析大客流的集聚、扩散、传播和消散机理,挖掘乘客出行规律,精准把握客流实时分布状态和演变趋势,及时制定客流与列车的协同管控策略,为超大规模复杂网络的客流主动风险识别和管控策略的制定提供理论基础。实现从事后管理向前瞻性管理、从人工经验决策向数字化科学决策、从危机管理向风险防控的转变。

2 科学问题背景

地铁是一个"人、车、环境"相互作用的复杂动态系统,乘客出行并不依赖时刻表,是一种"弱计划出行"方式,乘客出行时间、路径选择以及选择列车的过程是随机和动态的,客流量大且组成复杂。地铁网络具有行车间隔小、客流量大、网络连接性强等特点,在一票通的地铁网络化运营条件下,由于网络列车运行具有随机有控性和计划协调性,网络客流具有路径变化性和时空动态性,网络上某一地点的列车延误会逐渐向相邻的区段和线路进行传播,进而容易对整个网络产生严重影响。这种影响最直接的表现是运营效率的下降和大客流风险的增加。

地铁网络大客流具有典型的时空聚集性,网络大客流的演变实质上是每位乘客在网络上运动过程以及乘客与列车交互影响的结果。获取实时、准确和全面的客流出行时空数据是分析乘客出行规律,准确把握客流实时分布状态,预测未来时段客流趋势,提高地铁客流协同管控决策的时效性和有效性的基础保障。大客流预警与风险主动识别是客流管控的前提,是在海量历史客流规律挖掘的基础上,基于多维度多类型的实时客流分析,对当前的客流状态进行评估、辨识和警示。在日常实践中,客流异常的判别、应急处置的时机和流程通常基于现场工作人员的经验,往往只能关注局部区域的变化,缺少对线路和网络客流演变趋势的准确把握。时空数据是指同时具有乘客出行时间和空间属性的数据,传统 AFC 数据仅记录了乘客 OD 和进出时刻,随着 Wi-Fi 嗅探、视频、手机信令等新技术的应用,乘客的微观出行时空过程能够从不同粒度、层面和视角得到记录。时空数据具有个体连续、精准刻画、广域观测和实时反馈等优点,蕴含着丰富的语义信息,为精准化的客流状态评估和预警提供了一种新的技术手段。随着时空数据体量和类别的持续增长,如何从海量的出行时空数据中分析乘客的个体出行轨迹,进而挖掘出乘客时空分布特征和客流演变规律,为客流预警和站车协同优化提供动态客流数据支持,是需要重点解决的另一个关键问题。

限流是使客流与车站能力和运力相匹配的客流控制措施,其本质是改变客流的时间分布,使高峰时段延长,峰值降低,甚至使客流向其他交通方式转移。限流原本只是一种突发条件下的应急管理措施,但随着网络客流的激增,目前北京、上海和广州等城市已经将限流纳入常态化管理中。目前的运营实践中,限流车站和限流时段的选定以及限流强度的判定,大多仍旧依靠车站工作人员的现场管理经验,带有一定的主观性,缺乏科学依据,导致客流管控方案在全局前瞻性和动态有效性方面的考虑明显不足。另外,在突发事件发生时,如何在最短的时间内制定合理的限流和列车调整的协同方案,最大程度降低大客流风险,是目前运营企业最为关注的课题。因此,需要重点研究综合考虑乘客出行过程和列车运行的随机性、时变性、复杂性条件下的协同限流理论与方法。

3 科学问题研究进展

3.1 复杂地铁网络大客流风险主动辨识

大客流风险识别是对从网络中监测到的实时和历史数据进行融合处理和实现大客流安全状态辨识的过程。数据融合是风险识别的关键步骤,由于数据获取手段、采集方式和需求的差异性,地铁网络的感知数据具有海量庞杂、异质多源、多模、多语义、多时空尺度、多结构、相对独立和动态迅速增长等特征。为了提升数据的精度和挖掘的深度,目前的研究重点集中在数据清洗与还原(去伪存真)、数据压缩、噪声过滤、轨迹分段与辨识、关键信息提取、空间匹配、数据校准、海量数据的实时处理等方面,已经形成较多成熟的研究成果。现有大客流风险辨识的理论研究没有对地铁特定领域展开分析,缺乏领域适应性和说服力。因此需要结合地铁领域知识、数据特点和应用场景的特殊性、逻辑性和针对性,基于多源动态数据融合和机器学习等技术,实现风险的实时感知和主动辨识。

3.2 网络个体乘客出行规律的挖掘技术

人类移动由大部分常态化的规律性移动和一部分差异化的突发性移动组成。在常规性研究方面,相关文献证实人类移动具有很高的可预测性,如93%的人类出行轨迹信息是可以预测的;每个个体都具有时空维度的高度规律性,如相似性、周期性、对称性、邻近性等特征。利用传统的序列挖掘方法,虽然可以直接挖掘到乘客活动的频繁模式、关联模式等规律,但是由于缺失语义信息,这类挖掘结果可解释性通常较差。目前在地理位置语义挖掘、用户行为挖掘和热点事件挖掘等方面都有较多的成果,常用的算法有共训练、多核学习、子空间学习、概率依赖和迁移学习等。但在地铁大客流环境条件下,如何融合更多的外部信息,提升出行知识库及出行行为规律知识库的语义化挖掘精度,还需进一步研究。

在个体活动理解方面,现有的挖掘模型大多假定群体中的所有个体都具有相同的行为模式或决策机制,从而忽视了一部分差异化的突发性移动。群体在形成行为过程中,由于存在强度的差异性,导致产生不同的群体行为现象。大数据背景下,乘客的出行行为是可追溯和可分析的,但地铁运营过程中,乘客出行的时间选择、列车选择、路径选择行为是受运营环境影响而动态变化的。结合个体活动语义和移动特性的组合分析,可以充分理解乘客随网络环境动态变化的出行行为过程,目前提取活动模式的方法主要有马尔科夫模型、聚类、主成分分析、概率模型、贝叶斯模型和序列模式挖掘等。各类方法都有自身的局限性,但从长时间的时间序列观察来看,如何选择高效的模型和算法,结合活动模式和语义轨迹挖掘不同个体或群体移动规律,进而解析地铁乘客移动特性与各元素间复杂的内部驱动机理,是有待进一步研究的问题。

3.3 大客流协同管控技术

限流包括车站限流、线路协同、线网协同、站车协同限流等类型。车站限流的研究重点是客流控制点、限流时间和限流措施的选择,目前有较多的成果。线路多车站限流主要研究的重点是考虑线路乘客出行延误最小和运能利用最大的进站客流协同控制模型。在线网层面目前的研究成果还不多。站车协同管控是一种线路车站限流与列车运行调整协同优化的组合策略,旨在对大客流运营情境下的乘客出行过程和列车运行方案进行实时管控,实现大客流风险主动防控。站车协同既能保障乘客安全,有效避免大客流可能引发的拥挤、踩踏、乘客被挤下站台等安全隐患;同时又可以合理、有效地均衡各座车站单位时间进站客流量和列车能力利用率,协同调整列车运行方案,实现运力资源优化配置,以达到快速疏解车站客流压力的目的,体现的是"用时间换安全"和"牺牲局部保全局"的思想。为了从源头上解决或缓解地铁网络化运营程度加深带来的多样化出行需求与有限运力资源之间的矛盾,需要在保障乘客出行安全的同时提高乘客出行效率,列车运行调整策略与限流策略的协同重点是如何考虑乘客利益最大化以及出行安全的最大化,列车的调整方案多为跳停或扣车等单一策略。

站车协同管控策略的制定是一个涉及到多主体、多时空维度和多策略的组合问题。乘客出行实时性较强,站车协同方案受多方面因素的约束并且策略组合方案具有多样性。如何依据客流分布态势制定出能够快速响应的站车协同管控方案,是保障运营安全和提升运行效率的关键技术之一。但现有研究中通常将站车协同限流与列车运行调整单独进行优化,模型中对站台滞留乘客的安全性和列车有效运力利用的均衡性进行协同考虑不足,容易导致客流组织策略的全局前瞻性考虑不足。在算法方面,传统运筹学和启发式算法无法满足复杂网络中高强度客流与列车交互的实时决策要求。因此,需要充分解析乘客出行与列车运行交互机理,构建能够表征乘客安全和运力均衡的优化模型,并探寻到能够通过局部决策对网络环境的动态变化做出及时响应的算法,提升站车协同管控方案的全局前瞻性和动态有效性。

主要参考文献

[1] Yan X Y, Wang W X, Gao Z Y, et al. Universal Model of Individual and Population

Mobility on Diverse Spatial Scales[J]. Nature communications,2017,8(1):1-9.

[2] Marta C. Gonzalez, Cesar A. Hidalgo, Albert-Laszlo Barabasi. Understanding Individual Human Mobility Patterns[J]. Nature,2008,453(7196):779-782.

[3] Zhang J,Zheng Y,Qi D,et al. Predicting Citywide Crowd Flows Using Deep Spatio-Temporal Residual Networks[J]. Artificial Intelligence,2018,259:147-166.

[4] Ma X,Zhang J,Du B,et al. Parallel Architecture of Convolutional Bi-Directional LSTM Neural Networks for Network-Wide Metro Ridership Prediction[J]. IEEE Transactions on Intelligent Transportation Systems,2018,20(6):2278-2288.

[5] Wang Y, de Almeida Correia G H, van Arem B, et al. Understanding Travellers' Preferences for Different Types of Trip Destination Based on Mobile Internet Usage Data[J]. Transportation Research Part C:Emerging Technologies,2018,90:247-259.

[6] Zhao Z,Koutsopoulos H N,Zhao J. Individual Mobility Prediction Using Transit Smart Card Data[J]. Transportation Research Part C:Emerging Technologies,2018,89:19-34.

[7] Shou Z,Di X. Similarity Analysis of Frequent Sequential Activity Pattern Mining[J]. Transportation Research Part C:Emerging Technologies,2018,96:122-143.

[8] Gu J,Jiang Z,Sun Y,et al. Spatio-Temporal Trajectory Estimation Based on Incomplete Wi-Fi Probe Data in Urban Rail Transit Network[J]. Knowledge-Based Systems,2021,211:106528.

[9] Jiang Z,Fan W,Liu W,et al. Reinforcement Learning Approach for Coordinated Passenger Inflow Control of Urban Rail Transit in Peak Hours[J]. Transportation Research Part C:Emerging Technologies,2018,88:1-16.

[10] 江志彬. 城市轨道交通网络大客流管控理论与方法[M]. 上海:同济大学出版社,2021.

撰稿人:江志彬(同济大学) 徐瑞华(同济大学)

第 4 章
线路基础设施设计与运维

轨道交通线路基础设施设计与运维是以路基、桥梁、隧道、轨道等支撑列车运营的下部基础设施为研究对象,针对线路选线、环境影响、安全运营、状态维修,以及自然灾害作用下灾变机理等开展全过程多方面系统研究,以实现安全、可靠、舒适、经济的轨道线路基础设施为目标的综合性学科。基础设施的设计与运维水平体现了一个国家的工业化水平、综合国力,直接反映国家科学研究、工业现代化建造和经济发展水平。未来,基础设施建设还将继续成为拉动我国经济发展、体现国际竞争力的主要载体之一。

2019 年,中共中央、国务院印发了《交通强国建设纲要》,根据纲要发展目标,到 2035 年基本建成交通强国;到本世纪中叶,全面建成人民满意、保障有力、世界前列的交通强国。基础设施规模质量、技术装备、科技创新能力、智能化与绿色化水平位居世界前列,交通安全水平、治理能力、文明程度、国际竞争力及影响力达到国际先进水平,全面服务和保障社会主义现代化强国建设,人民享有美好交通服务。

展望世界轨道交通科技未来发展趋势,为明确基础设施学科内涵,厘清学科边界,前瞻性谋划和体系化布局前沿科技领域与方向,在国家自然科学基金委的指导以及学科学术共同体的倡议下,学科在全国 20 余所具有轨道交通鲜明特色相关专业的高校、研究所征集了科学难题,并对各难题的科学意义、研究进展亟待解决的核心关键问题进行详细阐述,以明确问题导向和基础理论研究价值。首轮征集共收集到 10 余所高校 20 项科学难题,经梳理最终整合形成 6 个学科百问难题。其中,关于轨道交通桥梁、隧道、路基等结构设计难题见 E08 学科,E12 学科主要关注线路选线、运营维护、环境影响以及自然灾害对线路的影响等几个方面的基础理论研究。

结合国家战略需求及科技发展背景,轨道线路基础设施学科未来发展将重点围绕如下几个方面展开:

智能选线方面。选线设计作为轨道交通建设总揽全局的核心工作，对轨道交通及沿线的政治、经济、环境等都将产生长久深远的影响，主要面临多维环境、多重约束、多元目标的"三多"难题。如，随着"西部大开发"战略、"一带一路"倡议的深入推进，川藏、中巴、中尼等一大批极端复杂艰险环境下的铁路项目纷纷启动。应用智能优化技术，破解上述难题，实现智能选线，是线路设计理论与技术发展的必由之路。如何揭示轨道交通线路-结构物-环境高维耦合作用机理，构建安全、绿色、低碳、经济多目标综合智能选线优化模型，提出知识引领的线路智能生成方法，系统实现全阶段智能选线设计，是下一步亟须解决的科学难题。

梁轨作用与基础设施运维基础理论研究方面。根据轨道交通发展与规划，我国还将建造时速400km及以上更高速铁路、千米级高速铁路桥梁等大跨复杂结构，因此，针对这些复杂运营环境与结构开展设计、运维等方面的基础理论研究具有重要意义。如，高速运营复杂条件下有砟轨道面临道砟飞溅问题，千米级大跨桥梁面临更加复杂的梁轨相互作用问题等。此外，随着我国高速、重载以及城市轨道交通的进一步运营，伤损劣化进一步发展，研究全寿命周期服役性能，提升结构耐久性，对我国轨道线路基础设施发展具有重要的意义。如，无砟轨道、道岔等服役性能劣化与耐久性提升技术，轨道线路基础设施全寿命周期服役可靠性与养护维修策略等。

振动及噪声相关性及耦合机理方面。我国轨道交通的迅速发展不仅促进了经济腾飞，还方便了人们的出行，提升了城市内部及城市间交流的便利性，但轨道交通带来的环境振动与噪声问题也给沿线居民带来了困扰。在列车的高周频荷载作用及轨道不平顺、轮轨粗糙度、结构变形等因素的共同作用下，车轮与轨道各自发生振动且彼此相互影响，从而在轮轨接触界面处形成了轮轨耦合振源。轮轨耦合振源一方面经由轮对往上传递至转向架、车体，使车内旅客暴露于声振环境之中；另一方面它通过钢轨、扣件、道床、路桥隧等下部基础逐层传递并引起各结构发生振动，结构表面振动进一步在固-气界面处将机械振动波转化为空气振动波（即声波），使得轨道交通沿线居民遭受声振环境带来的负面影响。

自然灾害作用下基础设施结构灾变机理方面。现行铁路抗震设防目标主要针对基础设施的自身安全，未能将列车、轨道和下部基础设施结构作为一个耦合系统进行设计，难以实现震后功能快速恢复。因此，为了推动高速铁路的持续领先和长久发展，完善铁路基础设施在复杂自然灾害下的灾变机理及风险防控技术体系，还需要在地震动多尺度模拟、基于列车-轨道-基础设施耦合系统地震损伤限值控制及多状态多水准多防线安全防控、地震动作用下围岩-隧底-轨道多层结构体系动力响应及变形与损伤机制、地震动对铁路隧道底部多层结构体系服役性能影响评价方法及限值标准、切变气流特性及其作用下的车-桥系统安全分析等方面开展系统研究。

复杂环境轨道交通多目标综合智能选线

Rail transit intelligent alignment design considering multiple objects in complex environment

1 科学问题概述

随着"一带一路""西部大开发"、中长期路网建设的深入推进,以及"碳达峰""碳中和"目标的提出,轨道交通建设环境日趋复杂,建设标准日臻严苛。构建安全、便捷、高效、绿色、经济的轨道交通运输体系,已成为交通强国建设的迫切需求。

选线设计作为轨道交通建设总揽全局的核心工作,对轨道交通及沿线的政治、经济、环境等都将产生长久深远的影响。科学合理的线路方案可以从源头上控制工程投资、保障安全舒适、减少环境影响、降低碳排放,带来显著的经济社会效益;而一旦决策失误,将造成先天缺陷,给建设与运营带来巨大的灾难和难以弥补的损失。选线设计需要在自然与人文构成的多维环境中,高效搜索并比选出满足众多复杂耦合约束,安全、绿色、低碳、舒适、经济等多元目标综合最优的线路方案。选线设计主要面临多维环境、多重约束、多元目标的"三多"难题。在复杂环境选线时,"三多"形成叠加效应,导致问题异常复杂。

应用智能优化技术,破解上述难题,实现智能选线,是线路设计理论与技术发展的必由之路。如何揭示轨道交通线路-结构物-环境高维耦合作用机理,构建安全、绿色、低碳、经济多目标综合智能选线优化模型,提出知识引领的线路智能生成方法,系统实现全阶段智能选线设计,是我国当前亟须解决的科学难题。

本科学问题的研究可为轨道交通线路的优化设计与决策提供科学技术支撑,对于确保轨道交通的安全舒适运营、控制工程投资、实现"碳达峰""碳中和"目标具有重要科学意义和工程应用价值。

2 科学问题背景

随着"西部大开发"战略、"一带一路"倡议的深入推进,川藏、中巴、中尼等一大批极端复杂艰险环境下的铁路项目纷纷启动,铁路建设将面临诸多世所罕见和前所未有的挑战。依据最新发布的《新时代交通强国铁路先行规划纲要》,到2035年全国铁路网20万km左右,其中高铁7万km左右。轨道交通设计单位将普遍面临着时间紧、任务重的局面。

理论上连接铁路起终点并满足各类约束的线路方案有无限多个,选线设计人员需要从中选出最优的方案。但由于经济、设备和手段的限制,设计人员只能凭经验选取有限的方案进行详细研究,难以保证方案最优。这无疑会给后续的设计、建造及运营维护带来诸多不良的影响,待铁路建成,这些不良影响将难以甚至无法消除。

面对日益复杂的建设环境、严苛的建设标准、绿色低碳的建设要求,如何高效地设计出与环境协调的线路方案,从源头上保证整个工程项目的安全、绿色、低碳、经济综合优化,已成为当前亟待解决的关键技术难题。智能选线可快速自动生成一系列优化的线路方案群,为设计人员提供参考,避免遗漏有重要价值的设计方案,是破解该难题的重要途径,具有重要科学意义和工程价值。

为了实现在自然与人文构成的多维环境中,智能生成满足多重复杂耦合约束,安全、绿色、低碳、舒适、经济等多元目标综合最优的线路方案,应解决好选线机理认知、多目标优化模型、智能生成方法三方面的关键问题。

2.1 轨道交通线路-结构物-环境高维耦合作用机理

选线设计本质上是实现线路-结构物与自然、经济、路网、社会构成的多维环境整体协调。随着多网融合、站城融合、路地协同、绿色选线、减灾选线等设计理念的提出与实施,对线路-结构物-环境整体协调提出了更高的要求。因此,三者间的协调匹配关系是智能设计的基础,而既有智能设计技术对此缺乏全面准确认知,导致应用受限。如何统一表达线路、结构物、环境之间的空间语义关系与占位关系,探明在大时空跨度的广域空间内三者间潜在耦合关系,发掘总体协调匹配规律,揭示轨道交通线路-结构物-环境高维耦合作用机理,是实现智能选线设计的重要科学挑战。

2.2 安全、绿色、低碳、经济多目标综合智能选线优化模型

既有智能选线方法多以工程经济优化为主,缺乏对线路方案绿色低碳、安全风险等多目标综合优化的研究。如何构建线路方案多目标综合评价指标体系,建立线路方案的碳排放、水土保持、环境影响、地灾风险、行车安全、乘坐舒适性等多要素的量化计算方法;提出工程经济、绿色低碳、防灾减灾、安全舒适等多目标融合技术,破解多目标之间的冲突消解与平衡难题;准确刻画线路-结构物-环境之间高维耦合约束,构建超多目标与约束组合下的综合选线智能优化模型;实现线路多目标综合评价从人工经验为主的定性分析向智能化定量评价的跨越,是亟待解决的关键科学难题。

2.3 知识引领的全阶段线路方案智能生成方法

复杂环境下选线设计时空跨度巨大、评价目标多元且冲突、约束条件高度耦合且动态变化,而且在"宏观线路廊带→中观全局线位→微观工点线位"的不同选线阶段存在显著

需求差异。现有智能选线技术缺乏知识引领,且研究多集中于特定设计阶段、单一目标、部分约束下的线路方案智能生成。如何构建面向全阶段的智能选线架构,建立选线规律智能认知模型,提出知识引领的线路智能生成方法,破解超多目标与约束组合下的线路智能优化问题,是复杂环境多目标综合智能选线面临的巨大挑战。

3　科学问题研究进展

影响线路方案的因素众多,按环境属性可划分为自然、经济、社会、路网等不同维度(多维);多维环境因素与线路方案相互作用、相互影响(耦合);而且随着时间的推移,自然环境动态演变,经济与社会环境不断发展变化,路网环境不断改善,使得多维环境与线路之间的关系呈现显著的时变性(动态)。因此,复杂多维环境因素与线路之间的关系具有多维、耦合、动态的基本特征。

现有研究常常忽视了上述特征,虽然铁路线路设计人员依据长期的设计实践经验已总结出各种地貌、地质、生态环境特征下的选线和结构物布置原则,如各种紧、缓坡地段定线原则,河谷区、越岭区、高寒区等各种自然条件下的选线原则,但总体看来,主要集中于单一因素(如地形或地质)对线路和结构物的单向作用或影响,缺乏对多维环境因素共同影响下线路、结构物与环境之间耦合作用机理的研究,并且经常置于静态或者准静态的环境下开展研究,较少考虑这种耦合作用的时变特征,导致无法全面准确地反映复杂环境下的选线规律,难以为智能选线设计提供高效的知识引领。

选线设计是一个复杂的多目标决策问题,需要综合考虑安全、绿色、低碳、经济诸多因素和目标。这些目标往往是矛盾和冲突的,需要综合协调,最终形成整体最优的线路方案。如何科学、全面、准确地评价线路方案的优劣,即线路优化的目标问题,一直是线路设计与研究人员面临的难题。

现有研究大多采用了以工程费、运营费等经济指标为主的单一目标评价函数,即自动搜索出的是经济性最好的线路方案。而在实际工程中,线路的绿色低碳、防灾减灾、安全舒适以及对沿线经济社会的影响往往成为更重要的控制因素。虽然有部分学者在环境、社会影响等方面开展了有益的探索:研究了线路方案对生物多样性、动物死亡率、动物迁徙路径的影响、占用环境敏感区面积等生态评价目标,以及交通事故发生率、通过典型地灾区的风险等安全性目标,但现有研究的评价目标仍然十分有限,采用的指标往往是上述众多目标的子集,计算模型中也进行了大量的简化,远未实现对线路方案全面准确的评估。而且在当前交通运输绿色低碳发展的背景下,针对线路方案的全寿命周期碳排放优化目标的研究尚属空白。

在分别构建了线路方案的各类目标量化评价函数后,如何融合这些目标也是智能选线设计的一大难题。既有研究大多通过人为设置权重的方式,或者基于帕累托多目标优化理论实现了少量目标的融合,但对智能选线超多目标间的冲突消解与平衡难题,尚待深入研究。

自 20 世纪 60 年代开始,国内外学者对此开展了长期深入的研究,提出了一系列理论与方法(图 1)。

大类	子类	方法						
解析法		变分法	Howard,1968		Shaw,1981,1982 Thomson,1988			
		梯度投影法		詹振炎,1979	詹振炎等 1982,1988	詹振炎等 1990,1995		
		数值搜索法		Hayman,1970 Robinson,1973	Chew,1989			
		枚举法			Easa,1988			
		线性规划法				ReVelle,1997		
启发式搜索算法	间接法	网格优化法		Turner,1971;OECD,1973 Athanassoulis,1988; Parker,1977;	Trietsch,1987			
		动态规划法		Hogan,1973 Nicholson,1976 Puy Huarte,1973 Murchland,1973	Goh,1988; Fwa,1989			Li,2013
		距离变换法					Mandow,2004 De-Smith,2006	Li,2016,2017 Song,2020b
	直接法	混合整数规划					Lee,2009 Cheng,2006	
		知识工程					易思蓉 2003,2004,2006	
		遗传算法				Jong,1998	Kim,2005,2007 Jong,200,2003 Jha,2003,2004 Kang,2007,2009	Kang,2012 Lai,2016 Yang,2014 Davey,2017 Babapour,2018 Kang,2020
		群智能搜索						Miao,2011 Shafafi,2013 Hasany,2017 Babapour,2018
		网格自适应直接搜索						Mondal,2017
		距离变换+遗传算法						Li,2017 Song,2020a
		时间	1960	1970	1980	1990	2000	2010 2020

平面优化　　纵面优化　　平纵整体优化

图 1　智能选线代表性方法

20 世纪 60 到 90 年代,线路优化主要采用的是解析法,其基本思想是首先采用解析式表达出线路智能优化的目标函数、约束条件,然后通过数学理论与方法求解目标函数的极小值来解决线路智能优化问题。代表性方法有变分法、梯度投影法、牛顿下降法、线性规划法等。此类方法理论完善,且求解速度快,但通常要求目标函数连续、可微或可导。而真实的地形、地质环境、工程运营费用及约束条件难以用连续可微的数学解析式表达出来,因此在使用这些方法时,都需要引入一系列假设和近似,忽略部分因素,优化结果难以实用。

进入 21 世纪,随着计算机技术的发展和遗传、粒子群等仿生算法的出现,大量启发式搜索算法被应用于解决线路智能优化问题,此类方法无须求解目标函数的导数、微分,甚至不需要将目标函数表示为显函数,解决了地形、地质环境、约束条件难以表达,目标函数需连续、可微的难题。这些启发式方法又可进一步分为直接搜索最优线路方案的直接法,先搜索最优路径、再进一步拟合成线路方案的间接法。

直接法中最有影响力的是美国马里兰大学 Schonfeld 教授提出的基于遗传算法的公路线路智能优化模型,其基本思想是:假定线路平纵面控制点均位于预设的切割面上;然后以切割面上控制点为基因进行线路染色体编码,采用遗传算法不断产生优化的线路方案直到收敛。在该模型的基础上又衍生出了一系列方法。该类方法在一般的平原、丘陵地区效果较好。但在复杂艰险山区环境下,由于难以给定合理的切割面初始分布,可能导致无法生成可行解。

典型的间接搜索法包括网格优化法、动态规划法、距离变换法等,其基本思想是先搜索出连接起终点的最优路径,再拟合成最终的线路方案。此类方法在平易地区效果较好。但在复杂环境下,由于存在大量约束,此类方法可能无法生成可行解。

近年来,中南大学将搜索最优路径的距离变换与遗传算法相结合,通过对距离变换进行大量改进使其可在复杂艰险环境下生成较优化的三维路径;再提取路径中的关键点,据此划分合理的控制点切割面;最后采用改进遗传算法或粒子群算法搜索线路方案。该方法充分发挥了距离变换和遗传算法各自的优势,实现了复杂环境下优化线路方案群的自动生成。此后,课题组对该算法进行大量改进,可为设计人员快速自动生成大量有价值的线路方案,但这些方法由于缺乏知识引领,搜索效率仍然较低,难以处理复杂耦合约束和多目标间的冲突,尚无法达到应用水平。

总体而言,轨道交通选线包括"宏观线路廊带→中观全局线位→微观工点线位"的不同设计阶段。各阶段的目标存在显著差异,需重点解决"面-带"阶段大时空跨度下线路廊带广域高效智能优选、"带-线"阶段全局线位多目标点线协同智能优化、"线-点"阶段复杂增强约束下工点线位深度精细优化等难题,而现有智能选线技术多集中于特定设计阶段、单一目标、部分约束下的线路方案智能生成。亟须构建"线路廊带→全局线位→工点线位"的全阶段、多层级智能选线架构,提出面向各层级的知识引领智能设计方法,系统解决全阶段智能选线难题。

综上所述,线路智能设计一直是国内外交通土建工程领域的热点前沿问题。经过半个世纪的发展,优化目标日益扩展,搜索方法不断推陈出新,初步实现了平易环境下、特定阶段、以工程经济为主的线路智能设计,但距离应用水平还有较大差距,仍存在如下科学问题亟须攻克。

(1)对轨道交通中线路-结构物-环境三者间的潜在耦合关系、总体协调匹配规律认识不全面,亟待揭示其高维耦合作用机理,为智能选线奠定理论基础。

(2)目前智能选线以工程经济优化为主,尚未构建线路绿色低碳、防灾减灾、安全舒适等多因素的评价指标体系、准确的量化计算方法,以及多目标融合的智能选线优化模型。

(3)线路方案智能生成方法缺乏知识引领,且主要面向特定设计阶段,无法满足全阶段多层次智能选线需求,亟须构建多层级智能选线架构;提出面向各层级的知识引领智能设计方法;面向全阶段,系统解决超多目标与约束组合下的复杂环境智能选线难题。

主要参考文献

[1] Li W,Pu H,Schonfeld P,et al. Methodology for Optimizing Constrained 3-Dimensional Railway Alignments in Mountainous Terrain[J]. Transportation Research Part C:Emerging Technologies,2016,68:549-565.

[2] Yang N,Kang M,Schonfeld P,et al. Multi-Objective Highway Alignment Optimization Incorporating Preference Information[J]. Transportation Research Part C:Emerging Technologies,2014,40:36-48.

[3] Davey N,Dunstall S,Halgamuge S. Optimal Road Design Through Ecologically Sensitive Areas Considering Animal Migration Dynamics[J]. Transportation Research Part C:Emerging Technologies,2017,77:478-494.

[4] Li W,Pu H,Schonfeld P,et al. Mountain Railway Alignment Optimization with Bidirectional Distance Transform and Genetic Algorithm[J]. Computer-Aided Civil and Infrastructure Engineering,2017,32(8):691-709.

[5] Hirpa D,Hare W,Lucet Y,et al. A Bi-Objective Optimization Framework for Three-Dimensional Road Alignment Design[J]. Transportation Research Part C:Emerging Technologies,2016,65:61-78.

[6] Li C,Ding L,Zhong B. Highway Planning and Design in the Qinghai-Tibet Plateau of China:A Cost-safety Balance Perspective[J]. Engineering,2019,5(2):337-349.

[7] Pu H,Song T. Schonfeld P,et al. A Three-Dimensional Distance Transform for Optimizing Constrained Mountain Railway Alignments[J]. Computer-Aided Civil and Infrastructure Engineering,2019,34(11),972-990.

[8] Song T,Pu H,Schonfeld P,et al. Mountain Railway Alignment Optimization Considering Geological Impacts:A Cost-Hazard Bi-Bjective Model[J]. Computer-Aided Civil and Infrastructure Engineering,2020,35(12):1365-1386.

[9] Sushma M. Maji B,Modified A A. Motion Planning Algorithm for Horizontal Highway Alignment Development[J]. Computer-Aided Civil and Infrastructure Engineering,2020,

35(8):818-831.

[10] Song T, Pu H, Schonfeld P, et al. Bi-Objective Mountain Railway Alignment Optimization Incorporating Seismic Risk Assessment[J]. Computer-Aided Civil and Infrastructure Engineering, 2021, 36(2): 143-163.

撰稿人：李伟（中南大学） 蒲浩（中南大学） 张洪（中南大学）
王卫东（中南大学） 吕希奎（石家庄铁道大学）

复杂条件下无砟轨道长期服役性能演变与耐久性提升机理

Long-term service performance evolution and durability guarantee mechanism of ballastless track undergoing complex conditions

1 科学问题概述

无砟轨道是采用混凝土、沥青混合料等整体基础取代散粒碎石道床的轨道结构，具有高平顺、高稳定、少维修等突出优点，广泛应用于高速铁路和城市轨道交通领域，并计划用于世纪性战略工程——川藏铁路。无砟轨道作为直接和列车接触的基础系统，其一旦产生病害将直接影响行车安全性和平稳性。无砟轨道保持良好的服役状态才能保证铁路安全服役，才能提高列车运营品质，减少线路养护维修工作。

我国幅员辽阔、地质地貌复杂、气候类型多样。无砟轨道作为沿线路铺设的超长空间带状结构，铺设范围跨越不同气候带及各种地理环境，包括北方大温差、冬季异常低温及冰雪环境地区，南方潮湿、多雨及持续高温地区，西北干旱大风环境地区等，以及氯盐、冻融、化学侵蚀等多种环境条件，面临着与复杂气候环境适应性的问题，且需承受服役期内数亿次列车往复动力加载。服役过程中无砟轨道的材料及结构性能必然会不断劣化，进而引起安全服役性能的持续恶化，逐渐导致无砟轨道与列车系统不适应、不匹配，并进一步恶化铁路线路状态与列车运行品质，甚至危及行车安全。国内现有的研究对无砟轨道材料结构长期性能退化、伤损演化机理认识不足，耐久性提升机制研究尚未成熟，许多深层次理论和科学问题没有得到揭示。

日本和德国无砟轨道应用较早，但由于气候和环境的局限性，未曾遇到我国热带到寒温带等复杂气候、冻融及化学侵蚀等复杂环境条件等问题，在国外尚无可借鉴经验。因此，探明复杂条件下无砟轨道长期安全服役性能演变机理，获得科学合理的无砟轨道服役安全评价准则与控制方法，建立无砟轨道结构健康状态实时监测技术和病害修复技术，提升结构耐久性，保障无砟轨道结构长期安全服役状态，是无砟轨道技术发展的必然趋势，符合我国经济发展、社会进步和国家安全的重大需求,是当前迫切需要研究的重大科学问题。本科学问题的研究可丰富无砟轨道关键设计、建造、结构健康监测及养护维修技术,为全寿命周期无砟轨道安全服役提供强有力的科学技术保障,对推动实施交通强国战略、共建"一带一路"及促进社会进步具有重要作用。

2 科学问题背景

由钢轨、轨道板、填充层、支承层/底座等部件组成的无砟轨道,因其组成材料的多样性、运营环境的复杂性以及结构分布的时空效应等,其服役性能演变机制与规律十分复杂,是当前铁路基础设施发展面临的重大难题。铁路运营实践表明,在温度、水、氯盐、冻融、化学侵蚀等环境因素和动载荷耦合重复作用下,无砟轨道构成材料的微细观结构会发生变化,关键部件可能出现损伤甚至失效,如轨道板损伤、水泥沥青砂浆(Cement Asphalt Mortar,CA 砂浆)离缝、轨枕松动、钢筋锈蚀、混凝土保护层开裂等等,如图 1 所示。而且关键材料与部件初始缺陷的动态演化,结构长时劣化及特殊条件下局部状态瞬时突变等,必然引起无砟轨道服役状态持续改变,给铁路的安全运营带来隐患,甚至直接威胁行车安全。

a)轨道板损伤

b)层间离缝

c)接缝损伤

图 1 无砟轨道的典型劣化现象

探寻无砟轨道长期服役状态下的性能演变机制,揭示其性能演变对铁路服役安全的影响规律,建立科学合理的无砟轨道服役安全评价准则与控制方法,突破无砟轨道结构健康状态实时监测技术与病害修复技术,保证无砟轨道长期安全服役,是铁路技术发展的必然趋势,它有可能催生无砟轨道运营管理与维护技术变革,对健全我国铁路运营安全保障体系意义重大。

复杂严酷环境下无砟轨道服役性能演变与耐久性提升机理方面的关键科学问题概括如下:

(1)无砟轨道关键材料性能劣化机理。无砟轨道组成材料多样,在复杂环境荷载作用下长期性能演变机理不明,研究复杂环境下无砟轨道材料的微结构与服役条件相容共存机制,从而破解材料微结构损伤与发展机理是极具挑战性的科学难题。

(2)无砟轨道结构服役性能演变与失效机理。无砟轨道组成材料的劣化必然导致相应结构和部件动态性能的变化,但结构宏观动态性能的演变不只是材料微观演变的线性递进和简单叠加,还与结构形式、外部载荷特性、下部基础状态等密切相关。

(3)无砟轨道耐久性提升机制。材料和结构部件损伤的发展导致轨道服役状态随之劣化,其耐久性能影响着整个服役周期及状态;轨道耐久性研究因所处环境不同存在很大差异,具有复杂性、多样性和不确定性的特点。

3 科学问题研究进展

3.1 无砟轨道关键材料性能劣化机理

无砟轨道材料主要包括普通混凝土、自密实混凝土、CA砂浆、钢筋等。既有文献对无砟轨道材料的开裂特征、抗疲劳性能、抗冻性能、抗化学侵蚀性能等方面开展了部分研究,尤其针对CA砂浆的劣化机理开展了较为系统的研究。例如,田冬梅、邓德华等围绕水、荷载与温度3个因素,借助砂浆混凝土叠合试件温度循环试验、静压吸水试验、动荷载-水耦合下的砂浆疲劳试验等手段,揭示了CA砂浆层的劣化与失效机理。曾晓辉等模拟了酸雨对CA砂浆的侵蚀破坏作用,结合抗压强度试验、差热分析和扫描电镜-能谱试验手段揭示了模拟酸雨对CA砂浆的侵蚀破坏机理。张艳荣、蔡小培等结合抗压强度试验从微观结构角度研究了酸、盐侵蚀条件下的CA砂浆性能劣化机理。同时还研究了不同配比CA砂浆与轨道板界面黏结强度和抗折强度的变化规律,揭示了CA砂浆与轨道板界面开裂的机理。Liu等研究了温度循环作用下CA砂浆的动态疲劳性能。Ji和Ouyang等人研究了CA砂浆的温度敏感性。Liu等研究了不同模量修复砂浆的修复效果和机理。既有研究为无砟轨道材料性能优化和病害整治提供了重要基础。但是,总体上目前对多因素耦合作用下无砟轨道材料动态性能及其劣化行为的研究不够全面系统。需要开展关键工程材料长期性能与评价方法研究,与耐久性相关的微结构定量表征研究,以及多场耦合荷载作用下材料服役性能演化规律与机理研究。其中,重点需要在多场耦合荷载重复作用下材料劣化行为和破坏机理研究方面取得突破,并逐步建立无砟轨道关键材料性能评价技术体系。

3.2 无砟轨道结构服役性能演变与失效机理

无砟轨道结构如轨道板、CA 砂浆层、钢筋-混凝土界面、底座或支承层等的损伤劣化一直是研究热点。例如,Takahashi 和 Sekine 等通过现场调研和试验,分析了日本寒冷地区无砟轨道板劣化的影响因素,发现轨道板日照时间更长的南侧更易发生冻融损伤。任娟娟等基于钢筋混凝土黏结-滑移理论,分析了配筋率、钢筋直径和混凝土强度对轨道板裂纹宽度、间距及钢筋应力的影响。蔡小培等建立了基于混凝土塑性损伤本构的无砟轨道病害分析模型,为无砟轨道损伤分析提供了有力工具。同时还对高温下纵连轨道板上拱病害进行了系统分析。钟阳龙、高亮等研究了施工期轨道板的翘曲变形和层间应力,揭示施工期无砟轨道病害原因。朱胜阳、蔡成标等建立 CA 砂浆材料的统计损伤本构模型,研究了列车动载荷作用下 CA 砂浆层的损伤发展规律及其动态行为的演变。赵坪锐、刘学毅等考虑双块式无砟轨道支承层开裂情况,研究了裂缝间距、支承层厚度和弹性模量对结合式双层结构抗弯刚度的影响。

无砟轨道是层状复合结构,层与层之间的可靠联结对其服役性能有重要影响,层间破坏是无砟轨道结构性能劣化的典型现象。针对无砟轨道层间开裂,刘钰、赵国堂等通过实测温度数据与理论仿真相结合,研究了 CRTS Ⅱ 型板式无砟轨道早期层间离缝产生原因,并分析了离缝对行车状态的影响。徐浩、王平等研究了温度荷载和自重作用下离缝长度的变化对 CRTS Ⅱ 型板式无砟轨道结构力学性能的影响。刘学毅等开展了轨道板与砂浆黏结试验,测试了层间内聚力模型参数,可为 CRTS Ⅱ 型板式无砟轨道层间离缝研究提供基础。钟阳龙、高亮等采用表面内聚力模型研究了 CRTS Ⅱ 型轨道板与 CA 砂浆界面剪切破坏机理。

以上研究仍存在一些不足,未来需要针对性地开展多环境因素和列车荷载耦合作用下我国无砟轨道结构损伤动态演变研究,并在此基础上重点开展无砟轨道结构累积损伤演变过程及其疲劳破坏机理的理论与试验研究。除此之外,发展新型无砟轨道结构形式,如装配式无砟轨道以及无砟轨道各层锚固体系的研究,也是未来的发展方向。

3.3 无砟轨道耐久性提升机制

针对无砟轨道耐久性研究方面,国内外学者已在理论仿真、耐久性保障方法、材料性能提升与延寿技术研究等方面开展了部分研究。日本针对运营过程中轨道出现的混凝土开裂、剥蚀现象,从耐久性裂纹宽度等方面提出了要求。德国主要通过提高承载层厚度及混凝土密度等方面增加轨道耐久性。虽然日本、德国等国家对轨道耐久性从设计、维修等方面都出了相关规定,但仍缺乏系统性研究。国内针对轨道耐久性研究,尤其是无砟轨道耐久性研究方面尚处于起步阶段。目前在轨道结构耐久性理论研究方面,针对严酷环境复杂荷载耦合作用下的研究较少,同时缺乏对轨道结构设计、建造和运维各阶段的一体化考虑。

针对轨道基础设施服役状态的检测监测技术方面,随着综合巡检车、钢轨探伤车等装备的应用,极大地提高了检测的维度和效率,光纤光栅、视频感知等轨道结构监测技术也有了成功的尝试。但既有研究主要针对检测监测技术的应用和检测监测数据的统计分析研究,难以满足轨道服役状态和寿命评估对数据完整性、高精度和多层次需求的问题,亟须突破轨道监测数据的智能融合技术,相关研究还处于起步阶段。总体而言,长期全面获取严酷复杂运营环境下可靠的轨道结构服役状态信息并建立综合分析与利用机制,实现轨道结构全寿命周期服役状态评估仍是亟待解决的难题。

针对无砟轨道延寿技术研究方面,现有研究主要集中于典型病害修复技术和修复材料研发等方面。日本、德国及我国铁科院对于无砟轨道典型病害修复材料的研究工作主要集中于修复材料的单项性能提升及机理分析,鲜见以多种性能为导向的修复材料性能优化研究。对于修复材料与轨道基材的黏结性能研究多关注黏结强度等短时指标,对于长期复杂荷载作用下的黏结性能研究较少。另外,关于修复后无砟轨道受力特性的研究不够深入,亟须开展严酷环境下无砟轨道典型病害修复材料及界面性能演变的研究。

以上关键科学问题的突破将带来一系列的技术突破和创新,为无砟轨道安全服役控制的精细化设计、施工、监测与维护提供保证,极大丰富复杂运营条件下无砟轨道长期安全服役性能评价与控制理论体系,完善无砟轨道结构健康状态实时监测技术与病害修复技术,保证无砟轨道长期安全服役,推动铁路向标准化、自动化、智能化方向发展,进一步提升铁路工程的科学理论水平,促使我国铁路安全性能控制理论完成由经验型学科向科学型学科的跨越。

本科学问题的研究难点及主要内容:

(1)无砟轨道关键工程材料长期性能与评价方法研究,材料服役性能相关的微结构定量表征研究,不同材料间联结、黏结性能劣化机理,以及多因素耦合作用下材料动态性能演化规律与机理研究。

(2)列车动载荷与环境多因素耦合作用机制与室内模拟试验方法研究,无砟轨道结构设计、建造和运维一体化分析方法研究,无砟轨道结构长期累积损伤演变过程及其破坏形态的理论与大型真实环境试验研究。

（3）不同服役条件下无砟轨道结构部件状态的实时在线智能检测监测、诊断和预测预警研究。

（4）无砟轨道典型病害修复机制，新型修复材料研发及修复后无砟轨道体系服役性能研究。

主要参考文献

［1］高亮.高速铁路无砟轨道空间精细化分析方法及其应用［M］.北京：科学出版社，2020.

［2］翟婉明，赵春发，夏禾，等.高速铁路基础结构动态性能演变及服役安全的基础科学问题［J］.中国科学：技术科学，2014，44（7）：645-660.

［3］Zhang Y, Cai X, Gao L, et al. Improvement on the Mechanical Properties of CA Mortar and Concrete Composite Specimens in High-Speed Railway by Modification of Interlayer Bonding［J］. Construction and Building Materials, 2019, 228: 116758.

［4］任娟娟，刘学毅，赵坪锐.连续道床板裂纹计算方法及影响因素［J］.西南交通大学学报，2010，45（1）：34-38+44.

［5］蔡小培，钟阳龙，阮庆伍，等.混凝土塑性损伤模型在无砟轨道非线性分析中的应用［J］.铁道学报，2019（5）：109-118.

［6］Cai X, Luo B, Zhong Y, et al. Arching Mechanism of the Slab Joints in CRTSII Slab Track Under High Temperature Conditions［J］. Engineering Failure Analysis, 2019, 98: 95-108.

［7］Zhong Y, Gao L, Zhang Y. Effect of Daily Changing Temperature on the Curling Behavior and Interface Stress of Slab Track in Construction Stage［J］. Construction and Building Materials, 2018, 185: 638-647.

［8］赵国堂，高亮，赵磊，等.CRTS Ⅱ型板式无砟轨道板下离缝动力影响分析及运营评估［J］.铁道学报，2017，39（1）：1-10.

［9］刘学毅，苏成光，刘丹，等.轨道板与砂浆粘结试验及内聚力模型参数研究［J］.铁道工程学报，2017，34（3）：22-28.

［10］张鹏飞，桂昊，雷晓燕，等.列车荷载下桥上CRTS Ⅲ型板式无砟轨道挠曲力与位移［J］.交通运输工程学报，2018，18（6）：61-72.

撰稿人：高亮（北京交通大学） 钟阳龙（北京交通大学） 肖宏（北京交通大学）
蔡小培（北京交通大学） 任娟娟（西南交通大学） 王建西（石家庄铁道大学）
张鹏飞（华东交通大学） 张艳荣（北京交通大学） 陈志裳（北京交通大学）

超大跨径桥梁与轨道相互作用机理及建养策略

Interaction analysis and maintenance technology of super long span bridge and track

1 科学问题概述

为加快构建布局合理、覆盖广泛、高效便捷、安全经济的现代铁路网络,解决特殊地区高速铁路网的建设难题,近年来,国内先后规划并修建了诸多主跨超千米级的公铁两用桥梁,如已通车的西堠门大桥、沪苏通长江大桥、五峰山长江大桥、正在规划或建设的马鞍山长江大桥、李埠长江大桥等。超大跨径桥梁具有体系轻柔、跨径大、荷载重、设计速度高等特点,受列车荷载、温度、风等复杂因素作用,桥梁易产生动态大变形,进而引起桥上轨道空间几何形位及梁-轨间相互作用的复杂变化,而现行设计和验收规范已无法指导大跨桥上线路设计、轨道平顺性及维养。超大跨径桥梁梁体变形与轨道高平顺要求相矛盾,面临轨道与桥梁变形的协调性难题,目前尚无统一的管理标准,严重阻碍了大跨径铁路桥梁的进一步发展及高速列车的正常运营。

超大跨径铁路桥梁线路设计与高速铁路设计规范的不匹配,实质上是现行规范及评价指标体系在制定过程中未计入超大跨径桥梁柔性结构体系变形所致,同时也缺乏对超大跨径梁-轨道相互作用及其变形映射关系的反映。我国现行铁路线路规范大都是基于中小跨桥梁制定,由此建立的无缝线路设计、铺设及养护方法、线路评价指标及线形调整方法都基于轨道结构的承载体(如路基和短跨桥梁)不发生明显变形,而超大跨径桥梁因其自身结构特征,受列车、温度及风等环境荷载作用,表现为明显的动态曲线线形,致使现行规范及评价指标体系已无法用于指导超大跨径桥梁桥上线路的设计、养护和维修;同时,桥上轨道结构受力变形将更依赖于桥梁的空间变形,轨道结构的安全服役性能和线路形态取决于对梁-轨间相互作用及变形映射关系的合理把握。因而,亟须开展充分考虑超大跨径桥梁柔性特征的桥梁与轨道相互作用及变形映射关系分析,并建立对应的桥梁及线路维养技术,以指导桥上高速列车的全天候安全运营,提高大跨径铁路桥梁的服役性能。

2 科学问题背景

随着沪苏通长江大桥、五峰山长江大桥、平潭海峡公铁两用大桥等超大跨径铁路桥梁的相继开通运营,如何协调超大跨径桥梁与轨道之间复杂的相互作用关系,采用何种纵断面线形拟合线路,以及如何准确评估桥上轨道平顺性成为各方讨论的焦点。

超大跨径桥上无缝线路的梁轨相互作用更加复杂,如在温度作用下超大跨径悬索桥的变形对梁轨相互作用带来显著影响,普通伸缩调节器已不能适应超大跨径桥上无缝线路等,这些问题给桥梁与轨道相互作用关系提出了新的挑战。以五峰山长江大桥为例,实测数据表明传统意义上的"固定区"出现了普通桥上无缝线路设计理论难以解释的问题,如实测的锁定轨温变化不规律、钢轨位移不明确等。此外,伸缩调节器附近线路波形和轨道质量指数(Track Quality Index,TQI)波动较为剧烈,表明伸缩调节器附近轨道几何形位难以保持,对千米及以上超大跨径桥上无缝线路温度调节器的线形和适应性提出了更高的要求。在后续的研究中,如何解决超大跨径桥梁与无缝线路的协调性难题尤为重要。

受钢梁制造误差、施工偏差及二期恒载偏差等影响,大桥成桥时,易产生桥上线路与设计纵断面间的线形偏差,导致无法在成桥线形基础上实现设计纵断面,需要开展桥上线路纵断面设计变更,但变更后的线路平顺性仍然无法满足现行规范要求,而实际列车运营状态又比较良好。成桥线形偏差及适用于大跨径铁路桥梁桥上线路平顺性验收及维养规范的缺失,直接导致了当前大跨度铁路桥梁高速列车的降速运营,也妨碍其他大跨径铁路桥梁的建设进度。

实际上,随着铁路桥梁跨径的增大,除了会使得桥梁结构本身产生更为显著的挠曲变形及结构应力外,还会明显地改变桥上线路的受力、变形状态。超大跨径铁路桥梁在温度、风及列车等荷载作用下呈动态变形,梁轨间相互作用更加复杂,梁端钢轨伸缩调节器变形及静动力学性能也将区别于以往特征。与此同时,轨道空间形位也呈动态变化趋势,线路最终会形成较为复杂且多变的几何状态,对高度依赖轨道平顺性的高速铁路列车而言,其行车安全性和稳定性必然会受到影响。考虑到后续众多超大跨径铁路桥梁建设项目的陆续启动,如川藏铁路中的大渡河特大桥、怒江特大桥等控制性工程,相同的问题将会陆续出现,因而亟须研究超大跨径铁路桥梁与轨道相互作用分析理论及维养技术。

3 科学问题研究进展

超大跨径铁路桥梁与轨道相互作用理论及维养技术涉及车辆动力学、桥梁工程、轨道工程及测量工程等多个方面,学科交叉性突出,国内外的相关研究不够充分。针对桥上无缝线路复杂的梁轨相互作用问题,国内外学者研究提出了一套较为成熟的无缝线路纵向附加力计算方法,但对超大桥梁与线路的梁-轨相互作用关系研究较少。国内学者也逐步针对大跨桥开展梁-轨相互作用分析,如蔡小培等人建立了千米级跨径斜拉桥和悬索桥的一体化空间耦合模型,研究了桥上无缝线路受力与变形特征,提出了伸缩调节器和小阻力扣件的合理布设方法;谢铠泽等人分析了不同工况下五峰山长江大桥的初始内力与几何非线性对梁轨相互作用的影响;高亮等人通过对五峰山长江大桥上无缝线路实测数据的分析,发现除传统的四项钢轨纵向力外,对于千米级跨径桥上无缝线路,钢轨纵向力还应包括温度作用下桥梁挠曲引起梁轨相对位移而产生的新附加力——"温度挠曲力"。

针对超大跨径铁路线桥间变形映射关系、线形验收标准及维养技术，西南交通大学及中国铁道科学研究院结合五峰山大桥、沪苏通大桥及平潭海峡大桥的初步分析发现，列车的运行舒适性主要由人为设置的边坡点及竖曲线引起，考虑到运营期间桥梁受温度影响会引起桥上变坡点的变化，增大养护维修的难度，因而基于超大跨径桥梁变形特点，引入"曲线坡"的理念，进行曲线纵断面的设计研究。

在轨道平顺性静态验收标准方面，基于随机不平顺、线路设计纵断面（考虑温度）、施工偏差综合影响下车体振动加速度不超过一级超限的原则，初步探明了超大跨径桥梁的线路平顺性评估方法及验收标准的制定思路，提出了以长弦弦测法为主的轨道长波不平顺评估方法，以期通过把握车体敏感波长范围内的线路线形来确保桥上高速列车的行车舒适性。

对成桥线形的平顺性控制聚焦于施工容许偏差及二期恒载变化对桥梁线形影响上，为后续成桥线形的验收标准制定奠定了基础。在梁端钢轨伸缩调节器方面，如何开展梁端伸缩装置（含轨调器）静态验收，目前没有明确标准。受梁端钢轨伸缩调节器、梁端伸缩装置的构造及线路的平顺性影响，如何确保梁端位置处的行车舒适性及安全性，仍需开展相应的研究。

当前研究针对超大跨径桥梁与轨道相互作用机理及建养策略进行了初探，尚存以下难点需研究攻克：

3.1 超大跨径铁路桥梁与无缝线路相互作用机理

超大跨径桥梁在温度、风、列车等荷载作用下产生明显的变形或位移，针对中小跨径桥梁制定的桥上无缝线路铺设及养护维修方法已不再适用。为保证线路的安全服役性能，从梁轨协同角度出发，考虑荷载组合模式与组合效应、梁端伸缩装置的精细化设计、梁-轨间变形、变位映射关系等因素，实现线桥结构一体化设计，是复杂环境下铁路桥梁与无缝线路相互作用关系研究的难点之一。

3.2 超大跨径铁路桥梁线桥间变形映射关系研究

超大跨径铁路桥梁通常采用有砟轨道结构，在温度、风及列车等荷载作用下，桥梁会发生较大变形，导致道砟迁移和流变，引发道床失稳的问题。同时，受外部荷载作用，梁-轨相互作用会进一步影响轨面几何形态。因此，如何明确桥上各层结构状态与性能的演变规律，是超大跨径铁路桥梁线桥变形映射关系与轨道不平顺调控的难点之一。

3.3 超大跨径铁路桥线路纵断面设计方法及桥梁预拱度设置方法

受成桥线形偏差及桥梁曲线变形特征影响，传统的直线坡段加竖曲线纵断面设置在大跨桥上不易实现和维持,桥上线路一方面不满足规范中最小坡段长的相关要求,另一方面会人为引入变坡点影响车辆运行舒适性,并增加了线路养护维修的难度;同时,列车长度(或到发线长度)显著小于桥梁跨径,存在多种活载线形,无法按现行桥梁设计规范确定预拱度。桥上线路纵断面设计将直接关系到桥上线路平顺性及后续的线路调控策略,如何基于超大跨径铁路桥梁变形特点,设计合理的线路纵断面及对应的桥梁预拱度设置方法,是超大跨径铁路桥梁线桥变形映射关系与轨道不平顺调控的难点之一。

3.4 超大跨径铁路桥梁成桥线形评价指标选取及量化

桥上线路线形的空间几何形态,将极大程度上取决于桥梁线形,且鉴于超大跨径铁路桥梁的线形一旦形成后,后期通过斜拉索或吊索进行线路线形调整的余地较小;同时,开展成桥线形的评价需考虑轨道线形、道砟容重变化、道床厚度调整空间等因素的影响。因此,基于何种评价指标评价成桥线形以实现后续线路纵断面设计及保持轨道平顺性,是超大跨径铁路桥梁线桥变形映射关系与轨道不平顺调控的难点之一。

3.5 基于施工偏差的轨道精调方案及最优指标

受钢梁制造误差、施工偏差及二期恒载偏差等影响,桥梁成桥线形与设计线形易存在线形偏差,如不加以处理,这种偏差必然会导致轨面高程变化,产生轨道不平顺,影响行车安全性与乘客舒适度。因此,需要建立适用于桥梁线形变化的轨道精调方案,而精调方案的选择及最优指标的确定是超大跨径铁路桥梁线桥变形映射关系与轨道不平顺调控的难点之一。

3.6 超大跨径铁路桥梁线路平顺性调控方法

桥上线形平顺性的调控一方面取决于桥梁的变形,在运营期间,桥梁受温度作用、风荷载及列车荷载等的影响较为明显,其桥梁线形也呈现动态变化趋势;另一方面取决于线桥间的变形映射关系,桥梁线形的变化需经由线桥间轨道结构映射到线路线形。考虑到上述因素,现行线路平顺性的调控方法已无法适用于超大跨径铁路桥梁的运维管理,需要提出针对超大跨径桥梁的线路平顺性调控方法。而超大跨径铁路桥梁线路平顺性调控方法的确定需要针对不同的线路纵断面设计单独设立,因此,如何确立相应的桥上线路平顺性的调控办法,并确定不同线路等级下轨道的平顺性容许偏差限值,是超大跨径铁路桥梁线桥变形映射关系与轨道不平顺调控的难点之一。

主要参考文献

[1] 蔡小培,高梓航,苗倩,等.千米级主跨斜拉桥无缝线路受力与变形特性研究[J].北京交通大学学报,2019,43(6):1-8.

[2] 谢铠泽,赵维刚,蔡小培,等. 悬索桥初始内力与几何非线性对梁轨相互作用的影响[J]. 交通运输工程学报,2020,20(1):82-91.

[3] 高亮,张雅楠,吕宝磊,等. 千米级以上超大跨径桥上无缝线路梁轨相互作用分析及应用[J]. 北京交通大学学报,2021,45(4):9-18.

[4] Hu N, Dai G L, Yan B, et al. Recent Development of Design and Construction of Medium and Long Span High-Speed Railway Bridges in China[J]. Engineering Structures,2014,74:233-241.

[5] 罗林. 轮轨系统轨道平顺状态的控制[M]. 北京:中国铁道出版社,2006.

[6] 夏禾,徐幼麟,阎全胜. 大跨度悬索桥在风与列车荷载同时作用下的动力响应分析[J]. 铁道学报,2002,04:83-91.

[7] Liu G, Li P, Wang P, et al. Study on Structural Health Monitoring of Vertical Vibration of Ballasted Track in High-Speed Railway[J]. Journal of Civil Structural Health Monitoring,2021,11:451-463.

[8] Marchesiello S, Fasana A, Garibaldi L, et al. Dynamics of Multi-Span Continuous Straight Bridges Subject to Multi-Degrees of Freedom Moving Vehicle excitation[J]. Journal of Sound and Vibration,1999,224(3):541-561.

[9] 王开云,吕凯凯. 高速铁路线路空间线形的动力学评价指标体系研究[J]. 西南交通大学学报,2016,51(2):227-235.

[10] 田国英,高建敏,翟婉明. 高速铁路轨道不平顺管理标准的对比分析[J]. 铁道学报,2015,37(3):64-71.

撰稿人:陈嵘(西南交通大学) 高亮(北京交通大学) 辛涛(北京交通大学) 钟阳龙(北京交通大学)

轨道交通环境振动噪声耦合机制及协同控制

Coupling mechanism and collaborative control of rail transit induced environmental vibration and noise

1 科学问题概述

我国轨道交通迅速的发展不仅促进了经济腾飞,还方便了人们的出行,提升了城市内部及城市间交流的便利性,但轨道交通带来的环境振动与噪声问题也给沿线居民带来了困扰。在列车的高频荷载作用及轨道不平顺、轮轨粗糙度、结构变形等因素的共同激励下,车轮与轨道各自发生振动且彼此相互影响,从而在轮轨接触界面处形成了轮轨耦合振源。轮轨耦合振源一方面经由轮对往上传递至转向架、车体,使车内旅客暴露于声振环境之中;另一方面它通过钢轨、扣件、道床、路桥隧等下部基础逐层传递并引起各结构发生振动,结构表面振动进一步在固-气界面处将机械振动波转化为空气振动波(即声波),使得轨道交通沿线居民遭受声振环境带来的负面影响。

振动波、声波本质上均属于不同介质中传播的机械波,因此其传播及衰减机制必然受到传播介质以及异性介质分界面处的物理力学特性影响。在整个声振环境中,轨道结构、下部基础设施乃至邻近建筑等固体介质构成了复杂多层异质结构、材料高度非线性的三向非线性应力应变场,同时,在结构各层界面处,机械波还会发生反射、折射、衍射等物理现象,导致轮轨耦合振动产生的机械波在传播过程中呈现复杂非线性、频移、频散等现象。当机械波通过固-气界面进一步传播至气体介质中时,还会在空气介质中形成多声源叠加、声波相消相长、多尺度非线性的近远场声环境。以上形成的复杂非线性、异相异质异构场中,不同频率的波呈现出复杂的传播行为与特征,使得轨道交通环境振动噪声在复杂物理场中的产生及传播机制尚有待揭示。

此外,以往分析中大多注重振动或噪声的单方面预测,缺少针对振动及噪声相关性及耦合机理方面的研究。振噪耦合作用本质上属于流固耦合问题,目前国内外学者根据轨道交通环境振动噪声的特点,大多将轨道交通振噪耦合问题归于非耦合或弱耦合问题进行研究,仅将噪声视为由结构振动引起的响应量,忽略了振动与噪声间的耦合作用特性,因此难以分析列车运行引起的复杂流场环境以及流场对基础设施的耦合作用。当列车高速运行时,车体、声屏障等相对柔性结构的振动与噪声间的耦合作用将更加显著,因此分析时有必要进一步考虑列车运行引起的振动与噪声间的耦合关系,从而进一步揭示轨道交通环境振动噪声的产生、传播机理,更加科学、准确地揭示结构振动及声场的近远场分布特性及规律,探究各类不同减振降噪措施对于环境振动噪声的抑制机理及相互协同,从而实现轨道交通环境振动噪声的可预测、可控制。

综上,目前对于轨道交通运行时,轮轨耦合振动引起线路近、远场的环境振动噪声问题属于轨道交通领域的重大难题。

2 科学问题背景

铁路是国家战略性、先导性、关键性重大基础设施,是国民经济发展的大动脉,在经济社会发展中的地位和作用至关重要。2004年,我国推出了《中长期铁路网规划》,标志着我国铁路发展进入了新时期。2016年,国务院通过了修编后的《中长期铁路网规划》,计划到2025年将建成一个17.5万km的铁路网。截至2022年底,我国铁路营业里程达15.5万km,高速铁路运营里程达4.2万km,稳居世界第一,"四纵四横"高铁网提前建成,

"八纵八横"高铁网加密成形。

轨道交通的发展缩短了城市间的时空距离,促进了地区间的融合,带动了沿线地区经济迅速发展。然而,在为人们出行带来便利的同时,轨道交通引起的环境振动和噪声问题日益突出。高速铁路运行速度快、城市轨道交通行车密度大、重载铁路轮轨动力冲击大,导致轮轨式轨道交通诱发的振动噪声强度高、持续时间长、叠加效应更加明显。

为了有效控制铁路运行引起的环境振动与噪声对沿线居民生活、仪器运行、古建筑结构保护等方面的影响,现行国际规范中对于环境振动及噪声各自制定了一套管理及评估标准。当某一区段的轨道交通需要考虑采用减振降噪设计时,往往将"减振"与"降噪"分割成两个独立的专业,分开进行设计、检算及评估。然而,这种传统做法缺乏科学和系统考虑,通常不能达到预期的减振降噪控制效果,甚至降低某一目标振动和噪声源时,会增大另一结构或另一位置的环境振动或噪声。

虽然振动与噪声本质上是波在固体、气体中不同的传播形式,但是环境振动与噪声的控制策略又有一定区别。对于振动环境,一般振动来源比较清晰,仅需控制人们日常生产活动中所处的结构的振动水平即可,如通过采取减振轨道、隔振基础等措施降低传递至建筑物的振动即可满足要求。对于噪声环境,空间敏感点的噪声受各类噪声源对该点的综合影响,而每一类振声源对于轨道交通环境振动噪声水平的时-空贡献均不相同,因此仅针对某一类振动源的振动水平进行控制一般并不能有效地降低空间某处的总噪声水平,甚至出现采用减振轨道地段的噪声污染反而更加严重的问题。

随着目前既有线邻近建筑的不断新建,一方面在轨道交通设计、建设阶段难以预计未来邻近建筑结构对应的减振降噪需求,另一方面还面临线路运输任务繁忙难以临时中断进行减振降噪改造等问题。因此,对新建建筑物采用基础隔振也逐渐成为目前的常用手段之一。但采用基础隔振后,建筑物原本的抗震设计及抗震性能也随之发生变化,如何实现地铁振动、地震的"振震双控"也是目前轨道交通振动噪声协同控制的目标之一。

综上,针对轨道交通运营产生的环境振动及噪声问题,需要分析轨道交通振动与噪声的同源和异质特性,系统研究轨道交通振声耦合关系,揭示振动-噪声多源耦合作用机理,分析各振动及噪声源对于振动噪声水平的时-空贡献,提出基于敏感频带的振动-噪声联合抑制机理,发展不降低建筑物抗震等级的"振震双控"方法,从而实现基于多目标优化策略的轨道交通环境振动及噪声协同优化控制。

3 科学问题研究进展

3.1 发展概况

针对上述问题,国内外学者主要从轮轨振动噪声的产生及传播机理,轮轨振动噪声抑制及控制机理、基于目标区域的振动噪声环境控制机理等方面开展了大量研究。

1）振动噪声产生及传播机理研究

在轮轨振动产生机理研究方面，20世纪初期，轮轨间的相互作用通常被简化成移动荷载、移动质量或移动弹簧-质量系统。随着计算手段的发展与丰富，科研人员逐步形成较为完善的基于Hertz接触理论模拟轮轨间垂向相互作用的车辆-轨道动力学模型。20世纪60年代，Kalker提出了轮轨蠕滑力理论，并开发了FASTSIM及CONTACT等相应的计算程序用于车辆动力学计算。自20世纪80年代开始已逐步实现了轮轨空间非线性几何接触的准确预测，并通过突破经典的Hertz接触理论与Kalker线性蠕滑理论，先后出现了轮轨蠕滑力的非线性修正理论（即"沈氏理论"）、Polach非线性滚动基础理论、适用于多点非椭圆形接触的SRST算法、基于有限元法的轮轨弹塑性滚动接触力学以及反映轮轨接触面微观特征的稳态/非稳态滚动接触力学等。在振动传播研究方面，自1979年起，国外学者等相继通过经验预测法建立了振动链式公式预测模型，具有计算速度快、流程简单等优点，但其无法考虑实际工程中的复杂因素。随着有限元技术的迅速发展，1989年开始，国外学者等相继建立了包含地铁、围岩、邻近建筑的二维平面有限元模型及三维空间有限元模型，取得了一系列研究成果。由于铁路结构在线路方向呈现出一定的周期性特征，为了提高计算效率，国内外学者提出了采用2.5D法进行对环境振动进行计算，取得了较好的预测效果，并大大提高了计算速度。

在轨道交通噪声研究方面，20世纪70年代，国外学者针对轮轨滚动噪声提出了理论预测模型，将钢轨假设为无限长梁，将车轮假设为集中质量，推导了轮轨特征阻抗，利用轮轨表面粗糙度谱进行轮轨噪声趋势性预测，形成了轮轨噪声预测模型的雏形。之后，Remington、Thompson在其基础上不断进行完善，并开发了著名的TWINS模型和RIM模型，在轮轨噪声的理论预测方面得到了广泛应用。随着计算机技术的迅猛发展，数值仿真方法逐渐成为轮轨噪声预测的主要手段。1996年，研究人员开始尝试使用有限元、无限元、边界元、统计能量法等方法对轨道交通引起的轮轨滚动噪声进行预测，以轮轨激励引起的结构振动为激励从而求解辐射声场。借助同样的方法，国内外科研人员进一步以轨道交通引起的结构振动作为激励，通过建立相应的二维平面、三维空间有限元模型和边界元模型，进一步研究了桥梁结构二次噪声辐射特性及产生机理和建筑物室内二次噪声的分布特性及影响规律。

2）振动噪声源和传播途径控制研究

在轮轨振声源控制方面，国内外根据轨道交通类型的不同，基于减振、隔振原理设计了种类繁多的轨道减振降噪结构。按照有砟轨道、无砟轨道进行分类，常用的无砟轨道减振措施包括钢弹簧浮置板轨道、橡胶浮置板轨道、梯形轨枕轨道、弹性支承块式无砟轨道、CRTSⅠ型减振板式无砟轨道、减振扣件、阻尼钢轨等；有砟轨道减振措施包括减振扣件、轨枕垫与砟下胶垫、聚氨酯固化道床等。例如，郝晓成研究了地铁隧道内聚氨酯固化道床力学行为及减振性能，提出聚氨酯固化道床与复合轨枕、轨枕垫和道砟垫结合减振的新思路。

传播途径控制措施即在振动及噪声的传播路径上对波的传播方向进行改变或阻隔，或对波的能量进行耗散或吸收，从而实现减振降噪的目的。常用的传播途径上的控制措施主要包括隔振沟、隔振墙、隔振排桩、隔声屏障等技术。姚锦宝等研究了空沟对于列车运行产生的环境振动隔振效果，研究表明空沟深度越大其隔振效果越明显，且对高频（11~40Hz）振动的隔振效果较低频（1~10Hz）振动明显。隔声屏障作为最常用的也是最有效截断声源传播的噪声控制措施，主要有直立形、顶部倾斜形、多重边形、Y形、T形、半封闭以及全封闭形等多种结构形式，并可在声屏障顶端或在声屏障内部设置吸声材料。如杭州地铁1号线高架区段采用的直立式声屏障，沪昆铁路杭长段采用的半封闭声屏障，深茂高铁江茂段、芝加哥轻轨、武汉轻轨部分地段采用的全封闭式声屏障均起到了较好的降噪效果。

在桥梁结构减振降噪技术方面，目前主要有轨道减振措施和桥梁减振措施两大类。轨道减振措施包括减振扣件、橡胶减振垫、钢弹簧浮置板等，主要起到隔振的作用，降低钢轨传到桥上的振动能量，从而起到降噪的效果。桥梁减振措施包括优化桥梁结构形式、钢桥敷设约束阻尼层等，从而改变桥梁的局部振动特性，起到减振降噪的作用。

3）振动噪声受体控制方法

在建筑基础隔振技术方面，为了降低地铁对邻近建筑物振动的影响，国内外曾针对采用石棉、聚氨酯材料、微孔橡胶等不同材料下建筑物的减振效果进行了研究。美国纽约的林肯中心与德国波茨坦广场的贝斯海姆中心采用了弹性基础的减振措施，预计减振效果在10dB左右。我国在建筑物基础隔振方面也取得了一定成果，目前已实施的工程案例包括北京地铁6号线附近住宅区采取基坑围护桩作为减振措施，各楼层振动下降7~9dB；北京地铁9号线郭公庄站出入线段采用了弹性垫层基底隔振设计方案，减振量预计为15.5~21.7dB。整体来看，目前国内外在建筑物基础隔振领域尚处于起步阶段，所采用的建筑基础隔振措施大多采用弹性垫层，将其设置于建筑与周边土体侧墙之间实现振动的隔离，但由于弹性垫层刚度限制，通常无法在建筑物底部设置。同时，由于隔振基础降低了基础的刚度，也限制了该类措施在高地震烈度区的应用；目前已实施的工程案例应用场景大多以矮层、低烈度区建筑为主，应用场景较为受限；且部分已实施的工程案例其实际隔振效果仍有待进一步跟踪和评估。

当建筑结构物的使用功能对隔振要求极高时，如大型实验室内的精密仪器调试及使用、大型音乐厅等，轨道结构处采取减振措施后仍无法满足建筑物室内振动要求，或是地铁已经建成无法再进行轨道结构减振处理时，就需在建筑物内部采取隔振措施以进一步降低室内振动及噪声。建筑内局部有较高要求的房间，可以采用局部房间隔振措施，如采用隔振弹簧、橡胶垫、泡沫塑料形成浮筑楼板。也可以在房间之内再建造一个四周墙壁及天花与外部房间之间没有任何连接的"房中房",以达到隔绝外界振动的效果。

3.2 亟待解决的问题

综上可知,国内外研究人员围绕轨道交通环境振动噪声特性及控制问题取得了一系列研究成果,但要实现振动噪声协同控制,达到更好的减振降噪效果,还存在如下难点亟须攻克。

1) 轮轨耦合振动在异质界面处的传递机理

长期以来,采用数值仿真方法分析轨道结构动力响应时,均将轨道板、砂浆垫层及轨下基础(路基表层或桥面)间视为固结。这种简化处理对车辆系统的动力响应影响较小,但对于振动在轨道各层之间的传播影响很大。轨道结构是分层体系,各结构的材料性能不同,异质界面对振动机械波的传播的影响是不可忽略的。对此提出轨道-桥梁异质结构层间界面的振动传递本构模型,克服既有研究中直接采用层间固结模拟所带来的误差,更加准确、细致地考虑振动在异质结构层间的传力作用机制及衰减规律。同时,该问题的解决也可为研究振致噪声提供准确的振动源,是进一步揭示固-气界面振动噪声转换机制的必要前提。

2) 轮轨耦合振动引起的结构表面振动与噪声耦合机理

在轮轨耦合振源的激励下,列车、轨道、下部基础及声屏障等产生固体振动,形成了一个个彼此独立但又相互影响的振声源。由于上述不同固体结构及其材料在振声耦合特征参数上存在较大差别,它们的噪声产生及传播机理均有所不同。对此,研究轮轨耦合振动引起的多种结构表面振动与噪声间的耦合机理是建立轨道交通环境振动噪声联合分析预测模型的关键核心,将更加真实地揭示轨道交通行车条件下近场振动噪声的时域、空间分布特征,从而为实现轨道交通环境振动噪声协同控制奠定理论基础。

3) 基于多元目标优化的轨道交通环境振动噪声协同控制

尽管噪声是由振动源所致,当仅针对某一类振动源的振动水平进行控制时往往并不能有效地地控制空间某处的环境噪声水平,这也解释了为何采取了轨道减振措施的地段环境噪声污染反而更加突出。此外,随着目前既有线邻近建筑的不断新建,对新建建筑物采用基础隔振也逐渐成为目前的可行手段之一。但采用基础隔振后,建筑物原本的抗震设计及抗震性能也随之发生变化,如何实现地铁振动、地震的"振震双控"也是目前轨道交通振动噪声协同控制的目标之一。因此,必须研究基于多元目标优化的轨道交通环境振动噪声协同控制,建立最为有效的铁路环境振动噪声综合控制技术,为实现环境友好型的高质量轨道交通建设及城市更新奠定基础。

主要参考文献

[1] Polach O. A Fast Wheel-Rail Forces Calculation Computer Code[J]. Vehicle System Dynamics,2000,33:728-739.

[2] 马超智,辛涛,高亮,等.基于改进摩擦功模型的轮轨滚动接触磨耗研究[J].铁道学报,2019,41(12):49-55.

[3] 许黎明,刘超,赵鑫,等.全轮对曲线通过时的瞬态滚动接触行为模拟研究[J].工程力学,2019,36(11):203-211.

[4] Kurzweil L G. Ground-Borne Noise and Vibration from Underground Rail Systems[J]. Journal of Sound and Vibration,1979,66(3):363-370.

[5] Melke J. Noise and Vibration from Underground Railway Lines:Proposals for a Prediction Procedure[J]. Journal of Sound and Vibration,1988,120(2):391-406.

[6] Remington P. J. Wheel/Rail Noise-Part I:Theoratical Analisys[J]. The Journal of the Acousticl Society of America,1987,81(6):1805-1823.

[7] 刘林芽,宋立忠,秦佳良,等.轨道交通桥梁结构噪声研究综述[J].交通运输工程学报,2021,21(3):1-19.

[8] 易强,王平,赵才友,等.高架铁路环境噪声空间分布特性及控制措施效果研究[J].铁道学报,2017,39(3):120-127.

[9] 侯博文.地铁-房建合建体系耦合动力学及振动控制技术研究[D].北京:北京交通大学,2016.

[10] 刘林芽,秦佳良,刘全民,等.轨道交通槽形梁结构低频噪声预测与优化[J].铁道学报,2018,40(8):107-115.

撰稿人:侯博文(北京交通大学)　高亮(北京交通大学)　刘林芽(华东交通大学)　李奇(同济大学)

复杂条件下高速铁路基础结构全寿命服役可靠性及养护维修策略

Life-cycle service reliability and maintenance strategy of high-speed infrastructure under complex conditions

1　科学问题概述

截至2022年底,我国高速铁路运营里程达到4.2万km,占世界高速铁路总里程的三分之二以上。高速铁路对我国国民经济和社会发展起到重要推动作用,确保作为高速铁路运营物质载体的高速铁路基础结构全寿命服役可靠,是关系到国计民生的重大需求。

高速铁路基础结构是由钢轨、轨道板、CA 砂浆充填层、混凝土支承层、路基或桥梁等部件组成的竖向多层、纵向异性的带状系统,具有组成材料属性差别大、结构层次多、服役环境复杂等特征。运营中的高速铁路基础结构所承受的列车荷载和环境作用以及组成材料的性能演化均具有强烈的时空变异性。因此,高速铁路基础结构产生损伤的部位和时间均呈现出一定的随机性,其在全寿命周期内的性能劣化和失效模式则呈现出多样性、时变性和随机性等特征。同时,为助力我国"双碳"目标的实现,基础结构养维策略的制定需要在满足风险、成本要求的前提下控制全寿命周期碳排放。因此,如何定量描述高速铁路基础结构服役性能以及列车荷载和环境作用的时空变异性,揭示其服役性能随机时空演化机理,进而提出科学的全寿命服役可靠性评定方法并制定基于全寿命风险-成本优化的养维策略,是当前该研究领域亟须解决的科学难题。本科学问题的解决可为保障我国高速铁路基础结构全寿命周期服役可靠性提供科学技术支撑,研究成果对于确保高速铁路长期服役安全和实现"双碳"目标具有重要科学意义和工程实用价值。

2 科学问题背景

我国高速铁路运营实践表明,在温度、水等环境因素和高速列车动载荷反复作用下,基础结构已经出现了不同程度的损伤,如 CA 砂浆/轨道板界面离缝、轨道板上拱、路基翻浆冒泥、路桥过渡段沉降不均匀,等等。这些损伤病害的出现将加速各结构层服役性能劣化,长期累积可能引发结构层及结构体系失效,进而影响高速列车运行品质,甚至危及高速列车行车安全。

列车荷载和环境因素共同作用下的高铁基础结构服役性能演化具有以下五个特征:①服役环境的空间变异性和复杂性:路网覆盖地域辽阔,所经地区环境复杂多变;②服役作用的多元性,包括列车荷载、温度、雨水、环境侵蚀等;③组成材料的多样性,包括混凝土、CA 砂浆、自密实混凝土、钢筋和钢绞线等;④结构体系的竖向多层性和纵向异性且跨越距离大;⑤列车荷载、环境因素、材料和结构性能演化等具有非线性、时变性和随机性,而环境因素和性能演化更具有空间变异性和相关性。这些复杂作用条件将导致高铁基础结构服役性能和作用效应演化具有强烈的非线性、时变性、空间变异性和随机性,进而直接影响结构体系的服役可靠性。

2.1 高速铁路基础结构服役性能随机演化机理及随机荷载模型

我国地域辽阔,高铁基础结构服役过程中面临复杂多变的气候环境,且各结构层服役状态不同,结构体系服役性能演化及荷载作用均具有明显的时空变异性。结构体系服役性能的时空随机演化机理研究及随机荷载模型的建立充满科学挑战。

2.2 考虑时空变异性的高速铁路基础结构全寿命服役可靠性评定

高铁基础结构各结构层均具有多重安全性和适用性失效模式,各失效模式的发生呈现明显的随机性和时空变异性,失效模式间存在复杂的逻辑关系(包括串并联关系和条件关系),多重失效模式下的结构失效极限状态量化描述困难。同时,结构层间相互作用机理复杂,高速列车和温度共同作用下的基础结构响应需借助相对耗时的有限元模型分析,考虑时空变异性的服役可靠性评定面临计算效率困境。

2.3 基于全寿命风险-成本-碳排放最优的高速铁路基础结构养维策略

为积极助力我国"双碳"目标的实现,确保高铁基础结构全寿命服役可靠的养护维修策略需要平衡风险、成本及碳排放的关系,涉及复杂的多目标动态优化,优化对象包含检测维修的次数以及每次检修对应的时间、维修的位置、针对的失效模式、采取的维修措施等。

3 科学问题研究进展

3.1 高速铁路基础结构服役性能演化机理及随机荷载模型研究

开展高铁基础结构服役可靠性研究的重要前提是识别结构体系可能发生的失效模式,而失效模式的发生本质上是服役性能与作用效应间博弈的结果。

高铁基础结构服役性能研究现状方面:余志武等开展了列车荷载作用下桥上无砟轨道结构的足尺试验,探讨了无砟轨道结构的服役性能。元强等介绍了我国高速铁路用CA砂浆的研发历程,主要从材料科学的角度,并结合工程实际,从高速铁路用CA砂浆的流变性能、早期变形行为、微观结构、力学性能与耐久性等方面进行了综合评述。Zhou等开展了高温环境下CRTS Ⅱ型板式无砟轨道-桥梁体系缩尺试验,研究了温度荷载作用下结构体系力学性能变化规律。罗强等运用有限元方法,分析了高速铁路路基在小变形条件下地基差异沉降与路基面不均匀变形的映射关系。赵国堂等开展了高速铁路路基工后沉降变形源、变形传递与轨道不平顺控制方法研究。

高铁基础结构的荷载作用主要包括列车荷载和温度作用。在列车荷载方面:Sun等建立了高速列车垂向静轮载作用下无砟轨道-桥梁体系的有限元分析模型,系统分析了结构体系不同位置处的变形及应力分布规律,探讨了不同参数对垂向静轮载作用效应的影响规律。宋小林和翟婉明采用单个移动荷载加载模型,研究了垂向列车动荷载作用下无砟轨道内应力的分布规律。Yu和Mao提出了轮-轨耦合作用随机分析模型,发展了高速列车-轨道-梁系统随机动力分析方法,探讨了高速列车桥上行车时车-轨-桥系统的复杂随机振动特性。在温度作用方面:欧祖敏和孙璐等根据热工学原理,发展了基于气象资料的无砟轨道结构温度场解析解;Zhao等基于热传递理论建立了无砟轨道内部温度场模型,分析了轨道结构内部温度场的分布规律。

综上,高铁基础结构服役性能研究已经取得了重要成果,初步揭示了基础结构服役性能的随机时变演化机理。复杂条件下高铁基础结构响应分析主要依赖有限元模型,相关有限元建模方法已经较为成熟。但考虑时空变异性的高铁基础结构服役性能及荷载作用时变随机场模型尚未建立,高铁基础结构失效模式识别缺乏系统研究,重要失效模式间逻辑关系的准确判定与描述有待进一步研究,考虑安全性和适用性失效模式的整体极限状态函数尚未建立。

3.2　高速铁路基础结构服役可靠性评定研究

国内外关于高铁基础结构服役可靠性的相关研究主要以单一结构层为研究对象开展。李怀龙等研究了轨道板轨下截面和轨中截面横向开裂的时不变可靠性。赵磊和孙璐研究了列车荷载作用下轨道板综合考虑纵向开裂且钢筋屈服以及横向开裂两种失效模式的时不变可靠性。为充分考虑多重失效模式影响,Zhang等开展了轨道板纵横向抗弯、竖向失稳、纵向开裂及疲劳失效模式下轨道板的时不变整体可靠性评估。Zhu等通过建立高速列车-无砟轨道动力分析模型,采用蒙特卡洛方法开展了CA砂浆离缝失效模式可靠性分析。梁淑娟和高亮研究了轨道结构断板失效模式的时不变可靠性。随着对荷载及性能退化时间变异性认识的加深,近年来高铁基础结构的时变可靠性受到了关注。欧祖敏和孙璐考虑大气环境碳化作用、寒冷地区冻融环境下冻融循环作用的影响,开展了轨道板考虑疲劳失效的时变可靠性分析。邹红等考虑徐变效应开展了简支箱梁桥的上拱时变可靠性分析。

目前,高铁基础结构单一失效模式以及结构层尺度的时不变可靠性分析已经取得了阶段性研究成果,但同时考虑服役性能退化以及荷载时变性的时变可靠性分析相对较少,综合考虑多重安全性和适用性失效模式的结构体系时变整体可靠性分析尚未开展,更没有考虑服役性能及荷载时空变异性的时变整体可靠性分析。

3.3　高速铁路基础结构养护维修策略研究

基于时变可靠性分析和全寿命周期成本理念,制定考虑服役性能退化的工程结构全寿命风险-成本最优养护维修策略,已经得到了国内外学者的共识。Gong和Frangopol以不同结构构件的容许风险水平和监测时间为优化对象,提出了一种能够实现桥梁结构风险-成本多目标优化的养护维修策略制定方案。Tao等提出了一种基于混合马尔科夫决策模型的桥梁全寿命维修策略。张向民等研究了轨道上拱的影响因素,为开展上拱病害整治提供了建议。刘笑凯总结了轨道板上拱稳定性的控制措施,如涂刷隔热涂料、结构优化以及销钉锚固、板底注胶和轨道板应力放散等,并提出了销钉锚固的优化方案。

基于风险-成本最优的养护维修策略已在工程结构养护维修策略中得到了较为广泛的应用,但尚未系统考虑安全性和适用性失效模式对养护维修策略的影响,更未将碳排放成本分析纳入养护维修策略的制定。高速铁路基础结构养护维修研究尚处于起步阶段,基于风险-成本最优的养护维修理念尚未引入,基于全寿命风险-成本-碳排放最优的养维策略有待系统深入地研究。

综上,本科学问题的研究难点及主要内容如下:

(1) 高铁基础结构服役性能时空演化规律及机理研究,考虑时空变异性的高铁基础结构服役性能及荷载作用时变随机场数值模拟方法。

(2) 高铁基础结构重要失效模式识别及失效模式间逻辑关系描述,考虑安全性和适用性失效模式的整体极限状态函数构造。

(3) 考虑时空变异性的高铁基础结构全寿命可靠度分析方法研究。

(4) 基于全寿命风险-成本-碳排放最优的高铁基础结构养护维修策略研究。

主要参考文献

[1] Zhou L, Yuan Y, Zhao L, et al. Laboratory Investigation of the Temperature-Dependent Mechanical Properties of a CRTS-Ⅱ Ballastless Track-Bridge Structural System in Summer [J]. Applied Sciences, 2020, 10(16):5504.

[2] Sun L, Chen L, Zelelew H H. Stress and Deflection Parametric Study of High-Speed Railway CRTS-Ⅱ Ballastless Track Slab on Elevated Bridge Foundations [J]. Journal of Transportation Engineering, 2013, 139(12):1224-1234.

[3] 宋小林,翟婉明. 高速移动荷载作用下 CRTS Ⅱ 型板式无砟轨道基础结构动应力分布规律[J]. 中国铁道科学, 2012, 33(4):1-7.

[4] Yu Z, Mao J. Probability Analysis of Train-Track-Bridge Interactions Using a Random Wheel/Rail Contact Model[J]. Engineering Structures, 2017, 144:120-138.

[5] Zhao L, Sun L, Fan T J. Temperature Field Analysis of CRTS-Ⅱ Ballastless Track Slab Structure on Soil Subgrade [C] // Applied Mechanics and Materials. Trans Tech Publications Ltd, 2014, 587:1255-1261.

[6] Zhang X Y, Lu Z H, Zhao Y G, et al. Reliability Analysis of CRTS Ⅱ Track Slab Considering Multiple Failure Modes[J]. Engineering Structures, 2021, 228:111557.

[7] Zhu S, Cai C, Zhai W. Interface Damage Assessment of Railway Slab Track Based on

Reliability Techniques and Vehicle-Track Interactions[J]. Journal of Transportation Engineering,2016,142(10):04016041.

[8] Barone G, Frangopol D M, Soliman M. Optimization of Life-Cycle Maintenance of Deteriorating Bridges with Respect to Expected Annual System Failure Rate and Expected Cumulative Cost[J]. Journal of Structural Engineering,2014,140(2):04013043.

[9] Gong C, Frangopol D M. Condition-Based Multiobjective Maintenance Decision Making for Highway Bridges Considering Risk Perceptions[J]. Journal of Structural Engineering, 2020,146(5):04020051.

[10] Tao W, Lin P, Wang N. Optimum Life-Cycle Maintenance Strategies of Deteriorating Highway Bridges Subject to Seismic Hazard By a Hybrid Markov Decision Process Model [J]. Structural Safety,2021,89:102042.

撰稿人:卢朝辉(北京工业大学)　余志武(中南大学)　张玄一(北京工业大学)

复杂自然灾害下铁路基础设施灾变机理与风险防控

Disaster mechanism and risk prevention of railway infrastructure under complex natural disasters

1　科学问题概述

我国规划的"八纵八横"客运专线网中有多条处于地震区,断层近场地震难以准确及时预警,突发地震严重威胁行车安全,破坏轨道-桥梁系统整体结构或局部构件,影响震后恢复行车。列车在桥上运行时所要求的高舒适性和高平顺性对列车-轨道-桥梁耦合系统动力性能提出了更高的要求,但是地震、材料性能退化以及环境影响因素的随机性使得行车安全难以确切的把握。同时,现行铁路桥梁抗震设防目标主要针对桥梁结构的自身安全,未能将列车、轨道和桥梁结构作为一个耦合系统进行设计,难以实现震后桥上行车功能的快速恢复。地震下接触网振动影响其与列车受电弓的接触,高速铁路桥梁及接触网系统的震后损伤增大了弓网关系间的不平顺性,影响列车震后行车功能,弓网接触关系及行车振动耦合机理复杂,有待进一步研究。

地下隧道结构对断层近场地震动的动力响应更具复杂性。铁路隧道结构因受周围岩土体的约束作用,其地震动力响应主要表现为两个方面,一是周围岩土体液化、失稳、断层等导致隧道结构由于约束失效而破坏;二是地震诱发周围岩土地层变形引起的隧道结构变形。虽然由于受到围岩约束作用,一般认为隧道结构的抗震性能优于地上结构,但是由于铁路隧道底部结构是线上轨道结构的基础,其包含基底围岩、仰拱、仰拱填充结构以及防排水设施,地震作用下隧道底部结构的变形或损坏直接关系着列车行车安全,因此底部结构的抗震性能是保证铁路隧道震后行车安全的重要条件。

随着我国高速铁路网向西部山区和东南沿海延伸,桥梁越来越多,跨径越来越大,大跨径桥梁往往跨越大江大河或深切峡谷,风环境复杂且恶劣,高速铁路车-桥系统在复杂风环境下的抗风设计面临着巨大挑战。高速列车对线路平顺性要求极高,因此也对铁路桥梁抗风设计提出了更高要求。相比平地路基,桥梁结构柔、桥面风速大,车辆与桥梁之间的气动干扰效应复杂、动力相互作用显著,因强风导致的桥上车辆限速、限行甚至行车安全事故在世界范围内时有发生,轻则路网中断,重则车毁人亡,社会影响极大,因此强风作用下大跨桥梁风致振动以及风-车-桥耦合振动对保障桥上行车安全至关重要。

因此,复杂自然灾害下铁路基础设施灾变机理与风险防控的复杂性主要体现在以下几个方面:

(1)地震震源机制复杂、地震下列车-轨道-桥梁及接触网系统刚柔耦合振动机理复杂。目前研究大多依据统计学手段提出描述跨断层特性的一致性地震动输入方法,区域场地特征、复杂地形条件的非一致性地震动模拟方法的研究还不完善。同时,在求解此类大自由度、非线性、多刚体-柔体组合的复杂结构系统的动力反应时,计算效率难以满足研究需求。现行规范中规定了脱轨系数、轮重减载率、轮轨横向力限值,但该规范未考虑到地震作用,目前我国近场地震下高速铁路桥上行车安全评判标准仍未明确。震后,高速列车行车振动增加,接触网列车受电弓激扰等因素产生振动,影响接触线与列车受电弓的接触关系,柔性接触网与列车受电弓刚性接触,刚柔耦合系统的动力仿真复杂,难以求解。

(2)震致损伤-行车性能间映射机理复杂以及高速铁路桥梁安全防控复杂。关键构件震致损伤模式、变形特征及损伤水平等参数对轨道-桥梁系统层间接触状态、轨面变形特征和轨道刚度状态的影响机制复杂,震致轨道几何不平顺、刚度不平顺具有强随机性和非平稳性,不同地震作用水准下构件层次的地震损伤指标难以确定,建立轨道不平顺劣化状态与震后系统动力学性能间映射关系面临巨大挑战。传统铁路桥梁抗震及减震只关注桥梁结构自身安全,未能将列车、轨道、桥梁作为一个大系统进行安全设防,缺乏科学性和合理性。

(3)围岩-隧底-轨道多层结构体系界面力学性能复杂,其各层结构协调变形作用的动力响应机制不明确,隧道底部多层结构体系地震作用下的变形与损伤机制缺乏研究,对震后隧道底部结构的服役性能有待进一步研究和探讨。

(4)已有研究主要针对隧道结构抗震性能与减隔振措施,对铁路隧道结构(有或无隔震措施)在震后不坏情况下,如何评价隧道底部结构的服役性能以及能否保证列车行车安全尚缺乏针对性的研究。

（5）高速列车-大跨桥梁气动耦合效应强。高速运行的列车在强劲的横风作用下,受到的气动力和力矩改变了车辆原有的振动特性,桥梁风致振动引起的轨道不平顺进一步使得列车在桥上脱轨、翻车的可能性大大增加。因此,对风荷载作用下车辆与桥梁耦合振动系统进行综合研究,探明二者之间的气动耦合机理,以便对桥梁的结构性能与桥上列车运行安全性做出准确评估并采取恰当的安全控制方法。

2 科学问题背景

在建和新规划的高速铁路在空间和时间上都难以避免地需要跨越断层,开工建设的渝昆、川藏铁路(雅安—林芝段)等将跨越数条活动地震断裂带。目前模拟手段与分析方法尚不足以为高速铁路轨道桥梁的抗震设计提供准确的地震动,尤其是震源机制复杂、地质影响较大的近场区域,其地震动的模拟预测需要更加深入的研究。目前,对于高速铁路断层近场桥梁的计算分析仍处于起步阶段,《铁路工程抗震设计规范(2009年版)》(GB 50111—2006)仍基于大部分远场地震动记录进行抗震设计。对于断层近场铁路桥梁的地震反应分析、抗震设计和减隔震设计,《铁路工程抗震设计规范(2009年版)》(GB 50111—2006)并没有给出具体的规定。遭遇地震时,断层近场地震下铁路桥梁桥上行车安全的数值仿真具有非常重要的科研价值。但是,地震动持续时间长、单位时间内高速列车桥上运行距离长,这些因素对数值仿真模型的规模和仿真时间提出了很高的要求。

高速铁路供电系统是高速列车安全运行获得持续稳定动力的根本,为满足震后救灾及重建需求,应保障高速铁路震后行车功能。现有震后行车功能研究未考虑供电系统的功能完备性。由于供电系统的地震损伤及变形,接触网平顺性恶化,且车辆行车振动增加,二者共同作用可能导致受电弓与接触网无法平稳接触,影响供电功能。

隧道工程在克服复杂山区地形障碍、缩短交通里程和改善线路平顺性等方面具有无可替代的作用,我国新近投入建设的渝昆、香丽、川藏铁路等线路的隧线占比显著提升。然而面对更为复杂的地形、地质条件,铁路隧道工程的修建难以完全绕避地震断裂带,如何保证隧道跨越地震断裂带段的抗震性能及震后运营安全是必须破解的难题之一。综上所述,系统开展在地震动作用下铁路隧道底部结构地震响应机制研究,可为震后铁路隧道行车恢复与安全评价提供科学理论依据,对于把握铁路隧道的抗震设计与运营安全的主动权具有重要的现实意义。

强风是引发车辆运行安全事故的主要气象灾害之一。因强风导致的车辆限速、限行甚至行车安全事故在世界范围内时有发生,轻则路网中断,重则车毁人亡,社会影响极大。由于我国高速铁路桥梁占线路里程比例平均在50%以上,最高达94.2%,公交化运行的高速列车在时空上均很难避免强风环境下的桥上行车。相比平地路基,桥梁结构柔、桥面风速大,车辆与桥梁之间动力相互作用显著、气动干扰效应复杂,强风作用下高速铁路桥上行车安全问题面临更大挑战。

3 科学问题研究进展

目前,地震动的模拟或预测依赖于震源、波传播过程简单的假定和现象的统计描述,面对稀疏的强震观测记录、有限的三维地壳速度结构知识、有限的计算机计算能力,引进更多物理参数特征的震源特性、地壳速度结构、土层反应、地形地貌影响对于地震动模拟或预测是必要的。为了通过精细有限元来模拟地震下铁路桥梁桥上行车安全,需要提高计算效率,控制桥梁子结构的自由度数量是其中思路之一,为此,显式-隐式类混合算法被应用在此类计算中。但是此时轨道子结构的规模依然较大。铁科院在 20 世纪 90 年代系统开展了无缝线路稳定性理论和试验研究。在 20 世纪 90 年代,采用减震技术建设了北疆 9 度地震区花山子和苇子沟桥、陇海线千河大桥、宝中线干河大桥及南疆铁路 9 度地震区布谷孜大桥。目前穿越断层在建的成兰、渝昆高铁等也开始采用减震技术。2017 年,张俊等人探究了接触线张力对接触网地震响应及震后损伤的影响。张卫华、翟婉明等人考虑了机车振动对弓网系统的影响,建立了轮/轨-受电弓/接触网系统动力学模型。然而,以上研究均未考虑地震对高速铁路结构及接触网系统的影响。目前关于隧道地震的研究主要包括针对高烈度地震作用下隧道结构的动力反应、破坏特征、抗减震措施等进行的分析研究,以及对跨断层段隧道结构的地震响应、结构稳定性、减震层和抗震缝的减震效果方面的研究。在铁路桥梁-列车的气动效应研究方面,近年来主要聚焦研究了风-车-桥的耦合作用效应,并在灾变防控方面提出了一些有益的建议。为了推动高速铁路的持续领先和长久发展,完善铁路基础设施在复杂自然灾害下的灾变机理及风险防控技术体系,还存在如下问题亟须攻克。

3.1 地震动多尺度模拟及列车-轨道-桥梁系统行车安全判断标准

从震源入手,建立符合区域地形地质条件的大尺度地震传播介质模型,构建考虑小尺度复杂地形条件的宽频地震动理论计算方法,从而提出复杂地形区域跨断层近场地震动多尺度模拟方法。同时,为了提高效率,研发更高效的无条件稳定的显式算法,考虑参数的复杂性、随机性,建立断层近场地震下列车-轨道-桥梁动力耦合系统,结合行车全过程试验验证,提出新的地震下高速铁路桥上行车安全判断方法及指标限值。在震后行车分析的基础上,考虑弓网接触关系,通过理论及试验研究高速铁路桥梁、路基、隧道等不同下部结构上接触网系统地震响应及震致损伤特征,揭示网-弓-车-轨下部结构系统耦合振动机理,探究考虑供电功能完备性的高速铁路震后行车功能。

3.2 基于列车-轨道-桥梁耦合系统地震损伤限值控制及多状态多水准多防线安全防控

开展震致轨道不平顺的敏感性影响因素分析，分析轨道-桥梁系统损伤特性对震致轨道不平顺状态的影响规律，建立震后轨道不平顺谱，揭示地震作用下耦合系统动力学性能劣化机理，量化不同耦合系统动力学性能水准下关键构件力学性能指标特征值，建立地震作用水准与关键构件损伤指标间的对应关系。

提出断层区桥上护轨、挡砟墙的合理结构形式和关键设计参数，研发桥上轨道状态保持与行车安全的防控技术，研究断层近场地震作用下基于系统安全的高速铁路桥梁多水准抗震设计方法和多防线减隔震技术，开展铁路轨道-桥梁系统台阵试验和桥上行车安全试验验证。

3.3 地震动作用下围岩-隧底-轨道多层结构体系动力响应及变形与损伤机制

建立综合考虑缓围岩、隧道底部结构、轨道结构及其接口力学特性的多刚度多界面体系三维仿真分析模型，开展地震作用下隧道底部与轨道结构变形协调作用动力响应特征的仿真分析研究，分析不同地震动输入条件、设计参数影响下隧道底部结构动力响应演化过程与破坏发展路径，提出影响铁路隧道震后行车安全和结构破坏的地震参数指标；构建考虑隧道底部多层结构及其界面接口力学特性的精细化隧道相似模型，开展能够反映轨道结构变形的多刚度体系隧道模型振动台试验，结合仿真分析成果，揭示地震动作用下隧道底部与轨道结构协调变形与损伤演化机制。

3.4 地震动对铁路隧道底部多层结构体系服役性能影响评价方法及限值标准

研究不同隧道底部结构设计参数［包括仰拱矢跨比、仰拱(或铺底)厚度、填充层厚度、仰拱与边墙连接方式等］以及不同基底围岩技术条件下隧道底部结构动力响应变形特征及演化规律，通过模型试验和仿真分析获得高铁隧道底部结构与轨道结构变形与损伤量化指标，研究地震作用下高速铁路隧道行车安全性；依据现行规范规定的高铁隧道轨道结构不同等级容许偏差管理值，建立地震作用下高铁隧道底部结构变形对轨道平顺性影响评价体系及其安全等级判断方法，提出高铁隧道底部结构与轨道结构的地震动变形与损伤预警指标限制标准。

3.5 切变气流特性及其作用下的车-桥系统安全分析

由于特大跨桥梁通常建在复杂地形地貌的山间峡谷或大江大海，这些复杂的地形地貌使空气流动具有阵风强烈、风切变频繁、湍流强度大等明显非定常特点，另外，列车交会、进出隧道等行车切变气流也具有显著的非定常特性，列车-桥梁系统非定常气动特性及其作用下的列车行车安全应引起高度重视。深入认识切变气流的非平稳特性是评估高速列车-大跨桥梁系统安全的前提。研究如何在风洞、CFD 数值模拟中模拟其主要特性，怎样在风-车-桥耦合系统振动方程中计入非平稳风的影响，切变气流对车-桥系统气动特性的影响，切变气流作用下车-桥系统安全评估与控制等；如何建立模拟正常行车直至侧倾失稳全过程的高效数值分析模型，怎样基于合理的失效准则提出典型风场环境下控制大跨径高速铁路桥梁行车安全车速阈值，以保证车-桥系统运行安全。

主要参考文献

[1] Aki K, Richards P G. Quantitative Seismology: Theory and Methods [M]. NewYork: W H Freeman&CoLtd, 1980.

[2] 王海云. 近场强地震动预测的有限断层震源模型 [D]. 哈尔滨: 中国地震局工程力学研究所, 2004.

[3] Zeng Q, Dimitrakopoulos E G. Vehicle-Bridge Interaction Analysis Modeling Derailment During Earthquakes [J]. Nonlinear Dynamics, 2018, 93(4): 2315-2337.

[4] Zhai W M, Wang K Y, Cai C B. Fundamentals of Vehicle-Track Coupled Dynamics [J]. Vehicle System Dynamics, 2009, 47(11): 1349-1376.

[5] 魏标, 刘义伟, 蒋丽忠, 等. 地震作用下双曲面球型减隔震支座在铁路简支梁桥中的动力行为 [J]. 土木工程学报, 2019, 52(6): 110-118.

[6] 翟婉明, 赵春发, 夏禾, 等. 高速铁路基础结构动态性能演变及服役安全的基础科学问题 [J]. 中国科学: 技术科学, 2014, 44(7): 645-660.

[7] 王平, 陈嵘, 杨荣山, 等. 桥上无缝道岔设计理论 [M]. 成都: 西南交通大学出版社, 2011.

[8] 任娟娟. 桥上无缝道岔区纵连式无砟轨道受力特性与结构优化研究 [D]. 成都: 西南交通大学, 2009.

[9] 赵国堂. 高速铁路道岔区动力响应的模拟研究 [J]. 中国铁道科学, 1996, 17(4): 90-94.

[10] Cai X P, Liang Y K, Xin T, et al. Assessing the Effects of Subgrade Frost Heave on Vehicle Dynamic Behaviors on High-Speed Railway [J]. Cold Regions Science and Technology, 2019, 158: 95-105.

撰稿人：蒋丽忠(中南大学)　国巍(中南大学)　向平(中南大学)　周旺保(中南大学)　魏标(中南大学)　何旭辉(中南大学)　傅金阳(中南大学)

第5章
机车车辆工程与系统动力学

当今世界各国正以前所未有的速度发展轨道交通。经济与社会的快速发展对铁路运输提出了更高要求，《中华人民共和国国民经济和社会发展第十四个五年规划和2035年远景目标纲要》中明确指出，在重大技术装备上，要推进CR450高速度等级中国标准动车组、谱系化中国标准地铁列车等研发应用，结合当前"交通强国"战略目标、"一带一路"倡议、"双碳"目标，高速、舒适、节能环保、安全、标准化是未来轨道交通发展的关键词，而大轴重、低自重、低动力作用则是重载列车的主题词。

机车车辆工程和系统动力学从核心基础层面不断推动铁路车辆的发展，并不断结合新问题、新技术持续支撑轨道车辆高速化、重载化进程，车辆工程学科也在该进程中得到长足的发展。面向轨道车辆更高的运行速度、更大的轴重以及长期服役的安全可靠等一系列工程实际需求，机车车辆工程和系统动力学研究面临新的挑战，在理论和技术层面需要进一步取得突破，面临的主要挑战和科学问题可以归结为以下方面。

（1）设计阶段面临的挑战主要针对前瞻性技术与未来轨道交通新技术领域中更高速度、更大轴重带来的挑战。前者主要体现在高速列车节能环保、平稳舒适、安全、噪声、寿命等几个方面。在铁道车辆高速化进程中，研究人员在列车系统性能匹配、减振降噪、节能环保、安全舒适提升等方面不断取得突破，一方面在不断探索轮轨接触和列车运行安全性的限值，追求运行速度的提升，另一方面在平衡振动、噪声、制动性能对乘坐舒适性和节能环保的影响和制约。更大轴重带来的挑战，主要体现在重载列车性能保持、制动安全、疲劳寿命等方面。我国既有重载铁路在运营中已经暴露出了列车纵向冲动大、轮轨相互作用加剧及车轮、钢轨磨耗严重和脱轨事故频发的问题，随着轴重、速度和牵引重量的提高，此问题趋于恶化，更加影响重载列车的运行安全。

设计阶段车辆性能匹配面临的主要挑战是速度提升带来的匹配性和安全性问题，具体体现在列车运行速度提升和轻量化设计导致弓网、流固、轮轨耦合作用加剧,气动减阻已至瓶颈、制动距离增大等,全域匹配设计与优化亟待突破等方面。因此,重点科学问题包括近波速弓网作用机制及系统匹配,高速列车界面流动控制减阻机理,高速列车气动增阻机理与控制,列车轮轨和谐作用的机理、影响因素与管控,轨道交通系统全域动力学性能匹配设计等。而车辆性能提升面临的主要挑战是平衡舒适、节能、安全之间的关系,实现性能提升,具体表现在速度提高与复杂环境致使振动噪声等问题升级,舒适、节能、安全三者相互制约,如何实现三者的平衡与性能提升。重点科学问题还包括更高速列车振动噪声机理与控制,列车乘坐舒适性综合评价及性能提升,轨道车辆超轻量化多目标设计方法,高速列车碰撞能量的高效导流与吸收等。

(2)运营阶段面临的挑战一方面来自极端环境的影响,另一方面是长期服役带来的一系列问题。极端环境方面的挑战主要体现在恶劣运行环境对列车乘坐舒适度、制动安全等方面的影响以及产生的新问题。我国幅员辽阔,高速列车跨区域运行的同时,需要经历复杂环境的变化。高原、高寒地带两极差异的理化环境,隧道群、峡谷风等运行环境,都会带来交变气压、高噪声、强振动问题,随之而来的是座舱环境的恶化。另外,长大坡道条件下,如西成线、川藏线,会带来强摩擦高制动载荷以及大蠕滑剧烈轮轨作用,威胁高速列车制动安全。长期服役带来的挑战,主要体现在高铁运营10多年及重载铁路20年带来的车辆性能蜕化、性能保持方法、损伤机理和可靠性评估等方面。长距离、复杂地形和特殊气候的运行环境给列车安全运营带来新的挑战,亟须实时掌握列车关键部件的性能及健康状态,揭示关键部件损伤机理,提出列车服役性能保持方法,构建列车智能运维系统,形成复杂服役条件下列车长期运营的安全保障体系。尽管上述研究工作对铁路车辆运用安全起到重要支撑作用,但随着服役时间的增长,列车关键部件的性能蜕变规律、结构可靠性及预测方法、总体健康度的评估与性能保持技术等仍待进一步揭示或研究。

运营阶段列车性能保持面临的主要挑战是结构疲劳、复杂激励、长期服役威胁行车安全,具体表现在服役环境变化、复杂激励及长久服役致使列车关键部件损伤行为和失效机理复杂,劣化规律不明,缺乏相应的主动安全技术和控制策略。重点科学问题包括列车关键部件损伤机理及演化规律、超长大坡道列车制动性能劣化机理及安全控制策略、重载列车制动安全及操纵策略、高速列车服役性能劣化机理与控制方法等。列车性能维护面临的主要挑战是列车关键部件和系统综合健康状态掌控不全导致运维难度大,轨道车辆作为复杂的工程系统,从系统层面对列车整体状态的评估有待进一步研究,从而有效指导基于状态的维护维修。重点科学问题包括高速列车健康度理论及评估与预测方法、轨道车辆智能运维数字孪生系统理论与设计方法等。

本栏目共8个科学问题,主要针对车辆设计阶段系统性能的匹配和性能的提升、列车运营过程中性能的保持和性能的维护而提出。科学问题征集难免存在疏漏和不足,有些方向未完全概括,问题的规模与内涵也存在差异等,希望在学术共同体的推动下,本项工作逐步完善。希望从事本方向研究的广大科研人员从实际工程出发,夯实需求,做更多有用的研究,既要注重基础理论研究,又要服务于工程应用,有力支撑交通强国建设。

近波速弓网作用机制及系统匹配

System matching and action mechanism of pantograph and catenary system under the conditions of near wave velocity

1 科学问题概述

在我国城市群区域轨道交通发展的关键节点,作为车辆运行的动力源泉,轨道交通接触受流装备的运用环境宽适用性在保障不同层次轨道交通"互联互通"过程中扮演重要角色,成为我国多层次轨道交通体系未来能否支撑起城市群发展的关键。实际上,在构建国铁干线、市域铁路和城市轨道交通"三铁融合"多层次轨道交通体系过程中,存在大量干线受电弓与城轨交通刚性接触网、城轨受电弓与干线或市域铁路柔性接触网混合受流的现实需求。

实际上,对于接触受流装备动态相互作用,无论电气化铁路接触网采用何种电压制式或结构形式,其在移动受电弓作用下产生的振动响应以弹性波的形式沿线缆朝弓网接触点两侧传播,弹性波在波导刚度不连续位置发生反射并反作用于移动的受电弓,形成弓网动态相互作用。因而轨道交通接触受流装备受流性能的好坏,直接与其动力学性能相关。并且,从动力学角度来看,行车临界速度与接触网波速及振动响应相关,并与弓网接触力的变化规律也相关。因此,为发挥接触受流装备在不同层次轨道交通"互联互通"过程中的重要作用,从源头上控制和解决其工程运用过程中可能面临的困境,探索和确认接触网临界及超临界波速条件下的弓网匹配机制和作用机理,解决不同制式技术标准下接触受流装备混合受流时的临界速度问题,成为当下重大而又紧迫的现实问题。

通常,在探索不同制式接触受流装备混合运用可行性的过程中,首先需要解决的几个关键科学问题是:①对于不同制式接触网系统,接触网临界及超临界波速的约束机制;②在双弓及多弓作用下接触网振动波的传播规律、干涉机制和作用机理;③突破接触网临界及超临界波速条件的弓网系统的匹配机制和作用机理。

为此,开展电气化铁路接触网行车限速机制暨弓接触网临界及超临界波速条件下的弓网匹配机制和作用机理,探索受电弓所激起的弹性波在刚性、柔性接触网上往复传播时的振动能量传输和分布特性,为研究移动载荷作用下复杂周期波导的振动能量分布与传输规律提供解决方案,为实现多层次轨道交通装备运行速度的进一步提升提供理论依据。

2 科学问题背景

受限于接触线抗拉强度或输电电缆电阻率要求,现代电气化轨道交通车辆存在速度极限,并且该行车极限速度与弹性波在接触线上的传播速度有关。为此,韩国的Park等通过连续小波变换脊线间的时间差和小波变换系数相关函数,辨识和验证了实际接触网的波动传播速度。国内,ZOU等提出了用仿真位移等值线图识别接触网波速的方法,并根据接触网实测波速,分析了弦或梁振动理论高估接触网群速度的原因,并初步探索了柔性接触网弹性波反射透射系数。刘志刚等则通过推导张力梁波动方程中波动速度求解公式,研究了气动阻尼对接触线波动速度的影响规律。在接触网弹性波对接触网振动行为、弓网接触压力影响等方面,邹栋基于位移等值线图,分析了弹性波干扰接触网确定位置处振动位移响应的作用机制。Takamasa主要关注弹性波在接触网关节处的反射,主张在接触网关节处安装阻尼器来控制弹性波在该位置处的传播。韩国的Cho在分析吊弦松弛效应过程中发现,仅基于受电弓抬升力的影响而不考虑弹性波的干扰时,吊弦松弛引起接触压力变化的现象无法得到圆满的解释。Song等在分析弓网动态相互作用时,考虑弹性波的影响,初步得出了弹性波特征频率、弓网系统响应频率的相互关系。Van等分别在接触网、受电弓上设置移动、静止观测点,对弓网动态相互作用中的频谱来源进行了分析,同时研究了弹性波在接触线和承力索上的反射、透射规律。但上述文献就弹性波对弓网动态相互作用的影响机制交代不多。对此,有学者基于弦振动理论和弹性波谱分析方法对此进行了初步探索,其研究结果表明,在柔性接触网弹性波影响下,接触网在弓网接触点处的运动速度和位移变化共同造成弓网接触压力跳变,但该结论对刚性接触网的适用性有待进一步探索。

在多弓受流情形中,由前弓所激起的接触网弹性波在传输过程中会对后弓与接触网的动态相互作用造成影响。从而,双弓受流技术相应的运营参数设计问题,成为接触网弹性波研究成果潜在的一个重要应用领域。但由于弹性波影响弓网动态相互作用的机制尚不清楚,众多双弓、多弓受流问题的研究方法依旧属于唯象论的范畴。其中,Liu等在研究多弓受流的基础上,分析了后弓受流质量随双弓间距、运行速度的变化规律,并提出用不导电的前弓激振接触网产生弹性波的方法,提升导电后弓的受流质量,以实现既有线的提速。Zhang等针对350km/h下双弓受流,通过仿真分析和试验研究,确定了最佳弓距离。

从目前的研究来看,针对接触网弹性波的研究尚有待深入,对于不同制式的接触网系统,接触网临界及超临界波速的约束机制,以及接触网振动波的传播规律、干涉机制等至今尚未有明确的认识。辨识接触网波动传播特征,并探究如何通过对弓网系统的结构及设计参数进行匹配和优化,突破接触网的临界及超临界波速,以进一步提升行车速度,是接触网波动特性研究的发展趋势。

3　科学问题研究进展

基于已开展的工作,抽象出柔性接触网、刚性接触网同时具备弹性周期波导特征,以及弓网动态相互作用对应于移动荷载问题的实质,辨识电气化铁路接触网行车限速机制暨接触网临界及超临界波速条件下的弓网匹配机制和作用机理。除去接触受流装备相关地面、线路测试与验证方法外,该科学问题涉及的基础理论和技术路线的进展包括如下内容。

3.1　接触网振动行为特征

基于弦振动理论、欧拉-伯努利梁理论、铁木辛柯梁理论,建立移动载荷作用下的柔性网、刚性网单跨模型,结合传递矩阵法扩展至弹性周期波导建模,利用模态叠加法分离所得偏微分方程中的时空场函数,并引入代数方程进行数值求解。同时采用有限元法进行移动荷载作用下振动响应分析,并运用接触网地面试验完成研究结果的验证。

3.2　接触网振动能量分布与传输

主要的研究方法涉及模态叠加法,弦、梁结构中波传播问题的谱分析方法,以及适用于建立周期波导模型的传递矩阵法。此外,以弹性波在周期结构中的传播理论为基础,从光子晶体概念推广而来的声子晶体相关研究方法也将在该问题执行的过程中加以应用。

3.3　弓网动态相互作用能量交互

构建弦、梁结构中波传播问题的谱分析方法,适用于接触网、全柔性受电弓建模的有限单元法、模态叠加法,以及以多体动力学理论为基础的受电弓建模方法。

对于上述技术路线的局限和优势而言,主要在两方面:①准确建立弹性波的激发、分布与传输模型,研究移动载荷作用下周期波导弹性不均匀位置处弹性波的激发及弹性波分布与传输模型接触网振动能量的分布与传输,同时对接触网振动响应和接触压力跳变产生影响,突破接触网临界波速、打通行车限速机制、弓网接触压力跳变机理相关内容的关键研究通道。对于弹性波的分布与传输,可将波动力学中张力弦、欧拉梁等模型的色散关系求解方法,依据传递矩阵法拓展至周期结构实现。②建立移动荷载激发弹性波对应的理论模型,以及求解弹性周期波导色散关系。在此基础上,利用特征提取、相关性分析等数据分析方法,论证弹性波分布、传输规律对接触网振动行为以及弓网动态相互作用能量交换的影响机制,进一步回答多制式受流情形下弓网参数匹配设计应秉承什么原理等相关问题。

主要参考文献

[1] Park S Y,Jeon B U,Lee J M,et al. Measurement of Low-Frequency Wave Propagation in a Railway Contact Wire with Dispersive Characteristics Using Wavelet Transform[J]. Key Engineering Materials,2006,321(3):1609-1615.

[2] Zou D,Zhou N,Zhang W H,et al. Experimental and Simulation Study of Wave Motion upon Railway Overhead Wire System[J]. Proceedings of the Institution of Mechanical Engineers Part F Journal of Rail and Rapid Transit,2017,231(8):934-944.

[3] 刘志刚,韩志伟,侯运昌,等.计及空气阻尼影响的接触线波动速度修正研究[J].铁道学报,2013,35(1):41-45.

[4] 邹栋.高速铁路接触网振动行为研究[D].成都:西南交通大学,2017.

[5] Takamasa H. Effect of Reduced Reflective Wave Propagation on Overhead Contact Lines in Overlap Section[J]. QR of RTRI,2004,45(2):68-73.

[6] Cho Y H. Numerical Simulation of the Dynamic Responses of Railway Overhead Contact Lines to a Moving Pantograph,Considering a Nonlinear Dropper[J]. Journal of Sound and Vibration,2008,315(1):433-454.

[7] Song Y,Liu Z,Duan F,et al. Wave Propagation Analysis in High-Speed Railway Catenary System Subjected to a Moving Pantograph[J]. Applied Mathematical Modelling,2018,59(1):20-38.

[8] Van O V,Massat J P,Balmes E. Waves,Modes and Properties with a Major Impact on Dynamic Pantograph Catenary Interaction[J]. Journal of Sound and Vibration,2017,402(1):51-69.

[9] Liu Z D,Jonsson P A,Stichel S,et al. On the Implementation of an Auxiliary Pantograph for Speed Increase on Existing Lines[J]. Vehicle System Dynamics,2016,54(8):1077-1097.

[10] Zhang W H,Zhou N,LI R P,et al. Pantograph and Catenary System with Double Pantographs for High-Speed Trains at 350km/h or Higher[J]. Journal of Modern Transportation,2011,19(1):7-11.

撰稿人:周宁(西南交通大学)　刘新龙(华东交通大学)

高速列车界面流动控制减阻机理

Mechanism of interface flow control on aerodynamic drag reduction of high-speed trains

1 科学问题概述

2019年9月,中共中央、国务院印发实施《交通强国建设纲要》,明确要求统筹安排时速600公里级高速磁悬浮系统、时速400公里级高速轮轨客运列车技术储备研发。为进一步巩固和扩大我国高速铁路技术领先优势,《中华人民共和国国民经济和社会发展第十四个五年规划和2035年远景目标纲要》明确提出推进CR450高速度等级中国标准动车组重大技术装备研发,建立时速400km中国高速铁路技术体系。时速400km高速动车组的研制是我国高速列车技术领跑地位的又一次展示,定位为我国新一代高速列车平台,基本目标是安全稳定、节能环保、平稳舒适、经济可靠,能耗、振动、噪声等环境影响指标应优于或者与目前时速350km"复兴号"大致相当,总体技术水平世界领先。

随着列车运行速度的提高,高速列车的节能问题越来越受到重视。列车高速运行时,气动阻力和列车运行速度的平方成正比。流线型程度非常高的动车组,时速300km时气动阻力约占总阻力的75%,时速350km时气动阻力占总阻力的90%以上。相同外形条件下,理论上列车运行速度从350km/h提高到400km/h,气动阻力上升约30%。考虑到我国高速铁路路网规模及开行列车数目居世界首位,列车运营能耗将大幅提升,严重制约"更高速"列车的节能降耗。

节能环保是目前各国高速动车组技术的发展趋势,也是各国新一代高速动车组追求的顶层关键设计目标,通过采取各种措施和新技术应用,不断降低动车组运行能耗。日本东海道铁路公司制造N700S型动车组专注轻量化与节能,与N700A动车组相比,能耗降低了7%,重量降低了13t,其最新试验列车ALFA-X最高运营速度360km/h,采用了超长前鼻、受电弓及转向架导流等措施降低空气阻力,进一步降低能耗。根据西门子Velaro Novo新型高速列车设计经验,Velaro Novo高速列车采用摩擦传动式焊接车身和碳化硅辅助转换器,与上一代Velaro相比,列车总重减少了15%。另外,转向架周围形状调整后,降阻节能15%;受电弓顶部外形调整后,节能10%。仅就空气动力学而言,京张高铁的空气动力学综合性能处于我国国内同速度等级性能最优的位置,整车阻力较"和谐号"动车组降低了12%,人均百公里能耗降低了17%。但与国外最新研发的下一代高铁,如Velaro Novo相比,仍有一定差距。我国时速400km动车组顶层技术要求其以400km/h运行时能耗指标与既有"复兴号"动车组350km/h运行时能耗指标基本相当。因此,迫切需要探索

"更高速"列车气动减阻节能新理论、新方法和新技术。

2 科学问题背景

列车的空气阻力特性关系到列车的提速和节能环保,是高速列车空气动力特性研究中的重要部分。根据 Davis 公式,高速列车的阻力为 $R = A + (B_1 + B_2)V + CV^2$。其中 R 为列车总阻力;V 为列车在静止空气中的速度;A 为滚动机械阻力;B_1 为其他机械阻力系数,如传动损耗和制动阻力;B_2 为空气动量阻力,与燃烧、发动机冷却和空调的空气加速所需的能量有关;C 为外部空气阻力系数,$C = 0.5\rho S C_D$,ρ 为空气密度,S 为列车参考面积,C_D 为列车阻力系数。由于气动阻力与列车速度的平方成正比,因此降低外部气动阻力,将对列车总阻力减小起到决定性作用。列车气动阻力又包括压差阻力和摩擦阻力,对于 350km/h 的 8 节编组高速列车,其压差阻力和摩擦阻力占比约为 75% 和 25%;头尾车的气动阻力占总阻力的比例约为 16% 和 15%;转向架和车体风挡连接处的阻力占总阻力的比例约为 27% 和 19%;受电弓系统占总阻力的比例约为 12%。对于列车气动减阻,一方面可从列车各典型部件寻找减阻途径,另一方面可从列车附面层转捩、分离再附着等方面进行流动控制,以降低列车黏性摩擦阻力。因此,需开展结合压差阻力和摩擦阻力、综合被动和主动方式的减阻降能方法,达到更高速度列车总气动阻力和能耗降低的目的。

3 科学问题研究进展

列车气动减阻中最常用的方法是头型优化。列车高速运行时,头部率先刺破空气,头型对气动阻力影响较大,因此国内外运营的高速列车均采用不同程度的流线型头部,包括鼓宽形、梭形、椭球形等。随着流线型头部增加,列车阻力随之减小,但当流线型头部到达一定的临界长度之后,阻力减小将不明显。此外,对于列车头部三维型线,随着头部纵剖面型线上凸,水平剖面型线加宽和横截面型线的加宽,阻力系数也有所增加。除了头部三维整体轮廓优化外,列车头型的局部特征,如鼻尖高度、鼻锥长度和宽度、前窗高度、排障器等也均对列车阻力有一定的影响。

在列车顶部,受电弓安装位置对阻力有一定的影响。受电弓底座与车顶平齐时,为减小受电弓的阻力,一般在受电弓周围设计相应的导流罩,用以减小直接气流冲击。我国"复兴号"高速列车的受电弓平台沉降一定高度,将受电弓大部分置于车身速度边界层内,从而降低受电弓阻力。对于不同的受电弓平台沉降外形,其减阻效果也有所不同。此外,对于列车顶部裸露在外的空调,一般也采用增设导流罩的方式来降低阻力,若将空调安装位置下沉,或与车身顶部融合,实现车顶平稳过渡无凸起,则减阻效果更好。

在列车底部,国内外高速列车为降低阻力,均对除转向架外的设备舱底部进行了全包裹形式设计。在此基础上,想要进一步降低列车阻力,需在车体转向架设备舱区域进一步进行优化,包括优化转向架设备舱的空腔长度、空腔内部结构形状、设备舱前后倒角等。转向架舱较小时,较少气流可以直接流入舱内,从而转向架的压差阻力大幅降低。设备舱前后倒角较大时,气流更易沿着倒角方向流入转向架舱。增加转向机舱内部阻力。对转向架设备舱两侧加装半包或全包裹裙板,也可减小气流涌入,减小转向架区域的阻力。但是,两侧的裙板包裹形式宜与车身融合,否则侧面外凸的裙边会产生额外的气动阻力,削弱减阻效果。

在多编组各节车的连接位置,容易产生压力突变,气流在此停滞,产生较大的压差阻力。因此,现有高速列车均包含外风挡和内风挡,内风挡起到车厢连挂和密封作用,外风挡起到减阻效果,其中外风挡的设计又有两侧包裹或全包裹形式。减阻效果按照无外风挡、半包型外风挡、几乎全包型外风挡、全包型外风挡依次增加。

以上车身外形优化主要包括设计流线型车身、加装导流装置等,以最大程度减小压差阻力,这方面的研究较多,也日趋成熟和完善。对于更高速度列车,这些传统手段的减阻效果已不能满足需求。因此,需要结合传统车身外形优化和前沿减阻技术,如采用封闭式(全裹覆)列车转向架减阻、基于仿生特征表面微结构流动减阻、基于流动控制的吹吸气减阻技术。封闭式列车转向架可最大限度减少气流进入转向架舱,减小舱内阻力;基于仿生特征在列车车身不同位置设置各种形状的沟槽、凸包或凹坑,可起到破坏附面层、减小摩擦阻力的效果;通过在列车边界层内进行吹吸流动控制,可通过延缓边界层的分离来实现减小压差阻力的目的。目前,对于全封闭式转向架、列车仿生特征表面、吹吸气流动控制等前沿减阻技术的研究较少,依然处于探索阶段。且多尺度耦合仿生特征对高速列车周围流场流动机制的影响研究鲜见报道,而高速列车表面吹吸气减阻技术则是高速列车研发设计领域内的全新应用。对于我国下一代更高速列车减阻节能需求,这些变革性技术的结合使用,将填补这一领域研究空白,对我国高速列车气动特性保持世界领先优势具有重要意义。但这些变革性技术目前仍存在以下难点需逐渐攻克:

3.1 转向架舱位置、封闭式底架结构编组位置及其外形优化匹配

列车底部流场结构复杂,现有高速列车的转向架舱距离列车鼻尖不同位置对车体底部、转向架区域及列车尾部旋涡发展有所不同,需从空气流场优化角度确定出最佳的转向架位置,同时提出转向架流致振动抑制技术。此外,由于封闭式转向架对于后期转向架修理维护会产生不利影响,如何确定最少封闭式底架安装数量及位置,以及对其做进一步的外形优化,达到转向架区域最佳减阻效果,最终确定转向架舱位置、封闭式底架安装位置及外形最优匹配原则,是更高速列车气动减阻变革性技术的难点之一。

3.2 仿生形态特征与高速列车气动特性灵敏度表征模型

单一和耦合仿生特征的周围流场、边界层发展与旋涡演化耦合特点各异,各仿生特征参数的交互作用机制尚不明确,既无法确定主导流场及压力变化的主因子,又缺乏耦合仿

生特征与流场结构的关联关系。需通过分析仿生形态特征与流场参数的关联关系,构建仿生特征表征的气动阻力评价模型,剖析仿生特征参数的交叉影响,辨识其中灵敏度较高的仿生特征,实现仿生特征参数的科学分类及表征,建立仿生形态特征与列车气动特性灵敏度的最优匹配模式和表征模型是更高速列车气动减阻变革性技术的难点之一。

3.3 吹吸气控制模式与列车流场相互干扰与耦合作用机制

吹吸气主动控制是在列车湍流流场中通过施加适当的扰动模式并与流动的内在模式相耦合来实现流动的控制,其优势在于灵活的时间和空间操作性,通过局部能量输入,获得局部或全局的有效流动改变。高速列车原流场模式具有特定的组织结构,若要获得有效的气动优化效果,必须明确主动控制模式对高速列车原湍流流场的干扰和耦合机制,从而得到主动控制模式与列车特定位置边界层转捩、流场分离延迟与抑制、涡量控制之间的关系,明确主动控制模式的调整和优化方向。因此,探究吹吸气控制模式与列车湍流流场相互干扰与耦合作用机制是更高速列车气动减阻变革性技术的难点之一。

主要参考文献

[1] Ahiko Y, Furuya M. Development of Verification Testing Trainset of The Series N700S [J]. Japanese Railway Engineering, 2017, 198:2-5.

[2] 杜俊涛,田爱琴,聂双双,等.高速列车阻力,升力与头部外形参数映射关系研究[J].铁道科学与工程学报,2016,13(6):1017-1024.

[3] 孙振旭,姚永芳,郭迪龙,等.高速列车气动外形优化研究进展[J].力学学报,2021,53(1):51-74.

[4] 姚拴宝,郭迪龙,杨国伟,等.高速列车气动阻力分布特性研究[J].铁道学报,2012(7):18-23.

[5] 李田,戴志远,刘加利,等.中国高速列车气动减阻优化综述[J].交通运输工程学报,2021,21(1):59-80.

[6] Tian H Q. Review of Research on High-Speed Railway Aerodynamics in China[J]. Transportation Safety and Environment, 2019, 1(1):1-21.

[7] Schetz J A. Aerodynamics of High-Speed Trains[J]. Annual Review of fluid mechanics, 2001, 33(1):371-414.

[8] 朱海燕,胡华涛,尹必超.凸包非光滑表面高速列车气动阻力及噪声研究[J].华东交通大学学报,2020,37(4):88-95.

[9] 王潇雅.基于壁面流动控制的高速列车粘性减阻研究[D].长沙:中南大学,2012.

撰稿人:刘堂红(中南大学) 张洁(中南大学) 李田(西南交通大学)

高速列车气动增阻机理与控制

Mechanism and control of aerodynamic drag increase of high-speed trains

1 科学问题概述

2020年8月,中国国家铁路集团有限公司发布的《新时代交通强国铁路先行规划纲要》提出,加强可实现工程化、产业化的前沿技术研究,自主创新建立时速400km及以上高速铁路技术标准等成套关键技术体系。然而,高速列车运行速度的提升势必导致列车制动距离的延长,对现有铁路信号制式、高速铁路运输效率、列车碰撞事故安全以及突发自然灾害应对措施产生显著影响。

更高速度列车制动距离延长问题实质上是由列车制动动能提升所致。车辆的制动动能($W_{制}$),最终需要车辆制动力($F_{制}$)在制动距离(S)上做功来耗散,即 $W_{制} = \int F_{制} \mathrm{d}S$。车辆的制动力在设计阶段就充分利用了车辆轮轨的黏着,后续提升空间有限,可将车辆制动力视为常数。当车辆时速从350km增加到400km或450km时,车辆制动动能分别增加了31%或65%,即在制动力不变的情况下,制动距离则相应提升31%或65%。

以350km/h速度等级高速列车提速至400km/h为例,考虑列车编组数量为八车且单根轴重为14t,当列车运行速度为400km/h时,其制动动能 $W_{总} = 0.5 \cdot mv^2 = 2.765 \times 10^9 \mathrm{J}$,采用现有350km/h高速列车制动方式可以产生的制动动能为 $W_{有} = 0.5 \cdot mv^2 = 2.117 \times 10^9 \mathrm{J}$。基于现有350km高速列车制动技术,若保证400km/h高速列车可以在6.5km内停车,其制动动能仍旧短缺648MJ,即 $W_{缺} = W_{总} - W_{有} = 6.48 \times 10^8 \mathrm{J}$。因此,需要在现有350km/h高速列车制动技术的基础上引入新型制动方式,填补列车提速造成的制动动能短缺,进而实现超高速列车的快速短距制动。

2 科学问题背景

从工程角度而言,更高速度等级轮轨列车只能在已经建设好的高速线路上运行,即必须满足于现有高速铁路的信号制式。现行《铁路技术管理规程》(高速铁路部分)规定我国现有350km/h速度等级"复兴号"高速列车的制动距离为6.5km,400km/h高速列车的制动距离也仅有6.5km,如果不能在6.5km的范围内制动停车,铁路的信号制式就必须发生改变,这便丧失了高速列车在既有高速线路上行驶的初衷。此外,若制动距离增加,列车之间的间隔必须增大,导致区间上列车密度大幅降低,进而导致高速铁路运力下降。只有保持制动距离不变,才能在提速的前提下增加发车密度。列车制动距离过长还会引发列车碰撞事故，因此，必须研究气动增阻耗能技术，使列车在较长的距离外快速制动，降低列车在碰撞时的初速度。另外，当列车在遇到地震、洪水以及塌方等突发自然灾害时，制动距离过长亦将严重威胁高速列车行车安全。因此，必须开展高速列车短距快速制动技术研究，进而实现对列车制动距离的有效控制。

3 科学问题研究进展

列车制动力，即轮轨之间的相互作用力可分为两类：一类以钢轨与车轮间摩擦力形式作用的制动方式，称为黏着制动(或摩擦制动)。黏着制动方式可分为摩擦制动和动力制动。其中摩擦制动主要分为闸瓦制动与盘形制动；动力制动包括电阻制动和再生制动。随着列车运行速度的不断提高，黏着系数反而越小，列车高速运行时轮轨间的低黏着系数限制高速列车制动力的进一步提高。当列车平均减速度为 $0.94m/s^2$ 时，黏着系数理应在 0.095 以上，但是由于车辆的运行品质、自然条件、线路状态等因素的变化，导致黏着系数离散度比较大而达不到快速制动要求。近年来，国内外针对闸瓦制动、盘形制动、电阻制动以及再生制动开展了优化研究。一方面通过优化制动摩擦材料以改善闸瓦的摩擦磨损性能，优化摩擦宽度以降低摩擦面温度和结构热应力分布范围；另一方面，优化电路控制方案，提高列车动能转化为发电机电能的效率，促进电能回收再利用。通常列车黏着制动方式将摩擦制动与动力制动协同使用，不但极大减少空气制动装置使用频率、减轻闸瓦和车轮踏面磨耗，而且能够保证列车下长大坡道时的匀速安全运行，提高列车运行速度和安全性。以上优化研究在一定程度上提升并发展了列车黏着制动技术，但效果仍旧有限。此外，就理论而言，黏着制动的制动力受轮轨间黏着系数的限制，其最大制动力无法超过黏着力，致使黏着制动方式无法作为骤增制动动能的合理耗散方式。

为突破黏着系数的限制，近年来许多国家已经投入巨资研究设计各类非黏着制动系统。非黏着制动工况下，钢轨作用在机车、车辆上的制动力，无须通过车轮与钢轨的滚动接触点(黏着点)进行制动，且其制动力不受轮轨间黏着力的限制。非黏着制动技术主要由轨道电磁制动和轨道涡流制动组成。在轨道电磁制动技术中，由于电磁铁对钢轨具有打磨作用，使得轮轨间的黏着状态明显改变，虽然一定程度上增加了盘形制动和再生制动所产生的制动力，但磁轨制动对钢轨磨耗较大，且会显著增加整列车自重，使得整列车需轻量化至少 12t，对车辆结构的设计提出更高要求。轨道涡流制动产生的强大制动力，可以解决紧急制动时黏着不足、热负荷过大等问题，如果在同一线路区段频繁制动，可能引起钢轨发热，产生较大内应力，有胀轨甚至破坏轨道的风险，为列车行车安全造成隐患。国内外研究人员为了解决上述问题，不断优化非黏着制动技术的工程适用性。一方面，通过参数化有限元数值仿真分析，优化磁场分布，提高制动效率，从概念提出、方案设计、原理验证、样机研制、装车试验及优化设计等工作链进行工程样机研制和试验；另一方面，通过耦合空气制动、电制动和涡流制动方案，提高高速区段的制动力，解决黏着利用和基础制动热负荷问题。但上述研究成果无法改变非黏着制动对轨道的损伤问题，轨道电磁制动和轨道涡流制动技术不能完美适用于超高速列车在既有线路上的快速短距制动场景。

相比于列车现有黏着和非黏着制定方式，列车风阻制动在轻量化、制动力量级以及运维成本方面具备独特优势。风阻制动装置通常是在列车车厢顶部安装风阻制动板，正常运行时收拢于车身，于制动时迎风撑开，制动板表面承受风载荷。铁路相关研究学者为了保证风阻制动板在制动过程中的安全可靠性，通过数值仿真和风洞试验等研究手段，首先针对风阻制动板的结构外形、安装位置、数量、组合排布间隔、角度等进行结构优化设计，分析不同类型风阻制动板对列车制动过程的效果，并结合高强度冲击性能仿真和实验，分析制动板冲击波特征，以保证制动板本身的结构强度，提供充足的风阻制动力；其次，分析在不同列车运行速度、横风、隧道等复杂多样的运行环境中，风阻制动板周围的流场特性与列车的气动性能，保证风阻制动板的功能适应性和列车运行安全性。但当前关于列车风阻制动技术的研究主要局限于列车等截面车身位置，对列车流线型头尾风阻制动技术的研究仍处于空白阶段。

当列车运行速度达到400km/h或450km/h时，已经超过飞机起飞速度。因此，高速列车的气动外形设计均采用流线型外形，从而降低高速列车受到的空气阻力。若能够破坏列车的流线型外形，则列车受到的气动阻力会急剧增大。此外，相比等截面车身位置，流线型头尾风阻制动具备显著优势：①流线型头部和尾部的截面较小，风阻制动装置的外形设计受铁路限界约束较小，其迎风面积可选择空间更大，进而产生更好的制动效果；②流线型头部和尾部的加速效应使其周围气流速度高于等截面车身周围空气流速，使得流线型头部和尾部位置单位迎风面积制动装置的空气制动效率更高；③等截面车身位置的空气制动装置仅可在列车局部位置增加列车运行阻力，然而流线型位置的风阻制动装置可同时增加头车和尾车鼻尖附近的正压和负压分布以提升整车压差阻力，进而显著提升列车空气制动效率。因此，在截面较小的车头或车尾流线型位置变形是有效的途径，且流线型头尾风阻制动增加的阻力与列车运行速度的平方成正比，在制动力提升量级上远大于黏着制动方式，可有效填补列车提速带来的制动动能短缺，是解决超高速列车短距快速制动难题的研究方向之一。另外，《交通强国建设纲要》明确指出，强化前沿关键科技研发，加强对可能引发交通产业变革的前瞻性、颠覆性技术研究。本文提出的采用列车流线型头尾变形增加空气阻力的颠覆性技术，契合我国的发展战略，必将显著提升我国轨道交通技术的国际竞争力和影响力。

虽然列车流线型头尾增阻技术可以有效解决超高速列车制动距离过长的难题，但此变革性技术仍旧存在以下难点需逐渐攻克。

3.1 列车头尾部外形动态变化与列车周围流场、气动载荷之间的映射关系及相互作用机制

列车头尾流线型增阻变形过程将引发周围空气流动特性以及列车气动载荷的动态演变,如何获取增阻变形过程中列车气动载荷动态演变特性、建立超高速列车气动载荷动态评估方法,并剖析流线型外形变化与空气流动特性和列车气动载荷多环映射关系,是超高速列车流线型头尾风阻制动变革性技术的难点之一。

3.2 列车外形变化、动态气动载荷综合作用下列车关键部件及整车动力学响应特性与评估方法

高速列车外形结构以及气动载荷均对列车系统动力学特性产生明显影响,尤其在列车渐变外形以及动态气动载荷综合作用下,列车动力学响应特性以及列车失稳的物理机制将发生显著变化,如何构建列车关键部件及整车动力学动态响应特性评估方法,进而获取高速列车头尾流线型变形过程中列车系统动力学指标的响应规律,是超高速列车流线型头尾风阻制动变革性技术的难点之一。

3.3 多运行场景和制动需求下列车变形增阻效果与运行安全性、乘员舒适性之间的多目标优化匹配方案及最优变形策略

超高速列车空气增阻变形过程涉及制动效率、结构可靠性、列车安全性以及乘员舒适性等,且超高速列车复杂的运行场景以及多变的制动需求,对空气制动装置的增阻效率提出了不同要求。因此,构建复杂运行场景和多变制动需求耦合条件下的列车变形增阻效果与运行安全性、乘员舒适性之间的多目标优化匹配方案,以及实现复杂运行场景和多变制动需求下的列车增阻变形方案的多维寻优和智能控制,是超高速列车流线型头尾风阻制动变革性技术的难点之一。

3.4 超高速列车头尾部动态变形的工程实现技术

当超高速列车紧急空气制动时,对流线型头尾部空气制动装置的响应速度和精准程度提出了严苛要求,需实现流线型头尾部动态变形的高可靠度运动学设计。此外,流线型头尾部的空气制动装置在工作状态下将承受极高的气动载荷,进而引发结构流致振动、疲劳、断裂等,需开发流线型头尾部风阻制动装置的流固耦合、耐疲劳设计及其工程实现技术。同时,针对更高速列车轻量化需要,如何使空气制动装置在满足强度、运动学、流致振动、可靠性多个功能要求下,实现材料-结构-功能一体轻量化设计,是超高速列车流线型头尾风阻制动变革性技术的难点之一。

主要参考文献

[1] 张旺狮. 车辆制动装置[M]. 北京:中国铁道出版社,2007.

[2] Osenin Y I, Krivosheya Y, Chesnokov A, et al. Influence of the Mutual Overlapping Coefficient on the Process of a Disc Brake Squealing During Braking[J]. Journal of Friction and Wear, 2021,42(1):38-43.

[3] 孙国斌. 日本直线电机制动技术的研究进展综述[J]. 铁道车辆,2020,58(1):16-20.

[4] 田春,吴萌岭,朱洋永,等. 空气动力制动风翼在车上布置数值仿真研究[J]. 中国铁道科学,2012,33(3):100-103.

[5] Gao L Q, Xi Y, Fu Q, et al. Performance Analysis of a New Type of Wind Resistance Brake Mechanism Based on FLUENT and ANSYS[J]. Advanced Materials Research,2012,562-564:1099-1102.

[6] 高立强,胡雄,孙德建,等. 空气动力制动前排风翼板制动力影响规律[J]. 铁道学报,2018,40(1):31-37.

[7] Niu J Q, Wang Y M, Liu F, et al. Aerodynamic Behavior of a High-Speed Train with a Braking Plate Mounted in the Region of Inter-Car Gap or Uniform-Car Body: A Comparative Numerical Study[J]. Proceedings of the Institution of Mechanical Engineers Part F Journal of Rail and Rapid Transit,2021,235(7):815-826.

撰稿人:高广军(中南大学)　张洁(中南大学)　王家斌(中南大学)
　　　　李田(西南交通大学)

更高速列车振动噪声机理与控制

Mechanism and control of vibration and noise of higher speed train

1 科学问题概述

2019年9月,中共中央、国务院印发的《交通强国建设纲要》提出,合理统筹安排时速600公里级高速磁悬浮系统、时速400公里级高速轮轨(含可变轨距)客运列车系统、低真空管(隧)道高速列车等技术储备研发。然而,运行速度的提升势必加大列车与空气以及列车与轨道、桥梁(路堤)等的相互作用,导致更高强度的车内外噪声水平,对旅客的乘车舒适度、工作人员的身心健康以及铁路沿线周边环境均会产生显著影响。

高速列车噪声主要包括轮轨噪声、气动噪声和线路耦合振动噪声。噪声源与车辆运行速度密切相关,轮轨噪声和列车运行速度成 3 次幂指数关系,而气动噪声随运行速度增长更快,成 6~8 次幂指数关系。当列车运行速度低于 350km/h 时,轮轨噪声是高速列车噪声主导声源;当列车运行速度超过 350km/h 时,气动噪声将逐渐成为主导声源。

高速列车轮轨噪声是轮轨不平顺(包括表面粗糙度)通过轮对与钢轨相互作用激励车轮和钢轨乃至轨下结构振动声辐射而形成的。根据现有研究及轮轨噪声对列车速度的依赖关系,车速从 350km/h 提高到 400km/h,保守估计轮轨噪声将增加 2dB 以上。而且,随着列车速度的提升,更多轨道不平顺激励能量将经由轮轨相互作用进入噪声敏感频域,显著增加高速轮轨声源/振源激励(列车速度越高,轨道不平顺敏感波长越长,谱能量越大)。速度增加除了导致激励源幅值的显著增长外,激励能量的低频成分也将更加凸显,在有限空间下进行长波长的低频噪声高效控制难度更大。

高速列车车体与空气的相互作用产生空气动力学噪声,简称气动噪声。车速从 350km/h 提高到 400km/h,保守估计气动噪声将增加 3~4dB。与气动噪声源对应的车体近壁面气动激扰,经过表面的"声-固""流-固"耦合机制,向车内传递能量,导致较大的车内噪声(中低频)。这些近壁面气动激扰主要来自湍流边界层内的压力脉动(压力值通常比静止流体内直接产生的声压大若干个数量级),在风挡等结构薄弱区域还容易引起耦合气动激扰。考虑到近壁面湍流发展的时空复杂性,在平顺化设计前提下,如何精确认识湍流边界层的气动激扰特征,进一步挖掘降噪潜力,是一个挑战。

高速列车线路耦合振动噪声来源于列车与线路的耦合作用而导致的系统结构振动和声辐射。典型的例子是高架桥梁辐射的噪声,简称桥梁噪声。我国高铁线路 80% 以上铺设在钢筋混凝土高架桥上,列车高速通过时,轮轨相互作用也会导致桥梁耦合振动并辐射噪声,同时能量以振动波的形式传向附近建筑物,影响人们的工作和生活。桥梁噪声对列车速度的依赖关系与轮轨噪声类似,但高架桥梁噪声的主要频率成分在 250Hz 以下,波长更长,影响范围更广,一旦强度达到一定水平将更容易导致人们的负面主观评价。

综上所述,高速列车运行速度的进一步提升将使得振动和噪声加剧。因此,时速 400km 及以上高速列车噪声机理与控制是一个涉及机械振动、流体力学、波动声学和随机分析的跨学科难题。

2 科学问题背景

我国高速铁路网在不断加密,行车密度也在增加,由于多数是高架线路,沿线开发距离线路较近。这些因素使得高铁噪声振动问题成为一个重要的环境污染问题。车速的进一步提高,必然使得噪声振动问题更加凸显。此外,随着我国经济社会的发展,人民群众对美好生活的追求越来越高,高速铁路减振降噪成为一个重大社会需求。因此,《交通强国建设纲要》要求"降低交通沿线噪声、振动,妥善处理好大型机场噪声影响"。

从工程角度而言,更高速度等级的高速列车必须具备轻量化节能属性,否则便丧失了应用推广的竞争力。但是轻量化和噪声控制是矛盾的。例如,从噪声源角度出发,"重车"的轮轨噪声要低于"空车";而从传声路径角度出发,车体结构面密度越高、隔声量越高。由于列车较低的质量和更高的运行速度,高速列车运行过程中产生的车内外噪声问题将变得异常突出,而且噪声的频率成分主要集中在人耳比较敏感的低频范围,这将严重影响乘坐列车的舒适性。例如:图1和表1分别给出了某时速350km"复兴号"高速动车组以400km/h试验速度运行时,车内噪声的频谱和声压级测试结果。

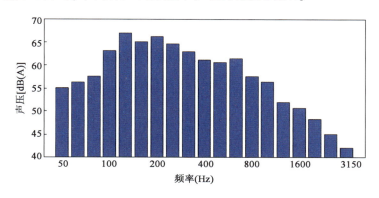

图1 车内噪声频谱特性测试结果

某时速350km"复兴号"高速动车组400km/h试验速度运行时车内噪声试验结果及要求[dB(A)]　　　　　　　　　　　　表1

车辆编号	司机室	客室前/观光区	客室中	客室后
TC08 车	76.3	76.9	72.6	74.0
M07 车	—	73.5	69.3	74.7
TP06 车	—	75.1	70.6	75.5
时速400km限值要求	≤76	≤70/72	≤68	≤70

注:搭载性试验,车内座椅未恢复、内端门未完全关闭,实际噪声可能略低一些[1dB(A)左右]。

由图1可见,湍流气动载荷引起的车内噪声很大,并且主要集中在人耳比较敏感的低频段。由表1可见,高速列车的客室前、观光区、客室中和客室后的噪声都超出了目前暂定的时速400km噪声限值要求,特别是车内客室噪声超标最为严重,高达5.5dB。另外,根据国内已有的高速列车试验数据以及国内外相关文献报道,我国现有350km/h速度等级"复兴号"高速列车在350km/h匀速运行时车外噪声为93~96dB(A),当速度提升至400km/h之后,车外噪声预计将达到98dB(A)左右。

时速400km及以上高速列车将受到更大的激励载荷,轻量化的车体又容易引起声学性能降低。因此,必须研究时速400km及以上高速列车的声源产生、路径传递和响应评价机理,从噪声源头上"控制"、路径上"阻断"和响应上科学评价,进而实现多目标的轻量化整车噪声控制。

3 科学问题研究进展

轮轨系统的振动噪声来自轮轨粗糙度激励,通过轮轨相互作用激发车轮、钢轨、轨道的振动并辐射噪声。更高速度等级的轮轨噪声还存在高速移动/旋转效应、陀螺效应、多普勒效应,并伴随频率"分叉"现象,其机理与特性都与现有轮轨噪声不同。近年来,国内外逐渐开始关注更高速度等级的轮轨噪声的研究,例如,已经从传统的单个车轮研究发展为针对轮轨的研究,并考虑轮对的柔性。但是在高速旋转等相关问题上仍然有待深入探索。

气动噪声和湍流载荷激励来自空气流体与高速列车的流固耦合作用,气流分离引起压力波动、涡流脱落产生气动噪声。更高速度等级的高速列车流固耦合作用加剧,气动噪声能量提高的同时,湍流激励引起的车体结构振动声辐射效应增加。近年来,有关气动噪声的研究不断深入,但是对于湍流激励引起的车体结构振动声辐射依旧匮乏。

高速列车的车体一般被认为具有良好的密封性能,但是在更高速度等级下,由于气动加剧,泄漏声问题不能忽略,此时传声路径变得更加复杂。现有针对高速列车传声路径的研究主要关注隔声(空气声路径)和减振(结构声路径),但是在泄漏声、隔声、减振问题都存在的情况下,三种路径相互耦合,路径的分离以及贡献的定量是有待解决的关键难题。进一步,使用什么样的材料/结构有针对性地"阻断"上述路径是实现整车噪声控制的核心技术。

因此,要实现时速400km及以上或更高声学性能指标的高速列车噪声控制,需攻克以下难点。

3.1 高速轮轨/气动噪声机理、特性及控制措施

考虑高速移动/旋转效应、陀螺效应、多普勒效应,研究高速高频轮轨相互作用,分析更高速度等级高速轮轨噪声特性,掌握高速轮轨噪声关键参数影响规律,探索时速400km及以上的低噪声车轮、低噪声钢轨技术及其优化匹配技术。

研究高速列车气动发声尺度及空间分布特征,分析近车体空间的四极子源效应,探明隧道条件对车体气动激扰的增强效应,构建整车/局部的气动噪声评估模型;研究基于形态仿生的气动噪声抑制技术,挖掘平顺化设计的车体气动噪声抑制空间;研究基于界面控制的气动噪声抑制技术,探明界面抽吸、表面沟槽微结构、声学超构表面、柔性界面等不同界面控制模式的作用原理和效果;进而探索时速400km及以上更高速度、低流阻、低噪声协同一致的整车/局部气动声学优化方法。

3.2 高速列车车体声振特性、多路径与多级化耦合传声机理及贡献分析

考虑精细化车体结构,研究高速列车"车体-空气"流固耦合关系,掌握高速列车流场

分布、湍流或涡流时空演化特性,掌握气动噪声产生机理、车内外激励作用机制和关键影响因素;研究高速湍流激励下车体复合结构声振特性,掌握高速列车车体复合结构声振关键参数影响规律,探索时速400km及以上高速列车在湍流激励下的车体声振控制技术。

研究高速列车车体"泄漏/隔声/减振"多路径、"轮对-构架-车体"多级化耦合传声作用,掌握多路径、多级化耦合传声机理,分离"泄漏/隔声/减振"多路径中的空气传声、结构传声,量化"轮对-构架-车体"多级化中子系统能量贡献,提出时速400km及以上高速列车车体多路径、多级化耦合传声控制措施。

考虑"车-线-隧"耦合作用关系,研究隧道环境下的高速列车整车噪声预测方法,分析隧道环境下高速列车的车内噪声特性,掌握车辆因素、线路因素、隧道因素对更高速度下的高速列车车内噪声作用机制和影响规律,提出隧道环境下时速400km及以上高速列车"车-线-隧"振动噪声控制策略。

研究高速铁路沿线空间声场分布与传播特性,研究高速铁路桥梁二次噪声及其控制技术,掌握线路、轨道、桥梁和声屏障结构的车外噪声影响机制和降噪特性,探索时速400km及以上高速列车高效车外噪声控制措施。

3.3　高速列车主观声学舒适性预测与调控技术研究

研究高速列车车内声场复现技术,在时域、频域和空间域上重构的车内声场,探索在模拟车厢内的乘客主观声学舒适性的自由裸耳评价;研究时域、频域和空间域上都呈现出波动特性的中低频噪声对人耳蜗响应的影响机理和车内声场预测模型;采用智能算法建立能够同时反映空间声场时-频物理学特性和人耳对高速列车车厢内主观声学舒适性感受的关联模型,研究基于客观参数的时速400km及以上高速列车车厢内的主观声学舒适性评价和调控技术。

3.4　高速列车整车低噪声设计与新型降噪材料/结构关键技术

研究高速列车整车低噪声设计方法;研究高速列车车内低频噪声问题,分析车内声固耦合作用,明确车内低频噪声的发声机理、传递路径、分布特性,掌握高速列车车内低频噪声关键参数的影响规律;研究声学前沿技术在高速列车减振降噪中的运用,例如:声学超材料/超结构、声学黑洞和颗粒阻尼等,探索新型降噪材料/结构,分析新型降噪材料/结构在高速列车车体中的作用机制与降噪性能,掌握时速400km及以上高速列车整车多目标(轻量化、安全耐久、经济高效、减振降噪)噪声控制技术。

主要参考文献

[1] Thompson D J. Railway Noise and Vibration: Mechanisms, Modelling and Means of Control

[M]. Oxford: Elsevier Ltd., 2009.

[2] 沈志云. 高速列车的动态环境及其技术的根本特点[J]. 铁道学报, 2006, 28(4): 1-5.

[3] 翟婉明, 赵春发. 现代轨道交通工程科技前沿与挑战[J]. 西南交通大学学报, 2016, 51(2): 209-226.

[4] 田红旗. 中国高速轨道交通空气动力学研究进展及发展思考[J]. 中国工程科学, 2015, 17(4): 30-41.

[5] 杨国伟, 魏宇杰, 赵桂林, 等. 高速列车的关键力学问题[J]. 力学进展, 2015, 45: 217-460.

[6] Jin X S. Key Problems Faced in High-Speed Train Operation[J]. Journal of Zhejiang University-SCIENCE A (Applied Physics & Engineering), 2014, 15(12): 936-945.

[7] Zheng X, Hao Z Y, Wang X. A Full-Spectrum Analysis of High-Speed Train Interior Noise Under Multi-Physical-Field Coupling Excitations[J]. Mechanical Systems and Signal Processing, 2016, 75: 525-543.

[8] Zhang J, Xiao X B, Sheng X Z, et al. An Acoustic Design Procedure for Controlling Interior Noise of High-Speed Trains[J]. Applied Acoustics, 2020, 198: 107419.

[9] Han J, Zhong S Q, Xiao X B, et al. High-Speed Wheel/Rail Contact Determining Method with Rotating Flexible Wheelset and Validation Under Wheel Polygon Excitation[J]. Vehicle System Dynamics, 2018, 56(8): 1233-1249.

[10] Yang Y, Mace B R, Kingan M J. Wave and Finite Element Method for Predicting Sound Transmission Through Finite Multi-Layered Structures with Fluid Layers[J]. Computers & Structures, 2018, 204: 20-30.

撰稿人: 肖新标(西南交通大学)　刘项(中南大学)　刘盈利(中南大学)
　　　　刘永强(石家庄铁道大学)

重载列车制动安全及操纵策略

Braking safety and operation strategy of heavy haul train

1 科学问题概述

2017年2月, 国务院印发的《"十三五"现代综合交通运输体系发展规划》中明确提出, 到2020年, 基本建成安全、便捷、高效、绿色的现代综合交通运输体系, 部分地区和领域率先基本实现交通运输现代化的发展目标。此外, 在2021年2月中共中央、国务院印发的《国家综合立体交通网规划纲要》中也提出要着力推动交通运输更高质量发展、发挥交通运输在国民经济中的重要作用、为全面建设社会主义现代化国家提供有力支撑的形势要求。然而,全面发展综合交通体系,对铁路货运的运能、运输效率以及运行安全性都提出了更高的要求,开行的2万t重载列车已不能很好地适应现如今的运输需求,亟须更大运能的重载列车(3万t,甚至5万t),其中列车运行过程的制动控制和操纵策略对列车安全、高效运行至关重要,是限制重载运输的瓶颈问题。

随着经济的快速发展,物流业的需求也快速增长,铁路货物的运输量急剧上涨,高价值、小批量、时效性强的需求快速攀升,预计2021至2035年全社会外贸货物运输量将保持长期增长态势,大宗散货运量未来一段时期保持高位运行状态。这无疑对货物运输系统效能提出了新的挑战。重载铁路运输因其成本低、效率高、运能大、低碳环保等优势已成为铁路货运发展的主流方向。

2　科学问题背景

重载列车牵引质量与车辆轴重的逐步增加,以及运行速度的不断提升,将导致列车的动态特性[特别是车辆制动过程中的列车纵向动力学行为(纵向冲动、制动特性等)]变得异常复杂,并引发一系列重载列车关键部件失效问题,如车钩与钩尾框出现裂纹、缓冲器破损严重、车体结构与货物遭到撞击破坏等。列车制动时车辆在垂向与横向载荷共同作用的极端条件下还会发生跳钩、脱钩、断钩,甚至脱轨等安全事故,直接导致严重的人员财产伤亡事故。因此,为了保障重载列车平稳制动与安全运营,亟须开展重载列车制动安全与操纵策略研究。

3　科学问题研究进展

列车制动过程中,通过摩擦来消耗车辆的动能,从而达到列车减速或停止的目的。列车制动力,即轮轨之间的相互作用力可分为两类,其中一类是以钢轨与车轮间摩擦力形式作用的制动方式,称为黏着制动(或摩擦制动)。黏着制动的制动力受轮轨间黏着系数的限制,其最大制动力无法超过黏着力。黏着制动可分为摩擦制动和动力制动。其中摩擦制动主要分为闸瓦制动与盘形制动;动力制动包括电阻制动和再生制动。近年来,国内外学者针对闸瓦制动、盘形制动、电阻制动以及再生制动开展了一系列优化研究。一方面通过优化制动摩擦材料及几何形貌以降低闸瓦摩擦面温度和结构热应力分布范围;另一方面,优化电路控制策略,提高列车动能转化为电能的效率。实际服役过程中,通常协同使用摩擦制动与动力制动。总的来说,上述研究在一定程度上提升并发展了列车制动技术,但仍然存在着重载列车制动不协同带来的各种问题,威胁行车安全。

随着科学技术的不断进步,列车所采用的制动方式也越来越丰富,从传统的机械驱动踏面控制已经逐渐向依赖电能和电机的电阻制动发展。但是电制动存在自身的局限性，难以成为安全制动方式，因此踏面制动和盘形制动仍然是当今普遍认可的列车安全制动方式。传统的踏面制动或盘形制动大多通过空气制动机实施。但由于空气制动机制动波速较低，难以适应铁路高速、重载的发展趋势。对于重载列车，由于车辆编组数量增加，牵引总重升高，这将对列车制动系统带来一系列的问题，如操纵迟钝、列车纵向冲动增大、制动距离延长以及列车耗风量增加产生充气问题等。此外，重载组合列车运行工况复杂，线路中坡道、弯道、隧道较多，同一编组中的各机车、车辆在编组中的运行工况各不相同，制动需求随之不同，而且，无线通信信号也不可避免地存在弱信号点甚至是中断的情况。因此，为了保证列车的制动安全，亟须突破重载列车动力学模拟技术并提出相应的制动方法与策略。

重载列车的纵向冲动一直是阻碍重载列车发展的一大难题。车辆在空气制动时的不一致性是列车纵向冲动的根源，而不合理的制动操纵会加剧列车的纵向冲动，威胁行车安全。列车在长大下坡等复杂线路上进行空气制动时，其制动波受传播速度的限制，制动波传到后面车辆上存在着延时，且延迟状况随着列车编组的增加更加严重。随之导致列车在制动工况下的纵向冲动作用更为明显，严重时还会引起列车发生断钩及脱轨的事故。目前，世界上一些重载铁路运输发达的国家，如美国、澳大利亚、加拿大等，对于重载列车制动的空气制动延时问题大多采用电控空气制动系统技术来解决，但该制动控制系统的列车编组固定，目前尚不适应我国重载运输情况。

制动带来的较大纵向冲动不仅会使车辆磨损磨耗加剧，甚至还容易引起脱钩、断钩等安全事故。为了解决长大货物列车制动时纵向冲动较大的问题，重载列车制动模式、方法及策略也逐步发展。我国重载列车制动系统发展大体可分为三个阶段：第一个阶段是采用列车管压力控制的空气制动系统，它的列车管既要传递制动控制信号还要输送压力空气，其制动一致性最差；第二个阶段是采用无线遥控同步操纵制动系统，其制动一致性得到有效提高；第三个阶段是采用分布式网络智能模块机车空气制动系统（ECP/WECP），其制动一致性得到显著改善。传统空气制动和Locotrol存在很多弊端，尤其是在列车冲动、运行速度、车辆磨损、制动距离等方面的精确控制存在不足。ECP/WECP技术不仅对于降低列车间纵向作用力、缩短制动距离、防止断钩与脱轨事故有明显的改善效果，而且还在加速列车的周转率和节约能源等方面具有巨大的促进作用。国内外众多学者围绕这三种制动模式，针对列车驾驶策略和控制算法等问题，开展了大量的研究分析，并建立了众多不同的制动系统动力学与控制模型，比如列车管路的空气制动系统数学模型、机车牵引与电制动力学模型、考虑制动阀及制动缸特性的制动系统动力学模型、制动机和制动阀动态模型、动力分布控制模型等。通过以上模型并结合制动试验研究，分析了制动系统参数、阀特性、控制方法及参数等因素对制动行为的影响，有效地指导了重载列车制动策略优化。

然而,当重载列车进行制动时,其动力学行为不仅受到各种服役环境的影响,还受到操纵策略的影响。但是,目前已有的重载列车操纵/制动策略研究往往忽略了重载列车的实际服役情况,包括复杂的线路条件、通信条件和恶劣的制动工况等,我国重载列车制动机理有待进一步明确,且制动问题没有从根本上得到有效解决。此外,我国目前的制动系统没有针对重载列车设计,而所有参数都是基于国外经验,这与我国重载列车有较大差异。因此,亟须掌握重载列车制动机理,揭示重载列车全线路/全工况服役行为,并基于此提出列车操纵/制动策略是解决重载列车制动难题的有效途径之一。

基于以上考虑,构建面向重载列车制动安全的制动控制策略,需要攻克的难点主要包括以下几个方面。

3.1 重载列车制动系统模拟方法与动态响应机理

针对传统空气制动、有线 ECP 制动、无线 ECP 制动(WECP)、电制动等不同制动模式,且涉及摩擦学、机械振动、流体力学、控制理论等多个学科,重载列车制动系统动态响应极其复杂且影响因素众多。因此,提出重载列车全制动模式的动力学模拟方法,研究不同制动模式及工况下的制动/控制参数对制动性能的影响规律,并阐明制动系统动态响应机理,是保障重载列车制动安全的关键理论基础。

3.2 重载列车全自由度/全线路/全工况动力学快速建模及计算方法

针对现有建模方法及动力学模型不能很好地解决长大编组列车建模工作的繁重问题,且商业车辆动力学软件存在对计算自由度的限制问题,开展重载列车动力学理论研究,提出重载列车全自由度、全线路快速建模与仿真;建立重载列车全工况动力学仿真模拟理论体系,构建列车、牵引、制动等系统动态耦合作用关系,提出列车全自由度/全线路/全工况动力学快速建模及计算方法;进一步,研究并揭示服役过程中列车全线路/全工况的服役行为,是保障重载列车制动安全的关键理论基础。

3.3 重载列车制动机理及其关键设计理论

目前我国的制动系统没有针对重载列车设计,而所有参数都是基于国外的经验,这些国外的经验与我国重载列车有较大差异,如何掌握我国重载列车制动机理并正向设计制动系统,涉及许多基本的制动问题。因此,重载列车制动系统制动机理与正向设计关键理论还有待深入研究,例如,重载列车漏泄影响制动性能,进而对纵向冲动的影响机理,需要制订重载列车漏泄标准;探究重载列车制动缸充气速度和车钩力相关性等一系列问题;研究重载列车车钩力发生机理和制动传播特性间的关系;探明加速缓解风缸在制动缓解过程中的作用机理及其对列车行为的影响机制等,是保障重载列车制动安全亟须解决的关键问题之一。

3.4 重载列车复杂制动条件下脱轨机理及安全评估方法

制动过程中,重载列车面临着各种复杂线路工况和服役环境,全列车在各种线路条件、牵引制动工况、运行环境下的动态响应和各项性能难以准确有效地揭示及评估。因此,研究不同制动模式及制动策略下的列车动力学响应特性并揭示列车脱轨机理,提出基于全自由度响应的车辆级安全评估方法,进而构建列车快速的安全评估方法体系,是保障重载列车制动安全亟须解决的关键难题之一。

3.5 重载列车平稳操纵策略

重载列车制动时的服役安全性不仅受到编组方式、线路条件等诸多因素的影响,还主要受到操纵与制动策略的影响,且复杂极端制动工况极易导致列车动力学行为恶化甚至引起列车脱轨。因此,建立制动-列车动力响应-车辆脱轨三者之间的动态关联,研究制动工况对列车纵向冲动的影响机制,探明列车纵向冲动与运行安全性的关键影响因素,并提出全工况协同的多因素多目标智能优化算法,系统性提出针对重载列车的车辆级制动及操纵策略,以实现列车的平稳协同运行,是保障重载列车制动安全的变革性技术难点之一。

主要参考文献

[1] Wang K Y, Zhai W M, Liu P F. Establishment and Verification of Three-Dimensional Dynamic Model for Heavy-Haul Train-Track Coupled System[J]. Vehicle System Dynamics, 2016, 54(11):1511-1537.

[2] Wei W, Hu Y, Wu Q, et al. An Air Brake Model for Longitudinal Train Dynamics Studies [J]. Vehicle System Dynamics, 2017, 55(4):517-533.

[3] 张卫华. 高速列车服役模拟建模与计算方法研究[J]. 力学学报, 2020(53):96-104.

[4] Zhai W, Gao J, Liu P, et al. Reducing Rail Side Wear on Heavy-Haul Railway Curves Based on Wheel-Rail Dynamic Interaction[J]. Vehicle System Dynamics, 2014, 52:440-454.

[5] 林晖, 钱立新. 重载列车有线电控空气制动系统的研究[J]. 中国铁道科学, 2007, 1:63-70.

[6] 姚寿文. 长大货物列车电控空气制动系统及防滑器的智能控制研究[D]. 北京:铁道部科学研究院, 2006.

[7] 刘金朝, 王成国, 马大炜, 等. 长大列车空气管系充气特性数值仿真研究[J]. 中国铁道

科学,2004,25(1):13-19.
[8] Song S Q,Zhang W H,Han P,et al. Sliding Window Method for Vehicles Moving on a Long Track[J]. Vehicle System Dynamics,2018,56(1):113-127.
[9] Zhang W H,Shen Z Y,Zeng J. Study on Dynamics of Coupled Systems in High-Speed Trains[J]. Vehicle System Dynamics,2013,51(7):966-1016.
[10] 魏伟,张益铭.2万吨重载组合列车操纵优化研究[J].铁道机车车辆,2021,41(4):35-40.

撰稿人:张卫华(西南交通大学)　王志伟(西南交通大学)　魏伟(大连交通大学)

列车乘坐舒适性综合评价及性能提升

Comprehensive evaluation and improvement method of train ride comfort

1 科学问题概述

在2019年中共中央、国务院印发的《交通强国建设纲要》中,32次提及"服务",着重强调"运输服务便捷舒适、经济高效",而服务水平不断提升的表现之一就是乘坐舒适性的提升。"舒适"作为运输行业提供的核心服务,是轨道交通先进性的具体表现,乘坐环境品质的保证成为进一步提升我国高速轨道交通核心竞争力的"强力助推器"。

近年来,我国铁路网不断扩大,相继建设了兰新铁路、青藏铁路、川藏铁路等一系列世纪性工程,列车运行环境复杂度和速度不断提高,致使列车受到高原低压低氧环境、车-隧耦合气动效应、横风、轨道不平顺、纵向冲动等因素的影响加剧,振动、噪声、气压等问题日益凸显,激励及能量通过各种方式传导至客室内,引发乘员心理、生理、力学多态响应,严重影响乘员乘坐舒适性。目前国内外主要通过控制振动噪声等激励源和改变其传递路径实现舒适性提升,且研究侧重于以车体物理响应水平(如振动加速度、噪声声压级等)单参量为目标进行列车结构舒适性设计,然而设计参数的选择及优化效果的评估大多依赖于历史试验数据及经验,与最终人体舒适性感受间的映射关系尚不明确。因此,亟待开展列车乘坐舒适性科学准确的评估方法研究,为轨道交通装备舒适性设计提供数据支撑和理论指导,并以人体感知为优化目标开展适用于我国复杂运行环境的列车乘坐舒适性提升技术研究,助力交通强国战略顺利实施。

2 科学问题背景

列车乘坐舒适性是轨道交通发展的关键问题,随着人民生活水平的不断提高,对于交通出行方式的要求,从之前的"更高速""更安全"逐渐转为"更舒适"。2020 年 8 月,中国国家铁路集团有限公司发布《新时代交通强国铁路先行规划纲要》,进一步提出"构建舒适快捷的客运服务体系",将旅客舒适摆在铁路发展的重要位置。而列车乘坐舒适性问题的核心就在于对乘员舒适感受的精准评估以及如何以人体感知为目标进行列车结构舒适性设计。缺乏科学的舒适性评价方法及调控策略,将制约我国轨道交通装备舒适性的进一步提升,以"乘员舒适度"为核心的运输品质提升势必面临更为严苛的技术壁垒。若能实现对列车乘坐舒适性的精准评估,则可基于评估结果,对车体结构、内饰布局、座椅、暖通空调(Heating, Ventilation, Air-conditioning and Cooling, HVAC)系统等进行以舒适度为导向的优化,进一步提高旅客乘坐舒适性。因此,亟须开展列车乘坐舒适性评价及提升研究,助力交通强国战略顺利实施,提升人民铁路出行体验。

3　科学问题研究进展

舒适性是一个难以量化的人体主观体验,它是一种主观定义的个人状态,容易受到诸多生理因素和心理因素的影响,当然外界环境因素的影响也不容小觑,其机理属于生理学、心理学、生物医学等学科的范畴,仅仅从工程应用领域进行研究难以达到最理想的效果。学术界对于如何准确定义人体感觉舒适与不舒适的问题,一直处于不断完善过程中,但是还缺乏量化的统一结论。根据不适感来源,可将乘坐舒适性分为静态舒适性、振动舒适性、噪声舒适性、热舒适性、耳气压舒适性和视觉舒适性。

静态舒适性主要是指没有外界激励情况下的舒适度感受,体现的是以座椅为主的车辆部件本身结构、材料、尺寸、外观等因素的作用;振动舒适性是指在有外界振动、倾斜等工况下的舒适度感受,体现的是座椅、悬架自身减震特性的好坏;噪声舒适性是指车外环境、车辆自身部件产生的噪声传递至车内,对车内乘员舒适性的影响;热舒适性是指车内的空气温度、相对湿度、气流速度和平均辐射温度等环境因素下,乘员的热舒适响应与热感觉评价;耳气压舒适性指列车在隧道内运行时,车内压力发生变化,乘客耳部产生不适感;视觉舒适性指车内照明、窗外风景对人耳的刺激效应,包括照度、眩光、亮度大小和对比度、显色性等因素。特别是当铁路继续高速通过隧道时,由于室外采光条件不同,车厢内光线变化引起的眼睛不适明显,视觉舒适性劣化严重。

在工程应用领域,已制定好的标准被广泛应用于列车舒适性评价。目前,国际上对列车舒适性的评价方法有多种标准,针对振动舒适性、热舒适性、噪声舒适性、视觉舒适性等均有相关标准。振动舒适性的主要标准或方法包括国际标准化组织的 *Mechanical vibration and shock-Evaluation of human exposure to whole-body vibration—Part 1: General requirements*(ISO 2631-1:1997)、我国现行的《机械振动 铁道车辆内乘客及乘务员暴露于全身振动的测量与分析》(GB/T 13670)、国际铁路联盟现行的《铁路车辆内旅客振动舒适性评价准则》(UIC 513)、德国 Sperling 平稳性指标、美国 Janeway 的舒适性限度和法国铁路的疲劳时间法;热舒适性的主要评价标准包括我国现行的《铁道客车通用技术条件》(GB/T 12817)、《客车空调设计参数》(TB 1951)、国际铁路联盟现行的 *Heating, ventilation and airconditioning in coaches* (UIC 553)、欧洲的 *Railway applications—Air conditioning for urban and suburban rolling stock—Part 1: Comfort parameters* (EN 14750-1);类似地,噪声舒适性也有我国现行的《公共场所卫生指标及限值要求》(GB 37488)和《铁道客车内部噪声限值及测量方法》(GB/T 12816)、国际铁路联盟现行的 *General provisions for coaches* (UIC 567)和 *Measures to ensure the technical compatibility of high-speed trains* (UIC 660)作为评价标准;而针对视觉舒适性,我国现行的《公共场所卫生指标及限值要求》(GB 37488)、《旅客列车卫生及监测技术规定》(TB/T 1932)、国际铁路联盟现行的 *Layout of driver's cabs in locomotives, railcars, multiple unit trains and driving trailers* (UIC 651)、欧洲现行的 *Railway applications—Electrical lighting for rolling stock in public transport systems* (EN 13272)被广泛应用。这些标准评价基准不统一,统计处理方法不一样,在评价用语上也各异。各个标准在制订时,受当时技术的发展限制,未能真实反映实际线路工况,也无法真正建立起客观输入与主观输入的关系,再加上列车舒适性的评价标准在制订的过程中需要权衡列车的制造成本和使用者的身体健康,一定程度上受到制定者主观性影响。指标定得过严,则影响产品设计难度和制造成本;指标定得过低或者不评价,则会对部分人群造成危害。例如在制订 ISO 2631-1:1997 这一振动舒适性权威标准时,其指导原则就是充分利用既有的成熟的研究成果,采用严密而简洁的术语,将其汇集成一个清晰的计算指南。但是由于大多数研究成果在本质上尚未得到基础生理学和生物力学角度对人体响应研究的充分支持,使得 ISO 2631-1:1997 评价指南标准的编制仅仅考虑到人体对振动环境的主观舒适度感受,带有很强的主观色彩。以上标准,仅仅从环境参数角度着手,用温度、湿度、声压级、振动幅值等客观环境参数来直接评价乘坐舒适性,未从生理学和生物力学角度评估复杂环境对人体舒适度的影响,且未考虑各项复杂环境对乘员的协同影响。同时,伴随我国复杂运行环境特征不断增加,标准的适用性和时效性有待进一步完善。

在学术界,对舒适性劣化机理的探究随着生物医学工程及人因工程学的不断发展,随着可穿戴生理信号采集技术的进步,肌电、皮电、心电、脑电等生理信号作为一种更客观地反映乘员状态的指标,正逐渐应用于舒适性评价等领域,可以通过测量这些指标探究复杂环境对舒适性的影响机理。其中,肌电、皮电、心电等来自外周神经系统,被称为外周神经信号,脑电来自中枢神经系统,被称为中枢神经信号。外周神经信号中,肌电已被大量文献证明对于乘客乘坐静态舒适性和振动舒适性具有极佳的评价效果,而皮电和心电则能够准确评价热舒适性,因此,融合多模态外周神经信号用于研究人体综合舒适性的方法也在近年来被不少学者采用。脑电信号是脑科学的基础理论研究,其被广泛应用于各种主观感觉和认知任务。相较外周生理信号在舒适性评价领域的局部有效性,由于舒适感是来自杏仁核的主观感觉,因此脑电信号在反映整体舒适性上有着显著的优势。在分析方法上,随着人工智能的不断发展,机器学习方法对于数据的分析处理能力大幅度提升,采用机器学习方法分析生理信号从而建立舒适度评价模型,因其具有高效准确的特性,成为学者们新的研究热点。

在列车乘坐舒适性提升方面,现有研究针对振动舒适性、噪声舒适性、耳气压舒适性、热舒适性等方面分别提出了相应的调控策略。目前,改变噪声和振动传递路径、调控乘员近场激励是列车实现减振降噪的主要手段。列车主要通过一系/二系弹簧减振器来达到被动隔振的效果,其设计原理主要依据减振器固有频率对特定频率范围内的振动进行减振降噪,然而对于低频振动控制来说,效果并不理想;在隔声方面,传统的隔声技术主要包括铺设多孔声材料、附件阻尼、增加弹簧振子等,在高频具有较好的隔声性能,但受质量定律的影响,在低频段隔声性能较弱。针对车内振动与声学环境的改善,一种打破质量隔声定律的薄膜声学超材料被证明在较低频具有超常隔声性能,能够在传播路径中有效降低噪声带来的不舒适感。此外,国内外学者采用理论仿真和现场试验等方法分析车内振动响应与噪声特性,对关键路径上的主要机构部件(如车体、车下设备等)开展材料和结构优化设计,取得了一定的减振及降噪效果。在耳气压舒适性方面,由于耳不适感程度与内部压力变化成正比,缓解不适感的关键是降低压力波动的强度。为了提高列车的耳气压舒适度,研究人员提出并实施了多种有效措施,如提高列车车身的气密性、优化隧道结构、优化列车外形等。在热舒适性方面,早期优化方法主要依赖于现场测量或分析和实证模型进行人为调整和评估,随着计算机技术的快速发展,许多研究人员通过在 HVAC 系统的参数设计中使用计算流体动力学来改善室内热舒适性。综上,现有列车乘坐舒适性提升技术研究多以车内乘坐环境物理响应水平(如振动加速度、噪声声压级等)单参量为优化目标,但物理响应与乘坐舒适性直接相关的人体生理反馈、生物力学物理响应间的关联性尚未明确,以人体感知为优化目标的列车乘坐舒适性调控研究尚未见报道。

虽然已有不少研究针对列车乘坐舒适性评价及提升方法这一重点难题进行研究,但此变革性技术仍旧存在以下难点需逐渐攻克。

3.1 乘员近场复杂环境全频域高精度预测模型表征

高速列车结构复杂、激励源众多、运行环境多样,乘员对声、振、热、压、光等复杂环境参数响应机制复杂,如何对车内复杂环境参数进行时空高精度的测试和预测是行业的一个难点。对于复杂的列车结构系统,串扰问题是影响传递路径分析精度和可靠性一个关键因素;同时,现有的预测方法仅能实现对特定频段采用不同模型和分析方法来预测,且效率、精度和可靠性都难以保证。因此,如何研究多尺度时空高精度的车内环境参数预测方法,构建乘员近场声-振-热-压-光多模态统一的高精度预测模型是关键科学问题之一。

3.2 列车乘坐舒适性评价指标权重敏感性度量问题

振动、噪声、气压、温度、湿度、光照等复杂环境因素对乘员多源生理反馈及生物力学物理特性响应的影响机制异常复杂,难以直接获得环境场特征与乘员综合舒适性之间的关联性,导致无法科学提出相应的舒适性优化调控措施。如何通过分析振动、噪声、气压、温度、湿度、光照等复杂环境因素对乘员多源生理表征和人体生物力学响应的作用机制,剖析近场环境-生理反馈/物理响应/心理表征多元映射关系,度量各评价指标权重,建立反映环境场特征与舒适性指标间的参数化响应模型是关键科学问题之一。

3.3 影响乘坐舒适性的多参元交叉与辨识问题

影响乘员乘坐环境的因素众多且关系复杂,外界运行环境、轨道不平顺、车辆结构与材料均会对客室乘坐环境产生影响。无论是振动、噪声还是气压与热,本质上均是不同属性能量的外显。能量通过轮轨或直接作用于车体传递至车内,再经列车各部件与路径耦合作用于乘员,其机制复杂不清。影响乘员舒适性的列车外界能量激励传递路径各参元交叉融合,各参元对乘员舒适性的敏感度与影响关系尚不明确。需构建乘员人体感知与能量传递的多参元交叉映射模型,对各参元进行敏感性辨识,提出针对提高乘坐舒适性的列车结构与部件优化策略。

主要参考文献

[1] 彭勇,谢鹏鹏,姚松,等.高速列车乘员耳气压舒适性评估研究[M].长沙:中南大学出版社,2020.

[2] Xie P P, Peng Y, Hu J J, et al. A Study on the Effect of Ligament and Tendon Detachment on Human Middle Ear Sound Transfer Using Mathematic Model[J]. Proceedings of the Institution of Mechanical Engineers Part H Journal of Engineering in Medicine, 2019, 233(8):784-792.

[3] Grujicic M, Pandurangan B, Xie X, et al. Musculoskeletal Computational Analysis of the Influence of Car-Seat Design/Adjustments on Long-Distance Driving Fatigue[J]. International Journal of Industrial Ergonomics, 2010, 40(3):345-355.

[4] 王悦明,王新锐.客车舒适度的评定[J].铁道机车车辆,2000(3):6-9+4.

[5] 王海涌,张玮玥,王晓明,等.基于ANP和VPRS的高速列车舒适性综合评价指标权重分析[J].铁道学报,2014,36(6):15-20.

[6] Li N, Yang L, Li X D, et al. Multi-Objective Optimization for Designing of High-Speed

Train Cabin Ventilation System Using Particle Swarm Optimization and Multi-Fidelity Kriging [J]. Building and Environment,2019,155:161-74.

[7] Wu J,Qiu Y. The Study of Seat Vibration Transmission of a High-Speed Train Based on an Improved MISO Method [J]. Mechanical Systems and Signal Processing,2020,143:106844.

[8] 任尊松,刘志明. 高速动车组振动传递及频率分布规律[J]. 机械工程学报,2013,49(16):1-7.

[9] Peng Y,Lin Y,Fan C,et al. Passenger Overall Comfort in High-Speed Railway Environments Based on EEG:Assessment and Degradation Mechanism [J]. Building and Environment,2022,210:108711.

撰稿人:彭勇(中南大学)　石怀龙(西南交通大学)　易彩(西南交通大学)

高速列车服役性能劣化机理与控制方法

Deterioration mechanism and control method of service performance of high-speed trains

1　科学问题概述

截至2022年底,我国高速列车保有量为4194标准组、33554辆,每天投入运营的高速列车数量在高峰时达到近5000列。如此大规模运营的高速列车,其在长期服役过程中的动力学性能将直接影响铁路运行安全和运营效率,因此备受关注。受车轮不圆顺性、轨道不平顺性和轨道刚度不连续性等因素的影响,高速列车在运行过程中将持续受到轮轨接触导致的剧烈振动的影响,这些振动的频带宽、幅值大,向上传递到轮对、构架和车体,向下传递给钢轨、轨枕和路基,在传递过程中会激发车辆结构和轨道结构的振动响应,一方面会造成车辆和轨道系统的疲劳破坏,使其服役性能出现劣化趋势;另一方面会导致轮对耦合作用的持续增强,产生车轮多边形、钢轨波磨等异常激励。在以上因素的长期影响下,高速列车容易出现因性能劣化导致的车体异常振动、转向架蛇行失稳、平稳性急剧恶化等问题,还会导致结构和部件出现振动松脱、疲劳破坏等故障。因此,加强高速列车长期服役动力学性能的劣化机理、演化规律与性能控制方法的研究至关重要。

2　科学问题背景

高速列车在长期服役过程中,受车轮不圆顺性、轨道不平顺性和轨道刚度不连续性等因素的影响,列车长期处于激烈的振动环境中,导致结构焊接部件、旋转部件、连接部件等容易出现疲劳破坏,悬挂系统性能出现退化趋势,轮轨接触关系发生变化等,进而造成列车的运动稳定性、曲线通过性、运行安全性等恶化,不但使得维护成本激增,还会严重影响列车的运营安全。针对这些问题,目前工程领域的解决办法仅仅是缩小镟轮周期和钢轨打磨周期、调整悬挂参数、更换零部件等,这些方法将大大增加维护成本、缩短运营周期和服役时间,且由于导致这些问题的载荷不明,性能劣化产生的机理也不清楚,所以这些方法的效果并不明显。

我国高速列车已实现技术创新,经历了引进、消化吸收和再创新阶段,较好地掌握了高速转向架的动力学特性、轮轨接触关系特征等,但仍未掌握整个服役周期内的性能演化规律。目前,针对京沪、武广等高速客运专线已开展多年的线路跟踪试验,积累了海量的试验数据,总结出了车辆系统动力学性能特点,并分析了一般性的演化规律。但是,试验数据时间跨度远未能覆盖车辆的整个寿命周期,对关键部件的演化规律影响因素和机理的研究还不够深入,不能很好地解决实际中所遇到的一些问题,如局部路段的车辆稳定性问题、车轮高阶不圆顺磨耗等。与此同时,所建车辆模型也未能准确地预测多个镟修周期内的动力学性能演化,针对悬挂参数的非线性、线路参数、车辆使用条件的多样性,以及这些参数的时间跨度相关性和空间跨度相关性都缺乏合理的数学描述,针对轮轨高频激励、车辆异常振动等问题的产生机理和影响规律等缺乏深入研究。

我国目前运营的高速列车均采用被动悬挂,其对列车运行边界条件变化的适应能力有限,仅能通过缩短车轮镟修周期、频繁打磨钢轨、更换减振器和降速运行等临时性措施来缓解,这显著影响了列车的运行效率,缩短了轮轨的使用寿命,加大了运营和维护成本。固定的悬挂参数难以适应运行工况多、轮轨关系时变性强、激励源丰富和车辆自身参数动态随机变化等复杂运行边界条件。目前,日本、德国等国家已开展可控悬挂系统的试验研究和工程应用,由于技术保密等原因,我国尚未掌握该核心技术。需要突破现有基于被动悬挂的动力学参数优化设计方法,提出适用于更高速度等级、多种运用模式的动力学性能控制方法,确保可控悬挂系统的可靠性和安全性,这对保障我国高速动车组的长期服役性能、速度提升和运维经济性等具有重要工程应用价值,也能够大力推动铁道车辆研究领域的发展及学科交叉融合。

3　科学问题研究进展

在轮轨磨耗导致高速列车蛇行失稳研究方面,最早来自企业一线工程师们的发现,他们发现高速列车在某些工况下会频繁出现晃车、横向加速度报警等现象,其中轮轨匹配等效锥度是诱发车辆横向加速度报警的主要原因。在通过高速列车跟踪测试和动力学仿真分析后,发现随着车轮镟后里程的增加,车辆蛇行临界速度呈下降趋势,亦出现运行品质和安全性恶化问题。从直观上来看,一线的工程师们已经认识到抗蛇行减振器动态刚度和车轮踏面磨耗是影响车轮横向稳定性的主要因素,他们主要通过定期维护车轮和钢轨状态来缓解转向架蛇行失稳问题。在磨耗导致蛇行失稳的机理方面,有学者根据高速列车跟踪试验数据,分析了车轮踏面的磨耗与车辆动力学性能之间的关系,发现踏面磨耗率与运营里程成正比,这是由车轮材料磨损后导致的表面软化效应导致的,车轮磨耗会导致列车运动稳定性和运行品质的大幅恶化。另外,发现不同轮径差会导致分析结果的巨大差异,在考虑踏面磨耗对车辆动力学性能的影响时需要将轮径差和等效锥度一并考虑。但是在理论研究过程中,将轮轨磨耗规律或等效锥度变化直接考虑到车辆动力学模型中的研究还很少见。

在列车运行边界条件模拟和动力学行为研究方面,由于车辆自由度多且模态耦合、轮轨接触几何及蠕滑非线性、轮轨滚动接触非线性、悬挂系统参数动态特性、轨道随机激励等因素,导致其运行边界条件复杂且呈现不确定性,是典型的高维强非线性随机系统。其中,轮轨磨耗导致接触几何关系不断演化,影响了轮轨等效锥度曲线,进而影响了车辆蛇行运动 Hopf 分岔特性,这对蛇行运动稳定性、运行平稳性等产生直接影响。受轮轨廓形、轮轨界面、轨道几何参数、车辆几何参数、悬挂参数、质量属性等复杂运行边界条件的影响,平稳性指标、舒适度指标等呈现一个范围而不是单一值,具有随机动态特性,需要深入研究运行边界条件的变化特征和数学表征方法,进而掌握列车的动力学性能变化域及其随运行边界条件的演化规律。

在悬挂系统性能劣化规律研究方面,学者开展了一系列液压减振器的性能退化和寿命评估问题的研究,通过理论和试验研究,分析了内泄、阀片卡滞、力学性能退化、油液黏度退化等典型故障模式下的减振器退化数据,发现退化后减振器的阻尼系数至少降低30%。在高速列车运行过程中,横向减振器和抗蛇行减振器性能退化 10%~40% 时就已严重影响列车的正常行驶和乘坐舒适性。另外,有学者在对高速列车四级修时退换下来的减振器进行性能测试时,发现减振器内部出现一定程度的磨损时会导致输出阻尼力的突变。橡胶等弹性体的性能劣化问题也得到了学者们的关注。橡胶减振元件经过 3~5 年的使用,其静态刚度增加了 36%,动态刚度增加了 50%,黏弹性系数降低了 32%,且这些性能参数表现出与加载频率高低强相关。由此可见,传统油液式减振器和橡胶减振元件老化后都会出现较大的力学性能变化,这种变化会改变系统固有频率和系统工作状态,与原设计相比减振能力大幅缩水。

在解决高速列车服役性能劣化问题方面,目前的解决手段比较有限,比如通过踏面修形(减小轮缘厚度)和钢轨打磨(降低钢轨打磨角度)来提高轮轨磨耗后的车辆动力学性能,通过优化踏面和钢轨廓形来提高高速列车蛇行稳定性,采用悬挂参数优化的方式来提高系统的鲁棒性来缓解因悬挂性能劣化导致的动力学问题。有学者针对传统悬挂系统对同时降低车轮踏面磨耗和提高乘坐舒适性之间的矛盾问题,提出采用了惯容式悬挂系统代替传统被动悬挂。这种惯容式悬挂系统虽然在理论上能降低振动、提高车辆的乘坐舒适性,但系统比较复杂,还会增加转向架簧下质量。还有不少学者提出主动和半主动悬挂控制的方法,用于解决因列车轮轨磨耗和悬挂系统性能劣化导致的动力学问题。

虽然目前围绕高速列车轮轨磨耗及其影响、踏面和钢轨廓形优化、悬挂系统半主动及主动控制等方面的研究取得了一系列成果,但考虑高速列车复杂多变的运营环境、轮轨接触非线性、悬挂参数动态及随机劣化特性、车轮磨耗与动力学性能耦合演化、控制策略适应性和可靠性,还存在如下内容亟须攻克。

3.1 高速列车长期服役过程中的性能劣化机理与演化特征

考虑列车长期服役过程中的轮轨接触关系变化、悬挂系统参数变化、结构阻尼变化、载荷变化等因素及其在劣化过程中存在的不确定性规律,探索在复杂线路和环境中轨道随机激扰等作用下,走行系统、牵引传动系统和车体的振动特征,研究高速列车两系悬挂系统的振动传递关系,研究轮轨接触关系、车轮磨耗、悬挂性能随运营里程、运行速度、线路条件等的演化特征。

3.2 高速列车关键部件性能劣化规律及其对系统性能的影响规律

研究高速列车轮轨接触关系(如轮轨接触等效锥度、轮径差、车轮多边形磨耗等)、悬挂系统性能在长期振动响应环境下的性能劣化规律,建立考虑材料时变行为的力学本构模型或性能劣化经验模型。探索轮轨接触几何关系、悬挂系统、结构阻尼等参数的变化对高速列车服役性能的影响规律。开展车辆系统非线性参数对高速车辆蛇行运动稳定性的影响分析,分析轮轨滚动接触引发的车辆系统蛇行运动特征和分叉失稳形式。

3.3 基于可控悬挂的高速列车长期服役性能控制方法

车辆受到的外界激励源丰富、频带宽、振动多路多向传递,需要提出针对各独立模态和激扰特征的悬挂调控方法;多种运用模式下列车服役环境差异显著,原控制参数无法适应新的运行边界条件,需要解决控制策略的自适应性和容错控制问题;研究悬挂自适应控制策略来保持高速列车服役过程中的运动稳定性、横向平稳性、运行安全性和维护经济性的综合性能最优。

3.4 可控悬挂系统的实现手段和动力学性能验证方法

研究主动、半主动悬挂控制方法及其实现手段,探索弹性元件刚度的控制方法和途径,研究多目标调控策略及多类型弹性元件的协调控制方法。开发包括可控器件、功率驱动器和控制器在内的软硬件平台,实现可控悬挂系统软硬件控制。研究可控悬挂系统的台架试验方法,掌握控制时滞、执行机构时滞等监测方法,并进行控制效果评价和可靠性评估方法的研究。

主要参考文献

[1] Shi H, Wang J, Wu P, et al. Field Measurements of the Evolution of Wheel Wear and Vehicle Dynamics for High-Speed Trains[J]. Vehicle System Dynamics, 2018, 56(8): 1187-1206.

[2] Shin J H, Lee J H, You W H, et al. Vibration Suppression of Railway Vehicles Using a Magneto-Rheological Fluid Damper and Semi-Active Virtual Tuned Mass Damper Control [J]. Noise Control Engineering Journal, 2019, 67(6): 493-507.

[3] Jin T H, Liu Z M, Sun S S, et al. Development and Evaluation of a Versatile Semi-Active Suspension System for High-Speed Railway Vehicles[J]. Mechanical Systems and Signal Processing, 2020, 135: 106338.

[4] Zhao Y W, Liu Y Q, Yang S P. Analysis on New Semi-Active Control Strategies to Reduce Lateral Vibrations of High-Speed Trains by Simulation and HIL Testing[J]. Journal of Rail and Rapid Transit, 2021.

[5] Yang J, Ning D, Sun S S, et al. A Semi-Active Suspension Using a Magnetorheological Damper with Nonlinear Negative-Stiffness Component[J]. Mechanical Systems and Signal Processing, 2021(147): 107071.

[6] Lewis T D, Jiang J Z, Neild S A, et al. Using an Inerter-Based Suspension to Improve Both Passenger Comfort and Track Wear in Railway Vehicles[J]. Vehicle System Dynamics, 2020, 58(3): 472-493.

[7] 杨国伟, 魏宇杰, 赵桂林, 等. 高速列车的关键力学问题[J]. 力学进展, 2015, 45(1): 217-460.

[8] 罗仁, 李然, 胡俊波, 等. 考虑随机参数的高速列车动力学分析[J]. 机械工程学报, 2015, 51(24): 90-96.

[9] 杨绍普, 刘永强. 轨道车辆动力学与控制研究进展[J]. 动力学与控制学报, 2020, 18(3): 1-4.

[10] 肖乾, 罗佳文, 周生通, 等. 考虑弹性车体的轨道车辆转向架悬挂参数多目标优化设计[J]. 中国铁道科学, 2021, 42(2): 125-133.

  撰稿人:刘永强(石家庄铁道大学) 石怀龙(西南交通大学)
    王悦东(大连交通大学) 周生通(华东交通大学)

轨道车辆智能运维数字孪生系统理论与设计方法

Theories and design methods on digital twin system of intelligent operation and maintenance for railway vehicle

1 科学问题概述

当前,蓬勃发展的轨道交通行业、繁忙的铁路客货运和城轨车辆造就了我国庞大的轨道车辆运维市场,然而落后的运维模式造成的检修成本居高不下、管理难度大幅度增加、行车安全事故激增的现状,不断催生轨道车辆智能运维新模式的建设需求。早期,由于物联网、大数据、人工智能、VR/AR/混合现实(Mixed Reality,MR)等新一代信息技术的成熟度低,使得智能运维理念的推广和运用都面临着极大的困难,尤其是在轨道交通这类对信息安全比较敏感的行业。近年来,智能运维理念在工业界和学术界获得广泛普及,特别是面向智能运维的数字孪生框架和关键智能技术的不断发展和成熟,同时国家和行业层面政策上的大力支持,使得轨道车辆智能运维数字孪生系统的建立成为当前的迫切需求。先进的智能运维数字孪生系统被认为是当今轨道车辆在线路上安全运行、高效运营的重要保障,不仅能够保证列车的安全、稳定运行,还可以实时监测列车的运营状态,提高列车编组和车辆的检修效率,降低运行和维护成本,延长产品全寿命周期等。然而,建立完备的智能运维数字孪生系统离不开先进的理论体系、设计方法、技术和装备支撑,主要涉及智能运维数字孪生系统的构建理论与方法、运维大数据的智能感知与云平台建设、智能分析方法与运维决策以及运维场景的3D可视化协同维修等方面的关键科学问题研究。因此,在新兴的轨道车辆智能运维理念下,非常有必要针对轨道车辆智能运维数字孪生系统的创新性理论体系和设计方法开展系列研究。

2 科学问题背景

2020年8月,国铁集团在中共中央、国务院制定的《交通强国建设纲要》基础上,颁布了轨道交通行业的《新时代交通强国铁路先行规划纲要》,提出了"提升持续可靠的安全发展水平"的主要任务,阐述了"提升安全生产管理水平""确保设施设备本质安全""增强兴安强安保障能力"和"提高铁路应急处置和救援能力"等方面的运维要求,并特别强调了运维技术的专业化、精准化、智能化和远程化需求。事实上,我国现行的轨道车辆运维体系仍是以"计划修""人工修"和"故障修"为主体的检修模式。这种运维体系存在着明显的维修过频或维修不足缺点,尤其是在我国轨道交通高速发展的背景下,庞大的轨道车辆运维市场让现行运维体系的"过检""漏检"和"错检"问题突显,检修资源浪费与行车安全隐患共存。随着故障诊断与健康管理(Prognostics and Health Management,PHM)技术以及新一代信息技术(New Generation of Information Technology,New ITs)的蓬勃发展,智能运维理念及其推广应用在轨道车辆运维行业获得普遍认同。在智能运维体系框架下,传统的计划修到状态修的转变成为可能,能够有效地降低修时和维修成本,实现精准维修和精准决策,达到应急处理和安全保障目的。但是现有轨道车辆智能运维设计技术仍存在诸多不足,主要表现在现有轨道车辆智能运维系统框架不完善、理论和方法指导性差;大数据智能采集、传输和分析方法落后、安全性无保证,列车故障智能分析和运维决策的高效算法不足,3D可视化远程协同维修体验差,等等。因此,在现行落后的运维体系、庞大的运维市场和有力的政策支持下,提出先进的智能运维数字孪生系统设计理论、方法和技术,建立有效的轨道车辆智能运维数字孪生系统,是当前轨道车辆运维行业面临的最迫切任务之一。

3 科学问题研究进展

轨道车辆智能运维数字孪生系统是建立在设备基础上的、以状态修模式为主要发展目标的智能化、数字化系统,其依托大数据中心,结合设备履历数据,并借助实时监控设备,采集和分析轨道车辆的运行和检修数据,判断设备故障趋势,诊断设备的运用健康状态,从而实现故障预警和分级报警,指导关键设备现场维修作业的智能化管理。轨道车辆智能运维数字孪生系统的关键科学问题主要包括四个方面,即:智能运维数字孪生系统构建理论和方法、运维大数据智能感知与云平台技术、智能分析与决策方法以及运维场景3D可视化协同维修。

3.1 数字孪生系统构建理论和方法

随着PHM和新一代信息技术的发展,利用数字孪生技术赋能智能运维成为行业共识。作为工业4.0的核心技术,数字孪生技术具有虚实空间交互、多源数据融合的特点,可实现设备性能动态监控、模拟、预测、诊断与决策,为轨道车辆的运维管理提供了新的理论基础和技术方法。数字孪生概念的提出已经有十多年了,在政府部门的推动下,从航空航天领域开始,国外先进制造商已经联合知名工业软件供应商围绕数字孪生技术开展了一定的研究,但是其关键技术和推广应用还都处于初步阶段,尤其是在轨道车辆运维领域中的理论体系和应用研究至今仍较为有限,没有相关的系统性阐述。当前,轨道车辆实现智能运维的主流建设思路仍然是建立在PHM技术框架下的,但随着控制系统和传感器技术的发展,监测数据量急剧增长,数据呈现出高速、多源、异构等典型特征,现有PHM技术框架难以满足轨道车辆在动态多变环境下的状态实时评估、预测的高精度需求。多领域建模综合技术和智能传感、大数据、人工智能等新一代信息技术的发展,使现代支撑技术朝着计算精准、分析智能、功能完备等方向发展，使高精度地模拟轨道车辆复杂系统的行为特征成为可能，促使当前运维体系朝着数字孪生驱动下的智能运维体系转变。数字孪生驱动的轨道车辆智能运维落地应用的首要任务是创建轨道车辆的数字孪生模型。当前，数字孪生模型多沿用 Grieves 教授最初定义的三维模型，即物理实体、虚拟实体及二者间的连接。然而，随着相关理论技术的不断拓展与应用需求的持续升级，数字孪生的发展与应用呈现出新趋势与新需求，为此，陶飞教授提出了数字孪生五维模型，增加了孪生数据和服务两个新维度，实现了物理实体、虚拟孪体、孪生数据、智能服务的互连互接，是一个通用的数字孪生技术框架。在该技术框架下，如何发展面向轨道车辆智能运维的数字孪生系统构建理论和方法，实现数字孪生驱动的轨道车辆智能运维系统已成为关键。

3.2 运维大数据感知和云平台技术

大数据感知技术以轨道车辆运维状态为数据源，以数据采集、数据分析和数据存储为手段，实现轨道车辆状态监测。云平台技术是依托云储存、虚拟化、大数据技术实现轨道车辆海量运维数据的实时处理和深度挖掘。云平台可有效节省硬件存储空间并提升数据处理效率，解决多系统运行维护数据分散及信息孤岛问题。目前，大数据智能感知和云平台技术作为轨道车辆运维中的关键技术，尚面临很多技术难点，尤其是在面对轨道车辆高速、极端环境影响时。例如，高速、过隧道、过山区以及极端天气工况下列车大数据的地-车连续信息的采集、传输将会受限，相关的影响机理、规避方法以及缺失数据的填补处理就显得尤为重要。又如，现有通过多传感器及其网络的协同分布优化实现轨道车辆多维数据的有效采集尚存在许多困难。由于数据采集环境和采集方式不同，数据结构也存在多变和不确定性，如何对数据进行整合和筛选也是一个技术难点。另一方面，作为大数据智能感知和云平台技术的基础，实时大数据传输是实现智能运维的前提。因此，提高数据的传输速率是需要解决的技术难点之一。随着运维系统的复杂度不断增大，有线传输方式的局限性也变得愈加明显，通过无线技术代替有线传输方式也成为了技术难点之一。此外，针对云平台架构与数据安全问题，目前可以使用的数据计算方法有多种，如云计算、雾计算、边缘计算等。计算方式的选择或综合方法是云平台技术的关键点之一。此外，大数据技术处于初级发展阶段，数据信息安全研究较为滞后，导致数据安全问题在公众视野中不断暴露。同样，对于轨道车辆运维系统来说，在线系统和大数据处理量在不断增加，如何缓解大数据泄露是系统维护期间的主要技术问题之一。

3.3 智能分析与运维决策方法

当前轨道交通领域主要采用计划预防维修制度，由于缺乏一定的日常监测检测手段，导致未考虑到车辆运用的实际情况，加之车辆各部件的寿命存在个体差异，采用固定周期的计划维修方式难免造成维修不足和维修过剩问题。故障诊断与健康管理(Prognostics and Health Management,PHM)是在状态维修(Condition-Based Maintenance,CBM)和健康管理(Health Management,HM)等工程概念上发展起来的工程理论。PHM主要目的是利用现代信息传感与处理技术及人工智能技术,分析设备当前服役技术状态(即健康状态),并在此基础上预测其未来服役状态,进而为设备健康管理提供科学合理的维修决策依据,保证设备运行的安全性和可靠性,同时降低故障或失效风险和运维成本。目前,虽然PHM理论在军用飞机和一些机械设备上获得了应用,但针对轨道车辆的PHM研究尚存在非常大的发展空间。如何从多维异构信息中得出车辆部件的服役状态指标并得到维修决策依据,结合其他可用信息形成新的维修方案也是有待研究的课题。

3.4 运维场景3D可视化协同维修

由于轨道车辆及其关键设备结构和功能的复杂性,使得轨道车辆运维作业呈现多学科交叉、多专业融合、软硬件综合等特征。设备一旦发生故障或出现故障征兆,就需要及时开展有效的维护,以避免给系统带来重大的经济损失,甚至威胁人员的生命安全。传统依靠人工经验的维修方式不但维修作业负荷强度大、出错率高,同时也难以满足日益增长的维修需求。MR技术可以作为辅助角色,在维修操作中减轻人员的认知和记忆负荷,具备虚拟世界与现实世界之间无缝转换的"沉浸感"体验,进而提高维修效率和质量,是实现智能运维辅助维修的关键技术,尤其是在面向多人协同和远程辅助方面。传统的辅助维修信息主要以文档形式储存,随着工程装备复杂性的增加,在维修时维修人员需要反复查阅相关文档,费时、费力且容易出错。现阶段,诸如交互式电子技术手册(Interactive Electronic Technical Manual,IETM)等技术在产品维修阶段的应用较多,通过三维模型和动画向用户展示维修流程。在使用时,用户需专注于该系统中,难以在操作的同时兼顾使用,使得维修效率低下。与IETM等维修指导系统不同,基于MR的辅助维修系统能无缝地嵌入到维修作业中,在维修作业进行过程中发挥辅助作用,无须增添额外的业务流程,有效地辅助用户完成维修作业。MR维修更强调对现场维修的实时指导作用,虚实融合技术使得工人操作视野能同时观察虚拟物体和真实维修环境。现有的可视化协同维修的研究无论是在计算机视觉MR效果实现,还是在应用系统设计与装置开发方面均缺乏深入研究。因此,如何围绕轨道车辆智能运维场景,整合当前成熟的软硬件技术和相关资源,开展运维作业的3D可视化远程协同维修正成为该领域的研究热点。

3.5 亟须攻克的难点

作为轨道车辆运维模式的发展方向,智能运维数字孪生系统的建设是一个复杂的系统工程问题,受到国内外学者的普遍关注和重视,并取得了系列研究进展,但相关工作在系统构建的理论体系和设计方法方面仍然存在系列问题亟待攻克。

1) 轨道车辆智能运维数字孪生系统构建的关键理论及方法研究

利用数字孪生技术赋能轨道车辆智能运维，提出面向轨道车辆智能运维的数字孪生解决方案，以轨道车辆及其关键零部件为对象，开展轨道车辆多学科、多物理量、多尺度、多概率实时仿真和参数反演数字孪生系统构建理论和方法研究，着重解决智能运维场景中数字孪生模型的可交互、可融合、可重构和可进化等关键问题，形成一套包括模型构建、模型组装、模型融合、模型验证、模型修正、模型管理在内的轨道车辆智能运维数字孪生系统构建理论体系和方法，达成以智能检修、智能专家诊断和智能生产管理为目的轨道车辆智能运维服务和管理。

2) 轨道车辆运维大数据智能全息感知方法及云平台多级设计理论

针对车辆在高速、极端环境等海量运维数据的采集、传输、处理问题，开展轨道车辆运维大数据智能全息感知方法和云平台多级设计理论研究，着重研究针对轨道车辆的智能传感网络的结构布局优化、新型主动/被动式智能传感技术开发、高速/极端环境下的多源信息感知技术以及多源信息的压缩感知与无线无源数据获取，结合新一代通信技术、工业互联网、量子通信、卫星宽带等通信技术及区块链技术，实现实时大数据高效传输与质量保障，结合机器视觉、传感器技术及人工智能等技术，构建边缘计算-雾计算-云计算等多级分析处理云平台，对应执行不同响应级别状况的分析处理工作，实现安全高效的分析处理决策。

3) 轨道车辆多源异构运维数据的智能分析方法及维修策略优化理论

不同服役状态数据对列车不同部位不同缺陷的敏感性不尽相同，融合多源异构信息，如振动、噪声、温度、图像、电流等，同时结合历史和实时运维数据的智能分析，实现列车服役状态从部件级到整车的准确评估。针对列车维修中存在的不能同时兼顾部件寿命规律和状态信息，造成维修过剩或维修不足的问题，在充分考虑列车运行环境、历史运维记录、运行工况和实时服役状态信息等多种因素的基础上，结合部件寿命数据建立风险模型。根据可靠性要求及调度情况确定列车部件维修时机，研究可靠度阈值设定方法，建立基于风险模型的维修决策模型，探寻优化列车维修策略，提高列车部件维修的经济性。

4) 面向远程协同运维场景的轨道车辆虚实相融 3D 可视化方法

针对智能运维的远程协同可视化辅助维修需求，采用先进的图形识别和新一代信息技术扫描、识别、定位轨道车辆故障对象，构建虚实相融、远程交互的 3D 可视化协同场景，实现故障维修案例智能匹配、自动记录、入库和共享，视情推送 3D 可视化故障处置方案或专家远程协同维修。着重研究轨道车辆故障维修案例的智能匹配方法和高效算法、基于混合现实技术的个性化定制虚实融合维修作业场景构建方法、融合 5G/云计算/大数据/VR/AR/MR 等新一代信息技术的同一虚实融合场景下远程协同交互方法等关键技术。

主要参考文献

[1] 缪炳荣,张卫华,刘建新,等.工业4.0下智能铁路前沿技术问题综述[J].交通运输工程学报,2021,21(1):115-131.

[2] 刘丙林,朱佳,李翔宇.城市轨道交通车辆智能运维系统探索与研究[J].现代城市轨道交通,2019(6):16-21.

[3] Zhang N,Yang P,Ren J,et al. Synergy of Big Data and 5G Wireless Networks:Opportunities,Approaches,and Challenges[J]. IEEE Wireless Communications,2018,25(1):12-18.

[4] Yu S D. Research on Cloud Computing in the Key Technologies of Railway Intelligent Operation and Maintenance Sharing Platform[J]. Journal of Physics Conference Series,2021,1800(1):012010.

[5] 张龙,熊国良,黄文艺.复小波共振解调频带优化方法和新指标[J].机械工程学报,2015,51(3):129-138.

[6] 肖乾,彭俊江,李萍,等.CRH3型动/拖转向架虚拟检修系统设计及关键技术研究[J].实验室研究与探索,2020,39(9):123-127.

[7] 陈华鹏,鹿守山,雷晓燕,等.数字孪生研究进展及在铁路智能运维中的应用[J].华东交通大学学报,2021,38(4):27-44.

撰稿人:肖乾(华东交通大学)　宋冬利(西南交通大学)　易彩(西南交通大学)　刘泽潮(石家庄铁道大学)　李永华(大连交通大学)　辛格(北京交通大学)

第 6 章
轨道交通牵引与能源系统

轨道交通的牵引动力形式经历了蒸汽牵引(18—20世纪)、内燃牵引(20世纪初至今)和电力牵引(19世纪开始,20世纪中叶开始快速发展)时代。电力牵引按照向电力机车、动车组供电的电流性质不同,分为:①工业标准频率(50Hz 或 60Hz)单相交流制,简称工频单相交流制,电压为 20kV 或 25kV;②低于工业标准频率的低频(一般为 16⅔Hz)单相交流制,简称低频单相交流制,电压为 11kV 或 15kV;③直流制,电压有 600V、750V、1.5kV 或 3kV 等(该分类不适用于磁浮交通)。按照应用领域,分为干线铁路电力牵引、工矿运输电力牵引、城市轨道交通电力牵引(地下铁道与轻轨交通)和城市有轨电车等。当前全球电气化铁路里程超过了 20.5 万 km,远距离铁路运输主要采用交流制式供电。对于功率需求较小、运输距离较近的城市轨道交通多采用 0.6~1.5kV 直流供电(中国、英国、日本、法国等);城市交通距离较远、功率需求较高的国家采用 3kV 直流供电(意大利、俄罗斯、西班牙、南非国家)。

我国从 1958 年开始研制电力机车,1968 年生产出韶山 1 型电力机车。60 多年来,相继研制了韶山系列车型、"蓝箭"动车组、"中华之星"动车组、和谐号动车组(CRH 系列)和重载机车(HXD 系列)、复兴号动车组(CR400、CR300 等系列),最高运营速度已达 350km/h,使我国快速跻身电力传动领域发达国家行列。

我国轨道交通牵引与能源系统已经取得了诸多技术突破,主要体现在:①形成了电气化铁路 25kV 工频单相交流供电制式和城市轨道交通 1.5kV(部分 750V)直流供电制式的技术体系;②揭示了弓网(受电弓-接触网)关系,形成了不同速度等级的电气化铁路柔性接触网成套技术和城市地铁刚性接触网技术体系;③突破并实现了世界上运行速度最高的高铁供电系统故障的快速隔离、供电恢复与科学调度;④实现了大功率交流传动系统的国产化与自主化;⑤形成了系统的电气化铁路和城市轨道交通,尤其是高速铁路成套工程设计与建设技术标准;⑥构建了高铁供电安全保障(6C)系统,全面保障了轨道交通,尤其是高速铁路的安全可靠运行。

同时,随着新技术、新材料、新工艺的突破和应用,轨道交通能源供给形态正在发生着深刻变化,除传统的蒸汽、内燃和电力牵引外,氢燃料电池混合动力、储能式混合动力得到了快速发展。新能源、电力电子与信息技术的发展催生了能源与交通的融合。因此,针对我国轨道交通大规模成网运行的客观现实和能源供给与牵引供电形态的变革,轨道交通牵引与能源系统的发展必将面临如下科学问题:

(1)面向轨道交通发展,如何实现10万km电气化铁路(含4万km高铁)、8800多km城市轨道交通的牵引与能源系统能力保持与运营品质提升。

(2)面向国家重大需求,如何构建多种能源供给与多种电压电流制式输出、多种能量拾取方式与多种能源自洽互补的多源、多制式牵引供电系统。

(3)面向世界科技前沿,如何确定弓网受流极限与解除弓网制约关系,保障轨道交通牵引与能源系统适应更高速、更安全的轨道交通。

(4)面向技术瓶颈突破,如何构建适应特殊运用环境的牵引与能源系统,解决跨海峡超长供电距离牵引供电和超长隧道高速刚性接触网建设面临的"卡脖子"问题。

轨道交通将向更高速度、更大功率、更大密度、更节能低碳的方向发展,这对轨道交通牵引与能源系统提出了更高的要求。根据我国高速铁路、重载铁路和城市轨道交通大规模建设与网络化运营的要求,以及"一带一路"倡议、"交通强国"战略、"双碳"目标等实施的需要,紧密围绕轨道交通能源与动力学科的前沿、核心、共性和基础性理论与技术,瞄准更加安全、节能、绿色、智能发展方向,亟待研究的主要内容如下:

(1)轨道交通牵引与能源系统能力保持与运营品质提升问题:我国轨道交通运营规模大、运行速度高,在长期服役过程中,牵引与能源系统能力保持对于轨道交通安全稳定高效运行至关重要。随着线路里程的增加和运输需求的上升,轨道交通总体能耗指标呈不断增长态势。轨道交通作为用能大户,在"双碳"目标执行过程中,为实现低碳经济坚定目标和铁路先行规划目标,亟须开展轨道交通综合节能研究。

(2)轨道交通多源多制式牵引供电系统构建问题:新能源、储能、氢能技术得到了快速发展,充分利用电力电子技术,构建多种能源输入与多种电压电流制式输出、多种能量拾取方式与多种能源自洽互补的新型牵引供电系统,实现多种供电制式融合。随着现代化铁路网向着内外互联互通方向前进,新一代的永磁牵引电机实现复杂工况下减小电机重量、降低关键部位温升、提高单位功率密度和整体效率、降低永磁体失磁风险、智能化运行等目标成为未来电机优化设计的目的之一。此外,研究更安全可靠、更节能高效的供电系统对我国轨道交通技术有实用影响和重大意义,如开展轨道交通非接触供电基础理论与关键技术的研究、开放互通交直流协同的柔性牵引供电系统研究。

(3) 弓网受流极限确定与弓网制约关系解除问题：接触式供电的轮轨交通最高运行速度受弓网关系制约。对于"有网"接触式供电，确定接触式弓网受流极限是突破高速运行的重点。对于"有网"无接触式供电，电磁感应能量传输和等离子体能量传输是研究重点。随着更高速度高速铁路建设目标的提出，特别是列车运行速度在既有接触网波动传播速度限制下的持续突破，如何保证高速铁路时速400km及以上运行时弓网受流质量的稳定已是当前亟须解决的关键问题。

(4) 适应特殊运用环境的牵引与能源系统构建问题：川藏铁路最长坡道为72km、坡度为30‰、隧道占比超过80%，越海铁路（台湾海峡130km、渤海海峡105km、琼州海峡80km）建设亟待突破常规分段供电和柔性接触网技术体系，并实现外部电源故障时应急供电。目前，我国尚无跨海峡电气化铁路建设与运行的先例。目前世界上最长的海底铁路隧道——青函隧道（53.85km），通过在海峡两端设置牵引变电所解决海底隧道的牵引供电问题，但供电距离远小于我国规划的三条跨海通道，不具有借鉴意义。因此，亟待针对我国跨海峡铁路建设的特殊条件，开展牵引供电系统结构与可靠性研究，解决超长距离供电的"卡脖子"问题，以满足未来跨海峡通道建设的工程需要。

轨道交通"车-图-网-线"协同优化的列车安全与节能运行

Train safe and energy-saving operation based on "train-line-network-timetable" cooperative optimization

1 科学问题概述

《中国应对气候变化的政策与行动》白皮书指出，积极应对气候变化是推动我国经济高质量发展和生态文明建设的重要抓手。我国制定了碳中和、碳达峰的"双碳"目标。2015年，《巴黎协定》设定了本世纪后半叶全球实现净零排放的目标，世界各国承诺努力将全球平均气温上升限制在工业化前平均温度的1.5℃。"碳达峰"和"碳中和"是我国"十四五"时期必须推进的一项重要工作，并且在《中华人民共和国国民经济和社会发展第十四个五年规划和2035年远景目标纲要》中提出"广泛形成绿色生产生活方式，碳排放达峰后稳中有降"。轨道交通是用电大户，实现轨道交通综合节能，对我国实现"双碳"目标意义重大。

截至2020年底，全国铁路运营里程达到14.36万km，其中高速铁路营业里程达到3.8万km，城市轨道交通运营线路里程达到7969.7km；2020年全国铁路完成旅客周转量8266.19亿人·km，货运总周转量30514.46亿t·km，城市轨道交通客运量占中心城市公共交通客运总量出行的比例高达38.7%,高速、重载和城市轨道交通已成为国家经济发展大动脉。从中国国家铁路集团有限公司2020年统计公报来看,2020年全国铁路机车拥有量为2.2万台,国家铁路货运总发送量完成35.81亿t,比上年增加1.41亿t,增长4.1%。仅2020年,国家铁路能源消耗折算标准煤就达1548.83万t,城市轨道交通能耗折算标准煤212.10万t。同时,随着线路里程的增加和运输需求的上升,轨道交通总体能耗指标呈不断增长态势。为实现低碳经济坚定目标和铁路先行规划目标,亟须开展轨道交通综合节能研究。综合节能研究旨在实现轨道交通全生命周期内资源消耗少、能源消耗低、碳排放量少的目标。研究面向铁路从速度规模向质量效能变革,加强各学科专业之间的交叉与融合,以运输效率提升和节能降碳为主线,从供能和用能角度出发,以信息化和数字化为基础,以智能技术和先进装备为手段,推动"车-图-网-线"多环节综合高效节能,构建智慧运输系统,支撑轨道交通全方面综合效能提升。

2 科学问题背景

我国铁路发展已从速度规模型向质量效益型转变,基础设施、移动装备等硬实力实现了快速增长和整体升级。信息化、智能化等技术进步为大幅提高轨道交通运输服务品质、提升运输效率效益带来了历史性和革命性变化。列车运行图是铁路运输工作的综合计划,是协调铁路各部门、单位按一定程序进行生产活动的工具,它体现着铁路工作的各种质量指标和数量指标,其质量的高低直接影响铁路运输工作的安全、效益和服务水平。面向节能的车-图联合优化能通过多辆列车间相互协调,实现全尺度全空间最低能耗为目标的运行图优化,其核心是多线路协同优化和多目标协同优化,即合理确定列车在各站的到发时间及其对运行区间的占用次序,疏解相邻列车间的冲突关系,实现列车安全、平稳、正点和节能运行的目标。目前,针对车-图联合节能优化问题,采用基于虚拟耦合和优化驾驶操作的策略研究已经取得部分理论成果。然而,列车及其运行环境间耦合作用表现出的系统高度复杂性、参数不确定性和多源时变扰动,会导致整个控制过程的不精准,这给各项性能指标的进一步优化留出了空间。受"碳中和"远景目标驱动,研究如何通过系统再精细化建模和更智能化协同实现"车-图"节能优化,具有重要的实际意义。

随着交流牵引传动技术的进步与发展,再生制动技术在高速列车中得到普遍应用。面向列车能量回收的研究已有部分理论成果,相关试验测试也有部分报道。对于列车运行控制,其节能潜力表现在列车间节能控制协同性低,从而导致牵引制动能量互相吸收率低,使得供电网络在线损耗和供电-负荷匹配环节具备可观的优化空间。对比列车集中式管理运营,多车协同节能调度能够优化列车再生制动能量的邻车吸收率,实现牵引功率削峰填谷,得出最优牵引系统供给策略。针对车地信息不通导致的供电-车辆负荷不匹配和城轨二极管整流牵引供电不可控导致线损偏大的问题,也能通过车-网耦合问题进行随着列车车速的提高,列车运营过程中的牵引能耗显著增加,为降低列车牵引能耗,应在确保列车安全准点运行的前提下,充分利用列车区间运行的富余时间,实现列车节能运行优化操纵。目前,国内外已有大量专家学者开展了针对列车节能优化操纵的研究。Howlett 在 1988 发表的文章中证明了单列列车节能优化操纵方法的存在性。有研究表明,将高速列车操纵按离散量形式处理,有利于指导司机手动驾驶,但对车载控制器的连续控制和恒速控制功能利用不够。列车能耗最小值问题能够转化为寻找一系列满足线路限速、舒适性等约束的目标速度集合问题。以控制量为连续量,可建立列车运动学模型,进而研究列车再生制动能量利用率对优化操纵的影响。

此外,考虑"车-图-网"之间的关系,在分析动车组运行中的受力、基本运行工况和牵引控制策略的基础上,能根据功率因数和机电效率在动车组牵引、惰行和制动 3 种运行工况下的动态特性和谐波间的交互影响,结合列车运行图建立高速铁路的动态牵引负荷模型。以提升旅客满意度为导向,依据旅客行程信息和多目标优化的思想,考虑部分非运行图相关信息、动车组接续、交叉进路抵触及股道-线别连通性,能建立列车运行调整对旅客出行实际影响最小化的目标函数,进而构建可满足智能化应用的列车运行自动调整规划模型。为全面提升高铁系统的运行效率,解决列车运行过程中出现的突发事件,宁滨院士提出了高速铁路运行控制与动态调度一体化理念,即运用先进的感知、传输、控制方法和技术,提升列车运行控制和调度智能化水平,深度融合列车运行控制和调度,实现路网整体运行效率全局最优,全面提升及时应对突发事件的能力。

以上研究虽然能较好地解决轨道交通系统所面临的一系列难题,但我国铁路路网规模大、线路环境复杂;高速度、大运量、高密度、重负荷对牵引网的安全稳定挑战极大;列车运行对安全性、平稳性、准时性和舒适性要求严格,系统节能降耗需求迫切;单一环节和子系统改进难以满足系统整体性能提升要求。因此,构建面向高度复杂系统、多约束条件、多目标优化的"车-图-网-线"综合优化技术体系,开展面向安全和节能优化的轨道交通运营系统协同控制研究,对实现"绿色、安全、高效和智慧铁路"具有重要支撑作用。

3　科学问题研究进展

以列车安全与节能运行为目标,立足"车-图-网-线"协同优化,重点从协同运行模型构建、安全-效率-节能约束的设计优化、安全-效率-节能约束的运行优化三个方面开展研究。

3.1　"车-图-网-线"协同运行模型构建

列车运行全程由一系列牵引、制动和惰行工况组成,其运行状态受线路条件、运行图规划等多重时空约束。列车的安全与节能运行属于多学科交叉研究领域,是列车、线路、规划设计、电气、信息、控制等层面的综合决策。"车-图-网-线"建模意在通过各环节特征分析，表征多对象间的影响关系和交互特性，特别是"图-线"约束下的"车-网"耦合系统动态特性。具体包括：牵引供电-列车群-牵引驱动系统等效建模与暂态计算方法，列车全速域、全工况阻抗特性，列车群负荷动态特性，牵引供电与地面储能系统多端口电源内外部特性等。"车-图-网-线"建模是实现其协同优化，进而保障列车安全与节能运行的先决条件。

3.2 安全-效率-节能约束的设计优化

列车安全高效节能运行的首要环节是建模基础上的"车-图-网-线"综合优化匹配设计。研究基于通用性能指标约束的列车牵引/制动特性设计方法、面向节能的选线设计方法，以及地面牵引供电-车载牵引驱动系统关键电气参数匹配设计方法；将时刻表调整与行车控制优化相结合，揭示车辆参数、线路条件、行车密度等因素影响下运行时分与牵引能耗的动态变化规律，开展"车-图"匹配优化静态设计；研究"车-图-网-线"大系统耦合解算框架与模拟计算技术，提出综合考虑运输效率与运输经济性的系统效能分析与评估方法。"车-图-网-线"综合优化匹配设计为复杂线路条件下保障轨道交通安全和运输效率，进而实现深度节能提供基础支撑。

3.3 安全-效率-节能约束的运行优化

轨道交通系统运营能效主要从牵引能耗与运输效率两大指标进行考核，二者之间相互影响、相互制约，其综合优化需要运输-供电-调度-列车的一体化协同控制。面向高速/重载线路开放运行环境给优化带来的难度和挑战，组建能量网、信息网和交通网的三网集成架构，探索车车通信与列车群协同控制、再生制动能量利用与网压波动抑制、运行图在线规划与动态调整等关键技术，重点研究超大规模路网区域间协调优化方法、面向深度节能的"车-图"双向协同优化方法、兼顾运输效率与节能降耗的"车-图-网-线"动态协同方法等。

主要参考文献

[1] 王超,王淑姗,王鹏,等. 高速铁路列车运行图与动车组运用一体化优化模型与算法研究[J]. 铁道运输与经济,2018,40(9):92-97.

[2] 李智,张琦,孙延浩,等. 高速铁路列车运行图鲁棒性协同优化模型研究[J]. 交通运输系统工程与信息,2019,19(5):169-176.

[3] Zhang H, Li S, Wang Y, et al. Real-Time Optimization Strategy for Single-Track High-Speed Train Rescheduling with Disturbance Uncertainties: A Scenario-Based Chance-Constrained

Model Predictive Control Approach[J]. Computers & Operations Research,2021,127(1):105-135.

[4] Feng D,Lin S,He Z,et al. Optimization Method with Prediction-Based Maintenance Strategy for Traction Power Supply Equipment Based on Risk Quantification[J]. IEEE Transactions on Transportation Electrification,2018,4(4):961-970.

[5] Feng D,Lin S,He Z,et al. A Technical Framework of PHM and Active Maintenance for Modern High-Speed Railway Traction Power Supply Systems[J]. International Journal of Rail Transportation,2017,5(3):145-169.

[6] Wang Q,Lin S,Li T,et al. Intelligent Proactive Maintenance System for High-Speed Railway Traction Power Supply System[J]. IEEE Transactions on Industrial Informatics,2020,16(11):6729-6739.

[7] Zhang G,Tian Z,Tricoli P,et al. Inverter Operating Characteristics Optimization for DC Traction Power Supply Systems[J]. IEEE Transactions on Vehicular Technology,2019,68(4):3400-3410.

[8] 唐海川,朱金陵,王青元,等.一种可在线调整的列车正点运行节能操纵控制算法[J].中国铁道科学,2013,34(4):89-94.

[9] Li L,Dong Y,Ji Y,et al. Minimal-Energy Driving Strategy for High-Speed Electric Train with Hybrid System Model[J]. IEEE Transactions on Intelligent Transportation Systems,2013,14(4):1642-1653.

[10] 宁滨,董海荣,郑伟,等.高速铁路运行控制与动态调度一体化的现状与展望[J].自动化学报,2019,45(12):2208-2216.

撰稿人:黄德青(西南交通大学)　王青元(西南交通大学)

高功率密度永磁牵引电机轻量化设计方法

Lightweight design method of new generation high-power-density permanent magnet traction motor

1　科学问题概述

近年来,随着"中国制造2025"和《"十四五"工业绿色发展规划》的提出,国家正逐步引导和推进以创新驱动、智能转型、强化基础、绿色发展为主的工业现代化进程。这标志着节能与高效成为现代化工业发展的关键词,也意味着未来电机行业将向着高效化、轻量化、节能化等更高目标发展。永磁牵引电机作为轨道交通列车动力核心部件,与传统异步牵引电机相比,具有功率密度高、输出转矩大、全寿命周期成本低等诸多优点,目前在国内外已实现量产并应用于部分地铁列车和高速动车组。但随着现代化铁路网向着内外互联互通、区际多路畅通、地市快速通达等方向前进,提高高速列车在艰险复杂、极端天气等条件下的随动适应性成为列车零部件进一步探索研究的前提。对于新一代的永磁牵引电机,实现复杂工况下减小电机重量、降低关键部位温升、提高单位功率密度和整体效率、降低永磁体失磁风险、智能化运行等目标成为未来电机优化设计的目的之一。

新一代高功率密度永磁牵引电机的轻量化设计主要考虑其电磁性能、热稳定性、冷却效能、运行安全等指标。①永磁牵引电机的能量转换通过定子绕组磁场和转子永磁体磁场交互作用进行。由于机内复杂的机械结构和材料导磁特性,其电磁性能受齿槽结构、绕组类型、气隙尺寸、永磁体排列种类、永磁体材料、控制方式等诸多因素影响,各参数微小的改变会引起气隙磁场的不规则变化,严重时甚至出现磁场畸变等状况,将导致单位时间内的无用损耗增加,影响电机运行效率和输出转矩。②无用损耗增加带来的间接问题是温升问题严重。与异步化牵引电机不同的是,永磁牵引电机一般采用全封闭结构,受制于电机内部空间限制,绕组产生的铜耗、定转子铁芯引起的铁耗以及其他杂散损耗产生的热量无法第一时间通过冷却结构散发,容易引起过高温升,造成定子绕组绝缘失效、永磁体失磁等故障,对牵引电机和列车安全运行带来挑战。③电机的最大输出转矩和额定功率很大程度上决定了电机质量,电磁部件和结构部件的创新性设计是可考虑的轻量化方法之一。此外,电机铁芯内的铁耗与绕组内电压、电流频率呈非线性关系,高频运行时的铁耗表现出指数上升趋势。

2　科学问题背景

牵引电机被称为高速动车组轨道交通车辆的"心脏",是高速列车动力的关键来源。在经历了"直流""交流"后,世界轨道交通车辆牵引系统正在朝"永磁"驱动技术发展。基于永磁牵引电机高效率、高功率密度的显著优势,德、法、日等发达国家纷纷开展研究并取得重大突破,其正逐步取代传统的异步牵引电机,成为下一代列车牵引动力主流研制方向。

永磁牵引电机的应用最早可追溯到 1993 年,日本铁道综合技术研究所试制了第一台直驱式永磁同步电动机样机,先后开发了 RMT 系列永磁牵引电机并在通勤电动车上运行试验。1999 年,东日本铁路公司开始为交流列车电动车组开发直驱式永磁牵引电机,于 2002 年在商业运行的 103 系电动车组上开展 20 万 km 左右的运行试验,结果显示配备该电机的列车可节能 10% 以上。2005 年研制的新干线高速试验电动车组 Fastech360,最高运行速度为 360km/h,该电动车采用多种不同冷却方式和类型的牵引电机,其中自然风冷的永磁同步牵引电动机8台,每台功率366kW,为永磁电动机的量产和商业化运营提供了试验保证。2007年,Alstom公司制造的AGV V150高速列车,该列车的永磁牵引电机由两台动力转向架装配,其采用全封闭自冷却方式、转子硅钢表面式安装,与异步电机相比,电机质量降低了30%,效率提升3%~4%,节能15%,功率密度可达1kg/kW,该列车在当时创造了574.8km/h的陆地交通世界纪录。Bombardier公司于2008年开发了额定功率为302kW,峰值功率达到1046kW(5000r/min),满负荷效率为97.1%,300km/h牵引力为异步电机2.65倍的永磁牵引电机,并在瑞典线路上装车试验。该电机采用自通风方式,质量为550kg,单位功率质量为1.79kg/kW。德国在下一代城际高速动车应用了横向磁通永磁牵引电机和径向磁通永磁牵引电机,在多种工况条件下进行了对比验证。德国西门子公司为下一代城轨车辆开发了将转向架、永磁同步电机和制动装置集合一体的新型转向架Syntegra,其中永磁同步电机采用全封闭、水冷、24极、转子磁钢表面式安装,提高了传动效率,电机总体积减小了10%,系统平均效率提高了3%。

国内在永磁牵引电机领域的开发工作起步较晚,但仍取得较多阶段性成果。原中国南车集团公司科技计划项目"铁道车辆传动系统用PMSM控制技术研究"的顺利结题为永磁牵引电机传动系统的研究奠定了重要理论和试验基础。2011年,该公司研制的沈阳地铁二号线永磁同步牵引系统实现了服役性试验,实现了国内轨道交通领域的首次应用。2014年10月,中车株洲电力机车研究所开发的高速列车永磁同步牵引系统成功通过国家铁道检测试验中心的地面试验考核,并成功装车考核。2015年5月,长沙地铁1号线使用的永磁同步电机成功交付,标志着国内首次将永磁同步电机装载于整列地铁车辆并投入装车应用。2019年9月,中车株洲电机公司发布了时速400km的永磁同步牵引电机,该电机采用全新的封闭风冷及关键部位定向冷却技术,确保了电机内部清洁,有效平衡了电机各部件的温度;采用新型稀土永磁材料,有效解决了永磁体失磁的难题;结合了大功率机车和高铁牵引电机绝缘结构的优点,具备更高的绝缘可靠性,该产品的成功研发标志着我国高铁动力首次搭建起时速400km速度等级的永磁牵引电机产品技术平台。

近年来,随着西部地区、边疆地区空白铁网的建设和现代化铁路网的完善,永磁同步牵引电机因其固有的优势,将在未来轨道列车中继续推广应用,为引领创新自主技术、降低列车运行成本、建设现代化交通强国发挥重要作用。与此同时,多类型场景应用和复杂运行环境对牵引电机的高效性、节能水平带来挑战,促使新一代轻量化永磁牵引电机的设计研发提上日程。

3 科学问题研究进展

如何降低高速列车的重量已成为轨道交通研究的一项重要内容。车体结构的轻量化设计不仅可以提高载客量,而且可以降低轴重,减少车辆整体结构对轨道的振动冲击破坏,有效降低高速列车的综合运行能耗,因此,高速列车轻量化设计已经成为轨道交通研究的一项重要内容。永磁牵引电机作为下一代高速列车的核心部件,亟须实现轻量化设计研究,实现永磁牵引电机能效与轻量化协同提升;永磁牵引电机轻量化后,功率密度提高,从而会导致热故障风险提高,因此开展新型永磁牵引电机多介质综合热管理系统研究,能够有效提高永磁牵引电机的功率密度,降低热故障风险;此外,随着列车数字化和智能化程度的提升,亟待开展面向数字孪生和智能运维的实时状态评估和典型故障智能诊断及预警技术研究。因此,针对新一代高功率密度永磁牵引电机的轻量化设计和智能化运行需求,亟待开展研究的主要科学问题如下:

3.1 多因素约束下高功率密度永磁牵引电机系统轻量化协同优化

永磁同步牵引电机系统性能提升是为列车提供优良动力、保持高效安全运行的前提,不同运行速度下变流器控制算法的输出波形及质量对电机的输出特性具有明显的影响。因此,结合复杂自然环境、复杂运行和极限工况,如何准确建立电/磁/热/机多场融合的永磁牵引电机多场融合分析模型,研究新材料、定转子拓扑结构、复杂服役工况对电机电场、磁场、温度场、应力场、定转子模态等多物理运行行为的影响,建立拓扑结构/材料/工况等与电机性能间的映射集,以电机高功率密度和轻量化为优化目标,运用多尺度算法优化电机电磁结构,是提升永磁牵引电机功率密度和保障车辆安全运行的关键问题之一。

3.2 永磁牵引电机立体式多介质混合冷却结构的热管理

目前工业界高功率密度电机大多采用高效冷却的水冷方式,但由于轨道交通运行工况和环境特殊,且受车底空间和载重约束,高速动车组牵引电机普遍采用开启式通风冷却系统。该系统通过冷却空气和发热部件直接进行热交换,从而有效降低绕组和铁心温度,但冷却空气含有的水分、小颗粒灰尘、盐分、铁屑等容易在绕组端部间隙、通风孔、气隙和槽口等部位堆积,堵塞风道,降低散热量,引起局部温升高。特别是永磁牵引电机,由于磁体的特殊吸附性,通常采用全封闭结构,采用电机机壳轴向风孔实现轴向外冷式,冷却效果较开启式差很多,使电机绕组和永磁体温度很高,而且其沿转子轴向温度分布不均匀。因此,如何充分发挥水冷、风冷等多介质优缺点,将牵引电机内部密封空间与外部机壳空间冷却结构有效结合,实现新型立体式多流体混合冷却设计,并精确建立温度分布多目标函数三维度变量的冷却系统结构优化数学模型;研究多介质混合冷却系统对高性能轻量化永磁牵引电机的各组件温度分布,构建综合热管理系统,实现系统级综合能效提升和复杂环境下多工况永磁牵引电机温升控制的协同,是实现高功率密度永磁牵引电机轻量化的技术难点之一。

3.3 基于实时状态评估和典型故障预警的新一代永磁同步牵引电机智能化

我国最新的复兴号智能动车组具有智能行车、智能服务、智能运维等特点，列车运行中的能耗、噪声等指标也有进一步改善，且在"CR450 科技创新工程"中需要研发新一代更高速度、更加节能、更加智能的复兴号动车组新产品。牵引电机作为动车组牵引动力系统的核心部件之一，其运行安全及智能化对列车的智能化具有其他重要的意义。针对新一代永磁牵引电机的智能化技术，开展永磁牵引电机状态实时评估系统建模方法研究，通过关键数据采集和永磁牵引电机孪生模型，实现永磁牵引电机实时状态孪生。针对不同故障对电机性能影响的反应形式及其特征表现，研究特征参数与故障类型和故障深度的内联机制。在此基础上，提出不同故障类型和不同故障深度的多物理场监测与诊断方法，并确定不同故障类型的特征值，为永磁同步牵引电机常见故障的在线辨识和智能化提供技术支撑。

主要参考文献

[1] 吕碧峰. 我国新一代高速动车组制造工艺技术的应用与集成[J]. 科技创新导报, 2010, (16): 85-87.

[2] 刘友梅, 陈清泉, 冯江华. 中国电气工程大典第13卷. 交通电气工程[M]. 北京: 中国电力出版社, 2009.

[3] Niwa Y, Yokokura K, Matsuzaki J. Fundamental Investigation and Application of High-Speed VCB for DC Power System of Railway[J]. Proceedings-International Symposium on Discharges and Electrical Insulation in Vacuum, ISDEIV, 2010: 125-128.

[4] Mermet-Guyennet M. New Power Technologies for Traction Drives[C]// Power Electronics, Electrical Drives, Automation and Motion(SPEEDAM), 2010 International Symposium on IEEE, 2010: 719-723.

[5] Peroutka Z, Glasberger T, Janda M. Main Problems and Proposed Solutions to Induction Machine Drive Control of Multisystem Locomotive[C]// Energy Conversion Congress and Exposition, 2009. ECCE 2009. IEEE. IEEE, 2009.

[6] Streib B, Neudorfer H. Investigating the Air Flow Rate of Self-Ventilated Traction Motors by Means of Computational Fluid Dynamics[C]// International Symposium on Power Electronics Electrical Drives Automation and Motion(SPEEDAM 2010). IEEE, 2010: 736-739.

[7] Chin Y K, Staton D A. Transient Thermal Analysis Using Both Lumped-Circuit Approach and Finite Element Method of a Permanent Magnet Traction Motor[J]. Saiee Africa Research Journal, 2021, 97(4): 263-273.

[8] Ranjan B, Shyama D. Multilevel Converter Fed Induction Motor Drive for Industrial and Traction Drive[J]. IEEE Potentials, 2010, 29(5):28-32.

[9] Ham S H, Kim K S, Cho S Y, et al. Thermal Analysis of the IPMSM for Traction Motor[C]// 2010 International Conference on Electrical Machines and Systems(ICEMS), 2010:1175-1177.

撰稿人：曹君慈（北京交通大学）

开放互通的轨道交通柔性牵引供电理论

Theory of flexible traction power supply system with open and interconnected characteristics

1 科学问题概述

随着我国《交通强国建设纲要》《中华人民共和国国民经济和社会发展第十四个五年规划和2035年远景目标纲要》、"一带一路"倡议、中国高铁"走出去"战略的全面实施，电气化铁路将会穿越不同国家和地区，向牵引网供电的三相电网的电压等级和频率也可能不同，这就要求供电系统既能高效组织、合理分配、充分利用各种能源，又能适应不同三相电网，同时向更安全、更节能、更绿色、更高效、更柔性化的目标发展。在实施"双碳"目标过程中，必将推动各种新能源在轨道交通中的全面应用。《中国交通的可持续发展白皮书》明确要求，将生态环保理念贯穿铁路规划、建设、运营和养护全过程，节约利用资源，加大技术性、结构性及管理性节能减排力度。

牵引供电系统是电气化铁路机车的唯一动力来源，也是电力系统（三相电网）的重要负载，其性能优劣不仅关系着铁路系统安全、可靠、经济运行，而且对三相电网也具有重要影响。当前，交流牵引供电系统基本上采用三相/两相牵引变压器，因此，牵引供电系统存在电分相，实行分段分相供电。在新时代背景下，现行牵引供电系统存在的问题愈发突出：①设有电分相，存在供电死区，安全隐患大，制约着列车的速度和载荷能力，不能实现能源互联互通；②与列车、三相电网间是强耦合关系，牵引负荷的冲击、电能污染等可直接影响到三相电网，三相电网的供电质量也可直接传递到列车，加大了电能质量治理难度，降低了供电品质，对铁路的稳定可靠运行构成威胁；③变电所容量利用率低，造成极大浪费；④难以直接接入新能源和储能系统，对列车的再生制动能量利用不充分，造成能源浪费，不利于"双碳"目标实现；⑤不能实现跨电压制式供电，制约着国家与国家、地区与地区之间的电气化铁路成网建设；⑥与铁路电力配电系统分离，造成了建设成本高、装机容量利用率低等问题；⑦与地铁供电系统分离，也制约着铁路和地铁之间的互联互通。

针对上述问题,一种能在轨道交通全网贯通、多级多类电压输入、多级多类电压输出的更安全、更节能、更绿色、更高效、开放互通交直流协同的柔性牵引供电系统亟待研究。

2　科学问题背景

为解决当前牵引供电系统存在的电分相和电能质量等问题,国内外进行了大量的研究。日本牵引供电系统采用电能质量补偿装置、平衡牵引变压器,配以地面自动过分相技术,可过分相不断电,但仍存在电分相,且投入大量辅助装置,大大增加了建设成本。德国铁路采用自建电网的方式,使牵引供电系统全线电压具有相同相位,但由于与公用电网的频率不兼容,从电力系统到牵引系统须建设专门变频装备,且设备较笨重、占地面积较大。澳大利亚昆士兰铁路在牵引变电所全面实施交直交型静止变频器(Static Frequency Converter,SFC)方案,实现三相电网与单相牵引网的完全解耦,解决了电压各类问题,然而SFC需配合安装隔离变压器,建设成本高。法国高速铁路牵引变压器采用纯单相接线方式,全线采用牵引变电所轮换相序的方式接入电力系统,可取消变电所内部的电分相,但该方式下必须保证有足够的短路容量,且难以满足电力系统薄弱、机车负荷较重时的运行要求,还存在严重负序问题。近年来,我国研发了同相供电装置,是对现行系统改造的良好方案;不过变电所间仍然存在电分相,且难以实现对新能源的直接接入、难以充分利用再生制动能量、难以实现跨不同电压制式运行,且理论上系统电能质量还不能彻底解决。

尽管上述研究未能解决现行系统的固有问题,但从国内外牵引供电系统的发展可以看出,电分相是制约牵引供电系统和铁路发展的主要技术瓶颈,取消电分相、实现贯通柔性供电是国内外牵引供电领域长期致力研究的方向。

因此,以国家重大需求为指引,变革现行系统结构,突破技术瓶颈,构建以电力电子装备为核心装备的开放互通交直流协同的柔性牵引供电系统,可以彻底取消电分相、解决电能质量问题、方便接入新能源和储能系统、实现全网交直流贯通柔性供电、实现跨电压制式供电,是牵引供电系统发展的必然。

3　科学问题研究进展

柔性牵引供电系统不仅可以彻底取消电分相、解决电能质量问题,且其核心装备完全可控。建立安全、节能、绿色、高效的柔性牵引供电系统,不仅需建立柔性牵引供电系统体系架构,还需要研究间歇性负荷、冲击性负荷不断接入下系统的多端口能量路由器及其稳定运行控制方法、系统故障智能诊断与实时自愈重构控制方法、系统智能保护控制方法、系统能量管理与优化方法、系统可靠性动态评估方法以及多源耦合条件下的系统宽频带阻抗特性等。

柔性牵引供电系统体系架构的建立以及核心指标的确定是保证柔性牵引供电系统正

常运行的基础。柔性牵引供电系统需包含多端口能量路由器(柔性牵引变电所)、综合协调控制、综合保护与监测技术等。且柔性牵引供电系统需要具备多种制式输入,满足多种制式输出的功能。然而现阶段牵引供电系统无法满足上述要求,并且每一装置的研究均为分离式的,并未形成统一标准体系,这将会对柔性牵引供电系统的发展产生严重的制约。此外,柔性牵引供电系统的核心指标相较于传统牵引供电系统大有不同。因此,研究柔性牵引供电系统构架的基础理论对实现柔性供电系统的整体功能与标准化建设具有重要意义。

多端口能量路由器(柔性牵引变电所)可连接多类电压输入与多种电压输出端口,利于实现可再生能源和新能源的充分利用、电能质量优化。其中,大量分布式发电、储能等通过电力电子接口接入,使其呈现出高比例电力电子化,加之牵引负荷动态变化,易引发系统接口交互振荡,影响系统安全运行。目前对振荡抑制的研究主要是改变控制软件或硬件结构的方法,但存在带来额外功耗、系统延时等不足,现有抑制方法难以有效应对复杂接口下强时变工况。

现有电力电子装备的故障诊断与自愈重构研究中,故障特征的提取是利用算法寻找特征量,进行故障定位后实现其故障类型判断。该方法集中应用在小功率变换器中,存在硬件成本高、诊断不及时等问题。电力电子装备的自愈重构研究主要包括:一是在原拓扑中增加硬件,可靠性高,但结构复杂;二是在故障变换器中改进控制策略,虽成本低,但影响电能质量与带载能力。柔性供电系统是由多端口能量路由器构建的复杂体系,其故障诊断与自愈重构方法需深入研究。

当前牵引供电系统的保护集中在供电网络保护和变压器保护两方面。供电网络保护可分为牵引网保护和馈线保护,前者是基于电流和阻抗特征的供电臂联跳保护,后者是以电流综合谐波含量为控制量的距离保护和自适应电流增量保护。变压器保护包含距离保护和相电流差动保护。鉴于柔性牵引供电系统是全新的铁路供电系统,不仅需结合传统保护研究构建有针对性的新型保护方法,还需结合其结构和设备的特殊性研究专用保护技术。

现行牵引供电系统是分相分段的,不存在全线的能量管理。而交直流微网的能量管理策略是在保证负荷正常运行的基础上,协调各能量源与微电网交换能量。能量控制主要有两种策略:一是集中控制,该控制技术相对成熟,但依赖通信与中央处理器,存在系统瘫痪风险;二是分散控制,该控制计算量小,不依赖通信,适用于大规模的复杂分布式系统。交直流微电网系统能量管理研究为本系统的能量管理与优化提供了较好思路,但仍需结合负载特性展开深入研究。

当前研究人员多采用线性频域分析法,着重分析车-网耦合系统的阻抗匹配特性以及谐波谐振、低频振荡等不稳定问题,但没有深入分析柔性牵引供电系统宽频带阻抗特性,也没有考虑风电、光伏等新能源以及储能装置接入对柔性牵引供电系统宽频带阻抗特性及变化规律的影响。

尽管上述研究现状能够为柔性牵引供电系统的建立提供一定支撑,但柔性牵引供电系统为全新的牵引供电系统,其特殊的应用环境、复杂的运行工况,均使得此变革性技术仍存在以下研究难点需攻克。

3.1 柔性牵引供电系统统一架构与核心技术指标

柔性牵引变电所(多端口能量路由器)是不同电压等级与频率的交流和不同电压等级的直流多路输入、不同电压等级与频率的交流和不同等级的直流多路输出的交直流系统。柔性牵引变电所的输入不仅是三相公共电网,也可是其他发电系统和车体本身,其输出不仅供给电力机车,也可供给轨道交通其他交流或直流负荷。柔性牵引供电系统是由多座柔性牵引变电所贯通连接而形成的开放互通、交直流协同的轨道交通供电系统。因此,需研究多种拓扑结构传输性能,实现柔性牵引供电系统多种制式电能输入与输出;研究容量灵活配置的模块化结构,优化能量转化传输效率、充分利用再生制动能量、接入轨道交通沿线分布式能源;研究核心技术指标,适应不同电压制式交直流输入和输出。构建满足多种供电制式输入与输出的柔性牵引供电系统统一架构,确定其核心技术指标,满足技术经济要求,兼顾体积质量、经济安全需求,是需要解决的关键科学问题之一。

3.2 动态时变牵引负荷冲击下、间歇性多路能源接入下多端口能量路由器与柔性牵引供电系统稳定运行控制方法

为保障柔性牵引供电系统安全稳定运行,需开展以下研究:研究柔性牵引供电系统宽频带振荡动态交互机理,探明多源耦合条件下柔性牵引供电系统宽频带阻抗特性;研究短时大冲击负荷作用下变换器能量波动抑制方法,提出多端口能量路由器稳定运行控制方法;建立"器件-模块-变电所-系统"多级故障模型,分析故障特征量变化,提出故障快速定位、智能保护与自愈重构方法;研究多源耦合条件下的、多因素作用下的系统宽频带阻抗特性及变化规律,提出频带阻抗测试方法与阻抗特性动态控制方法;研究强时变、大冲击的复杂工况下系统高阶非线性动力学行为,分析各类型间隙性新能源相互作用干扰机理;构建基于"多输入源-交直流网-多输出荷-储能系统"能量层级架构,建立多源运行成本最小化参数优化模型,实现对多路能源间的协同管理。因此,研究柔性牵引供电系统的多端口能量路由器控制方法、多层级保护与自愈重构方法、宽频带阻抗测试与动态控制方法、多路能源协同管理方法,是需要解决的关键科学问题之二。

3.3 柔性牵引供电系统工程示范

以技术可靠稳定和经济合理高效为条件,研究不同输入和不同输出的柔性牵引供电

系统工程实施方案；针对不同输入电压下实现既有铁路27.5kV单相工频交流输出，开展工程示范；针对不同输入电压下实现既有铁路27.5kV单相工频交流输出和既有地铁直流1.5kV协同输出，开展工程示范；针对不同输入下实现铁路直流60kV、直流20kV、直流3kV输出和既有地铁直流1.5kV或3kV协同输出，开展工程示范。

主要参考文献

[1] 李群湛. 我国高速铁路牵引供电发展的若干关键技术问题[J]. 铁道学报,2010,32(4):119-124.

[2] He X Q,Shu Z L,Peng X,et al. Advanced Cophase Traction Power Supply System Based on Three-Phase to Single-Phase Converter[J]. IEEE Transactions on Power Electronics,2014,29(10):5323-5333.

[3] Shu Z L,Xie S F,Lu K,et al. Digital Detection,Control,and Distribution System for Co-Phase Traction Power Supply Application[J]. IEEE Transactions on Power Electronics,2013,60(5):1831-1839.

[4] Han P C,He X Q,Ren H J,et al. Fault Diagnosis and System Reconfiguration Strategy of a Single-Phase Three-Level Neutral-Point Clamped Cascaded Inverter[J]. IEEE Transactions on Industry Applications,2019,55(4):3863-3876.

[5] Yang P C,Yu M,Wu Q W,et al. Decentralized Bidirectional Voltage Supporting Control for Multi-Mode Hybrid AC/DC Microgrid[J]. IEEE Transactions on Smart Grid,2020,11(3):2615-2626.

[6] Guo P,Xu Q M,Yue Y F,et al. Analysis and Control of Modular Multilevel Converter with Split Energy Storage for Railway Traction Power Conditioner[J]. IEEE Transactions on Power Electronics,2020,35(2):1239-1255.

[7] Çimen H,Çetinkaya N,Vasquez J C,et al. A Microgrid Energy Management System Based on Non-Intrusive Load Monitoring via Multitask Learning[J]. IEEE Transactions on Smart Grid,2020,12(2):977-987.

[8] Lei M,Li Y,Li Z,et al. A Single-Phase Five-Branch Direct AC-AC Modular Multilevel Converter for Railway Power Conditioning[J]. IEEE Transactions on Industrial Electronics,2019,67(6):4292-4304.

[9] Şengör İ,Kılıçkıran H C,Akdemir H,et al. Energy Management of a Smart Railway Station Considering Regenerative Braking and Stochastic Behaviour of ESS and PV Generation[J]. IEEE Transactions on Sustainable Energy,2017,9(3):1041-1050.

[10] Harnefors L,Finger R,Wang X,et al. VSC Input-Admittance Modeling and Analysis Above

the Nyquist Frequency for Passivity-Based Stability Assessment[J]. IEEE Transactions on Industrial Electronics,2017,64(8):6362-6370.

撰稿人：何晓琼（西南交通大学）

轨道交通"网-源-储-车"交互作用机制与协同控制方法

Interaction mechanism and coordination method for the "network-source-storage-trains" in railway system

1 科学问题概述

轨道交通作为最大的能源消耗领域之一，其节能减排和可持续发展受到了世界各国的广泛关注。在"双碳"目标下，如何在保障安全可靠运行的同时，实现绿色、高效用能，已成为轨道交通供能系统发展的必然趋势。为此，一条行之有效的发展路径是，在既有轨道交通供电系统中融入先进的柔性电能变换技术、储能技术、新能源发电技术以及智能电网技术，构建绿色、高效、高弹性的轨道交通"网-源-储-车"协同供能新体系。

然而，牵引负荷与新能源发电都呈现出强随机性与强波动性，叠加供电系统的特殊供电结构，使得源-荷难以直接高效匹配；同时，网、源、储、车各环节通过电力电子设备实现互联，高度电力电子化的"网-源-储-车"协同供能系统面对强冲击性的牵引负荷与新能源发电，极易发生振荡或不稳定问题。这给"网-源-储-车"协同供能系统的稳定、高效运行带来了系列挑战，如：新能源发电与再生制动能量利用率低、宽频带振荡与电能质量恶化。因此，亟须揭示"网-源-储-车"振荡失稳机理与多环节动态交互作用机制，研究系统新能源最优渗透率与最优技术经济指标。在此基础上，研究"网-源-储-车"协同高效、稳定运行控制方法，充分利用系统的功率灵活性，保障"网-源-储-车"协同供能系统的高效、稳定运行。

2 科学问题背景

轨道交通具有污染小、高效、牵引功率大等优点，已在世界范围内得到广泛应用，未来仍将沿着"大规模、高速度、高密度"的方向持续发展。中国电气化铁路建设10万公里技术创新暨学术交流会中提到，截至2022年底，我国电气化铁路运营里程超10万km，全面支撑着国家社会经济的快速高质量发展。随着轨道交通的飞速发展，伴随而来的是与日俱增的巨大电能需求。如2021年，我国电气化铁路总耗电量约1000亿kWh（含国铁集团、国能集团电气化铁路），城市轨道交通用电量约150亿kWh，累计占全社会用电的1.5%左右。尽管轨道交通直接消耗的是电能，但是目前我国电能的主要来源仍然为化石能源发电。因此,从全寿命周期用能结构来看,轨道交通仍然是碳排放的重点领域。《交通强国建设纲要》指出,要优化交通能源结构,推进新能源、清洁能源应用。《"十四五"铁路科技创新规划》进一步明确,要深化能效提升及能源供给技术研发,研究推广可再生能源、新能源及智能友好并网技术在铁路行业的应用,统筹源网荷储协调发展,降低二氧化碳和各类污染物排放量。同时,2021年度国家重点研发计划启动实施"交通基础设施"重点专项,旨在创新交通能源自洽系统技术,大幅增强交通基础设施的绿色、智能水平。因此,为支撑"交通强国"战略实施与"双碳"目标实现,在保证安全可靠运行的同时,迫切需要实现轨道交通供能系统的高效、绿色与高弹性发展。

为此,就轨道交通而言,其一方面可利用自身广域分布的牵引供电网络接入沿线的新能源发电系统,实现低碳供能;一方面可发展节能技术,实现高效用能。由此,一条行之有效的发展路径就是,在既有轨道交通供电系统中融入先进的柔性电能变换技术、储能技术、新能源发电技术以及智能电网技术,构建绿色、高效、高弹性的轨道交通"网-源-储-车"协同供能新体系。柔性电能变换装备、储能系统与新能源发电系统的加入,打破了传统牵引供电系统中只有单一电源的供电模式,增加了系统的潮流可控性与供电可靠性,使得系统运行方式更为灵活。

然而,新能源与牵引负荷都呈现为强随机性和强波动性,叠加轨道交通系统广域分布的特殊供电系统(如电气化铁路的不对称且分段孤立的供电网络),一方面会导致系统源(新能源)-荷(牵引负荷)直接匹配难,列车再生制动能量与新能源发电消纳面临挑战;另一方面会加剧化牵引网电压波动、负序电流与功率因数等多类型电能质量问题。此外,"网-源-储-车"协同供能系统本质上是一个含有多类型、多数量电能变换设备的高度电力电子化系统,在面临强冲击性的牵引负荷与新能源发电以及薄弱外部电网时,极易发生振荡或不稳定现象。这给轨道交通"网-源-储-车"协同供能系统的高效、稳定运行带来系列挑战。因此,亟须突破轨道交通"网-源-储-车"交互作用机制与协同控制技术。

3 科学问题研究进展

近年来,为实现轨道交通(以电气化铁路为例)的高效稳定供电、与电网的良好交互,国内外学者从电能质量治理、振荡机理、再生制动能量与新能源利用等方面开展了大量研究。

在电气化铁路电能质量治理方面,针对电气化铁路的谐波、负序、无功等电能质量问题,国内外已有解决方法包括改进电力机车、改进牵引供电系统和加装补偿装置三类。其中综合性能最好的当属铁路功率调节器(Railway Power Conditioner,RPC),其能有效抑制牵引供电系统电压波动、负序电流与无功。为降低RPC系统成本,国内外专家提出了多种混合式RPC方案,通过并联无源器件减少RPC以安装容量。在此基础上,国内学者提出了组合式同相供电技术,取消变电所处电分相,从根本上解决了负序问题。综合考虑建设成本与治理效果,最优的治理方法是将多种治理方式并存,以实现多类电能质量问题的综合治理。

在电气化铁路宽频带振荡机理方面,随着电压源型变流器型电力机车的大规模应用,国内外电气化铁路牵引供电系统相继出现了低频振荡、谐波不稳定、高频谐振等宽频带问题。研究表明,在牵引供电系统中变流器工作在整流模式,电压环对直流电压的恒定控制使得变流器呈现恒功率特性,从而给系统引入了低频的负电阻特性,造成牵引供电系统低频振荡。此外,变流器的脉宽调制环节通常采用对称或非对称规则采样,存在调制延迟,从而在中、高频段引入了周期性负电阻特性,当电网阻抗较大或存在并联谐振点时,极易交互产生中、高频段的谐波放大现象。目前已有研究提出减小牵引变压器阻抗、安装阻尼补偿装置、参数优化调节等多种振荡抑制方案,并取得了较好的应用效果。

在电气化铁路再生制动能量利用方面,电气化铁路再生制动能量的利用方案主要有:优化行车组织和潮流控制技术两类。其中优化行车组织通过优化行车运行图,尽可能提高同臂牵引动车组对再生制动能量的消耗。但是,受限于供电臂长度,该方式对再生制动能量利用率的提升有限。潮流控制技术是指通过特定的潮流装置与潮流控制方法优化系统潮流,使再生制动能量尽可能地被目标负载被消耗。现有潮流控制技术主要有:RPC 技术、能量回馈技术与储能技术。RPC 技术通过两供电臂间的功率融通,提高系统的再生制动能量利用率。能量回馈技术则将再生制动能量回馈到铁路站场附近的配电网进行再利用。储能技术则利用储能装置的灵活充放电能力与电能存储能力,进行电能的时空转移,匹配再生制动能量与目标负荷,能有效提升再生制动能量利用率。

在电气化铁路新能源利用方面,国内外现有光伏接入应用工程大都集中于非牵引用能领域,如我国、日本、德国等都建设有采用光伏系统为车站内的服务设施供能的工程项目。然而,电气化铁路的能源消耗主要为牵引用能,若能将新能源发电直接供应于牵引用能,对于实现电气化铁路的绿色发展具有重要意义。为此,国内外学者从接入方式、能量管理等方面开展了大量研究工作。根据新能源接入位置的不同,可分为电网侧接入与牵引侧接入。电网侧接入是指将新能源发电系统接入三相电网后,再通过牵引变电所为电气化铁路供电。牵引侧接入则利用铁路自身的分布式供电网络汇集沿线的新能源发电系统,可实现新能源发电的就地消纳,传输损耗小,该类方式接入的系统架构、能量管理、技术经济性分析等方法取得了较好的进展。然而,已有能量管理方法主要关注新能源发电与牵引负荷间的高效匹配问题,忽略了新能源与牵引负荷的强随机性和强波动性,以及牵引供电系统的电能质量与稳定运行问题。

上述研究从交互机理、系统架构、稳定运行控制等方面为轨道交通"网-源-储-车"协同供能系统奠定了一定基础。然而,相比于传统牵引供电系统,轨道交通"网-源-储-车"协同供能系统从单一电源系统变成多电源系统,系统呈现高度电力电子化且潮流更加复杂,既有方法无法直接适用。因此,为保障"网-源-储-车"协同供能系统的高效、稳定运行,亟须攻克如下问题。

3.1 "网-源-储-车"振荡失稳机理与多环节动态交互机制

"网-源-储-车"协同供能系统打破了传统轨道交通供电系统的单一外部电源模式,变为多源协同供能,系统潮流更加复杂,电力电子变流器类型多、控制算法多、运行工况复杂,既存在线性理论下的小干扰稳定性问题,也存在由非线性环节、暂态冲击等引起的大干扰失稳问题。既有小干扰稳定性分析方法已不足以评估并揭示多时间尺度下"网-源-储-车"协同供能系统的振荡机理和演变规律。因此,亟须从"网-源-储-车"多环节交互的角度出发,考虑系统的非线性、强冲击性与波动性,提出适用的小信号/大信号稳定性分析方法,形成"网-源-储-车"供电系统稳定性分析理论,实现多振荡模式的辨识,揭示不同条件下系统的振荡失稳机理。在此基础上,研究牵引供电系统最优新能源渗透率,研究"网-源-储-车"多环节动态交互作用机制,充分挖掘各环节参与系统调控的潜力,为系统的高效、稳定运行提供根本保障。

3.2 "网-源-储-车"协同供能系统高效运行控制方法

新能源与牵引负荷都表现为强随机性和强波动性,导致系统源-荷供需匹配难,新能源发电与再生制动能量高效利用难。因此亟须考虑"网-源-储-车"各环节的时空特性差异,研究"网-源-储-车"协同供能系统高效运行控制方法,实现供应侧(新能源发电与列车再生制动能量)与需求侧(牵引负荷、储能)的高度匹配,综合提升系统的能源利用效率。一方面,以最小化牵引变电所与三相电网间的交互功率为目标,建立变电所级最优能效控制策略,充分利用系统的功率灵活性,实时协调网、源、储各环节间的交互功率,实现变电所级的再生制动能量与新能源发电的高效利用;另一方面,将储能单元与牵引负荷视为广义的需求侧,结合新能源发电预测技术与"网-源-储-车"多环节动态交互作用机制,日前优化列车行车安排,引导需求侧主动追寻新能源单元出力,增强系统新能源消纳能力,实现系统级的再生制动能量与新能源发电高效利用。

3.3 "网-源-储-车"协同供能系统稳定运行控制方法

强随机性与强波动性的新能源与牵引负荷,易导致牵引网电压的剧烈波动,引发高度电力电子化"网-源-储-车"协同供能系统的多类型振荡问题。并且,在外部电网薄弱时,这些问题将更加突出。因此亟须研究"网-源-储-车"协同供能系统的稳定运行控制方法。一方面,研究牵引网电压波动抑制技术,依据牵引变压器二次侧的牵引网电压幅值与输出功率间的耦合关系与作用规律,控制储能系统与铁路功率调节器的有功、无功输出功率,实现牵引网电压波动抑制;另一方面,研究系统阻尼与惯性补偿技术,基于"网-源-储-车"供电系统的振荡失稳机理与多环节稳定性相互作用机制,研究基于储能系统与铁路功率调节器的虚拟阻尼与惯性补偿策略,实现对系统的实时自适应阻尼补偿和惯性支撑,提升系统稳定性。

主要参考文献

[1] De la Fuente E P, Mazumder S K, Franco I G. Railway Electrical Smart Grids: An Introduction to Next-Generation Railway Power Systems and Their Operation[J]. IEEE Electrification Magazine, 2014, 2(3): 49-55.

[2] D'Arco S, Piegari L, Tricoli P. Comparative Analysis of Topologies to Integrate Photovoltaic Sources in the Feeder Stations of AC Railways[J]. IEEE Transactions on Transportation Electrification, 2018, 4(4): 951-960.

[3] Brenna M, Foiadelli F, Kaleybar H J. The Evolution of Railway Power Supply Systems Toward Smart Microgrids: The Concept of the Energy Hub and Integration of Distributed Energy Resources[J]. IEEE Electrification Magazine, 2020, 8(1): 12-23.

[4] An B N, Li Y, Guerrero M J, et al. Renewable Energy Integration in Intelligent Railway of China: Configurations, Applications and Issues[J]. IEEE Intelligent Transportation Systems Magazine, 2021, 13(3): 13-33.

[5] Ma F J, Wang X, Deng L, et al. Multiport Railway Power Conditioner and Its Management Control Strategy with Renewable Energy Access[J]. IEEE Journal of Emerging and Selected Topics in Power Electronics, 2020, 8(2): 1405-1418.

[6] Chen M W, Cheng Z, Liu Y L, et al, Multitime-Scale Optimal Dispatch of Railway FTPSS Based on Model Predictive Control[J]. IEEE Transactions on Transportation Electrification, 2020, 6(2): 808-820.

[7] Aguado J A, Sánchez Racero A J, De la Torre S. Optimal Operation of Electric Railways with Renewable Energy and Electric Storage Systems[J]. IEEE Transactions on Smart Grid, 2018, 9(2): 993-1001.

[8] Wang H, Wu M, Sun J. Analysis of Low-Frequency Oscillation in Electric Railways Based on Small-Signal Modeling of Vehicle-Grid System in dq Frame[J]. IEEE Transactions on Power Electronics, 2015, 30(9): 5318-5330.

[9] Zhou Y, Hu H T, Yang X W, et al. Low Frequency Oscillation Traceability and Suppression in Railway Electrification Systems[J]. IEEE Transactions on Industry Applications, 2019, 55(6): 7699-7711.

撰稿人:胡海涛(西南交通大学)

时速 400km 及以上高速弓网关系

Pantograph-catenary interactions of high-speed railway at the speed of and over 400 km/h

1　科学问题概述

国铁集团 2020 年颁布的《新时代交通强国铁路先行规划纲要》中明确指出,加强可实现工程化、产业化的前沿技术研究,自主创新建立时速 400km 及以上高速铁路技术标准等成套关键技术体系。高速铁路主要依赖受电弓与接触网的持续滑动接触实现动车组的取流,受电弓-接触网(简称弓网)关系是制约高速铁路动车组更高速度运行的核心因素之一。随着动车组运行速度的提升,受电弓对接触网系统造成的滑动冲击激励增大,直接导致高速弓网系统接触质量的下降,使弓网关系恶化。

高速铁路弓网系统是一种由高速移动受电弓和架空柔性接触网组成的开放式系统,弓网系统受流质量一方面受到动车组运行速度、弓网参数匹配程度等内在结构因素影响,另一方面会受到运行环境、服役时间等其他因素干扰。2007 年法铁 TGV 冲刺试验首次达到了时速 574.8km,然而,在试验过程中弓网离线电弧频发,受电弓破坏严重,动车组受流稳定性极差。随着我国铁路运营线路向复杂地区的逐步覆盖和运营速度的逐渐突破,高速铁路弓网系统亟须解决以下三个问题:

(1) 环境风、覆冰等多场景共同作用下的弓网交互作用机制及其受流恶化机理。

(2) 弓网机械摩擦、电腐蚀等多因素约束下的弓网系统服役性能表征方法及其受流质量演化规律。

(3) 运行速度持续突破时,弓网系统高频振动行为特征和时速 400km 及以上服役安全评估指标。

随着更高速度的高速铁路建设目标的提出,特别是列车运行速度在既有接触网波动传播速度限制下的持续突破,如何保证高速铁路时速 400km 及以上运行时弓网受流质量的稳定已是当前亟须解决的关键问题。目前,世界范围内尚没有成熟的时速 400km 及以上高速铁路的设计规范、运营经验和评估标准可供借鉴。因此,亟须从理论上揭示时速 400km 及以上弓网系统交互作用机制及其受流演化规律,研究时速 400km 及以上运行速度下的弓网振动特征与临界安全阈值,为我国高速铁路持续健康发展提供理论支撑。

2　科学问题背景

弓网系统是高速铁路的重要组成部分,负责将牵引变电所获得的电能输送给电力机车,是电气化铁路安全、稳定和可靠运行的关键系统之一。面对400km/h及以上的高速目标要求,揭示弓网系统参数匹配机制,提出时速400km及以上高速弓网系统匹配优化方案和评估指标,保证动车组供电的稳定、安全,是促进中国高速铁路标准走出去和国际化、推进"一带一路"建设的重要支撑。

目前我国高速铁路采用电力牵引,电能从电厂经高压输电线—变电所—架空接触网—受电弓供给高速列车,再通过牵引变压器、变流器驱动牵引电机,转化为牵引高速列车所需动能。典型的高速铁路弓网系统包括架设于轨道沿线的架空接触网和安装在动车车顶的受电弓,动车组通过弓网之间的持续滑动接触实现稳定受流。因此,良好的接触状态是保障列车受流质量和安全运行的关键条件;接触力过小会使得接触电阻增大且弓网间波动剧烈,可能导致接触不良产生电弧,引起碳滑板和接触线烧蚀甚至供电中断;若接触力太大,则摩擦效应加大,引起滑板和导线的磨耗加剧。

既有弓网系统设计的主要目标是保证受电弓碳滑板在工作高度范围内具有相对稳定的接触力。随着列车运行速度的提升,弓网接触趋近于刚性,对原有弓网匹配技术的适用性、弓网系统的抗干扰性以及弓网系统评估标准提出了新的挑战,使得时速400km及以上的高速弓网关系成为了新环境下的重要科学问题。

3 科学问题研究进展

由于目前国内外尚无400km/h及以上的高速铁路线路实际运行,相关研究需要在充分总结350km/h的研究基础上进行开展。目前,350km运行时速下高速弓网系统的研究主要集中在弓网系统建模仿真、弓网系统服役性态及环境扰动对弓网的影响等几个方面。

在高速铁路弓网系统建模仿真方面,目前主流的建模方法为有限元法。有限元法对具有张力的承力索和接触线采用索杆单元或者梁单元进行建模,吊弦则采用非线性杆单元建模,可充分反映接触网系统的非线性特征。在Alan Facchinetti和Stefano Bruni等人组织全球十家科研机构所构建的弓网系统仿真技术基准中,更多考虑时速350km以下的弓网低频振动特性。但是,随着列车运行速度的持续提升,弓网高阶模态对交互行为的贡献愈加突出,传统的低频动力学响应表征方法将不足以描述时速400km及以上弓网的受流性能。

在弓网服役性态研究方面,目前国内外工业界、学术界所普遍接受的弓网服役性态评估指标主要由西门子公司和欧洲标准EN 50119提供,上述标准也为中国铁路行业接触网设计体系的建立提供了重要参考。同时,为了揭示弓网服役性态随运营时间、运行环境的变化规律,部分学者对低速运行下的弓网磨耗规律、电腐蚀机制进行了初步总结。但是,在时速400km及以上速度运行时,接触网总体张力上升,弓网接触趋近于刚性,受电弓冲击载荷将更为激烈,既有的服役性能评估指标和服役状态演化规律难以直接迁移应用。

此外，尽管时速350km及以下运行时沿线风场、覆冰、隧道条件等环境扰动对弓网关系的影响研究已较为充分，但随着动车组运行速度的持续突破和我国铁路线路向高原山区、沿海地带、西北大风区等更复杂环境的延伸，外部环境因素对弓网系统的扰动愈加剧烈，特别是环境风、覆冰等多场景共同作用下的弓网交互作用机制有待揭示。

综上所述，国内外对于列车运行速度继续突破所带来的既有弓网关系的适应性尚无充分研究，对时速400km及以上弓网高频振动行为特征认识不足，更复杂运行环境和更高运行速度下的弓网服役性能表征与评估方法亟须修正和补充。

通过对目前国内外高速铁路弓网关系研究现状进行总结和梳理，可以发现，不论是在多场景下的弓网作用机制方面，抑或是在时速400km及以上的弓网服役性态表征与评估方面，都存在许多问题亟须攻克。

3.1 多场景作用下时速400km及以上高速铁路弓网交互作用机制与受流劣化机理

随着列车运行速度突破时速400km，除运行速度提升造成轮轨冲击、列车风致振动效应等弓网荷载增加外，覆冰、大风等特殊环境和隧道、桥梁等特殊区段下的弓网关系也是必须关注的重点问题。考虑覆冰、磨耗所引起接触网线索形状改变，研究接触网的空气动力学特性，揭示其风振响应特性和气动失稳机制；考虑受电弓几何形态和更高运行速度下的跟随性要求，研究受电弓的空气动力学特性，揭示影响受电弓气动特性的关键因素；考虑隧道区段空气活塞效应以及隧道口扩散效应，分析高速铁路弓网系统结构参数对空气动力学特性的影响规律，给出时速400km及以上高速铁路弓网系统空气动力学优化方案；考虑桥梁、轨道沉降等不平顺，揭示轮轨激励和车体振动对弓网受流质量的影响规律。

3.2 时速400km及以上高速铁路弓网系统振动特性

在更大张力水平下，接触网所受冲击能量加剧且存在频率偏移，高频模态分量对弓网受流质量的影响更为显著。为准确描述400km/h及以上的弓网高频振动行为，考虑受电弓关键部件的柔性变形、杆件间的摩擦和间隙、弓网滑动接触形态，构建反映非线性高阶模态的弓网模型；探索受电弓弓头模态、框架模态、短波不平顺、车体高频激扰、特殊区段通过频率、空气动力激扰、接触网高阶模态等在动力学响应中的量化表征，探明变化趋势；研究不同速度等级下弓网系统的主要参与模态与激发机制，揭示弓网高阶模态在高速运行过程中的非线性时变特征。

3.3 时速400km及以上弓网服役性能表征

弓网系统在高速运行时，受到高温、电磁、接触力、机械摩擦等多重载荷的冲击。探明400km/h及以上弓网系统服役演化规律与性能表征方法是评估弓网系统能否满足既定使用寿命的先决条件。研究温度场、电磁场、机械场等多场耦合作用下接触线和滑板的烧伤和磨损机制;结合既有高速线路实测运维数据,分析弓网系统在长期服役下多尺度损伤演化和发展过程;构建以弓网主要结构参数、运营参数和环境参数为变量的服役性能表征模型,提出400km/h及以上弓网服役性能表征方法。

3.4 时速400km及以上弓网服役性能预测与评估

结合弓网服役性能表征模型和动态性能仿真模型,实现服役性能参数和动力学响应数据的交互输入,构建长期运营下弓网系统服役性能的预测模型;基于既有线路历史数据,引入运维变量对模型进行修正;以设计使用寿命为约束,评估400km/h及以上弓网系统在不同服役阶段、不同运行条件下的受流性能;根据弓网性能预测结果,分析不同服役状态下几何参数指标的变化趋势,明确各个指标不同阈值所对应的弓网运行状态,修正400km/h及以上服役安全指标的建议阈值;在弓网高频振动特性研究基础上,分析高频加速度、高频接触力、离线间距、燃弧率、硬点等瞬态指标对服役性能演化的影响规律,在保证设计使用寿命的基础上,给出动态性指标的标准建议范围。

3.5 时速400km及以上高速铁路智能弓网系统

考虑受电弓大时滞特征和控制输出延时特性,建立以弓网模型非线性时变性为基础的超前控制理论;根据接触网在特殊区段的固有性质,研究自适应线路参数和环境参数调节的性能优化控制模型;考虑弓网系统的高度非线性时变特征,构建基于弓网运行数据的数据驱动型弓网智能控制理论体系,实现自适应线路参数和环境参数的受电弓控制;考虑接触网系统的无源特性和受电弓控制先验信息获取困难问题,构建弓网系统状态参数实时智能感知理论,研究基于最优组合的弓网控制变量集合采集理论,研究部分变量获得困难时的不完备控制参数集合下的控制理论。

主要参考文献

[1] Song Y, Liu Z G, Wang H R, et al. Nonlinear Modelling of High-Speed Catenary Based on Analytical Expressions of Cable and Truss Elements[J]. Vehicle System Dynamics, 2015, 53(10): 1455-1479.

[2] Bruni S, Ambrosio J, Carnicero A, et al. The Results of the Pantograph-Catenary Interaction Benchmark[J]. Vehicle System Dynamics, 2015, 53(3): 412-435.

[3] Bruni S, Bucca G, Carnevale M, et al. Pantograph-Catenary Interaction: Recent Achievements and Future Research Challenges[J]. International Journal of Rail Transportation, 2018, 6(2): 57-82.

[4] 高仕斌,刘志刚,杨佳.400 km/h 高速铁路接触网系统研究展望[J].高速铁路技术,2021,12(2):11-16.

[5] Song Y,Duan F C,Wu F P,et al. Assessment of the Current Collection Quality of Pantograph-Catenary with Contact Line Height Variability in Electric Railways[J]. IEEE Transactions on Transportation Electrification,2021,8(1):788-789.

[6] CENELEC. Railway Application—Fixed Installations—Electric Traction Overhead Contact Lines:BS EN 50119[S].

[7] Derosa S,Nåvik P,Collina A,et al. A Heuristic Wear Model for the Contact Strip and Contact Wire in Pantograph-Catenary Interaction for Railway Operations Under 15 kV 16.67Hz AC Systems[J]. Wear,2020,456-457:203401.

[8] 黄振英,翟洪祥,刘新,等.Ti3SiC2 系材料的载流磨损特性及机理[J].稀有金属材料与工程,2007,36(2):434-437.

[9] Song Y,Zhang M J,Øiseth O,et al. Wind Deflection Analysis of Railway Catenary Under Crosswind Based on Nonlinear Finite Element Model and Wind Tunnel Test[J]. Mechanism and Machine Theory,2022,168:104608.

[10] Dai Z Y,Li T,Deng J,et al. Effect of the Strip Spacing on the Aerodynamic Performance of a High-Speed Double-Strip Pantograph[J]. Vehicle System Dynamics,2021:1-17.

撰稿人:刘志刚(西南交通大学)

轨道交通非接触供电理论

Theory of contactless power supply system for rail transit

1 科学问题概述

随着城镇化建设持续推进,我国轨道交通发展异常迅猛。截至2022年2月,全国城市轨道交通运营里程达8819km。牵引供电系统是电力机车/动车组的唯一动力源泉,其供电的安全、可靠、高效运行对轨道交通发展至关重要。目前电力机车/动车组多采用传统受电弓-接触网(以下简称"弓网")滑动接触受流技术,其存在的机械摩擦、碳积和电火花等问题易导致弓网故障。据统计,弓网故障导致的供电事故占总事故的60%以上,给国民经济和社会发展带来重大损失。因此,弓网故障是制约轨道交通快速发展的关键因素。

近20年来,非接触供电(Wireless Power Transfer,WPT)技术在功率和效率上都不断取得突破,为轨道交通提供了非接触受流的全新思路。非接触供电系统将发射线圈埋藏于地面,拾取线圈安装于列车底部,不通过"弓(拾取能量)"与"网(发射能量)"的滑动接触取电,而是通过电磁感应方式实现能量的大功率/高效率非接触传输。其可靠灵活、无火花无磨损等优点,成为取代弓网滑动受流技术、从源头上彻底解决"弓网故障"的切实可行途径,是推进轨道交通深入可持续发展的必然趋势,国家"十三五""先进轨道交通"重点专项也将"轨道交通非接触式供电技术"作为重点关注的内容之一。因此,开展轨道交通非接触供电基础理论与关键技术的研究,对于我国轨道交通技术向更安全可靠、更节能高效以及更高速度的发展目标迈进,具有重要的实用价值与战略意义。

2　科学问题背景

非接触供电系统通过电磁感应方式实现能量的大功率非接触传输,克服了弓网接触供电的固有问题。但在轨道交通应用背景中却面临着移动条件下的诸多特殊问题,具体包括:①在能量传输上,机车功率密度大,对非接触供电系统的功率供给要求高;②在传输性能上,非接触供电系统空间跨度大,沿路相关设备多,机车在移动中的不同工况下负荷功率需求具有强突变性,源-源、源-荷间存在协同问题;③在传输安全上,耦合机构在高速大功率条件下存在强电磁干扰,上坡/下坡、直道/弯道、桥梁/隧道等复杂环境对系统分布参数产生影响。上述特殊性导致能量难以稳定高效传输,存在传输功率波动剧烈等问题。相对于静态非接触电能传输系统,非接触供电系统在高速下的理论机理、抑制方案和控制策略等都将面临更加严峻的挑战。因此,必须针对轨道交通的特点,开展非接触供电系统在移动条件下功率效率提升、系统协同控制、电磁干扰抑制的研究。

3　科学问题研究进展

轨道交通非接触供电系统属于动态非接触供电系统中的一种。动态非接触供电系统可在行驶过程中为电动交通工具在线充电。然而,相对静态非接触供电,动态非接触供电系统运行线路崎岖弯折、路面凹凸不平,容易引起系统参数急剧变化,导致效率及稳定性下降。为实现动态非接触供电系统高效运行,一方面可优化耦合线圈的尺寸,综合考虑线圈成本、漏磁大小、车辆行驶速度、车辆密度等因素,寻求平衡"效率-成本"的线圈设计方案。另一方面,可采用先进的控制策略降低变流器与耦合线圈损耗,例如:通过使用一种发射线圈脉冲控制技术,可以动态调节发射线圈上的励磁电流大小,从而降低与拾取线圈距离较远的发射线圈上的损耗;进一步地,多组发射线圈之间的电流比可动态调整至最优值,从而在系统稳定输出条件下实现线圈损耗的降低;在变流器方面,通过在线圈动态移动过程中追踪变流装置的软开关实现条件,可有效降低变流器的开关损耗。然而,上述控制方法多是针对静止/低速非接触供电系统进行研究,在线圈参数变化加剧的移动条件下,现有控制策略的响应速度能否满足动态运行需求亟待进一步研究。

为实现动态非接触供电系统的平稳运行,国内外研究机构从线圈结构设计、拓扑结构优化、控制策略改进等三个角度展开了深入研究。在线圈结构设计方面,可通过优化线圈结构、布置方式、尺寸等方法减少线圈在动态移动过程中的互感波动;也可通过采用多相线圈磁场矢量叠加、多层线圈几何位置重叠、多发射线圈与多拾取线圈不对称组合等方式,将互感各自波动的线圈组合叠加为一个总互感平稳的耦合线圈方案,从而实现系统输出的稳定。在拓扑结构优化方面,其一可采用非谐振参数设计,通过调节发射端感性、拾取端容性的参数设计方法,使得系统在一定互感范围内具有平稳的电压输出能力,但会引入额外的无功和附加损耗,导致系统整体效率降低;其二可采用混合拓扑结构,通过具有不同功率传输特性的串联拓扑与 LCL-LCL 拓扑组合,使线圈偏移时多拓扑输出功率自动互补,实现了系统电压平稳输出。在控制策略方面,良好的控制策略是实现非接触供电系统平稳运行控制的重要环节,较为典型的是引入闭环负反馈控制,通过控制 DC-DC 变换器的占空比,采用逆变器的变频控制和定频变占空比控制等方法,可以实现系统恒流/恒压输出;同时,在分段切换控制方面,根据拾取线圈位置信息地对发射线圈进行投切,可以抑制过分段时互感等参数剧烈变化对系统输出平稳度带来的影响。总体来说,通过耦合机构设计、拓扑结构优化、控制策略改进来实现平稳运行的方法大多以参数固定或慢变为假设前提。而对于轨道交通而言,在速度快、系统参数变化剧烈、扰动多的运行条件下,现有的平稳运行保障技术是否有效有待进一步探索。

目前,轨道交通应用场景下的非接触供电系统也有一定的研究与应用。在研究方面,国内外学者主要集中在提升轨道交通非接触供电的传输效率和供电平稳度等方面:为减少钢轨上产生的涡流、提高供电效率,一方面可将磁通汇聚于耦合线圈中心以减少磁场在钢轨上泄漏的 8 字形的发射线圈,另一方面也可采用无源屏蔽线圈减少耦合机构漏磁,抑制漏磁在车底金属中引起的涡流损耗,从而提高系统传输效率。在应用方面,国际上对非接触供电系统开展了一系列试验:德国 Wampiler 公司率先建设了长约 400m 的 150kW 载人轨道车试验线,其配备 6 套可以拾取 25kW 传输功率的无线接收装置,可达到约为 37.8km/h 运行速度;2009 年,加拿大庞巴迪公司在德国的奥格斯堡和包岑建设了输出功率可达 100~500kW 的非接触供电有轨电车示范线,其运行速度可达到 80km/h;2013 年,KAIST 和韩国铁路研究院合作成功建成有轨电车非接触供电示范线路,传输功率180kW,并于 2014 年提升至 818kW;同年,韩国铁路研究院更是实现了 1MW 的高速列车非接触供电。同时,国内对于非接触供电系统应用也日渐深入:天津工业大学杨庆新教授前瞻性地提出将 WPT 技术应用到高速铁路的构想;2020 年 1 月,西南交通大学完成了国内首套 500kW 动态非接触供电系统的原理样机研发,可实现 15cm 间隙下系统传输效率大于 90%;随后,西南交通大学联合中车株洲电力机车研究所完成了国内首台非接触供电制式城轨车辆的研发。

综上所述,国内外多个研究机构正在逐步推进轨道交通非接触供电技术的研究工作。然而,现有的研究主要集中在非接触供电系统线圈结构和变流器等基础架构设计,还未考虑到轨道交通运行过程中面临的移动、复杂环境和冲击性负荷等特殊问题,对于动态运行下的功率效率提升、系统协同控制以及电磁干扰抑制等关键问题尚未形成完整的理论体系。因此,仍需针对以下基础理论与关键技术进行攻克。

3.1 大功率动态非接触供电系统能量损耗机理与效率提升方法

研究在移动供电过程中在机械振动、温度变化等因素影响下的电路损耗规律及其数学描述;研究车辆驶入前、供电中和驶离后电磁耦合机构在不同外部环境(天气、路基、钢轨)下磁场能量的泄漏规律,揭示高速移动非接触供电系统能量耗散机理。考虑供电区间的短时工作制,研究动车驶入前的预励磁损耗抑制方法,驶入中的逆变电源环流消除与开关损耗抑制方法,驶离后的电磁能量回收技术;基于可控整流技术,研究车载能量管理系统自适应最优效率跟踪方法;研究最优效率下的多拾取线圈功率分配控制策略;设计拾取线圈与车体金属附件的布置安装方案,研究车体涡流损耗抑制方法。

3.2 基于分布式协同控制的大跨度非接触供电系统稳定运行方法

研究大跨度、长距离非接触供电功率波动机理:对功率波动现象进行全面分析和特征提取,挖掘功率波动现象的激发原因和主要影响因素,并建立功率波动特征数据库,明晰系统不同运行条件对功率波动现象的作用规律,建立含电源、电路、磁路和负荷的全局联合模型,研究各种非接触供电条件下(不同控制策略、电路参数、电磁耦合机构配置、运行工况、机车负重等)功率波动现象,挖掘在"电源-电路-磁路-负荷"之间的功率波动传播特征和规律,从能量均衡、参数配置、电路拓扑和控制策略四方面提出功率波动抑制方法。

3.3 复杂环境与变工况条件下电磁干扰分析及抑制

考虑磁场生物效应(人体/生物体吸收电磁波),结合车载敏感设备的电磁敏感性以及通信导航设备电磁环境要求,分析不同工况及线路条件下非接触供电系统对外部电磁环境的影响规律,找到关键影响因素。从接地、屏蔽、滤波三方面考虑,建立一套电磁干扰抑制方法:优化综合接地系统,增强接地通路的低通滤波功能,以提高车体电荷泄放能力;分析高速移动/静止供电过程中电磁干扰场分布特点,针对电磁泄漏关键点采取被动/主动屏蔽线圈等电磁屏蔽措施,减少电磁泄漏;结合电磁耦合构型与滤波参数设计,研究有效抑制高次谐波以及能量辐射的方法。

3.4 面向不同运行区间差异工况的分段式非接触供电方法

分析现有轨道交通车辆运行数据,具体包含车辆行进速度、功率等级、运行环境等,构建车辆工况数据库;基于数据库,量化上坡、下坡、加速、惰行等多种工况条件下的车辆功率变化特征;研究车辆高速运行时的发射线圈分段效应,探究不同速度、分段长度组合下的功率波动与效率跌落规律;研究建立非接触供电系统各环节成本数学模型,系统分析影响系统成本的关键因素;综合上述研究成果,研究面向非接触供电系统的多约束多目标优化算法,优化车辆在不同运行区间与工况下的系统能效水平、功率平稳性、EMC、成本等重要指标。

主要参考文献

[1] 黄学良,谭林林,陈中,等. 无线电能传输技术研究与应用综述[J]. 电工技术学报,2013,28(10):1-11.

[2] 赵争鸣,张艺明,陈凯楠. 磁耦合谐振式无线电能传输技术新进展[J]. 中国电机工程学报,2013,33(3):1-13.

[3] Choi S Y, Gu B W, Jeong S Y, et al. Advances in Wireless Power Transfer Systems for Roadway-Powered Electric Vehicles[J]. IEEE Journal of Emerging and Selected Topics in Power Electronics, 2015, 3(1):18-36.

[4] Mi C C, Buja G, Choi S Y, et al. Modern Advances in Wireless Power Transfer Systems for Roadway Powered Electric Vehicles[J]. IEEE Transactions on Industrial Electronics, 2016, 63(10):6533-6545.

[5] 朱春波,姜金海,宋凯,等. 电动汽车动态无线充电关键技术研究进展[J]. 电力系统自动化,2017,41(02):60-65+72.

[6] 张献,王杰,杨庆新,等. 电动汽车动态无线供电系统电能耦合机构与切换控制研究[J]. 电工技术学报,2019,34(15):3093-3101.

[7] 蒋成,孙跃,王智慧,等. 电动汽车无线供电导轨切换模式分析[J]. 电力系统自动化,2017,41(12):188-193.

[8] 张政,张波. 移动负载的动态无线供电系统发展及关键技术[J]. 电力工程技术,2020,39(01):21-30.

[9] 薛明,杨庆新,章鹏程,等. 无线电能传输技术应用研究现状与关键问题[J]. 电工技术学报,2021,36(08):1547-1568.

[10] 麦瑞坤,李勇,何正友,等. 无线电能传输技术及其在轨道交通中研究进展[J]. 西南交通大学学报,2016,51(03):446-461.

撰稿人:何正友(西南交通大学)

深埋跨海峡牵引供电系统结构与可靠性

Structure and reliability for the crossing-sea and buried traction power system

1 科学问题概述

2021年2月,中共中央、国务院印发了《国家综合立体交通网规划纲要》(以下简称规划纲要)。规划纲要中规划了三条跨海通道:福州至台北(台湾海峡,130km)、大连至青岛(渤海海峡,105km)、湛江至三亚(琼州海峡,80km)。

对于跨海峡铁路,采取深埋海底隧道的方案将带来巨大的经济社会效益,但工程建设难度和投资同样巨大。高速铁路牵引变电所的供电臂长度一般在25~30km之间,琼州、渤海、台湾海峡长度均超出在陆地(海峡两端)设置牵引变电所的常规供电距离。因此,亟待针对我国跨海峡铁路建设的特殊条件,开展牵引供电系统结构与可靠性研究,解决超长距离供电的"卡脖子"问题,以满足未来跨海峡通道建设的工程需要。

目前,我国尚无跨海峡电气化铁路建设与运行的先例。国际上著名的海底铁路隧道——青函隧道(53.85km),通过在海峡两端设置牵引变电所解决海底隧道的牵引供电问题,但供电距离远小于我国规划的三条跨海通道,不具有借鉴作用。

针对超过80km海底隧道的牵引供电问题,应该开展牵引网长距离供电、跨海峡高压输电、供电灵活性与可靠性等基础性科学研究。在牵引网长距离供电方面,国内针对川藏铁路、青藏铁路等线路开展了较为深入的研究;在跨海峡高压输电方面,采用柔性直流输电技术向海岛、海上钻井平台等孤岛负荷供电时,可以充分发挥柔性直流系统自换相的技术优势。

通过梳理目前研究进展,针对深埋跨海峡牵引供电系统,未来研究重点包括:

(1)复杂约束条件下超长距离牵引供电系统结构与供电品质多因素耦合问题。
(2)不同高压输电场景的海底牵引供电设施运行稳定和安全问题。
(3)超长深埋跨海隧道内牵引供电多场景下的运行方式最优匹配问题。

2 科学问题背景

规划纲要中规划了三条跨海通道:一是在"京津冀—粤港澳主轴"布局中的福州至台北(跨台湾海峡)跨海通道;二是在"京哈走廊"布局中的大连至青岛(跨渤海海峡)跨海通道;三是在"西部陆海走廊"布局中的湛江至三亚(跨琼州海峡)跨海通道。2016年7月,国家发展改革委、交通运输部、中国铁路总公司联合印发《中长期铁路网规划》,规划构筑"八纵八横"高速铁路主通道,跨海通道也出现在其中。

海底隧道具有改变海峡间运输性质的巨大作用,其最大优点是直达、便捷、快速、通过量大、长期效益显著。在整个运输过程中,无须中途装卸,运行速度远远快于火车轮渡,通过量成倍增加,且一次投资、百世享用。

电气化铁路牵引变电所的供电臂长度一般为 25~30km,相邻两座牵引变电所间距约 50~60km。琼州海峡长度约 80km、渤海海峡长度约 105km、台湾海峡长度约 130km,各跨海通道长度均超出在陆地(海峡两端)设置牵引变电所的极限距离。

供电臂长度、供电能力、供电可靠性和供电灵活性之间相互关联又存在一定矛盾性。陆地供电臂长度选择较为灵活,几个影响因素很容易达到相对平衡点,但对于深埋跨海峡铁路,还受到复杂环境条件、复杂运输灵活性、复杂故障救援模式等因素的影响。因此,亟待从理论角度建立相应数学模型,满足深埋跨海峡铁路复杂地理环境条件下的供电能力与可靠性需求。

目前,整个牵引供电系统运行监测还不够完善,仅实现了设备层监测,未实现运输组织实时监测和适应能力协同,没有打通所间信息壁垒和车所间信息壁垒。实现信息互通将大幅度提升牵引供电系统供电可靠性。因此,亟须完善牵引供电运行监测系统,从大数据的角度建立模型,寻找适应于深埋跨海复杂的环境、复杂故障模式下的最优策略。

3　科学问题研究进展

目前我国尚无跨海峡电气化铁路运行实例。国际上,日本穿越津轻海峡的青函隧道是世界上目前已建成的最长海底隧道(全长 53.85km),世界第二长的海底隧道是横穿英吉利海峡的欧洲隧道(全长 50.5km)。两条海底隧道均未超过 60km,通过在海峡两端设置牵引变电所即可解决供电能力问题,因此对我国未来跨海通道建设的借鉴意义不大。

由于缺乏工程背景牵引,现有研究指向性、广度和深度不足,深埋跨海峡牵引供电系统研究需要在牵引网长距离供电、跨海峡高压输电等研究的基础上开展。

在牵引网长距离供电方面,国内对川藏铁路、青藏铁路等线路开展了较深入的研究,核心思想是通过双边(贯通)供电解决牵引网长距离供电问题。解决方案在技术上可分为两类:一类涉及电网限制,需要征得电网同意,包括牵引变电所群双边供电方案和高压专线贯通供电方案;另一类在铁路内部可以解决,不受电网限制,包括"高压牵引电缆+直供贯通"供电方案和"高压牵引电缆+AT 贯通"供电方案。

在跨海峡高压输电方面,电网领域已开展许多相关研究,国内外已经建成了大量的跨海电力通道。长期以来,采用架空线路大跨越是跨海电力通道的优选方案,但架空送电线路不仅影响海域使用,而且检修难度大,防灾能力较弱。为此,大型岛屿的供电联网工程逐步采用在海床上直埋电缆、在跨海大桥上随桥敷设电缆和在海底专用隧道内敷设电缆等方案。近年来,柔性直流输电作为新一代直流输电技术,在世界范围内已经得到广泛发展和应用。采用柔性直流输电技术向海岛、海上钻井平台等孤岛负荷供电时,可以充分发挥柔性直流系统自换相的技术优势。同时,直流线路在投资、运行费用、长距离传输中不需要添加补偿设备,相对于交流线路具有一定优势。

综上所述,深埋跨海峡牵引供电系统供电能力与可靠性研究需要重点攻克以下科学问题。

3.1 复杂约束条件下超长距离牵引供电系统结构与供电品质多因素耦合问题

电气化铁路存在牵引供电系统方案多样化、受自然条件影响复杂的特点,不同电源电压等级、不同牵引网供电方式、不同运行速度和运输组织等都对牵引变电所供电能力有较大影响。供电臂的长度、供电能力、供电可靠性和供电灵活性之间相互关联又存在一定矛盾。深埋跨海峡铁路还存在复杂环境条件、复杂运输灵活性、复杂故障救援模式等多重影响因素。因此,探索深埋跨海峡超长距离牵引供电系统结构,揭示超长距离供电能力、供电可靠性、灵活性之间的耦合关系是需要解决的关键问题之一。

3.2 不同高压输电场景的海底牵引供电设施运行稳定和安全问题

不同的供电方式、电缆输电制式场景下,海底隧道内牵引供电设施设置方案也不同。海底低温、潮湿、多盐的自然环境将对牵引供电设施运行安全和稳定性产生影响,同时,不同牵引变电所拓扑结构与空间布置方案也是制约因素。因此,研究不同高压输电场景下牵引供电设施运行稳定、安全与复杂影响因素之间的映射关系,在可靠性、简约化、集成化、紧凑化的同时确保电气系统安全稳定运行,是需要解决的关键问题之二。

3.3 超长深埋跨海隧道内牵引供电多场景的运行方式最优匹配问题

跨海峡隧道线路长、空间有限、环境特殊,发生事故后救援难度大、疏散困难。隧道内牵引供电系统一旦失电将对列车安全运行造成影响,严重时可能造成人员伤亡以及经济损失;牵引供电系统故障类型多样,故障发生不确定性大,车地信息、所间信息互通为满足超长深埋跨海隧道环境复杂性、运行方式灵活性需求形成了多场景。因此,研究多场景下故障因素与牵引供电系统运行方式最佳匹配问题,提高牵引供电在应急及故障情况下运行安全可靠性、运输组织适应性,是需要解决的关键问题之三。

主要参考文献

[1] 赵庚午.日本青函隧道电气设备简介[J].电气工程应用,1989,02:42-47.
[2] 王辉,李群湛,解绍锋,等.基于Dd接线变压器及静止无功发生器的电气化铁路同相供电综合补偿方案[J].中国铁道科学,2020,41(4):116-126.

[3] 王辉,李群湛,刘炜,等.基于牵引电缆的电气化铁路牵引网长距离供电方案[J].中国铁道科学,2021,42(1):137-144.

[4] 林国新.高压输电线路跨海通道建设方案比选研究[J].东北电力大学学报,2017,37(4):86-93.

[5] 汤广福,贺之渊,庞辉.柔性直流输电工程技术研究应用及发展[J].电力系统自动化,2013,37(15):3-14.

[6] 王乐明,孟庆余,万自强,等.渤海海峡跨海通道隧道建设方案研究[J].铁道标准设计,2021,65(10):110-115.

[7] 李群湛.论新一代牵引供电系统及其关键技术[J].西南交通大学学报,2014,49(4):559-568.

撰稿人:董志杰(中国铁路设计集团)

第二篇

磁浮运载系统

绪 论

　　磁浮交通是一种新型的轨道交通系统,是地面交通技术和装备的重大创新。磁浮交通有别于传统轨道交通的根本特征是采用电磁力实现列车与轨道之间无接触的支承、导向、驱动和制动功能。自20世纪60年代开始,日本、德国率先开展面向应用的磁浮列车技术研发,后来英国、美国、苏联、中国、加拿大、韩国、瑞士、巴西、荷兰、西班牙等国也尝试了不同的磁力系统实现方案,包括常温电磁材料、超导电磁材料和永磁材料,从而形成了不同的技术系统,包括常导磁浮、低温超导磁浮、高温超导磁浮和永磁磁浮等。

　　2000年我国政府与德国合作,开展高速磁浮交通技术研究与工程应用。通过上海高速磁浮示范线建设、运营以及连续四个五年计划的国家高速磁浮专项研究,我国在常导高速磁浮交通发展方面已取得全球领先地位。2021年中共中央和国务院印发的《国家综合立体交通网规划纲要》将600km/h高速磁浮交通纳入国家战略布局。为更好地促进磁浮交通基础理论、关键技术和装备的进步,亟需梳理相关的科学问题,支撑学科的发展。本部分总结了磁浮交通的发展历史、发展现状及未来方向,提出了磁浮交通领域中若干重要的科学问题。

1 磁浮交通技术发展历史

1.1 常导高速磁浮系统

　　1922年,德国人赫尔曼·肯佩尔提出了电磁悬浮原理,并在1934年获得世界上第一项有关磁浮技术的专利。1968年联邦德国政府开始资助磁浮交通技术工程化开发。20世纪70年代后期,联邦德国政府决定聚焦常导高速磁浮交通方向,并将开发的相应磁浮系统取名为TRANSRAPID磁浮系统(简称TR磁浮系统)。该系统1980年开始建设总长为31.5km的试验线,1991年完成最高速度450km/h的工程化试验和评估。该系统通过测量悬浮间隙控制电磁铁电磁吸力实现车辆与轨道之间的无接触悬浮和导向,额定悬浮间隙控制在10mm左右。其技术原理如图1所示。

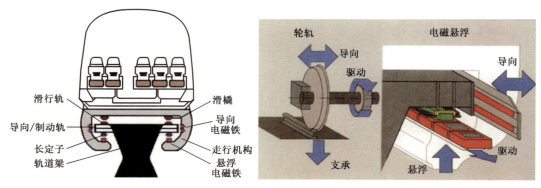

图 1　常导高速磁浮系统

2000 年中国上海市引进该技术建设上海高速磁浮交通示范运营线,其于 2002 年 12 月 31 日开通试运行,至 2022 年底已经安全运行 20 年。常导高速磁浮系统是目前世界上唯一实现商业载客运行的高速磁浮系统。中国在对引进技术消化吸收的基础上开发常导高速磁浮系统,2006 年研制了一列两节编组列车、一条 1.5km 线路和一套牵引供电和运行控制系统。2011 年又自主研制一列四节编组、时速 500km 的工程化样车。2020 年,由我国"十三五"规划资助研制的时速 600km 高速磁浮试验样车在同济大学 1.5km 试验线上完成功能性试验和低速试跑,如图 2 所示。

图 2　同济大学(国家)磁浮中心、中车青岛四方机车车辆公司牵头研制的常导高速磁浮车

1.2　低温超导高速磁浮系统

日本从 1962 年起开始研制低温超导磁浮车,1997 年开始在 18.4km 长的山梨试验线试验,最高载人速度达到 531km/h。2009 年日本 JR 东海铁路公司开发 L0 系新型试验车,2015 年试验速度达 603km/h,创造了地面交通载人试验速度的纪录。

低温超导高速磁浮列车采用电动悬浮,利用车载超导磁体与轨道侧墙闭合"8"字形线圈之间的相对运动感应电流,此感应电流与车上超导磁体磁场相互作用产生悬浮力和导向力。当列车悬浮高度变化和偏离轨道中心时,轨道和超导磁体间产生的磁力会使列车恢复到平衡位置，不需要复杂的主动反馈控制，悬浮气隙约100mm。

1.3 高温超导磁浮系统

高温超导磁浮是利用高温超导材料对磁场的钉扎效应，保持列车在永磁轨道上的稳定悬浮状态。钉扎悬浮可以是斥力悬浮，也可以是吸力悬浮。高温超导磁浮系统的构造特点是车辆底部安装液氮制冷的高温超导块材，轨道上安装永磁体，利用磁场钉扎效应实现悬浮与导向，采用长定子同步或异步直线电机驱动。目前我国西南交通大学的高温超导磁浮研究处于世界领先地位，其在校园内建成了多个采用高温超导悬浮的试验系统。德国材料研究所研制了"SupraTrans"试验样车。巴西里约热内卢联邦大学研制了"Maglev-Cobra"试验车，可载客30人，并在校园内建成200m长试验线，试验速度约7km/h。俄罗斯、日本、意大利等国也开展了原理性试验研究。

1.4 永磁磁浮系统

采用永磁材料提供励磁无需电流，没有励磁损耗，因此永磁材料被尝试应用于一些磁浮列车技术的开发。常导磁浮和超导磁浮列车均可采用永磁材料来产生支撑车辆的全部或部分磁浮力。除上述的高温超导钉扎悬浮系统将永磁材料布置在轨道上之外，一般将永磁材料安装在车上。

美国磁飞机公司(Magplane)提出的永磁电动悬浮方案：通过车载永久磁铁励磁，与轨道上铺设的铝导体板构成电动斥力悬浮系统，导体板采用弧形设计，将悬浮力和导向力结合在一起，实现车辆在起浮临界速度(可设计为100km/h左右)以上的稳定运行。在起浮临界速度以下，车辆通过车轮支撑和导向。

1.5 其他高速磁浮系统

除了前述四种以励磁材料划分的高速磁浮技术系统外，目前世界范围内较有影响的其他高速磁浮交通系统，主要有美国推出的管道磁浮(Hyperloop)和中国航天科工集团的"高速飞车"系统。这些系统的主要特征是为达到1000km/h以上速度而采用低气密度管道(也称低真空管道)运行环境。目前国内外大多数低真空管道车辆系统采用磁浮技术，也有个别方案采用气浮技术。所采用的磁浮系统技术包括上述的常导、低温超导、高温超导、永磁等技术或这些技术的组合。目前低真空管道车辆系统尚处在试验探索阶段，没有载人试验超过500km/h速度的报道。

几乎在高速磁浮交通技术发展的同时，面向城市和城郊公共交通的中低速磁浮交通也得到发展和应用。2005年日本在名古屋建成世界首条采用电磁悬浮和短定子直线电机技术的中低速磁浮商业应用线。2016年韩国仁川和我国长沙相继建成中低速磁浮应用线并投入运行,2017年北京中低速磁浮线投入运行,2022年5月湖南凤凰磁浮文旅线投入载客运行。

2 磁浮交通发展现状和趋势

我国现行的高速磁浮交通技术标准适用的最高速度是500km/h,"十三五"国家重点研发计划资助研制的600km/h高速磁浮样车于2020年6月在同济大学1.5km试验线上实现了低速试跑。目前我国正在利用上海高速磁浮示范线的条件,开展国产高速磁浮关键设备的高速运行验证。完成验证工作后,将规划建设600km/h高速磁浮应用示范线。

日本JR东海公司2014年开始建设东京—大阪磁浮线,计划在2027年先开通连接东京和名古屋的中央新干线,2045年建成东京到大阪的高速磁浮线路。现因种种原因,预计东京—名古屋这段线路的开通将推迟到2030年。其他制式的高速磁浮系统尚处于原理样机或关键性能试验样机研究阶段,特别是低真空管道与磁浮交通结合的基础研究和试验,20世纪末瑞士科研团队对其进行了方案研究,但尚未开展面向工程的试验即中止了研究。2013年美国科创名人埃隆·马斯克发表Hyperloop白皮书后,掀起磁浮交通技术领域新的研发热潮,也引发了其可行性和适用性的争议。全球目前有美国、中国、西班牙、荷兰、韩国等国的若干科研团队在开展目标速度1000km/h以上的管道磁浮试验研究,但尚未见到载人高速试验的公开报道。西南交通大学正在成都建设最高速度1500km/h的低真空管道高温超导磁浮试验系统,这条不载人试验的线路全长约1.6km,计划2023年建成。

经过多个工程项目的建设和应用实践,我国中低速磁浮交通正步入世界领先的、相对成熟的发展阶段。近年在成都开展的内嵌式中低速磁浮工程化试验及在长沙开展的中低速磁浮提速和降噪试验,一定程度上代表了中低速磁浮交通技术发展方向,即列车运营速度提升到160km/h(最高试验速度已达到169km/h),在降低噪声、提高牵引效率、车-轨系统轻量化、运维智能化等方面取得进步。

3 磁浮交通现有科学问题梳理

3.1 目前磁浮交通存在的主要问题

(1)轨道系统与环境相容性方面:与运营速度相关的轨道线形要求不完整、长期服役下轨道线形劣化规律不明确、高速磁浮交通的高适应性换线系统缺乏、磁浮轨道的平顺性控制技术需要完善等。此外,车内及沿线噪声、振动和磁场指标变化规律不明确,高速磁浮列车气动噪声加剧。

(2)车辆系统与运行平稳性方面:磁浮列车减振控制技术、应急制动理论、电磁悬浮车辆-钢梁共振抑制技术、涡流制动电磁特性等需要提升。此外,600km/h级高速磁浮交通平稳性控制理论与优化方法缺乏、超导钉扎磁浮运行平稳性需要进一步提升。

（3）悬浮导向与运控方面:高速下悬浮导向控制系统适应性下降,复杂环境下悬浮系统稳定性下降,复杂场景多车多分区协同高效运行控制和故障安全保障技术、长大区间内的安全、平稳以及节能驾驶方法缺乏,高速磁悬浮系统车地综合通信基础理论不明确。

（4）牵引供电方面:系统优化配置技术、磁浮列车非接触高效供电、牵引系统平稳、高效控制技术与节能技术、悬浮牵引供电一体化、电动式高速磁浮系统直线发电机设计理论薄弱、基础理论尚待完善。

3.2 科学问题栏目分类说明

磁浮交通系统的划分沿用传统轨道交通,划分为线路轨道、车辆、牵引供电和运行控制四大系统。同时,考虑到磁浮交通与传统轨道交通的主要区别在于实现无接触控制的悬浮导向系统、600km/h高速度下的平稳性,以及磁浮交通系统和环境的相容性,在编制磁浮交通学科科学问题时,设置了"磁浮交通轨道与环境相容性""磁浮交通车辆及平稳性""磁浮交通悬浮导向及运行控制""磁浮交通牵引供电"四个基本栏目,共选编了21个问题。

本科学问题汇编主要聚焦应用前景较明朗的磁浮交通制式,没有选编低真空管道磁浮相关问题。考虑到中低速磁浮技术已相对成熟,基础理论和关键技术问题基本解决,除了部分栏目涉及电磁悬浮控制、轨道平顺性控制等与高速磁浮相似的基础研究问题外,其他技术或工程科学问题未再列入磁浮问题栏目中。

第1章
磁浮交通轨道与环境相容性

常导高速磁浮系统是一种将现代信息、控制技术和传统机电和建筑技术融合为一体，形成一套联系紧密、安全可靠、高速运行的先进的轨道交通系统。高速磁浮交通技术可分流航空客流，与节能减排、发展绿色交通的主题相契合；高速磁浮系统是目前商业运营速度最高的地面交通系统，适合我国幅员辽阔、人口众多的国情，即便是当前高铁有了大发展，其不仅在中长距离（500~1500km）的客运市场依然有着巨大的需求和潜力，也能用于快速发展的长三角、珠三角、京津冀等都市圈和城市群的高速互联互通，依然具有广阔的市场前景。科技部在"十三五"期间在国家重点研发计划中继续支持高速磁浮系统关键技术的研究，并由中国中车集团有限公司牵头实现产业化，截至目前，新一代时速600km车辆已经下线，进入了面向工程应用的实测验证阶段。

在轨道结构方面，经过20多年上海线的建设和科研实践，我国已经形成了适用于长大干线和区域一体化项目应用的轨道结构体系并积累了一定的运维经验，但是，进一步提高线路和轨道系统的可靠性、可用性、可维护性、安全性以及环境适应性仍是十分迫切的问题。为此，需要对磁浮线路轨道服役状态的实时监测和动态评估技术开展研究，主要包括：磁浮轨道结构变形控制、几何精度及其劣化规律和控制技术，以及相关的轨道平顺性检测、监测、评估和维护技术，建立相关的评价标准、方法和指标体系，不仅为系统运维提供依据，对于新一代磁浮系统的推广应用也有十分重要的意义。

道岔是磁浮轨道系统的关键设备。为了保证磁浮列车安全、正点运行，系统对道岔的可靠性要求非常高。根据磁浮道岔国产化研究和运维的实践经验，磁浮道岔的设计是结构性能、材料、耐久性、电气控制、可靠性和可用性等诸多方面理论和应用技术有机结合的过程，本质上是复杂系统一体化设计相关的理论问题。对磁浮道岔的设计，必须向系统化和全寿命周期设计发展，建立结构-机械-电气一体化的全寿命周期模型，实现对全寿命周期的模拟、分析和评估,从而提高系统的可靠性。数字孪生技术为实现信息物理系统的虚实融合提供了新的思路、方法和实施途径,通过建立物理与虚拟的双向真实映射和实时交互的全寿命期模型,能够最大限度地优化系统的设计和运维管控过程。数字孪生技术通过与智能感知为基础的监测系统相结合,还可以随时对系统的状态作出评估和预估,回溯故障原因,提供运维支持,最大限度地为系统的可靠运行提供保证。

随着磁浮交通运行速度的提高,列车与环境之间的交互作用增强。尤其当磁浮列车高速或者超高速运行时,其对环境的影响将非常显著,系统会对环境造成振动和电磁方面的影响。为了满足新一代高速磁浮项目的建设需要,对于磁浮系统环境适应性和对环境影响的研究也至关重要。为此,需要研究磁浮系统沿线的噪声、振动和磁场指标,建立科学合理的评价体系,同时,研究相应的减噪、振动抑制和电磁屏蔽方法。

长期服役下影响磁浮平稳运行的轨道线形劣化规律及精度控制方法

Study on maglev track geometry degradation law and precision maintenance technology under long-term service

1 科学问题概述

随着磁浮交通从试验走向实践,长期运行状态下的系统服役性能就成为了必须着重考虑的问题,其中线路轨道的线形精度是保障磁浮交通长期稳定服役的核心和关键。一方面,磁浮轨道结构几何尺寸在设计、施工和运营上有较高的公差要求,如轨道梁的允许跨中挠度一般在 $L/4000$ 量级,几何尺寸与公差要求一般在 0.1mm 量级,远高于其他轮轨交通的相关要求;另一方面,磁浮线路轨道的设计使用年限一般为 80~100 年,甚至更长,在如此长的服役期内,如何保证线路轨道以线形精度为核心的服役性能是必须要考虑的问题。

根据相关工程经验,土木工程结构因累积损伤和长期性能退化而带来的养护、维修、加固成本会接近甚至超越其初始建设投资。上海磁浮示范线多年来的运营经验证明了保护区内施工、基础沉降等因素对轨道线形的影响会影响磁浮车运行的平稳性,导致旅客乘坐舒适度降低等问题。通过科学手段对轨道线形劣化规律进行研究,是对轨道进行性能评估、维修决策、全寿命周期管理的基础。掌握影响磁浮平稳运行的轨道线形劣化规律和精度控制方法,有助于补充和完善现有轨道结构精度控制指标,指导磁浮线路的运行和维护,更有利于提高磁浮交通系统的整体可靠度,为后续的磁浮线路轨道设计提供指导,具有不可忽视的科学意义和实践价值。

为了解决这一科学问题,需要了解车-磁-轨相互作用下的磁浮运行荷载特性;分析线路不平顺对车辆运行平稳性的影响机理;了解长期服役期间车辆动力荷载和外界复杂环境因素综合影响下的轨道线形劣化规律;实现对线路线形的长期监测,提出最优动态调整方案。显而易见,本问题是多学科、多领域的交叉问题,需要综合运用土木、交通、机电控制等领域的理论和方法共同解决。

2　科学问题背景

磁浮交通系统与传统轮轨交通系统的最大区别是磁浮列车通过电磁力作用悬浮于轨道上方,实现无接触地高速运行,因此具备了速度快、能耗低、噪声和振动小、线路适应性强、安全性高等一系列优点。但也正因为缺乏轨道对车辆的物理约束,其运行稳定性除了自身悬浮控制外,更依赖于线路轨道的精准平顺。磁浮线路轨道的线形偏差主要包括长波偏差和短波偏差:长波偏差一般指波长在30m以上的线路不平顺,由于此时线路轨道曲线较为缓和,因此主要影响列车乘坐的舒适性;短波偏差也称为局部不平顺,由于线形出现局部突变,幅值过大时可能会引起剧烈的车-轨耦合振动,给行车安全带来隐患。在当前阶段,线路的长波偏差可以通过车载传感器在行车过程中实现测量,对磁浮运行的平稳性影响一般较小,调整的难度较大,因此更多关注线路的短波偏差即局部不平顺。

以高速磁浮为例,磁浮列车通过左右对称的6个功能面(左右两侧的定子面SE、滑行面GLE及导向面SFE)与轨道相互作用,因此在轨道线形精度控制中,主要关注的指标为功能面错位(Offset)、坡度变化标准(NGK)、轨宽(Gauge)、钳距(Tongsize)、扭转(Torsion)等五种几何形位。新建磁浮线路上线放行之前及磁浮运营期间的轨道短波误差均需满足上述指标的相应公差要求。

交通规划和建设是一项百年大计,在磁浮的长期服役过程中,必然会面临混凝土徐变、钢筋蠕变滑移、基础沉降、功能件螺栓松动、钢结构疲劳损伤等一系列因素导致的轨道线路线形劣化。如果不能对这些影响因素的产生和发展机理有充分的了解和预估,掌握轨道线形劣化规律,轻则盲目巡查维护、增加运维成本,重则影响磁浮线路的平稳运行,产生安全隐患甚至诱发事故。

在当前世界范围内唯一一条高速磁浮商业线路——上海磁浮示范线的运营维护过程中,短波偏差的检测依赖专用轨检车辆或人工测量,因此检测维护需避开线路运营时段,随着线路长度的增加,检测和维护的工作量和耗时随之极大地增加。因此有必要开发更便捷高效的轨道线形精度控制方法,实现对线路不平顺的高效监测、维护和调整。

3　科学问题研究进展

本科学问题包含两个部分:一是长期服役下轨道线形劣化规律,二是线路轨道精度控制方法。这两者既要分别研究,也要综合考虑。

3.1 长期服役下轨道线形劣化规律

磁浮交通作为一种新型的轨道交通形式,目前在世界范围内投入商业运营的线路较少,且运营时间相对较短,因此对其长期服役性能的演化规律缺乏足够的研究和积累。日本东海旅客铁道株式会社曾在山梨磁浮试验线上进行了为期5年的磁浮运行可靠性试验,但日本使用的电动磁浮形式与目前国内主流的电磁悬浮系统差别较大,且其试验的关注点集中在悬浮控制系统的可靠性与耐久性而非线路轨道,缺少可直接借鉴的经验。

与轮轨交通相比,磁浮交通的线路不平顺问题存在下列区别:①磁浮线路以高架敷设为主,基本不存在直接铺设于地表的轨道,因此基本无须考虑道床局部沉降和道砟变形等问题;②相对于轮轨的集中作用力,磁浮列车的悬浮力更接近均布荷载,且与轨道梁无直接接触,无须考虑轮轨的局部磨损问题;③不同于轮轨交通主要受高低不平顺影响,局部坡度变化(NGK)、导向面、滑行面和定子面的偏差(Offset)和扭转(Torsion)等因素都会对车辆运行的平稳性造成影响,作用力维度更为复杂;④相较于已经大量普及的无缝钢轨,磁浮线路普遍使用多跨简支梁或连续梁结构,梁端偏差造成的影响更大;⑤为保证悬浮的稳定性,磁浮线路轨道的公差要求比高速铁路更高、对线路线形的变化也更为敏感。因此,轮轨线路的不平顺劣化模型难以直接运用在磁浮线路轨道上,有必要根据磁浮轨道系统的特点开展研究。

长期服役下的磁浮线路轨道线形劣化主要受以下因素影响:

(1) 混凝土轨道梁的徐变和预应力钢筋的松弛

为节约成本,目前的磁浮线路轨道梁多以混凝土简支梁和双跨混凝土连续梁为主。在持续荷载作用下,混凝土梁的徐变占据其长期变形的主要成分,而且混凝土梁的徐变会造成预应力钢筋的预应力损失,进一步放大梁的纵向挠度。混凝土的徐变机理非常复杂,且具有很大的不确定性,因此在后续研究中应结合实测数据,总结适用于磁浮线路轨道梁的混凝土徐变模型和徐变规律。

(2) 基础不均匀沉降

磁浮轨道通常采用高架线路的形式,在车辆运行的持续动力荷载作用和外部环境因素影响下的线路轨道,尤其是建设在软土地基上的磁浮线路(如上海磁浮示范线),不可避免地会受到基础沉降的影响,相邻支墩和支墩两侧的差异沉降既会造成长波不平顺,也会造成局部偏差。因此,了解长期运营动力作用和外部施工及环境因素影响下的磁浮线路轨道沉降规律,控制线路的不均匀沉降,是维持其长期稳定服役的重要条件。

(3) 功能件局部变形

磁浮轨道上的功能件相当于轮轨线路中的轨道,直接承受了车辆悬浮、驱动、制动和导向的作用力并将其传导至轨道梁。虽然功能件与磁浮车辆通过电磁力相互作用的形式避免了机械冲击和摩擦,但其在动力荷载的作用下仍存在发生局部偏移甚至疲劳损伤的可能,运行过程中可能的偶发不稳定和紧急制动也会造成其功能面和滑橇间的直接摩擦损伤。

(4)温度变化和温度梯度

对于各类桥梁轨道结构,温度变形都是不可忽视的因素,除了季节和昼夜温差的影响外,轨道梁不同位置的温度梯度会造成轨道梁的局部变形。由于磁悬浮本身的精度要求,温度变形也是造成线路局部不平顺的重要原因之一。

对于上述可能造成线路轨道线形劣化的影响因素,应深入判断其各自的发展趋势和影响程度,划分主次矛盾,提高分析效率和准确性。为此,提出下列技术路线:

技术路线1:基于车辆–轨道耦合动力学理论,将其与轨道和基础的变形相结合。以车辆动力学、轨道动力学、基础沉降变形规律为基础,运用系统工程的思想和数值仿真方法研究线路轨道和地基基础在磁浮列车运营状态下的长期变化,预测线路轨道不平顺的发展。该方法思路直接,结果明确,但依赖对线路轨道系统各部分组成和相互作用的准确认识和精确建模,仿真结果和实际结构可能相差较大。

技术路线2:基于线路长期运营所积累的大量测试数据,利用大数据和机器学习的方法,建立合适的目标和评价函数,利用人工神经网络和机器学习的方法得到列车运行平稳性和线路不平顺的关系模型,以及轨道线形随时间发展的劣化规律。该方法建模依赖实测数据而非动力学模型,得到的结果实用价值较高但迁移性不强,非常依赖于前期测试数据的积累。

因此,合理的研究路线应对以上两者取长补短,利用车-轨-基础相互作用机理建立符合实际结构和作用机理的动力学模型,为后续研究和数据处理明确方向。进一步地,利用大数据和机器学习方法获取难以直接测量的参数,根据实地测试结果对模型进行修正和完善,找到长期服役下影响线路线形平顺性的关键因素,掌握其发展机理,最终建立相对完善的数字孪生系统,实现对轨道线形劣化的动态评估和发展趋势预测。

3.2 线路轨道精度控制方法

线路轨道的精度控制方法主要包含三部分:对线路线形偏差的持续状态监测、线路线形平顺性及其对磁浮平稳运行影响的评估,以及线路线形发生偏差后的调整。

如前所述,当前工程实践中对线路线形偏差的测量方法较为传统,通常利用专用轨检车辆或人工测量实现,效率较低且测量时段、效率受限,为进一步完善线路轨道的精度控制,提出下列技术路线:

技术路线1:利用先进传感器的优势,开发更高效的轨检设备和轨检装置,如利用激光测距仪、结构光传感器、微波雷达等设备实现对轨道功能面 Offset、NGK、轨道挠度等不平顺参数的快速自动无接触测量,提高检测效率。

技术路线2:利用不断发展的机器学习、图像识别技术,建立基于视觉的轨道检测系统,在现有基于惯性基准法的车载高速动态检测系统软硬件基础上,进一步开发高效、实时轨检设备和轨检装置,实现在线路运营的同时进行线路线形局部偏差测量和自动报警,从而无须规划专用测试时间,提高交通系统的运行效率。

技术路线3:将建筑结构的健康监测技术应用于磁浮轨道结构系统,通过安装固定的传感器网络,实现关键线路和关键节点的长期、在线、即时监测,在方便积累数据寻找规律的同时还能及时发现线路轨道中存在的问题和隐患,提高运行安全性。

在实际研究中,应同时考虑以上三种技术路线,各种方法互为补充,实现高效可靠的精度控制。在磁浮线路的长期服役过程中,随着基础沉降等因素造成的长波不平顺不断累积,仅依靠设计时预留的调整裕量将线路线形始终维持在初始状态是不经济甚至无法实现的。因此对轨道线形的精度控制不仅是一项工程问题,更是科学优化问题,需要与车辆-轨道动力学和线形劣化规律相结合,在长期监测、维护的同时以尽量小的调整工作量保持整条线路的平顺,并根据这一阶段中积累的经验和成果指导后续的磁浮线路轨道设计。

主要参考文献

[1] 翟婉明.车辆-轨道耦合动力学[M].2版.北京:科学出版社,2001.

[2] 高建敏,翟婉明,徐涌.铁路有砟轨道下沉及高低不平顺发展预测研究[J].中国铁道科学,2009,30(006):132-134.

[3] 金伟良,张大伟,吴柯娴,等.混凝土结构长期性能的若干基本问题探讨[J].建筑结构,2020,50(13):1-6+29.

[4] 项海帆.高等桥梁结构理论[M].北京:人民交通出版社,2001.

[5] 李杰.论第三代结构设计理论[J].同济大学学报(自然科学版),2017(5):5-12+20.

[6] Seino H,Miyamoto S. Long-Term Durability and Special Running Tests on the Yamanashi Maglev Test Line[J]. Quarterly Report of RTRI,2006,47(1):1-5.

[7] Soleimanmeigouni I,Ahmadi A,Kumar U. Track geometry degradation and maintenance modelling:A review[J]. Proceedings of the Institution of Mechanical Engineers:Part F Journal of Rail and Rapid Transit,2018,232(1):73-102.

[8] Jordan M I,Mitchell T M. Machine learning:Trends,Perspectives,and Prospects[J]. Science,2015,349(6245):255-260.

[9] Sagiroglu S,Sinanc D. Big data:A review[C]// 2013 international conference on

collaboration technologies and systems (CTS). IEEE,2013:42-47.
[10] Farrar C R,Worden K. Structural health monitoring:a machine learning perspective[M]. New York:John Wiley & Sons,2012.

撰稿人:韩紫平(同济大学)

高速磁浮交通网络关键节点高适应性列车换线系统设计、控制及可靠性研究

Study on system design, control and reliability of high adaptability train changing system for key nodes of high-speed maglev transportation network

1 科学问题概述

道岔是磁浮线路轨道子系统的重要设备。为了保证磁浮列车安全、正点运行,系统对道岔的可靠性要求非常高。

磁浮道岔是一个由主梁结构、驱动走行、锁定和电气控制子系统组成的有机集成系统。各子系统都应满足一定的技术要求。例如:道岔的线形应满足车辆通过的舒适性要求;结构和机械部分应满足强度、刚度、稳定性、耐久性和限界要求;电气控制系统实现道岔的供电、控制和诊断、故障显示等功能,并应能够正确地向运行控制系统返回当前状态。

多年来,在上海高速磁浮线道岔的运用中,出现过以下问题:

在结构方面,存在列车通过(尤其是低速通过)时的车-岔振动问题,严重时影响列车悬浮稳定性,此问题的核心是道岔合理刚度问题;

在驱动和走行系统方面,道岔驱动走行系统出现过啃轨、空心轴与传动轴之间的摩擦噪声、轴套滑出、止推垫片磨损等一系列问题,这些与转辙相关的问题之间存在内在的联系,其根本原因是道岔横移过程中轴系阻力过大;

电气控制系统方面主要有不准确的位置参数设定、软件漏洞,以及电气元器件老化对控制系统的影响等问题。

道岔的各子系统之间存在密切的关联,例如:驱动走行系统(轴系、齿轮齿条、电机安装方式)参数有所变化时,道岔转辙时的驱动力、轴系自身受力等将随之发生变化,道岔控制系统(如变频器的驱动参数)的定位参数就需要重新匹配;在设计转辙方案时,必须结合道岔线形切换过程的力学分析,选择合理的控制模式,并通过多参数比较,确定最优化的转辙时序方案。因此,道岔的故障也往往与多个子系统相关,例如:道岔位置丢失,可能是由于道岔转辙时因齿轮啮合及机械传动误差超过设定范围导致系统无法确认道岔位置。

此外，由于控制（可编程控制逻辑控制器）（PLC）软件漏洞，当设备发生 PLC 软件未知的故障时，控制系统不认为设备有故障，因此不会进入故障处理机制，不进行冗余切换等处理，再加之道岔内部动作的时间监控触发条件存在逻辑缺陷，两部分漏洞的同时存在导致道岔不能使用。

根据磁浮道岔运维和国产化研究的经验，磁浮道岔的设计，是结构性能、材料（尤其是轴系）、耐久性、电气控制、可靠性和可用性等诸多方面理论和应用技术有机结合的过程，本质是复杂系统一体化设计相关的理论问题。需要一个将结构、机械、电气控制有机结合起来的一体化、满足全寿命期各阶段性能分析和评估的模型。这个模型既是多物理场相结合的计算分析模型，也能通过对全寿命期各阶段评估，确定设计可靠性。在运维阶段，为了保证磁浮道岔系统的可靠运行，可以通过与智能感知为基础的监测系统相结合的方式，这样还可以随时对系统的状态作出评估和预估，回溯故障原因，提供运维支持。

2 科学问题背景

如前所述，磁浮道岔是机电一体化的系统，电气控制系统接收并根据上级运控系统的指令执行转辙动作，并在道岔转辙到位后，向运控系统发回状态信息。因此，在设计时，为了尽可能避免在道岔运行中发生故障，最大限度地减小系统风险，目前，常以故障树等方法分析故障类型和模式，并以此为据确定结构和机械系统的最不利工作状态。对故障的梳理也仅仅限于不同器件失效可能产生的影响，对不同故障组合及元器件老化等情况下可能造成后果的分析不足。也就是说，道岔运行过程中仍有可能产生各种未预知的故障及其组合，这在上海高速磁浮线道岔的应用过程中已经出现过，给现场故障紧急处理造成了很大麻烦。2010 年 4 月，在"十一五"研究成果的基础上，上海线 8 组道岔进行了软件升级。这次升级就是为了解决在道岔运维过程中陆续发现的这类问题，而这些问题也是经过自 2002 年底开通试运行后近 8 年的摸索才逐步厘清和解决的，其中的一些在设计中未能考虑到的"莫名其妙"的故障，给系统运行带来了严重的影响。

道岔在接收指令、转辙控制和发回状态过程中可能产生各类故障及故障的组合，这些故障可能是由于软件错误引起的，也可能是机械部件、PLC 和各种接触器、继电器故障导致的，存在很大的不确定性。目前在道岔设计过程中尚没有有效的模型进行全面的模拟，以便综合评判这些故障对道岔本身的结构、机械等各个方面，乃至对整个磁浮系统的影响，进而指导设计，支持运维。

对于可靠性设计，在目前的系统设计过程中，仅使用基于故障树等风险分析方法梳理的预设故障模式，不能解决随机组合因素的分析，更不能分析由于设备老化导致的性能衰减影响。究其原因，主要是未能建立起一个能够真正全面、真实地反映道岔的物理模型、运行行为、运行规则、故障模式和服务评价之间关系的模型。此外，也缺少一个对结构、机械和电气部分进行全面监测状态的智能感知系统,这与当前轨道交通中大力提倡的智能运维理念是极其不相适应的。

3 科学问题研究进展

通过前面的分析可见,在未来的道岔系统设计和控制中,为了更好地保证系统可靠性,需要一个高度集成化、覆盖全寿命周期的设计模型,以反映结构、机械和电气控制系统之间的高度集成、互相影响的关系,并能够对各类故障组合下道岔的运行状态及其影响后果作出判断,最大限度地帮助改进设计,提高系统的可靠性。

在"十一五"及后续的道岔研究中,已经注意到了结构、机械、电气控制的一体化设计问题,并运用了综合分析手段。例如:

在设计过程中,注意到轴系的问题是由于窜动阻力不能得到释放所致,为此,应从阻力释放的角度综合地分析道岔转辙过程中主梁、台车和传动轴之间的关系,优化轴系,尽可能地减小相对窜动阻力。

在国产道岔的调试过程中,发现原来设想的各支点间精确的位置同步控制(凸轮方式)并没有取得良好的效果。通过分析认为,根本原因是道岔具有较大的运动惯性,且各支点之间的调整可以通过连续梁体的传递互相影响。因此,最终的控制方案采用了"扭矩 + 位置"的控制模式。

为了保证道岔工程应用的可靠性,并验证计算模型,在调试过程中分三阶段进行了 17 个工况下转辙过程的测试,在转辙过程中对道岔梁上下翼缘应变测试、转辙过程中支座处道岔梁梁腹应变测试以及驱动轴系与台车相对位移测试。根据测试结果选择转辙过程中应力、变频器输出扭矩和电流变化最为平稳的方案,确定相对最优的转辙控制方案。

然而,道岔设计中需要解决的许多问题,例如:结构的刚度控制条件与车-岔耦合振动关系问题、电气控制系统可靠性评估、随机故障及其组合以及系统设备老化性能衰减及其影响等问题,都与多个子系统相关。但在目前的设计中,对结构、驱动走行、锁定系统和电气控制系统仍然单独加以分析,各子系统数据也都存在于各自的信息孤岛中,未形成能够指导设计和运维的数据流。设计中对可靠性的保证,也只能是建立在对各子系统开展关联度不强的研究基础上的,不能全面地反映故障影响,尤其是随机故障组合的影响。

未来磁浮道岔的设计,必须向系统设计发展,必须向全生命周期设计发展,即:建立结构-机械-电气一体化的全寿命周期模型,实现对全寿命周期的模拟,从而提高系统的可靠性。数字孪生技术可以为实现信息物理系统的虚实融合提供新的思路、方法和实施途径,近年来也得到国内外学者的广泛关注。利用数字孪生技术,可以通过建立物理与虚拟的双向真实映射和实时交互的全寿命期模型,最大限度地优化系统的设计和运维管控过程。

建立数字孪生模型以实现道岔系统的全寿命周期设计,应着力解决以下三个方面的问题。

3.1 建立基于数字孪生系统的道岔全寿命周期模型

数字孪生模型能够在几何、物理、行为、规则、服务各方面全面反映实际物理模型的情况,以模型为框架,以数据为核心,通过动态实时的交互将物理实体、虚拟模型和服务系统(包括:系统评估)连接为有机的整体。在运维中,可以利用物理实体和数字模型的互驱,协助及时评估道岔实体系统的运行状态,做出对未来状态的合理预估,对故障及时回溯,为运维提供指导。

模型包括可视化模型、计算模型和数据模型三个主要方面,并能在系统层、子系统、部件层和器件层全面反映道岔的属性和行为。其中,计算模型应能反映:列车通过时车轨动力作用-响应关系、转辙过程中主梁与驱动走行机构和轴系的运动关系、各种工况下结构和机械部分的运动及动力学响应,电气控制系统故障模式及其对结构、机械影响,等等;数据模型则定义各种参数、规则,包括:结构、机械、驱动和电气控制参数。

3.2 建立基于智能感知的道岔结构、机械和电气一体化的综合监测系统

构建基于数字孪生要求的智能感知系统,将与道岔工作状态密切相关的各物理量,如列车通过时结构的动力响应、各种因素导致的结构变形、基础变位、转辙过程、轴系运动、环境气象参数、电气控制参数等,纳入监测范围。基于智能感知系统所采集的数据,可以在虚拟模型中模拟道岔的运行过程,对状态进行评估和预测,并能进行故障的快速追溯。因此利用监测系统进行实时数据采集是运维过程管控的前提。

3.3 建立基于模型和数据的道岔状态实时动态评估系统和指标体系

通过对道岔实时记录的各种运行和维护数据的分析、提取和加工,根据磁浮道岔系统的构成,划分风险分析的逻辑层次,构建层级架构,利用大数据和机器学习的方法,建立适用于磁浮道岔系统风险动态评估的、具有清晰层级结构和良好可扩展性的人-机-环境-管理系统风险分析模型。建立反映元件、部件、子系统和系统各层面运行状态及相互之间关联的危险识别系统。在此基础上,构建道岔系统风险评估的指标体系,对道岔系统的可靠性状态作出动态评估,对未来的状态作出合理预估,为运维提供指导。

主要参考文献

[1] Kolowrocki K, Soszyńska-Budny J. 复杂系统与过程的可靠性及安全性[M]. 王尧, 译. 北京:国防工业出版社,2016.

[2] 曾国锋,等.道岔研制[R]."十一五"国家科技支撑计划"高速磁浮交通技术创新及产业化研究"项目面向工程应用的高速磁浮交通系统设备国产化研制报告,2010.

[3] 陶飞,等.数字孪生及其应用探索[J].计算机集成制造系统,2018,24(6):1-18.

[4] 陶飞,等.数字孪生模型构建理论及其应用[J].计算机集成制造系统,2021,27(1):1-15.

[5] 胡兴,等.基于数字孪生的复杂产品装配过程管控方法与应用[J].计算机集成制造系统,2021,27(2):642-653.

[6] 李杰.论第三代结构设计理论[J].同济大学学报(自然科学版),2017(05):5-12+20.

[7] 马化洲.城市轨道交通线路轨道系统安全风险评价[D].北京:北京交通大学,2011.

[8] 代宝乾,汪彤等.地铁运营系统安全综合评估指标体系研究[J].中国安全科学学报,2006(12):9-14.

撰稿人:曾国锋(同济大学)

高速磁浮车内及沿线声振磁指标变化规律及抑制技术

Variation law and suppression technology of noise, vibration, electromagnetic field inside and along high-speed Maglev

1 科学问题概述

鉴于目前国内没有投入运行的600km/h常压条件下的高速磁浮铁路,高速磁浮列车车内及沿线周围环境的噪声、振动、电磁场的分布特性尚不明确。其随速度的变化规律仍需进一步研究,在敏感点处各环境指标是否能达到低于环境限值的标准需要重点考虑。同时高速磁浮的噪声、振动、电磁场的源强抑制技术需要进一步发展。

2 科学问题背景

高速磁浮铁路作为一种更高速度的绿色智能交通运输方式,具有极强的战略价值,其成功运营将有助于持续保持我国高铁在世界上的领先地位,助力铁路持续健康发展,促进经济社会高质量发展,也将为建设科技强国、交通强国、国防强国提供有力支撑。

列车处于开放空间环境下运行时,列车表面的气动噪声强度与列车行驶速度呈指数关系。与明线运行相比,在隧道段运行的高速磁悬浮列车在其列车周围、隧道入口和隧道出口的流场有很大差异,等效噪声源源强、声功率级源强、隧道口脉动压力和衰减规律也有较大区别,尾流直接影响管隧道内等效声源的长度和衰减规律,如图1所示。隧道的阻塞效应会导致列车的气动阻力的进一步提高,隧道壁的声反射作用也会加剧车内噪声声压级。过大的噪声和振动将产生环境污染,不仅严重影响乘客的乘坐舒适度和沿线人员的正常生活,还可能引起沿线有关设备和建筑物的疲劳破坏。超过标准限值的电磁辐射会影响人的身体健康。因此研究高速磁浮车内及沿线环境敏感指标(噪声、振动、电磁场等)随速度变化规律及相关抑制技术对高速磁浮技术发展具有重要意义。

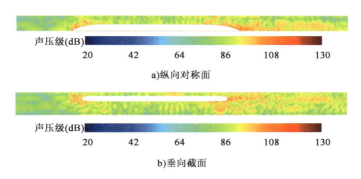

图 1　管(隧)道内 630Hz 声场云图(等效声源强度)

3　科学问题研究进展

高速磁浮列车气动噪声的大小主要取决于运行速度,其辐射声功率大约正比于运行速度的 6 至 8 次方,运行速度的提高将导致气动噪声急剧增加。明线运行的高速磁浮列车气动噪声产生机理可归纳为由湍流流动产生的噪声和气流流经结构部件表面产生的噪声。湍流流动产生的气动噪声主要来源是车身表面,当磁浮列车高速行驶时,在车身及外形变化较剧烈的部位会产生复杂的分离流动,从而产生强大的空气脉动压力场,对车体形成波动载荷,使其强迫振动,进而使车身结构产生振动声辐射,其噪声频谱呈连续分布特性。气流流经结构部件表面产生气动噪声的来源为车辆连接处和车身表面突出物,未装风挡的车厢连接部位流体会发生自激振荡现象,进而产生较强的气动噪声。在隧道内运行的磁浮列车气动噪声除了上述两类产生机理之外,还有隧道壁附加噪声。较高流速的空气介质与隧道壁之间相互摩擦,会产生较强的湍流再生噪声。此外,由于隧道内部属于狭长空间,声波在车身表面及隧道壁之间来回反射,加剧气动噪声声压级。

在气动噪声理论研究方面,Lighthill 直接从 N-S 方程出发,在没有作任何简化和假定的前提下,直接导出用于描述流体运动发声的 Lighthill 方程,该方程建立了声波波动与流场中参数之间的等式,是研究气动声学最为基本的方程。Curle 用基尔霍夫方法将 Lighthill 方程进行推广,考虑流场中存在静止固体边界,成功地解决了流场中的静止物体诱发气动噪声问题。A. Powell 提出了描述湍流发声问题的涡声理论,为研究湍流的发声问题提供了理论依据。Ffowcs Williams 和 Hawkings 采用广义函数法在 Curle 理论基础上进行拓展,得到可描述运动固壁面对声音影响(即流体中运动物体的发声问题)的 Ffowcs

Williams-Hawkings 方程(简称 FW-H 方程)。从 FW-H 方程可知,运动固体与流体的相互作用产生的气动噪声源包括四极子源、偶极子源以及由固壁面位移所产生的单极子源。Goldstein 采用格林函数法研究均匀运动介质中运动固体的发声问题,得到更为普遍的 Lighthill 方程,称为广义 Lighthill 方程。diFrancescantonio 结合 Kirchhoff 积分公式和 FW-H 方程,推导出著名的 K-FWH 公式。Farassat 讨论了利用 Kirchhoff 方法建立高速列车气动噪声预测模型的可能性。在气动噪声数值研究方面,常用 Lighthill 声类比法,将通过计算流体力学(CFD)方法求解的湍流流场估计声源强度,利用其等效类比成声源类型,并通过气动声学理论方程计算远场辐射噪声。平均雷诺应力湍流模型(RANS)首先在 CFD 数值方法上得到应用,在此基础上又发展了大涡湍流模型(LES),该模型能够捕捉流场在细小时间步长上的变化细节。LES 求解难度比雷诺平均应力求解大,后来又发展出了一种分离涡模拟(DES)求解方法。

高速铁路环境噪声预测研究是国际学术界和各国政府关心的一项重要课题。迄今为止,许多国家在铁路噪声预测方面做了大量的研究工作,尤其以欧洲发达国家、美国、日本等最为突出,与高速列车相比高速磁浮列车噪声较低,如图 2 所示。各国在噪声源类别的选择和噪声预测计算式的制定上都有所不同,但应用的预测方法基本上都是模式法。铁路噪声预测方法的选择应根据工程和噪声源的特点确定。高速铁路声环境预测根据中华人民共和国生态环境部标准《环境影响评价技术导则 声环境》(HJ 2.4—2021)中推荐的多声源声功率公式进行预测此标准为 2022 年 7 月 1 日实施的新标准。新的噪声预测模式中,噪声源强选择声功率源强,而旧标准的源强选择距离外轨中心线 25m 轨面上 3.5m 点的实际测试声压级作为源强。高速磁悬浮列车与高速列车噪声衰减规律和叠加规律不同,如图 3 所示。高速铁路环境振动预测根据《关于印发〈铁路建设项目环境影响评价噪声振动源强取值和治理原则指导意见(2010 年修订稿)〉的通知》(铁计〔2010〕44 号)推荐预测公式,执行《城市区域环境振动标准》(GB 10070—88)中的"铁路干线两侧"标准限值,即铁路外侧轨道中心线 30m 及以外区域,昼间 80dB,夜间 80dB。

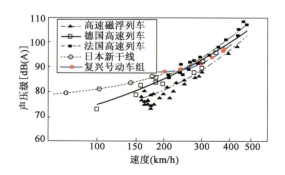

图 2 不同速度下高速磁浮列车和高速列车车外噪声对比图

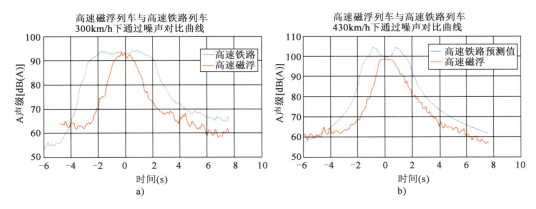

图 3　高速磁浮列车和高速列车 30m 处车外通过噪声衰减规律曲线

抑制气动噪声的主要方法有：

（1）改变高速磁浮列车车头及车身外部形状。不同的车头及车身形状对列车周围空气流动特性以及气动载荷特性产生较大影响。

（2）改变阻塞比。阻塞比为列车的横截面面积与隧道的横截面面积的比值。阻塞比越小，列车行驶阻力越小，气动噪声源强越小。

（3）增加车身和隧道结构的隔声性能。如采用双层浮筑地板增强车厢地板的隔声性能，调整玻璃窗的结构或改变玻璃厚度增强窗的隔声性能，调整车厢夹芯板厚度增强车厢板材的隔声性能。

（4）隧道内壁及车内添加吸声材料。抑制振动的主要方法有：浮筑地板与车底架之间采用橡胶隔振器连接，隔绝车身振动向地板传递；轻质隔板和壁板上粘贴不同规格和形状的阻尼片。

抑制电磁辐射的主要方法有：优化电磁部件结构和性能；选用具有较强电磁屏蔽特性的车体材料。

研究高速磁浮车内及沿线环境敏感指标（噪声、振动、电磁场等）随速度变化规律及抑制技术仍旧存在以下难点需逐渐攻克：

（1）明线及隧道高速磁浮列车周围流场特征与气动噪声、脉动压力之间的相互作用。声波是一种波动，它与流场特征密切相关。列车行驶在不同环境中，其周围压力、流速、涡量及湍动能等流场特性存在较大差异，进而影响气动噪声和车身表面脉动压力的幅值及频谱特征，研究不同动态环境下高速磁浮列车流场、声场、脉动压力之间的相互作用机制是难点之一。

（2）隧道阻塞比、介质温度及列车运行速度等参数相对于车身表面噪声源强及振动响应的变化规律。隧道系统是一个复杂的动态系统，列车运行速度的较大改变会影响介质的压缩性和连续性，各参数相对于车身表面噪声及脉动压力往往具有非线性效应，研究隧道阻塞比及列车运行速度等参数相对于车身表面噪声源强及振动响应的变化规律是难点之一。

（3）高速磁浮车内及沿线的噪声、振动、电磁场综合抑制方法。不同的列车车体材料、裙板材料和管(隧)道内壁材料具有不同的吸声、消声、隔声、隔振及电磁屏蔽性能，同时抑制高速磁浮车内及沿线的噪声、振动、电磁辐射是难点之一。

（4）缩比模型试验和仿真计算与全尺寸实际车辆试验和仿真计算相比，存在较大差异，且转换关系难以确定。应该建立全尺寸预测模型，通过430km/h速度高速磁浮运行噪声、振动和电磁辐射试验验证相应模型，并进行600km/h及以上速度的高速磁浮列车噪声-振动-电磁辐射仿真计算，研究600km/h及以上速度的高速磁浮列车的空气动力噪声演化特征、振动演化特征和电磁辐射演化特征。

（5）隧道内壁边界层附加噪声及隧道结构混响声直接影响噪声源演化特性，通过仿真计算确定明线全封闭声屏障内壁、隧道内壁和列车表面脉动压力频率及幅值特性演化规律是一个难点。

（6）管道(全封闭声屏障)透射声源强(声功率级)、非等强度辐射性、有效长度和衰减特性和演化也是一个有待于解决的难题。

（7）轻量化设计的碳纤维车体结构降噪机理、声-振-电磁一体化设计方法和车内噪声综合控制措施也是一个有待于解决的难题。

主要参考文献

[1] Lighthill M J. On sound generated aerodynamically I：General theory[J]. Proceedings of the Royal Society of London Series A：Mathematical and Physical Sciences，1952，211(1107)：564-587.

[2] Ffowcs Williams J E, Hawkings D L. Sound Generation by Turbulence and Surfaces in Arbitrary Motion[J]. Philosophical Transactions of the Royal Society of London，1969，264：321-342.

[3] Di Francescantonio P. A New Boundary Intergral Formulation for the Prediction of Sound Radiation[J]. Journal of Sound and Vibration. 1997，202(4)：191-509.

[4] 张强. 气动声学基础[M]. 北京：国防工业出版社，2012.

[5] Tan X M, Liu H F, Yang Z G, et al. Characteristics and Mechanism Analysis of Aerodynamic Noise Sources for High-Speed Train in Tunnel[J]. Complexity，2018.

[6] Zhou P, Li T, Zhao C F, et al. Numerical Study on the Flow Field Characteristics of the New High-Speed Maglev Train in Open Air[J]. Journal of Zhejiang University Science A，2020，21(5)：366-381.

[7] Zhang Y, Zhang J, Li T, et al. Research on Aerodynamic Noise Reduction for High-Speed Trains[J]. Shock and Vibration, 2016:1-21.

[8] L D Landau, E M Lifshitz. Fluid Mechanics[M]. 2nd ed. Oxford: Pergamon Press, 1987.

[9] Gm A, Hdy A, Na A, et al. An Aeroacoustic Study of the Flow Surrounding the Front of A Simplified ICE3 High-speed Train model-Science Direct[J]. Applied Acoustics, 2019, 160.

撰稿人：葛剑敏（同济大学）

超高速磁浮列车气动噪声

Aerodynamic noise of ultra-high-speed maglev train

1 科学问题概述

超高速磁浮列车可实现600~1000km/h的运行速度，是我国"十四五"时期重点研发的高端装备之一。当列车速度跨过300km/h，气动阻力/噪声等问题急剧恶化。我国最新研发的速度为600km/h的磁浮列车气动阻力约占其总阻力90%以上。TR08磁浮列车在速度为432km/h时标准测点气动噪声最大声压级为96.7dBA、声突发率为18dB/s。在当今噪声指标的"一票否决"与低碳经济大背景下，磁浮列车气动阻力/噪声问题已成为亟需攻克的工程问题之一。

2 科学问题背景

列车尾部气动噪声是超高速磁浮列车主要气动噪声，可通过抑制尾车边界层气流分离实现降噪。超高速磁浮列车气动阻力主要由压差阻力与黏性阻力组成，前者受控于头/尾车边界层气流分离，后者与边界层速度梯度密切相关。尽管流线型车头与平顺化车体等外形优化技术在高速列车气动降噪领域已取得一系列实质性成果，然而这些技术较难适用于600km/h以上运行速度的磁浮列车。原因包括：（1）超高速磁浮列车车体较为光滑，头尾车采用较长的车鼻，这使得磁浮列车黏性阻力与压差阻力位于同一量级，因此仅抑制压差阻力难以有效降低整车气动阻力，而现有这些技术只能有效降低压差阻力；（2）超高速磁浮列车气动噪声相对于高速列车出现新的变化，即四极子噪声凸现，应用这些技术的超高速磁浮列车在600km/h运行时标准测点气动噪声仍可达100dBA。因此寻找"新的超高速磁浮列车气动减阻/降噪方法"就成为该领域所面临的一项重要任务。

湍流减阻/降噪技术是国际上的前沿研究领域，一般是通过某种方法调控湍流结构，强力压制拟序结构猝发事件发生,降低湍流产生与湍动能损耗,最终达到气动减阻/降噪的效果。其中仿生非光滑减阻降噪技术启蒙于蜣螂、穿山甲、鲨鱼等的表面非光滑结构。该技术仅需改变物体表面结构形式,无须增添额外动力装置,即可产生显著气动减阻降噪效果,是一种简单有效、绿色环保的技术,具有广阔应用前景。

3 科学问题研究进展

国内外研究机构对磁浮列车气动噪声的报道基本停留在10年以前,较多采用实车噪声测试方法研究噪声声压级、声突发率等问题,并未涉及气动发声主尺度分析及声学优化设计,而在近年来逐渐出现对磁浮列车的尾流区流场结构、交会压力与列车风等报道。研究结果如下:

(1)磁浮列车气动噪声机理/特征。在2002年,Bemd Barsikow等人在德国埃姆斯兰磁浮实验线路测量TR08的沿线通过噪声,评估标准混凝土、原型混凝土、原型钢轨、复合梁4种导轨对沿线辐射噪声影响,研究结果表明:随着运行速度增大,不同轨道类型引起的噪声差距减小;在300km/h以上运行速度级时,辐射噪声以气动噪声为主。在2007年,Chen Xiao-hong等人测试上海磁浮列车在430km/h运行速度时的沿线辐射噪声,发现当传播距离翻倍时,沿线辐射噪声衰减6~8dB,根据点声源、线声源传播特征(当传播距离翻倍时,点声源的声压级减小6dB,而线声源的声压级减小3dB)得出磁浮列车气动噪声源呈现点声源特征。在2019年,谭晓明与杨志刚等人构建积分面局部外推技术,并研究磁浮列车1:8缩比模型气动噪声特征,发现在列车头部两侧,有少量的分离扰动;在车体车身,主要是边界层的发展和小尺度扰动,基本体现偶极子源特征;在列车尾部,形成很强的向车体两侧翻转的分离对涡结构,并向后发展较长距离;尾车及尾流区气动噪声源能量显著大于头车,使得整车的沿线A计权声压级分布曲线呈现"靠近尾车接收点声压级较大,而靠近头车接收点声压级较小"的一般性规律,这与轮轨式列车沿线气动噪声分布曲线特征存在显著差别;远场辐射噪声以中、低频为主,相对的,高速列车其能量分布在更低频带,如200~800Hz频带;列车头部四极子噪声可忽略不计,而列车尾部四极子噪声随着运行速度增大而凸显,见图1;由尾车气流分离形成的分离对涡结构是列车尾部及尾流区气动噪声产生的主要机制。

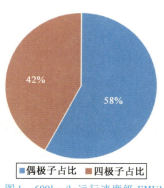

图1 600km/h运行速度级EMU1磁浮列车尾部辐射噪声声源能量占比

(2)磁浮列车气动噪声数值仿真技术。目前我国磁浮列车缺乏相应的试验线与600km/h的声学风洞,使得数值研究是当前磁浮列车气动噪声研究的主要研究方法。目前磁浮列车气动噪声数值仿真技术是从轮轨式列车气动噪声数值仿真技术发展而来。该技术是将流场与声场解耦,先计算流场结果,再从流场中提取声源信息作为输入条件计算声场结果。基于对车体表面大面积分布的湍流脉动气动噪声的考虑,流场计算模型一般选取大涡模型。基于对车体表面的偶极子声源、尾流区的四极子声源及计算效率的考虑,声场计算模型一般选取 K-FWH 积分模型。文献[4]、[6]提出的局部积分面外推技术是该技术具体的应用。由于大涡模型需要精细化到当地惯性区尺度的网格分布及合适的边界层网格分布,K-FWH 积分模型要求车体至穿透积分面网格精细到解析声波波长范围,这使得整车全尺寸计算规模达到 10 亿数量级。因此目前该技术应用对象均是磁浮列车缩比模型(例如 1∶8 模型)。

(3) 磁浮列车气动声学设计。图 2 展示了日本、德国的高速磁悬浮列车。目前出现的超高速磁浮列车普遍采用较扁平的头型及平顺化的车体。其中,日系车的头型长度从 9.1m 增大到 23m,显著大于德系车的头型长度,且日系车顶部并未完全采用流线型设计,例如 MLU002N 和 L0 系均采用"箭头"型与"反曲面外形"设计。德系及我国车型则采用"子弹头"型设计。从已有设计经验来看,增加流线型头型长度是抑制气动噪声最直接的方法。扁平头型能够有效延缓头部气流分离,增强列车横向稳定性,降低车体自由湍流脉动噪声。全车平顺化(车门、车窗、风挡、天线等)能够进一步抑制车体湍流脉动噪声。然而这些声学优化措施较难使磁浮列车 600km/h 运行噪声符合环境噪声要求,例如中国新设计的磁浮列车 600km/h 气动噪声数值计算结果约为 100dB(A)(在离轨面 3.5m 高、距轨道中心线 25m 远位置)。因此亟需研发磁浮列车的新一代气动降噪技术。

a) 日本 L0 系(2015,603km/h)

b) 德国 TR-09(2008,449km/h)

图 2　日本、德国高速磁浮列车

主要参考文献

[1] Chen X H, Tang F, Huang Z Y, et al. High-Speed Maglev Noise Impacts on Residents: A Case Study in Shanghai [J]. Transportation Research Part D: Transport and Environment,

2007,12(6):437-448.

[2] Rajala V, Valtteri H. Annoyance Penalty of Impulsive Noise-The Effect of Impulse Onset [J]. Building and Environment,2020,168:1-10.

[3] 汤峰,陈小鸿,李潭峰.高速磁悬浮列车噪声声突发率的研究[J].噪声与振动控制,2005,6:34-35.

[4] 杨志刚,谭晓明,刘慧芳.600km/h 高速磁悬浮列车气动声学仿真优化研究[R].长沙:中南大学,2019:106-116.

[5] Barsikow B, Disk D R, Hanson C E, et al. Noise Characteristics of the Transrapid TR08 Maglev System [R]. Cambridge:Reserach and Special Programs Administration,2002:238.

[6] Tan X M,Wang T T,Qian B S,et al. Aerodynamic Noise Simulation Technology of 600km/h High Speed Train and Quadrupole Aerodynamic Noise Problem [J]. IEEE Access,2019,7:124866-124875.

撰稿人:谭晓明(湖南理工学院)

第 2 章 磁浮交通车辆及平稳性

　　磁浮车辆系统是整个磁浮交通的核心技术之一。磁浮交通的技术特征与车辆的技术特征密切相关。车辆的结构和参数是决定线路的结构和参数的最主要的依据。对线路曲线半径的要求来自车辆通过曲线的能力，对线路顺坡度的要求来自车辆结构的机械解耦能力，对磁浮交通的安全保障来自车辆制动能力，支撑梁的振动特性设计与车辆悬浮控制的调节频率和行车速度密切相关。此外，车辆是乘客的直接载体，磁浮交通的安全和舒适与车辆设计密切相关。因此。磁浮车辆是涉及机械、材料、电磁、空气动力、可靠性等一系列学科的复杂系统工程。

　　高速磁浮列车在实用场景下的无接触安全运行与车辆运行平稳性指标达到优良级水平，是600km/h高速磁浮应用的两个必要条件。国家"十三五"磁浮专项支持试制了按600km/h速度设计的国产化样车，但目前仅在同济大学1.5km试验线进行了约60km/h速度的低速试跑，尚没有高速试验条件。因此，如何对600km/h高速磁浮交通的平稳性进行评估、预测，并提出相应的解决措施是当前急需解决的问题。这其中将涉及结构动力学、空气动力学、电磁力学和控制工程等学科的交叉融合。本栏目就其中的车辆及平稳性关键科学问题进行探讨。

　　当常导高速磁浮列车运行时，通过调节车上的悬浮电磁铁和导向电磁铁励磁电流，控制列车与轨道之间的电磁力，保障列车沿轨道无接触运行。由于高速磁浮线路轨道必然存在不平顺、不连续、支撑刚度不均匀等情况，实际悬浮间隙和导向间隙值会在额定值基础上有波动，波动幅值随速度提高而加大。上海高速磁浮商业运营示范线实测数据统计表明，随着速度提高，悬浮间隙的平均值（近似于额定值）增大且波动加剧，通过实测数据对600km/h下的悬浮间隙进行预测，其最大值将达到18.4mm，超过上海高速磁浮商业运营示范线现有磁浮列车悬浮间隙最大允许值18mm。同时，车辆的平稳性指标也可能从优良下降至不合格。因此,当前亟需从关键理论和技术层面揭示 600km/h 高速磁浮列车-磁力-轨道耦合系统作用机理、平稳运行的影响因素与制约条件并构建可靠的平稳运行的评价方法与试验鉴定方法,为 600km/h 常导高速磁浮应用发展提供理论支撑。

不同于常导高速磁浮,高温超导磁浮通过块状高温超导体独特的磁通钉扎机制实现无源自稳定悬浮。虽然高温超导钉扎高速磁浮不需要主动悬浮/导向空控制,但是也不可避免地受到线路轨道条件的影响,从而产生平稳性问题。

针对磁浮交通的车辆系统,本栏目重点介绍了六个方面的科学问题,一是关于高速磁浮列车应急制动基础理论,重点需要研究适于 600km/h 及以上高速磁浮列车的线性涡流、摩擦制动、气动增阻等紧急安全制动控制策略等科学问题;二是关于 EMS 磁浮车-钢结构桥梁动力作用特性,研究在不同工况下出现的耦合振动现象机理,从原理上找到车辆-轨道耦合振动现象的原因;三是关于高速磁浮涡流制动电磁特性与感应板损耗,研究涡流制动器的性能,各结构尺寸对制动效果的影响、涡流紧急制动控制算法的选择及优化,保证在紧急情况时的各种路况下列车能安全准确停靠等科学问题;四是超导电动悬浮列车多场耦合下运行品质与减振,研究超导电动悬浮动态磁轨关系、耦合动力学响应特征、悬挂减振设计等科学问题;五是高速磁浮交通平稳性控制理论与优化方法研究,主要研究方向为实现高速磁浮交通的平稳控制,超导磁浮磁轨不平顺管理及车辆运行平稳性研究,提出不同速度等级磁轨不平顺关键参数指标要求及控制管理办法。

时速 600km 及以上高速磁浮列车紧急制动安全域理论与关键技术

Security theory and key technologies of emergency braking for high speed maglev train with speed of over 600km/h

1 科学问题概述

"安全运行"是所有运载交通工具的本质特征,高速磁浮列车的紧急制动是极端工况与突发情况下确保列车运行安全的最后一道防线,直接影响高速磁浮系统的工程可行性。紧急制动的本质是能量的快速转移,要求在规定的时间范围内将列车动能耗散或转移出去,时速 600km 高速磁浮列车的制动能量是时速 500km 的 1.44 倍,是时速 400km 的 2.25 倍。同时,为了避免线网运行的高速磁浮列车发生追尾或碰撞,列车间必须保持一定的追踪间隔。因此,随着速度的提升,确保紧急制动的列车运行本征安全、提升制动能力以确保合理的紧急制动距离是时速 600km 以上高速磁浮系统面临的和必须解决的核心问题。

超高速磁浮列车安全制动尚未有成熟的运行范例,需要加强其安全制动的设计理论研究,不同于轮轨列车,超高速磁浮列车安全制动面临的约束条件差异较大,有必要建立约束可变、参数可调的超高速磁浮列车安全制动试验与动态模拟装置。

为揭示时速 600km 及以上高速磁浮系统的制动受限约束与制动动力学行为,探明高速磁浮运载装备的制动能量转移路径与影响机制,需提出适于时速 600km 及以上高速磁浮列车的线性涡流、摩擦制动、气动增阻等紧急安全制动控制策略,建设超高速磁浮列车安全制动动模试验科学装置,为时速 600km 及以上高速磁浮列车的紧急安全制动设计提供理论支撑。

2 科学问题背景

磁浮列车作为一种地面运输系统具有运行速度快、行车平稳、对环境污染小、噪声低等优点。制动系统则是保证磁浮车辆安全运行的关键性部分,直接关系到车上乘客的人身安全。磁浮交通摆脱了轮毂关系的束缚,为进一步发挥磁浮车辆在高速下的优势,国内外已经建立一些了高速磁浮线路,如德国的 TR09 型磁悬浮、日本的 L0 型磁悬浮、中国中车研制的 600km/h 磁悬浮车辆等。随着磁浮列车运行速度的增加,制动时所需转移或耗散的能量成指数倍上涨,因此高速磁浮列车的超高速运行对其安全性能和运行控制系统提出了极高的要求。当高速磁浮交通系统在运营遇到故障时,列车的牵引力立即被切断,仅依靠涡流制动系统实现列车的安全准确停靠,使磁悬浮列车克服动能而迅速停下来是个巨大挑战。因此涡流制动电磁铁的工作特性研究以及紧急制动的控制系统研制是高速磁浮车辆亟需研究的问题。

基于高速运行状态与多变荷载激励下的高速磁浮列车制动能量转移的约束机制,需要对涡流制动装置的容量和能力进行合理设计;在此基础上要考虑励磁、涡流、制动力、热散逸之间相互作用规律以及长期运行下性能的变化机制,合理进行控制策略设计;同时针对时速 600km 及以上高速磁浮列车,单一制动方式是不足的,要结合摩擦制动、气动增阻等辅助手段并通过合理的策略调节,实现各制动手段下的共同作用及平滑过渡,进而实现紧急制动下的精确停车。

综上所述,安全运营的基本条件是制动力强,以防止追尾及撞车,对高速磁浮的运营来说更是如此。因此,对于时速 600km 以上高速磁浮列车紧急制动工况,以涡流制动为主,摩擦制动、气动增阻等为辅,在外界高速环境和多变因素影响下,如何实现精确停车是当前亟需解决的问题。

3 科学问题研究进展

本文以高速磁浮列车为研究对象,旨在揭示和探究时速 600km 及以上高速磁浮列车

紧急制动安全域理论与关键技术,其主要包含的科学问题包括以下几点:

3.1 建立考虑高速运行状态与多变荷载激励下的磁浮列车制动动力学分析模型,研究高速磁浮列车制动能量转移的约束机制

因为速度超过600km/h的高速磁浮车制动时所需转移的制动能量是速度400km/h时的两倍以上,同时,也因为列车受到轨道不平顺,高速运行时侧风、气动升力等空气动力学现象的影响,很难直接研究制动时的能量转移机制。因此要建立高速运行状态与多变荷载激励下的磁浮列车制动动力学分析模型,研究其制动能量转移规律,在刨去外界条件影响因素下求解出高速磁浮车紧急制动系统所需制动能力,以满足最基本的制动需求,同时为后面的参数匹配优化以及多制动方式下的协同优化奠定理论基础。

3.2 基于"电、磁、机、热"多物理场耦合分析方法,研究高速磁浮列车线性涡流制动过程中励磁、涡流、制动力、热散逸之间相互作用规律,研究其参数匹配优化方法

在分析磁浮列车运行控制系统及其安全速度防护系统的基础上,研究线性涡流制动的技术指标,采用电磁场计算法和有限元计算法对涡流制动电磁场进行分析。研究影响涡流制动力和吸引力的各主要因素,如励磁电流、制动气隙等,对其进行了详细的数值分析,并用麦夸特法分别拟合了制动力、吸引力与各变量的数值关系。在有限元模型的基础上,对涡流制动电磁铁的结构参数进行了优化设计,给出不同部位制动磁铁发生故障时对制动力的影响。尤其着重研究高速磁浮车涡流制动时钢轨温升,将最大允许温升作为主要约束条件之一,在"电、磁、机、热"多物理场耦合分析的基础上实现参数匹配优化,实现磁浮列车紧急制动系统的优化设计。

3.3 研究适于时速600km及以上高速磁浮列车的线性涡流、摩擦制动、气动增阻等紧急安全制动控制策略

高速磁浮车紧急制动精确停车的前提是要着重于紧急制动控制策略研究。控制策略的研究主要分为两个部分,一是线性涡流制动系统精确控制研究,二是多制动方式下的协同配合及平滑过渡。首先,基于涡流制动磁场回路的一致性和对称性推导出涡流制动力和法向力计算方程。以力学模型为基础,在涡流制动控制方案设计方面,基于制动力和制动减速度等为控制对象设计控制环路。根据列车当时的速度、位置、有关运行剖面等信息,并综合空气阻力等其他因素,基于模糊控制及自适应控制理论,对制动力级别进行判定,以施加合理制动力。同时,在磁浮列车高速运行时考虑涡流电流过高引起钢轨温升等负面影响,通过气动增阻等辅助手段实现减速;中低速时,考虑通过摩擦制动与线性涡流配合实现减速。在列车任意时刻,根据当前所需制动减速度,实时反算各制动方式下所需力的作用,并快速传递到相应控制器,在动态调节基础上,协同利用多制动方式优点,从而

保证最终停车距离。

3.4 研究并建立约束可变、参数可调的超高速磁浮列车安全制动动态模拟试验系统

基于高速磁浮车辆运动模型、制动系统模型及制动控制模型,考虑外界环境影响,并将制动距离、制动力及制动减速度等作为可变输入,研究并建立约束可变、参数可调的超高速磁浮列车安全制动动态模拟试验系统。通过该模拟试验系统,可模拟或揭示一个或多个因素对列车制动性能的影响规律;在有利和不利制动情况下,制动系统应具备的制动力输出能力。该系统可为制动系统设计及精确控制策略的设计提供一定的理论基础,同时也为验证所提出制动系统参数优化设计以及协同制动策略提供了试验平台。

主要参考文献

[1] 熊嘉阳,邓自刚.高速磁悬浮轨道交通研究进展[J].交通运输学报,2021,21(1):177-198.

[2] 冯仲伟,方兴,李红梅,等.低真空管道高速磁悬浮系统技术发展研究[J].中国工程科学,2018,(6):105-111.

[3] Liu J, Li W, Jin L, et al. Analysis of Linear Eddy Current Brakes for Maglev Train Using An Equivalent Circuit Method[J]. IET Electrical Systems in Transportation. 2021;1-9.

[4] 沈志云.高速磁悬浮列车对轨道的动力作用及其与轮轨高速铁路的比较[J].交通运输工程学报,2001,1(1):1-6.

[5] 沈志云.对磁悬浮高速列车技术认识的两个错误观点[J].交通运输工程学报,2004,4(1):1-2.

[6] Gulec M, Aydin M, Nerg J, et al. Magneto-Thermal Analysis of an Axial-Flux Permanent-Magnet-Assisted Eddy-Current Brake at High-Temperature Working Conditions[J]. IEEE Transactions on Industrial Electronics. 2021;68(6):5112-5121.

[7] Wang J, Zhu J. A Simple Method for Performance Prediction of Permanent Magnet Eddy Current Couplings Using a New Magnetic Equivalent Circuit Model[J]. IEEE Transactions on Industrial Electronics,2018;65(3):2487-2495.

[8] Li J, Yang G, Sun Q. Characteristic and Thermal Analysis of Permanent Magnet Eddy Current Brake[J]. CMES-Computer Modeling in Engineering & Sciences,2021;126(3):1011-1031.

撰稿人:左建勇(同济大学)

EMS 磁浮车-钢梁耦合动力作用分析与试验研究

Analysis and experimental research on the dynamic interaction characteristics of the (suspended) mid-mounted EMS maglev train and steel structure bridge

1 科学问题概述

磁浮列车无传统的轮轨接触,具有振动噪声低、适用速度范围广、选线灵活、环境友好等优势,在城市、城际及干线交通等领域应用前景良好。磁浮列车根据悬浮原理可以分为电磁悬浮 Electromagnetic Suspension(EMS)、电动悬浮 Electrodynamic Suspension(EDS)、高温超导悬浮 High Temperature Superconducting Suspension(HTS)及电磁-永磁混合悬浮 Hybrid Electromagnetic Suspension(HEMS)。根据速度等级又可以分为中低速、中速、高速、超高速和宇航速磁浮。

现阶段实现商业运用的磁浮列车均为 EMS 型,被视为未来轨道交通的发展方向。当前国内正兴起中低速磁浮交通建设和规划热潮,其中:长沙和北京的 2 条中低速磁浮线路取得了较好的示范效应;凤凰磁浮观光快线于 2022 年 5 月 1 日正式通车试营业;清远磁浮旅游专线也正在如火如荼地建设之中。此外,国内建设高速磁浮线路的呼声也越来越高。

国内外 EMS 磁浮列车的商业运营证实了其技术的成熟和可靠性,不过由于技术方案新颖,以及应用了独特的悬浮支撑原理,其在实际工程应用中暴露出一些难题和瓶颈,制约了 EMS 磁浮列车技术的推广。当前实现工程应用的 EMS 中低速及高速磁浮列车悬浮间隙仅有 8~12mm,磁浮车、悬浮控制及桥梁之间存在特殊的强非线性耦合动力作用关系,影响列车的悬浮稳定性。目前工程中通过增大桥梁刚度来降低车桥耦合振动,导致系统造价高昂,制约了磁浮交通的推广应用。

国内一直希望将钢结构桥梁引入磁浮交通领域,这样在提高建设效率和降低成本的同时,也积极响应了国家钢铁去产能的号召。不过国内外尚无应用实例和可参照的建设标准,因此开展 EMS 磁浮车-钢结构桥梁动力作用特性研究十分有必要。

本项目拟以团队近年开发的(悬挂)中置式磁浮列车为研究对象(图 1),并深入到时速 600km 高速磁浮,结合理论分析、动力学与有限元仿真、试验台试验及实车线路试验的研究路线,全面分析磁-轨动态特性、列车多体系统振动特性、钢结构桥梁自振特性以及车-桥耦合动力作用等,并基于前期工作积累的各型试验台、试验车开展台架试验和线路试验,用试验结果来对比和修正理论与仿真结果,确保研究成果的准确性与可靠性。最后总结得到可指导工程建设的参考文件或技术要求,助推钢结构桥梁早日应用于磁浮交通。

图 1 （悬挂）中置式磁浮列车

2 科学问题背景

EMS 磁浮列车与传统轮轨列车最大的不同之处在于取消了轮轨系统，利用电磁吸力实现车辆的悬浮和导向，并利用直线电机进行牵引。由于电磁悬浮力与悬浮间隙的平方成反比关系，开环电磁悬浮系统是不稳定的，为保持悬浮稳定必须引入反馈控制。EMS 磁浮列车的悬浮系统通过反馈悬浮传感器信号，由悬浮控制器实时调节电磁铁线圈电流使悬浮间隙保持在动态稳定范围内（通常在 8～12mm 之间）。悬浮传感器内部集成了间隙传感器和加速度传感器，间隙传感器监测电磁铁与轨道间的相对间隙，加速度传感器测量悬浮电磁铁的绝对振动加速度。悬浮传感器监测并反馈实时信号至悬浮控制器，经控制算法处理来调整悬浮电磁铁的励磁电流，以达到稳定的悬浮控制。

由于悬浮间隙小及主动悬浮力的强非线性因素，中低速磁浮车辆在高架桥梁上运行时，车、桥之间会产生复杂的动力相互作用，当悬浮控制系统、车辆及桥梁结构参数选取不当，及车辆振动频率、通过频率与桥梁结构的固有频率接近等情况出现时会产生明显的耦合振动，严重时甚至导致悬浮失效。

3 科学问题研究进展

EMS 磁浮列车-桥梁耦合振动现象十分的复杂且多样，在不同工况下出现的耦合振动现象机理不同。为了从原理上找到耦合振动现象的原因，对耦合振动现象进行分类就变得十分重要。

根据作用机理可分为三种情况：①运动车辆和轨道（桥梁）因结构特性而产生的振动现象，可以称之为结构振动。若激励频率接近结构的某个固有频率，振动就会发散发生共振，这种振动广泛存在于各种机械系统；②磁浮车辆静止或低速运行时，控制系统与弹性轨道之间由于相互作用而产生的耦合振动现象。若两者的固有频率接近或成整数倍，则称为耦合共振,若频率不相近则称为非共振耦合振动,这种振动是磁浮车辆所特有的,同时受轨道结构、车辆结构和悬浮控制系统的影响;③以上两种情况同时出现并相互作用。目前克服这些振动所采用的一般方法是提升轨道刚度、密度和阻尼,这种牺牲造价换性能的方法影响了磁浮交通技术的推广和应用,寻找更廉价的解决车轨相互作用的途径是磁浮技术走向市场的必然要求。

由于系统阻尼的存在,一个系统要维持持续的振动需要外界持续的能量输入,EMS磁浮列车-桥梁耦合振动作为机械振动的一种,同样需要外界能量的输入,下面根据能量来源不同,可分为如下三种情况:①悬浮控制系统能量输入。由于悬浮控制系统存在时滞现象,在算法的反馈系数调节不当的情况下产生极限环运动,这将是一个持续的能量输入环节,可以为车辆-轨道耦合振动提供能量,另外,电流波动、传感器噪声等因素也会造成悬浮控制系统产生额外的能量输入,这类现象广泛存在于控制工程领域,是控制工程技术人员在工程实践中尽力要避免的问题。②纵向运行能量输入。磁浮车辆-轨道耦合振动研究的对象为垂向振动,但在某些情况下,磁浮车辆纵向运行的能量会被转移到垂向振动上,由于载荷的移动引起的轨道梁振动就是系统纵向运行能量转移到垂向从而成为了耦合振动现象的能量输入,这类现象广泛存在于交通运输领域,也是桥梁工程设计人员着重考虑的问题。③系统外部能量输入。轨道不平顺、轨道接缝错位等轨道缺陷会引起系统垂向能量势的突变,对耦合振动来说也是一份能量的输入,另外,牵引直线电机的法向力、车辆的空气动力学效应、车辆内部人员的移动及各种载荷的变化对车-轨耦合系统来说都是能量的输入,这类现象广泛存在于轨道交通领域,是轨道车辆系统动力学的主要研究课题。

由上可知,根据能量输入途径的不同,会将耦合振动现象的研究引向控制工程、桥梁结构动力学、车辆系统动力学三个不同的领域,由此可知磁浮车辆-轨道耦合振动现象是一个复杂的多学科耦合现象。为降低车-桥耦合动力作用,提高EMS磁浮列车悬浮稳定性,目前国内外学者进行了大量的研究,通过理论、仿真和试验的方法分别从悬浮控制、车辆多体系统、桥梁结构等角度分析相关机理并寻找抑制车桥耦合振动的方法,如图2所示。

由于系统强非线性,是一个多学科交叉问题,加之没有钢结构桥梁应用案例,因此EMS磁浮列车-钢结构桥梁还存在以下难点需要攻克:

(1)分析单电磁铁磁-轨作用关系,研究电磁铁处于不同位置处的横向、垂向磁场分布,明确不同悬浮控制算法和参数对悬浮控制系统动态响应的影响,为后续研究奠定理论基础。

(2)单悬浮架试验台及磁浮车-控制-钢结构桥梁动力学建模。考虑悬浮架、悬浮控制系统、轨道梁特性的对应关系,明确各种试验的边界条件的选择与实际工况的对应性。在磁浮车-钢结构桥梁耦合系统动力学建模时,需要考虑车辆与悬浮控制的耦合因素,建立能够反映钢结构桥梁特性的机电耦合动力学模型,并引入轨道不平顺的影响,模型还要能够模拟起动、制动工况。

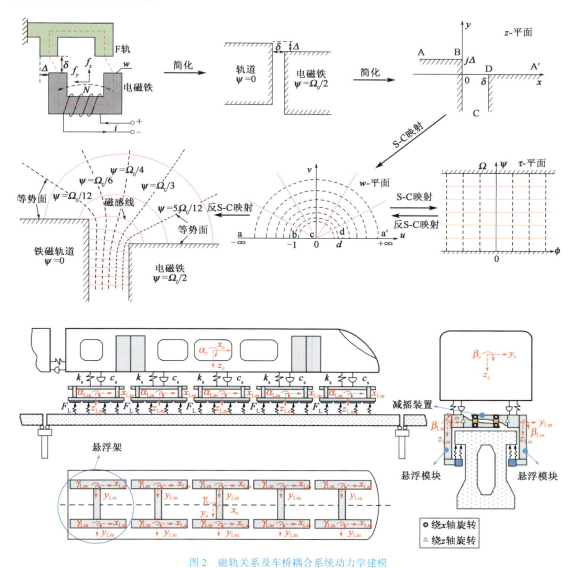

图2 磁轨关系及车桥耦合系统动力学建模

(3)自振模态分析。基于动力学模型、有限元模型分析车辆多体系统,及不同结构、跨度、梁型等钢结构桥梁的自振特性,明确磁浮车、桥梁的主要振动频率和振型,剖析可能存在的共振频率。

(4)磁浮车-钢结构桥梁耦合动力作用特性。项目研究中分别从单电磁铁悬浮系统磁轨关系、单悬浮架机电耦合振动、列车车辆及钢结构桥梁自振特性等子系统着手分析,并深入到磁浮车-控制-钢结构桥梁耦合系统的建模、仿真以及既有试验数据,得到了大量的分析结果。如何基于子系统及耦合系统研究结果进行综合对比、剥离和总结出磁浮车-钢结构桥梁的耦合动力作用特性是一个关键问题。

主要参考文献

[1] 翟婉明,赵春发. 现代轨道交通工程科技前沿与挑战[J]. 西南交通大学学报,2016,51(2):209-226.

[2] 徐飞,罗世辉,邓自刚. 磁悬浮轨道交通关键技术及全速度域应用研究[J]. 铁道学报,2019,41(3):40-49.

[3] Zhang M, Luo S H, Gao C, et al. Research on the Mechanism of a Newly Developed Levitation Frame with Mid-set Air Spring[J]. Vehicle System Dynamics, 2018, 56(12):1797-1816.

[4] Kim K J, Han J B, Han H S, et al. Coupled Vibration Analysis of Maglev Vehicle-Guideway While Standing Still or Moving at Low Speeds[J]. Vehicle System Dynamics, 2015, 53(4):587-601.

[5] Han H S, Yim B H, Lee N J, et al. Effects of the Guideway's Vibrational Characteristics on the Dynamics of a Maglev Vehicle[J]. Vehicle System Dynamics, 2009, 47(3):309-324.

[6] Min D J, Jung M R, Kim M Y, et al. Dynamic Interaction Analysis of Maglev-Guideway System Based on A 3D Full Vehicle Model[J]. International Journal of Structural Stability and Dynamics, 2017, 17(1):17500006.

[7] Yau J D. Interaction Response of Maglev Masses Moving on A Suspended Beam Shaken by Horizontal Ground Motion[J]. Journal of Sound and Vibration, 2010, 329(2):171-188.

[8] Yau J D. Vibration Control of Maglev Vehicles Traveling Over a Flexible Guideway[J]. Journal of Sound and Vibration, 2009, 321:184-200.

[9] Ren S B, Romeijn A, Kalp K. Dynamic Simulation of the Maglev Vehicle/Guideway System[J]. Journal of Bridge Engineering, 2010, 15(3):269-278.

[10] Lingling Zhang L L, Huang L H, Zhang Z Z. Stability and Hopf Bifurcation of the Maglev System with Delayed Position and Speed Feedback Control[J]. Nonlinear Dynamics, 2009, 57(1-2):197-207.

撰稿人:马卫华(西南交通大学)

高速磁浮涡流制动电磁特性与感应板损耗研究

Research and analysis on electromagnetic and secondary loss of high-speed maglev train eddy-current brake

1 科学问题概述

磁浮列车的高速运行要求其运行控制系统具有完备的安全性能,保证列车在任何异常情况下均能处于安全状态,确保列车上乘客的生命财产安全。当高速磁浮列车正常运行时,可通过监控和调整其牵引功率对列车进行调速,保证其行驶在安全速度范围内。当出现故障或遇到紧急情况,列车牵引力被切断时,列车应仍能迅速从高速降到零速并能保证停在前方最近的停车区间,以便下次运行时的正常悬浮。紧急情况下如何控制高速列车的安全、准确停靠是磁浮列车运行控制中非常重要的组成部分。属于高速列车关键技术之一的制动问题,自然是磁浮列车研究的重点之一。

目前,高速磁浮列车主要采用有三种制动方式:①再生制动或电阻制动,一般情况下采用电阻制动;②机械制动,主要为滑块制动,仅在低速制停时使用;③涡流制动,仅在紧急制动情况下使用。一般情况下,磁浮列车采用反向直线同步电机的推力来制动,低速时辅以机械制动。只有在紧急制动的情况下或者第一套制动装置(电阻制动)失效时,才启用涡流制动,低速时同样辅以机械制动。然而,涡流制动是高速磁浮列车在紧急制动情况下使用的重要制动系统,因此确保涡流制动系统的安全可靠十分关键。涡流制动器本体可简化为图1所示的2D模型。

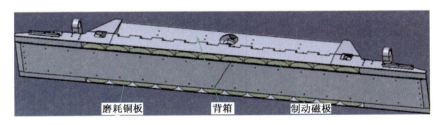

图 1 涡流制动器本体

涡流制动装置的制动力与列车速度、制动器励磁电流、制动器与感应板之间的气隙长度、感应板厚度和电导率等变量之间存在复杂的关系,其中涡流制动力与速度之间的关系尤为重要,因为它是列车运行控制系统判断列车运行状态的重要依据,涡流制动器的等效磁路如图2所示。然而,鲜有对于高速磁浮列车的涡流制动的研究,其主要原因为在速度较高时磁场变化复杂,使得制动力与各变量之间的关系没有较为准确的定量分析,故高速使得涡流制动试验平台的设计、制造非常困难。故即使涡流制动装置结构和基本参数一定,列车安全制动时的电磁力仍会受到运行速度和气隙大小的影响,使得精确的涡流制动力难以获得。此外,涡流制动器通入大电流时会产生大量的热,影响制动器安全可靠运行,故计算涡流制动器的瞬态温度场,研究励磁电流对线圈、内外侧绝缘、铁心和磁轭以及制动器整体的温度变化的影响具有较大的意义。因此,高速磁浮列车涡流制动系统研究中包括三大问题:①涡流制动器的性能研究,各结构尺寸对制动效果的影响;②涡流紧急制动控制算法的选择及优化,保证在紧急情况时的各种路况环境下列车能安全准确停靠;③涡流制动器的整体温度分布规律,保证其在安全的温度范围内工作。故涡流制动设计总的要求是:达到足够的制动力,不影响其他磁铁的正常工作,导轨以及其他部件不产生不被允许的机械应力,制动线路要简单,电源损耗要小,制动装置质量与产生的垂直吸引力要小。为达到以上要求,首先要防止励磁电源因故障而全部切断;其次各个制动电路要分开控制,逆变器要分开监控,控制信号要合理检测。

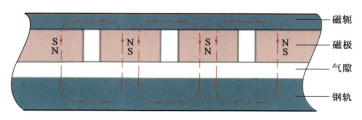

图 2　涡流制动器的等效电路

2　科学问题背景

从工程角度而言,高速列车运行的速度越来越快,运用越来越频繁,而且站点的增加使得部分列车频繁起停。这就要求制动系统具有更加优越的性能,要求其能在列车高速运行的情况下有效制动,实现安全平稳地停车。涡流制动在高速条件下能够发挥较好的制动效果,有望成为我国下一代高速列车的制动方式之一。为使磁浮列车能够准确地停靠在指定的安全停车区,必须对列车在安全制动过程中施加的涡流制动力进行精确控制,使列车能够按照预定的制动曲线进行制动。列车实施安全制动过程中,涡流制动装置与侧向导轨之间是一个变气隙、变速度的相对复杂运动过程,使得对列车每一时刻施加的连续安全制动力难以直接求解,从而难以对列车进行精确控制。此外,涡流制动器在工作时还会产生大量的热,影响其安全可靠地运行,进而影响乘客的生命财产安全。因此对涡流制动装置的电磁和传热特性进行全面而精确的分析,是高速磁浮列车在紧急制动情况下使用涡流制动的重要前提。

3　科学问题研究进展

高速磁浮列车上的涡流制动方式主要有:①通过在列车上安装励磁电磁铁,制动时,给励磁线圈施加励磁电流,利用移动的励磁磁场与钢轨中感应出的涡流磁场之间的相互作用产生制动力,实现涡流制动;②通过在车辆上安装非磁性导体板,在轨道上安装励磁电磁铁、永磁体或永磁/电励磁混合电磁铁,利用列车运动时导体板中感应出的涡流磁场与电磁铁磁场的相互作用产生制动力,实现涡流制动。电磁涡流制动是利用电磁涡流在磁场下产生的洛仑兹力的方向与物体的运动方向相反来制动,具有无摩擦、无噪声、体积小、制动力大的优点;而轨道涡流制动是通过对安装在车辆两侧的条形磁铁励磁,在钢轨上产生涡流使车辆制动,具有无摩擦、制动迅速等优点。近年来,国内外针对高速磁浮涡流制动技术的电磁场与温度场分析计算等问题进行了大量的研究工作。一方面,从Maxwell方程组出发,推导得到了涡流制动力特性方程,利用子域法、有限元法等分析了速度、励磁电流和气隙长度对制动力的影响;另一方面,研究了涡流制动器通入不同励磁电流时对内部结构温度的影响,分析了制动器工作在不同温度环境下,制动器内部的温度分布规律。然而,特性方程计算过程做了大量简化,准确性较低,且有限元方法只是定性地介绍了制动力与速度、励磁电流、感应板电导率和磁导率之间的关系;温度场有限元仿真则是赋予其恒定的热源,未根据列车的实际运行工况进行赋值,故以上电磁场与温度场的计算仍存在较大的误差。

为对列车安全制动施加的涡流制动力进行精确控制,使列车能够按照预定的制动曲线进行制动,许多学者结合安全制动的控制方式,根据涡流制动装置的结构特点,对通过电磁仿真计算得到的离散电磁力数值处理方法进行研究,从而获得安全制动所需的精确的涡流制动电磁力特性曲线。目前,存在以下几种计算方法:

(1) 二维坐标系下建立解析模型,以磁矢位为求解变量,在解析模型各个子域内列写泊松方程,并结合各子域之间的边界条件求得气隙内的磁通密度表达式,进而得到涡流装置所受涡流制动力的表达式。

(2) 根据线性涡流制动装置的结构特点和列车安全制动过程的工作原理,获得每一制动等级电磁力特性曲线,故使用有限元法计算获得的不同等级-气隙值-运行速度-电磁力的离散数值点,对每一制动等级,采用分段3次Hermite插值法得到不同气隙值的多条连续电磁力曲线,并讨论制动过程中气隙的变化规律,获得气隙变化的特征速度点。通过求解并拟合变气隙过程的电磁力特性曲线段,得到完整的随运行速度而变化的连续电磁力特性曲线。

(3) 基于等效磁路法建立涡流制动力的数学模型,结合有限元仿真分析手段,分析气隙、速度及磁极数量对涡流制动力的影响规律,确定包含涡流制动的总制动力计算方法。

(4) 根据对涡流制动的研究分析,提出一套涡流制动系统总体布置方案,将涡流制动系统分为涡流制动电磁系统和涡流制动机械系统两部分:对电磁部分的整流供电部分、直流斩波供电部分与励磁部分的电路结构和控制原理进行研究和分析;从机械系统的功能特点和动作原理上对励磁升降部分与制动力传递部分进行分析;结合电磁场基本理论建立线性轨道涡流制动三维模型,依据涡流制动磁场规律可推导出制动力与吸引力的数学模型,搭建涡流制动系统的制动力分配模型与电磁系统模型,最终可得出较为准确的制动力分配方案与电磁系统控制策略。综上所述,现有高速磁浮采用的涡流制动方式如下:吸力型磁浮采用电磁铁与磁性导轨产生涡流,制动的磁场由电磁铁产生,必须依靠车载电力电子设备,可靠性不能满足更高等级速度的列车要求,更重要的是,低速时的涡流制动电磁力曲线准确性较差;斥力型磁浮采用单边直线型磁铁阵列与非磁性轨道产生涡流,磁场由永磁体产生,不会产生多余热量,但制动时会产生很大的法向力,干扰列车的悬浮与导向系统,特别在高速过弯时,会影响列车的运行稳定性。

虽然电磁涡流制动是磁浮列车安全紧急状况下的重要保障措施,但此变革性技术仍旧存在以下难点需逐渐攻克:

(1)电磁涡流制动装置与列车重量之间的映射关系及相互作用机制。电磁涡流制动的励磁所需能量较高,能源由列车总线输送,总线有故障时必须由列车电池供给,而列车上安置电池,势必使列车的重量增加,故平衡列车重量与涡流制动电磁力之间的关系是高速磁浮涡流制动变革性技术的难点之一。

(2)电磁涡流制动对线路稳定性及信号系统的影响。由于电磁涡流制动会使钢轨升温,在列车间隔较短时线路稳定性会出问题,且涡流制动的电磁场会对信号系统的轨道电路有一定的影响,故研究创新型方法减少涡流制动对系统稳定与信号的影响是高速磁浮涡流制动变革性技术的难点之一。

(3)精确的涡流制动力特性曲线受到磁浮列车运行过程中存在多种运行工况的影响而难以获取。磁浮列车在三维空间运行时,车体将沿着三个坐标轴移动,即:推进、悬浮与横偏,同时可能绕坐标轴旋转,即:侧滚、偏航与俯仰。在上述不同运行工况下,涡流制动装置会出现气隙大小及形状的变化,对涡流制动力的精确解析计算带来了较大的挑战,故研究多种运行工况下涡流制动力的电磁特性曲线是高速磁浮涡流制动变革性技术的难点之一。

(4)精确的涡流制动力特性曲线受到感应板的温升影响而难以获取。从能量转变的角度考虑,在涡流制动过程中,磁浮列车的动能通过涡流电流转变为感应板上的热能而逐渐减小。此时导轨感应板上的涡流电流放出大量的热能,涡流制动的热效应就此产生。涡流制动过程中感应板温升较为明显时,感应板电导率与磁导率的变化会对涡流制动力产生较大的影响,故建立涡流制动力与温度修正相关的数学表达式是高速磁浮涡流制动变革性技术的难点之一。

主要参考文献

[1] Lv G, Zeng D H, Zhou T, et al. Investigation of Forces and Secondary Losses in Linear Induction Motor with the Solid and Laminated Back Iron Secondary for Metro[J]. IEEE Transactions on Industrial Electronics, 2017, 64(6):4382-4390.

[2] Yazdanpan R, Mirsalim M. Axial-Flux Wound-Excitation Eddy-Current Brakes: Analytical Study and Parametric Modeling[J]. IEEE Transactions on Magnetics, 2014, 50(6):8000710.

[3] Lv G, Zeng D H, Zhou T. Influence of the Ladder-Slit Secondary on Reducing the Edge Effect and Transverse Forces in the Linear Induction Motor[J]. IEEE Transactions on Industrial Electronics, 2018, 65(9):7516-7525.

[4] Lv G, Liu Z M, Sun S G. Analysis of Torques in Single-Side Linear Induction Motor With Transverse Asymmetry for Linear Metro[J]. IEEE Transactions on Energy Conversion, 2015, 31(1):165-173.

[5] Cho S Y, Liu Huai C, Han W A, et al. Eddy Current Brake With A Two-Layer Structure: Calculation and Characterization of Braking Performance[J]. IEEE Transactions on Magnetics, 2017, 53(11):8110205.

[6] Lv G, Zeng D H, Zhou T. Analysis of Secondary Losses and Efficiency in Linear Induction Motors with Composite Secondary Based on Space Harmonic Method[J]. IEEE Transactions on Energy Conversion, 2017, 32(4):1583-1591.

[7] Lv G, Liu Z M, Sun S G. Electromagnetism Calculation of Single-Sided Linear Induction Motor with Transverse Asymmetry Using Finite-Element Method[J]. IET Electric Power Applications, 2016, 10(1):63-73.

[8] Brusa E, Cala A, Ferretto D. Systems Engineering and its Application to Industrial Product Development[M]. Cham, Switzerland: Springer International Publishing, 2018.

[9] Lv G, Zeng D H, Zhou T, et al. An Equivalent Circuit of the Single-Sided Linear Induction Motor Considering the Discontinuous Secondary[J]. IET Electric Power Applications, 2017, 31(3):393-398.

[10] 吕刚,曾迪晖,周桐. 初级横向偏移时直线感应电机磁场与推力的有限元分析[J]. 电机与控制学报,2016,20(4):64-68.

撰稿人:吕刚(北京交通大学)

超导电动悬浮列车多场耦合下运行品质与减振控制

Ride quality and vibration control of superconducting electrodynamic suspension train with multiphysical coupled fields

1　科学问题概述

磁浮列车按照悬浮磁力的产生原理可分为电磁悬浮型、电动悬浮型、高温超导钉扎悬浮型和混合悬浮型，其中电磁悬浮型、高温超导钉扎悬浮型和混合悬浮型磁浮列车的悬浮间隙在 8~20mm 之间，而电动悬浮型磁浮列车的悬浮间隙可达 100mm，是目前所有磁浮列车中间隙最大的悬浮制式。磁浮列车的悬浮间隙越大，对轨道几何精度和基础结构的变形控制要求越低，越有利于降低线路建造与维护成本，从这个角度来讲，电动悬浮列车更适用于高速及超高速交通领域。2015 年 4 月，日本研制的超导电动悬浮列车在 42.8km 长的山梨试验线上创造了 603km/h 的速度纪录，成为目前唯一实现时速 600km 载人运行考核的地面交通运载工具。综上所述，超导电动悬浮列车是更高速轨道交通运载工具的重要发展方向之一。

超导电动悬浮列车高速运行时，车载磁体的运动磁场（磁）使得轨道线圈产生感应电流（电），"磁"与"电"相互作用产生平衡列车重力的磁升力（力）和保持列车横向稳定的导向力（力）。磁升力和磁导向力均随列车的运行状态改变而变化，并受到列车外部流场、高架线路弹性变形的影响，因此超导电动悬浮列车是一种典型的多场耦合动力系统。其中，车载超导磁体与轨道线圈之间的磁-电耦合作用以及力-运动耦合作用具有显著的非线性，对超导电动悬浮列车的运行安全性和舒适性影响很大。由于零磁通地面线圈以一定的极距不连续地铺设在轨道上，车载超导磁体与轨道线圈之间的相互作用呈周期性变化，从而引起两者之间电磁作用力的周期性波动；同时地面零磁通线圈产生的感应磁场和驱动线圈产生的行波磁场都含有丰富的谐波成分，这些谐波会引起电磁作用力的"失步"，进而影响超导电动悬浮列车的动力学性能。此外，超导电动悬浮列车高速运行时，由转向架和轨道的电磁耦合产生的被动阻尼较小，转向架的振动能量耗散困难，不利于车辆的减振，使超导电动悬浮列车的动力学性能变差，因此需要引入减振控制来改善其动力学性能，以提高列车的运行安全性和乘坐舒适性。

2　科学问题背景

日本在早期阶段，由于"工程"走在了"科学"的前面，缺少对超导电动悬浮列车动力学性能的理论认知，研制的试验车普遍存在乘坐舒适性差的问题。且日本建设的超导电动悬浮列车山梨试验线以隧道线路为主,没有关注和研究超导电动悬浮列车与高架线路的动力相互作用,对悬浮列车系统的车-轨-桥耦合作用机理以及车-轨-桥动力匹配设计缺乏科学依据,限制了其对超导电动悬浮列车的工程应用和线路建设的指导作用。

由于超导电动悬浮系统具有不同于其他磁悬浮制式的特殊轨道线圈断续铺设结构,以及在低速时需要依靠辅助支撑轮来实现列车的运行,只有深刻认识到超导电动磁浮轨道不平顺对电磁力的影响规律,才能确定合理的线路制造安装精度及轨道不平顺管理限值。超导电动悬浮列车的车载超导磁体与轨道线圈之间的磁、电、力作用关系是一个十分复杂的非线性多场耦合系统。超导磁体的悬浮、导向力与力矩高度关联,且在超导磁体两侧分别加入一系阻尼线圈后,悬浮架与轨道线圈之间的磁-电-力耦合作用将更为强烈,超导电动悬浮列车的磁轨动态作用机制也随之更加复杂。对于超导电动悬浮列车的减振系统而言,一系(初级)悬挂仅采用阻尼线圈、二系(次级)悬挂采用的减振器结构参数设计也缺少充分的理论支撑,造成列车的乘坐舒适性不理想。另外,超导电动悬浮列车车载磁体采用超导磁体,其工作在液氦温区,列车运行时若发生较大振动,可能导致超导磁体系统失稳,进而影响列车的运行安全。因此,必须开展超导电动悬浮列车的磁轨作用机制和车-轨-桥耦合关系,以及悬挂减振设计研究,进而为超导电动悬浮列车的实际工程应用提供可靠的理论依据。

3 科学问题研究进展

车轨间电磁力的求解是电动悬浮列车动力学研究的首要问题。在超导电动悬浮列车建模分析方面,有限元是一种被广泛用于电磁场求解的数值方法,在给定的初始条件及限定要求下即可得到较为精确的二维或三维模型计算结果。但是,当所求解问题包含时空变换的三维模型时,求解过程往往极其复杂,需要花费较长时间才能完成某一工况的求解。同时网格剖分在很大程度上会影响有限元求解的精度,因此为提高求解精度必须增加网格数量,这将进一步增加计算时间和对计算机资源的耗费。

为实现超导电动悬浮系统的快速、精确求解,动态电路理论被广泛采用来克服有限元求解的局限性,提高求解速度。动态电路理论是通过定义与时间和空间量相关联的电路参数、基于准静态条件下微分形式的电磁场方程来求解电磁系统。一旦从系统微分方程中求得电流分布,即可获得作用在系统中各个部件之间的电磁力。由于通常是在时域中求得系统的电流参数,因此该方法成为超导电动悬浮系统分析的有效方式。然而,考虑到超导电动悬浮系统的磁-电-力耦合特性,目前尚缺少有效方法去研究车载超导磁体与轨道线圈之间的磁-电耦合作用的动态电路方程与力-运动耦合作用的动力运动方程之间的结合方法,以及选择合适的快速求解方法对模型涉及的非线性问题进行时间和空间上的离散。因此,超导电动悬浮系统动力学研究中的电磁特性快速精确求解关键问题尚有待研究。

　　针对超导电动悬浮系统轨道的缺陷呈周期性分布问题以及曲线通过对超导电动悬浮车辆的动力学性能和乘坐舒适性的影响，建立了考虑轨道不平顺的动力学模型，发现当轨道不平顺施加于车体的激励频率接近于车体弹性振动的模态频率时，车体的振动会明显增强，并证实这与当导轨缺陷引起的扰动与车辆的弹性弯曲模态发生共振有关。但该模型的建立并未充分考虑超导电动悬浮列车超导磁体与轨道线圈之间的电磁耦合作用关系。

　　为了进一步研究考虑列车与轨道相互作用的动力学性能，先后建立了超导电动悬浮列车横向、垂向动力学模型，将超导电动悬浮列车的电动物理原理与车辆动力学原理相结合，仿真研究了磁悬浮系统参数的变化对其悬浮性能的影响，并分析了电动悬浮的导向电磁刚度特性。此外，进一步考虑到车体与轨道的弹性变量，建立了考虑电磁系统作用关系的较为完整的列车动力学模型。但是，车载超导磁体与轨道线圈之间的电磁作用关系是一个复杂的非线性系统，上述研究中最为突出的一个问题是电磁系统中的磁-电耦合计算与动力学系统中的力-运动耦合计算是独立的，在动力学计算中将车载超导磁体与轨道线圈之间的磁-电耦合作用等效为一个定刚度和定阻尼的振动系统。以定刚度和定阻尼的方式等效替代会带来较大的误差，不能较好反映超导电动悬浮系统实际运行过程中的动态特性，当需要对系统进行定量的深入分析时，这种简化模型会具有明显的局限性。因此，必须考虑车载超导磁体与轨道线圈之间的磁、电、力等多场参量的耦合作用，建立更为精确、全面反映磁/轨耦合作用的超导电动悬浮列车动力学计算模型。

　　在转向架上增加阻尼线圈，即可在转向架和轨道之间施加电磁阻尼力。将电磁阻尼线圈与车载直线发电机线圈相结合，既可为车载电力设备供电，又能在车轨之间施加电磁阻尼，且有利于简化车辆结构，通过控制直线发电机线圈电流的方式即可实现对电磁阻尼的控制。已通过试验证实了该阻尼线圈抑制悬浮架振动的有效性。针对超导电动悬浮列车的次级振动控制，目前多数研究基于线性二次型最优控制原理设计主动控制器，将其应用于超导电动悬浮列车二系悬挂，取得了一定的减振效果。然而，当前对于超导电动悬浮列车的振动控制研究，基本上都将初级振动控制和次级振动控制分开研究，而对于实际应用的列车而言，两者必然是互为作用的。初级振动控制研究主要集中于基于线性发电机阻尼线圈提供的电磁力，设计电磁阻尼控制算法以及优化控制参数等。基于线性发电机线圈的电磁阻尼可以有效抑制车体的振动，但评价的角度相对单一，仅从减振效果的角度评价其减振性能，尚未做到从硬件实现、能量消耗等多维度综合评价；已有的次级振动控制研究主要是基于线性二次型最优控制律设计的主动控制方式，控制形式较为单一。基于线性二次型原理的次级最优控制减振性能好，可以对系统实时调节，但这种控制方式能量消耗大，控制系统也较为复杂，在一定程度上会削弱超导电动悬浮的自稳定优势。此外,公开报道的振动控制研究还没有采用相应的振动标准评判在施加控制之后车辆的振动是否达标,也未优化控制参数以将超导电动悬浮列车的振动抑制到最低水平。

虽然对于超导电动悬浮列车的动力学性能与减振控制问题的研究已取得了一系列成果,但在列车实际运行条件下超导电动悬浮列车的磁-电-力多场耦合作用关系表达,以及振动控制方法的研究等方面,还存在以下科学问题亟需攻克。

3.1　超导电动悬浮动态磁轨关系

在超导电动悬浮列车系统中,零磁通线圈的断续铺设导致车载超导磁体与轨道线圈之间的相互作用呈周期性变化,从而引起两者之间电磁作用力的周期性波动。轨道线路不平顺是激励车辆产生振动的主要根源之一,考虑轨道不平顺对超导电动悬浮磁、电、力等多场耦合作用关系的影响,如何快速实时求解超导磁体与轨道线圈间的动态电磁力,更为真实地反映磁轨间的耦合关系和动态作用机制是开展超导电动悬浮列车多场耦合动力学研究的基础。

3.2　超导电动悬浮列车耦合动力学响应特征

根据超导电动悬浮车辆系统动力学、磁轨相互作用关系的研究,获得更为接近实际工况的计算结果,分析超导电动悬浮车辆/轨道耦合动力学的影响机制和演化规律。如何将电磁计算与车辆动力学计算联合以实现磁-电-力耦合动力学响应的实时交互是超导电动悬浮列车多场耦合动力学研究的难点。此外,研究超导电动悬浮列车与高架线路的动力相互作用和车-轨-桥耦合作用机理,为超导电动悬浮车-轨-桥的动力匹配设计提供科学依据,如何计算获得实际工况下的动力学响应也是超导电动悬浮列车多场耦合动力学研究的重要内容。

3.3　超导电动悬浮列车动力性能优化与减振

超导电动悬浮列车在高速下表现出的安全性及乘坐舒适性是工程应用必须面对和解决的关键问题。除了对超导电动悬浮列车悬挂系统进行优化设计以提高列车的动力学性能外,选择良好的减振控制策略是保证车辆良好运行的关键之一。目前超导电动悬浮列车的振动控制主要采用主动控制方法,而主动控制系统存在结构复杂、作动器的执行耗能等缺点。因此,如何对控制器进行合理设计以及选择控制策略,解决主动控制器设计效率低且难以得到较优解的问题,需要探索更优的高效减振控制方法。如何对超导电动悬浮列车的悬挂系统进行优化设计以及选择更有利于提高车辆动力学性能的减振控制方法是超导电动悬浮列车多场耦合动力学与减振控制研究的核心问题。

3.4 超导电动悬浮等效试验方法

全尺寸的线路试验可以直接指导工程建设,是开展超导电动悬浮列车动力学性能研究的最好方式。但试验线路建设准备周期长、经济投入高,且我国对于超导电动悬浮列车的研究尚处于起步阶段,还不具备建设试验线路的条件。因此,提出有效的室内等效实验方法以验证超导电动悬浮多场耦合动力学的理论研究结果比较重要。通过搭建电动悬浮列车的振动模拟实验装置,对零磁通线圈施加激励,实验研究零磁通线圈的断续、非对中等因素对电动悬浮系统动力学性能的影响规律是超导电动悬浮列车多场耦合动力学研究的重点。

主要参考文献

[1] Kim M, Jeong J H, Lim J, et al. Design and Control of Levitation and Guidance Systems for a Semi-High-Speed Maglev Train[J]. Journal of Electrical Engineering and Technology, 2016, 11: 1921-1929.

[2] Ha H, Park K S. Construction of Simulation Framework for Dynamic Analysis of A Superconducting Magnetic Levitation Train with Flexible Car Bodies[J]. Journal of Mechanical Science and Technology, 2019, 33(3): 1177-1183.

[3] He J L, Rote D M, Coffey H T. Applications of the Dynamic Circuit Theory to Maglev Suspension Systems[J]. IEEE Transactions on Magnetics, 1993, 29(6): 4153-4164.

[4] Song M K, Fujino Y. Dynamic Analysis of Guideway Structures by Considering Ultrahigh-Speed Maglev Train-Guideway Interaction[J]. Structural Engineering and Mechanics, 2008, 29(4): 355-380.

[5] Yonezu T, Watanabe K, Suzuki E, et al. Characteristics of Magnetic Springs for Guidance of Superconducting Maglev Vehicles[J]. Quarterly Report of RTRI, 2018, 59(4): 293-299.

[6] Suzuki E, Shirasaki J, Watanabe K, et al. Comparison of Methods to Reduce Vibrations in Superconducting Maglev Vehicles by Primary Suspension Control[J]. Journal of Mechanical Systems for Transportation and Logistics, 2008, 1(1): 3-13.

[7] 王志涛, 蔡尧, 龚天勇, 等. 基于场-路-运动耦合模型的超导电动悬浮列车特性研究[J]. 中国电机工程学报, 2019, 39(4): 1162-1170.

[8] Suzuki E, Shirasaki J, Watanabe K, et al. Proposal of Vibration Reduction Methods for Maglev Vehicles[J]. Proceedings of the 19th Symposium on Electromagnetics and Dynamics, 2007, 53-54.

[9] Watanabe K, Yoshioka H, Suzuki E, et al. A Study of Vibration Control Systems for Superconducting Maglev Vehicles[J]. Journal of System Design and Dynamics, 2007, 1 (3):593-604.

[10] Cai Y, Ma G T, Wang Y Y, et al. Semi-Analytical Calculation of Superconducting Electrodynamic Suspension Train Using Figure-Eight-Shaped Ground Coil[J]. IEEE Transactions on Applied Superconductivity, 2020, 30(5):3602509.

撰稿人：马光同（西南交通大学） 赵春发（西南交通大学）

高速磁浮交通平稳性控制理论与优化方法研究

Research on stability control theory and optimization method of high speed maglev traffic

1 科学问题概述

受轮轨关系和弓网关系的限制，对高速轮轨列车进行大幅度提速有较大难度。在现有技术框架下，悬浮运行的磁浮交通是突破地面交通系统黏着运行速度限值的有效途径。借助"十三五"磁浮专项支持，以中车集团牵头的参研团队对磁浮交通从500km/h提升到600km/h可能出现的主要问题进行了深入研究，设计制造了适应600km/h速度要求的磁浮列车、牵引供电、运行控制和道岔等设备。如果按新型交通系统RAMS（可靠性、可用性、可维修性、安全性）概念进行评估，常导高速磁浮系统在安全性（防脱轨、防撞车、车轨无接触、故障-安全）和可靠性（主要功能按冗余设计，单一故障不会中断运行）方面与传统轮轨系统相比是具有优势的。

然而，由于缺乏600km/h磁浮列车运行平稳性与轨道形位公差及动力性能的映射关系研究，也缺少运行平稳性与车-轨之间的磁力作用机理研究，高速磁浮交通可用性和可维护性方面存在不确定性。面临的主要问题是在空气动力、车-轨结构动力、可控悬浮、导向及驱动电磁力（图1）等综合因素作用下，高速磁浮列车的平稳性指标将随速度提高而变差，乘坐舒适度降低。亟需展开车轨结构动力、空气动力、直线电机法向力与电磁力对磁浮列车平稳性影响规律和系统优化研究。实现高速磁浮交通的平稳控制是保障安全载客运行的基础，如何实现高速磁浮交通平稳性控制是的目前亟需解决的关键科学问题。

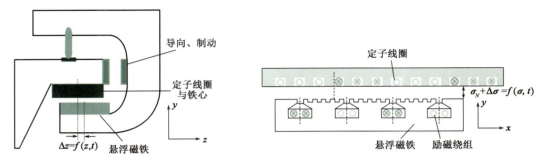

图 1　常导高速磁浮车-轨之间的无接触磁力控制界面(悬浮、导向与驱动面)

2　科学问题背景

德国 1991 年宣布最高运营速度 500km/h 的 TR 常导高速磁浮交通技术成熟。2001 年中德合作启动上海高速磁浮示范线建设时,把常导磁浮的最高运营速度确定为 505km/h。2003 年 1 月中德合作建设的上海高速磁浮示范线正式商业运行,这是世界第一条商业运营的高速磁浮铁路,最高运营速度为 430km/h。日本从 1962 年开始研发高速磁浮技术,2014 年开始建设东京-大阪中部新干线时,最高运营目标速度为 505km/h。在我国"十三五"磁浮科技专项计划中,高速磁浮运营目标速度提高到 600km/h,主要目的是填补高铁与飞机运营速度空档,但 600km/h 速度的磁浮交通系统是否具有安全、舒适、经济、环保等约束条件下的可用性和可维护性,尚缺少充分论证和试验验证。

从上海磁浮运营线 300km/h 和 430km/h 速度气隙波动实测值及 600km/h 线性外推估计值来看,在相同的轨道、车辆结构和磁力控制条件下,当速度从 300km/h 提升至 430km/h 时,悬浮气隙波动明显增大。若速度进一步提升至 600km/h,气隙峰-峰值可能超过 13.2mm。表 1 给出了上海磁浮示范线高速磁浮平稳性随速度提高而变差的趋势及与京广线高铁的对比。

轮轨与磁浮平稳性指标对比(GB 5599—2019 标准)　　　　表 1

最高速度	轮轨高铁	磁浮列车
300km/h	1 级优	1 级优
350km/h	1 级优	1 级优
430km/h	—	2 级良好

随着磁浮线路的长期运营,轨道不平顺、轨道沉降变形、元器件老化、温湿度循环变化等因素将引起悬浮性能的进一步劣化,磁浮列车的平稳性和舒适性会变差。此外,为适应 600km/h 速度磁浮列车牵引需求而研制的大功率牵引设备,其牵引力及法向力高精度控制难度加大,法向力对列车平稳性的影响也将显著增加。由此可见,要使 600km/h 速度磁浮列车平稳性达到 300~350km/h 速度高铁平稳性的水平并长期保持将是巨大挑战。如

果不能成功地解决这个问题,600km/h 高速磁浮尽管能具有安全性和可靠性,但不具有优良的可用性和可维护性,从而难以最终成为具有经济适用性的 600km/h 地面交通系统。因此,需要针对 600km/h 高速磁浮交通系统,开展保障磁浮列车平稳运行的车轨结构动力、空气动力与电磁力综合作用机理及动态控制理论研究,完善电磁力控制理论及轨道系统优化设计方法。

3 科学问题研究进展

目前,世界上高速磁浮的技术方案主要有常导电磁悬浮制式(以德国、中国为代表)、超导电动悬浮制式(以日本为代表)、高温超导钉扎悬浮制式(以中国为代表)三类。迄今为止,我国上海的常导高速磁浮示范线是世界上第一条,也是至今唯一一条商业运营的高速磁浮铁路。围绕该示范线,在"十五"期间,我国消化吸收德国技术,研制了两节国产试验车并建成 1.5km 长的试验线;在"十一五"期间,上海磁浮交通发展有限公司和磁浮交通工程技术研究中心引进 TR09 车辆部分技术和零部件,结合当时规划的沪杭磁浮线需求和上海运营线经验,由磁浮交通工程技术研究中心牵头,与中车长客公司及中航成飞公司联合研制了我国第一列四节编组的高速磁浮国产化样车,开发了长定子铁心和线圈的生产线,研制了国产道岔;"十二五"期间,开发了大量车辆、牵引和运控等关键设备的备品备件和维护检测设备。经过四个五年计划,我国已掌握常导高速磁浮车辆、轨道、牵引、运控等方面的核心技术,具备开展 600km/h 速度下磁浮车辆平稳性控制理论与优化研究的技术条件。

在国际上,日本高速磁浮交通通过控制轨道精度、弹性安装件以及半主动悬挂来提高平稳性。他们所提出的目标是 500km/h 高速磁浮的平稳性及乘坐舒适度与 300km/h 高铁相当。德国高速磁浮交通通过轨道精度、车辆弹性悬挂,以及车轨间的磁力控制来解决无接触运行问题。德国对示范线做过平稳性测试及乘坐舒适性仿真分析,但未开展针对平稳性的理论研究。此外,为适应 600km/h 速度磁浮列车牵引需求,德国已研制容量提升 60% 的大功率牵引设备。这使得牵引力及法向力精度控制难度加大,亟需研究牵引及制动的新理论和方法,降低对列车平稳性的影响。目前运行的 430km/h 高速磁浮平稳性低于 300~350km/h 高铁的平稳性。要使未来 600km/h 的高速磁浮平稳性指标达到 300~400km/h 高铁的水平面临巨大挑战。

虽然目前有一些措施在逐步提高磁浮交通的车辆平稳性,但是随着列车速度的提高,高速磁浮列车在悬浮导向、驱动和轨道的综合影响下仍旧存在以下难点需逐渐攻克。

3.1 高速磁浮列车-磁力-轨道耦合系统动态作用机理

研究高精度的高速磁浮列车-磁力-轨道耦合系统模型;研究影响轨道状态的多种复杂

因素对高速磁浮列车-磁力-轨道耦合系统振动特性的影响机理；研究影响车辆参数的多种复杂因素对高速磁浮列车-磁力-轨道耦合系统振动特性的影响机理；研究磁力控制策略包括磁力控制参数、磁力控制方法等因素对高速磁浮列车-磁力-轨道耦合系统振动特性的影响机理。

3.2 多场景复杂条件约束下高速磁浮无接触平稳运行特性与表征

研究悬浮间隙在不同车辆运行速度、载荷和线路区段的波动频率和幅值特点，揭示多场景复杂条件约束下悬浮间隙波动规律；研究车厢和电磁铁在不同的列车运行速度、载荷和线路区段的振动频率和幅值特点，揭示多场景复杂条件约束下车厢和电磁铁的振动规律；研究高速磁浮系统无接触平稳运行特性表征方法。

3.3 适应600km/h高速磁浮车-轨结构参数匹配方法与磁力控制策略

分析轨道不同区段结构参数与车辆参数的交互影响和敏感度，提出轨道结构参数与车辆参数的匹配方案，并给出轨道长期服役性能退化后的磁力控制参数可控调整策略；分析磁力系统动态响应与运行速度之间的关系，研究考虑列车前向运行速度的法向磁力表征方式；在不同运行速度、载荷变化、车辆悬挂参数变化、轨道不平顺、特殊轨道结构等复杂约束条件下，分析磁力系统的刚度、灵敏度和稳定裕度，探索其对磁力控制模型的影响；研究自适应控制优化算法，确保磁力控制系统鲁棒性。

3.4 直线电机气隙大范围波动及高速运行条件下，直线电机牵引/制动力及法向力稳定控制的理论和方法

进行高速大推力长定子直线电机多场耦合分析；研究高速条件下多层级制动模式、特性及协调控制策略；研究高速大推力长定子直线电机强耦合变参数高效高精度控制理论；研究高速列车所受气动升力、侧滚力对悬浮系统和牵引系统的作用机理。

3.5 600km/h高速磁浮无接触平稳运行评估体系

研究600km/h高速磁浮无接触安全运行评估指标；研究600km/h高速磁浮无接触平稳运行评估指标；研究600km/h高速磁浮系统无接触安全平稳性评估试验方法。

主要参考文献

[1] 翟婉明,赵春发.磁浮车辆/轨道系统动力学(Ⅰ)——磁/轨相互作用及稳定性[J].机械工程学报,2005(07):1-10.

[2] 赵春发,翟婉明.磁浮车辆/轨道系统动力学(Ⅱ)——建模与仿真[J].机械工程学报,2005(08):163-175.

[3] Hoshino H, Suzuki E, Watanabe K. Reduction of Vibrations in Maglev Vehicles Using Active Primary and Secondary Suspension Control[J]. Quarterly Report of RTRI, 2008, 49(2):113-118.

[4] 曾佑文,王少华,张昆仑. EMS 磁浮列车-轨道垂向耦合动力学研究[J]. 铁道学报, 1999(02):30-34.

[5] 王英杰. 考虑车体柔性的车-桥动力响应分析及行车舒适性影响因素研究[D]. 北京:北京交通大学,2011.

[6] Zhao C F, Zhai W M. Maglev Vehicle/Guideway Vertical Random Response and Ride Quality[J]. Vehicle System Dynamics, 2002, 38(3):185-210.

[7] Han H S, Yim B H, Lee N J, et al. Prediction of Ride Quality of A Maglev Vehicle Using A Full Vehicle Multi-body Dynamic Model[J]. Vehicle System Dynamics, 2009, 47(10):1271-1286.

[8] Ha H, Park J, Park K S. Advanced Numerical Analysis for Vibration Characteristics and Ride Comfort of Ultra-high-speed Maglev Train[J]. Microsystem Technologies, 2020, 26(1):183-193.

[9] Lee J H. Deflection Limit for a Maglev Railway Guideway Considering Ride Comfort[J]. Journal of the Computational Structural Engineering Institute of Korea. 2020, 12:367-374.

[10] Lim J, Jeong J, Kim C, et al. Analysis and Experimental Evaluation of Normal Force of Linear Induction Motor for Maglev Vehicle[J]. IEEE Transactions on Magnetics, 2017, 53(11):1-4.

撰稿人:林国斌(同济大学)　孙友刚(同济大学)

超导磁浮磁轨不平顺管理及车辆运行平稳性研究

Magnet guideway irregularity managment and vehicle ride quality of superconducting flux-pinning maglev

1　科学问题概述

高温超导磁悬浮是基于块状高温超导体独特的磁通钉扎机制而产生的自然界中唯一的大尺寸无源自稳定悬浮系统。它具有车轨结构简单、悬浮与导向自稳定、均布面载荷、行进方向无固有磁阻(易于实现高速)、线路断面布局与高铁一致等优势,具有巨大的发展潜力。

自 1987 年朱经武和赵忠贤院士发现高温超导体 YBaCuO 以来,高温超导磁悬浮被广泛地应用于轴承、飞轮等领域。2000 年,西南交通大学王家素、王素玉教授带领团队成功研制了世界首辆载人高温超导钉扎磁浮实验样车"世纪号"。随后德、日、意、俄、巴西等国家相继开始探索该项技术的可行性。2021 年 1 月 13 日,由我国自主研发的高温超导高速磁浮工程化样车及试验线在西南交通大学正式启用,实现了高温超导高速磁浮工程化研究从无到有的突破。

在实际运行中,高温超导钉扎磁浮车势必会受到多种外界激扰,例如永磁轨道不平顺(几何不平顺、磁场不平顺)、其他形式激励(风载荷、地震波等)。这些不平顺带来的激励输入会导致车载超导块材处于时变的磁场中,可能会造成超导块材产生以热为主要形式的交流损耗,发生局部温升现象。进而带来高温超导钉扎磁悬浮系统的悬浮导向性能衰减问题,将影响行车的平稳性,乃至安全性。

因此,为确保高温超导钉扎磁浮安全稳定可靠运行,有必要对超导钉扎磁浮永磁轨道不平顺及列车运行平稳性开展研究,并综合考虑磁浮线路的特点,提出不同速度等级磁轨不平顺关键参数指标要求及控制管理办法。

2 科学问题背景

轨道不平顺一直是轨道交通中绕不开的话题,已有的文献研究都表明线路不平顺对磁浮车辆动力性能影响不可忽略,尤其考虑车-轨耦合振动时,轨道不平顺将会直接影响高速运行的磁浮列车的平稳性和舒适性,高温超导钉扎磁悬浮也不例外。由于超导钉扎磁浮系统所用的永磁轨道,由单块永磁体拼接构成,在现有装配技术下不可避免地存在表面剥离、接头缝隙、错牙、低接头等缺陷,并且由于永磁体材料性能差异(永磁体充磁的理论误差)和装配误差,实际应用磁场沿列车运行方向存在一定的变化起伏。永磁轨道的磁场波动表现出随机特性,且目前尚无能准确地描述这种永磁轨道不平顺及车载超导体悬浮及导向力变化的理论方法。同时,在钉扎磁浮列车运动过程中,电磁与动力学相互耦合作用将产生动态轨道不平顺,这类动态轨道不平顺的主要空间特征为块材所经历的外磁场波动会随着车辆的运动位置、速度等而改变。而随着速度增加,磁场穿入穿出超导块材会更频繁,块材的热运动加剧。由于超导体的临界电流密度与温度相关,当局部温度上升时,可能导致超导体自身的临界电流密度下降,进而宏观体现在超导体的悬浮与导向特性发生变化。并且就钉扎磁浮整车而言,在这样的永磁轨道不平顺下,其整体动态悬浮与导向性能会发生什么样的变化,目前尚不明晰。但是悬浮性能的演化,是整个钉扎磁浮系统的安全稳定运行的关键。因此研究不平顺激扰下高温超导钉扎磁浮在高速场景下悬浮导向变化,对于整个系统的高速应用,是重中之重。

3 科学问题研究进展

在运行过程中,由于轨道不平顺以及轨道产生的磁场在空间中非均匀分布,高温超导体经历的轨道磁场不断变化,磁感应线不断穿入和穿出超导体,会产生磁滞损耗。宏观上从力的角度而言,体现为高温超导体经历再磁化,其悬浮力和导向力会发生衰减。因此,在悬浮高度降低后,是否存在车辆砸轨的风险,悬浮高度降低的临界值是多少?尤其作为一种被动悬浮,车辆在共振等环境下可能会出现悬浮高度急剧变化的状况,如何保证其长期运行平稳性?如何衡量超导体磁滞损耗与外界激励关系,探索悬浮力失效的边界工况,并对悬浮力衰减、改善运行平稳性做出一定的主动抑制方法,便成为了研究的重点。就以上问题,主要从以下三个方面展开研究。

3.1 高温超导钉扎磁浮永磁轨道不平顺描述及关键参数指标管理

目前已有的钉扎磁浮的轨道不平顺研究多基于已有的轮轨或日本低温超导电动悬浮功率谱进行,其主要是从几何不平顺的角度来考虑。而对于磁场激励,主要不足在于缺乏真实运动中测试的外场数据,往往通过正弦波、方波一类简单波形描述外磁场波动,同时将磁场波动在空间中视为分布均匀,与实际永磁轨道不平顺存在差异。而实际过程中,永磁轨道不平顺存在几何及磁场两种不平顺。针对这种复合形式的不平顺,首先,需设计永磁轨道轨检车对永磁轨道几何和磁场不平顺进行检测。基于测量数据,从几何和磁场两方面出发,探究磁化过程、弛豫过程以及振动过程中的超导体俘获磁通变化情况。其次,从几何不平顺出发,反演得到横垂向几何不平顺时域信号。基于横垂向高低几何不平顺功率谱及每块永磁铁之间的差异性随机函数,得到空间中的横垂向磁场不平顺。针对磁轨几何装配的差异性,探究磁轨关键几何不平顺指标对磁场不平顺的灵敏度影响及映射关系。磁场不平顺理论方面,从磁场不平顺出发,测量不同高度及横向位置处的磁场强度,得到空间不同位置处磁场不平顺的相互关系,将永磁轨道单一点处的磁场不平顺功率谱密度反演并延拓,从而实现空间磁场不平顺的表征。并基于以上研究成果工程化应用的磁轨指标提出要求,提出不平顺关键参数指标要求及控制管理办法,从而实现建设成本与不平顺指标之间的相互协调。针对工程化研究提出磁轨不平顺管理方法、指标和施工建议。

3.2 动态磁场波动下高温超导钉扎磁浮块材磁热力性能演化研究

高温超导钉扎磁浮块材磁热力性能演化研究是影响钉扎磁浮车辆平稳性的直接物理原因,而其他直线电机牵引、制动、法向力及气隙波动影响均可借鉴其他磁浮制式。目前对于动态磁场波动下的钉扎磁浮性能演化,国内外研究学者研究多从实验方法出发,可以大致分为三类:一种是由线圈通交变电流产生波动磁场;第二种是采用环形旋转运动的永磁轨道模拟;第三种则是块材自由悬浮,永磁轨道通过振动台实现振动,从而实现波动外场。其中,通过环形旋转轨道的方式只能产生规则性波动磁场。与真实永磁轨道相距甚远。而振动台模拟中,产生的振动主要集中在低频,且产生的振动波形为固定波形,难以复现高速下的高频激扰的模拟。而线圈通交变电流的方式,在交流损耗实验中较为普遍,但其产生高磁场较为困难,模拟的多为规律性的波形磁场,对于如何控制其产生外磁场轨道不平顺描述方面的研究尚属于空白。

对于磁场波动下的块材磁热力性能演化,研究需通过真实模拟轨道不平顺的测试装置,对外磁场波动进行人为模拟,以探究外磁场扰动对块材交流损耗的作用。通过液氮环境下块材磁-热传递路径及映射关系模拟,揭示块材热衰退演化特征,进而分析外界激扰下超导块材的再磁化特性。同时,在模拟磁场激励下,实时采集高温超导块材悬浮力与导向力,以探究高温超导块材悬浮力与导向力的变化及其与超导体表面磁场的关联,进一步研究轨道不平顺激励的作用时间以及空间关系对磁浮电磁力的影响机制。

采用多物理场耦合仿真软件完成基于有限元方法的高温超导磁-热-力耦合模型建立,并与试验结果对比,验证模型的可靠性。修正并确定模型中的参数,仿真工作主要开展于诸如长距离试验等试验条件受限因而难以实现的工况。在选择匹配实验的快速计算模型后,得到块材内部温度和磁场变化云图,从而得到高温超导钉扎磁悬浮磁-热-力多物理场演化路径。最终实现高温超导磁悬浮悬浮极限状态预测,得到高温超导磁悬浮准确的运行状态、运行时间、块材悬浮极限等关键参数,为高温超导磁悬浮长时间稳定运行及平稳性提供可靠的计算模拟方法及动态磁轨关系输入,从而预测工程化钉扎磁浮电磁力悬浮极限及临界状态。

3.3 电磁-动力学耦合作用下超导钉扎磁浮车辆运行平稳性研究

车载超导块材磁体所经历的外磁场波动,除轨道不平顺外,还应考虑到由于永磁轨道横截面上磁场呈现空间发散分布的现象,动态激扰下车辆任意的姿态变化会使得车载块材受到外磁场波动。而目前计算高温超导钉扎磁浮列车的动力学及服役性能,主要有两种方式。其一是通过仿真单个块材的电磁动力学,用以模拟车辆运行。这种方式忽视了车辆实时的运动姿态及前进方向的自由度,块材的自由度被限制在横垂两个方向,与真实车辆六自由度运动场景相距甚远。第二种是采用悬浮导向力与悬浮高度拟合出磁轨关系数学表达式,再通过车辆动力学软件进行计算。其忽视了车辆的动力学与块材电磁力之间的相互耦合关系,并未考虑块材在外部激励下的悬浮性能发生变化,并且悬浮性能的变化将表现为车辆动力学性能的变化。综上,由于块材电磁力与车辆动力学属于耦合系统,以上两种方式仅考虑了部分的计算场,而无法重现真实运动中钉扎磁浮车辆悬浮性能演化。

因此,进一步的研究需聚焦于考虑电磁-动力学耦合作用下的动态外磁场波动。将结合高温超导钉扎磁浮列车电磁-动力学耦合系统仿真所得到的运动状态和通过采集杜瓦运动环境下的外磁场波动数据及加速度、激光位移等数据,得到外场波动与车辆姿态之间的耦合关系,使得磁轨不平顺与自身振动所造成的空间悬浮位置变化相耦合,从而得到动态外磁场波动的计算方法,以达到动态外磁场模拟的目的。通过对比各杜瓦的悬浮高度衰减数据,探明车辆悬浮力衰减物理极限值,并探寻运行平稳性优化改善方法。结合车-轨系统的长期稳定性仿真,考虑整车系统动力学加速度值、位移、磁场等关键参数并进行风险预警,为工程化的高温超导磁悬浮列车稳定、安全运行提供指导。

主要参考文献

[1] Wu M K, Ashburn J R, Torng C J, et al. Superconductivity at 93 K in A New Mixed-Phase Yb-Ba-Cu-O Compound System at Ambient Pressure[J]. Physical Review Letters, 1987, 58(9): 908-910.

[2] Werfel F N, et al. Large-scale HTS Bulks for Magnetic Application[J]. Physica C, 2013, 484: 6-11.

[3] Jin J X, et al. Applied Superconductivity and Electromagnetic Devices-Principles and Current Exploration Highlights[J]. IEEE Transactions on Applied Superconductivity, 2021, 31(8): 7000529.

[4] Deng Z, Zhang W, Zheng J, et al. A High-Temperature Superconducting Maglev Ring Test Line Developed in Chengdu, China[J]. IEEE Transactions on Applied Superconductivity, 2016, 26(6): 3602408.

[5] Moon F C. Superconducting Levitation[M]. New York: John Wiley & Sons Inc, 1994.

[6] Wang J, Wang S, et al. The First Man-Loading High Temperature Superconducting Maglev Test Vehicle in the World[J]. Physica C, 2002, 378-381(1): 809-814.

[7] Deng Z, Zhang W, Zheng J, et al. A High-Temperature Superconducting Maglev-Evacuated Tube Transport (HTS Maglev-ETT) Test System[J]. IEEE Transactions on Applied Superconductivity, 2017, 27(6): 3602008.

[8] Suzuki T, et al. Temperature Dependency of Levitation Force and Its Relaxation in HTS[J]. IEEE Transactions on Applied Superconductivity, 2007, 17(2): 3020-3023.

[9] Terentiev A N, A A Kuznetsov. Drift of Levitated YBCO Superconductor Induced by Both A Variable Magnetic Field and A Vibration[J]. Physica C, 1992, 195: 41-46.

[10] Ogawa J, Iwamoto M, et al. Influence of AC External Magnetic Field Perturbation on Trapped Magnetic Field in HTS Bulk[J]. Physica C, 2003, 386: 26-30.

撰稿人:邓自刚(西南交通大学)

第 3 章
磁浮交通悬浮导向及运行控制

磁浮交通悬浮导向系统是磁浮交通系统中最核心的设备之一。一方面,车辆悬浮磁场与长定子相互作用,通过稳定性控制,使车辆处于悬浮状态;另一方面,车辆悬浮磁浮也作为长定子电机的励磁磁场。这意味着电磁铁结构、悬浮磁场分布、悬浮磁极极距和悬浮力动态等因素与磁浮交通系统性能密切相关。磁浮交通运行控制系统作为磁浮交通的"大脑和神经中枢",集现代计算机技术、通信技术和控制技术为一体,通过对列车运行的调度指挥、行车许可、自动运行、速度和进路安全防护等进行控制,确保磁浮列车安全和高效运行。悬浮导向及运行控制技术关系到磁浮列车在时速 600km 以上高速时的安全可靠运行,是目前亟待研究的技术。

磁浮交通的悬浮系统包括悬浮电磁铁、悬浮传感器、悬浮控制器等三种类型的设备,其基本功能是实现车辆稳定悬浮并跟踪轨道。悬浮电磁铁同时具备悬浮励磁、牵引励磁和发电三种功能。磁浮交通的导向系统包括导向电磁铁、导向传感器、导向控制器等三种类型的设备,其基本功能是实现车辆横向稳定控制并跟踪轨道。磁浮交通运行控制系统由中央控制子系统、分区控制子系统和车载控制子系统组成,是一个典型的分布式巨系统。我国在短距离、单列车运行的高速磁浮列车运行控制方面积累了比较丰富的经验,但面向长大干线运行的多车协同运行控制,以及时速 600km 以上的高速磁浮交通的运行控制,面临着诸多科学难题,也是世界难题。

磁浮交通的悬浮导向系统及运控重点研究问题包括:高速运行条件下电磁悬浮控制系统的适应性问题,高速运行条件下磁轨随机不平顺、端部电磁铁涡流效应抑制、高速下安全控制策略等;长期服役下的悬浮性能退化评估与在线恢复问题,长期服役下悬浮性能预测与评估、长期服役下悬浮性能退化的恢复、长期服役下悬浮系统故障诊断和容错控制等;复杂环境下悬浮/导向系统稳定性及主动控制问题,轨道柔性环境下的鲁棒悬浮轨迹跟踪、时滞环境的非线性悬浮/导向控制、考虑环境状态约束的时间/能量最优悬浮/导向控制等。运行控制系统多车追踪高速运行和协调控制方面重点研究的问题包括：高速磁悬浮列车运行控制的理论和关键技术，高速磁悬浮列车运行多模态建模方法，停车点受限条件下的列车运行安全防护方法，面向长大区间运行的多车协同运行控制技术等；高速磁悬浮系统车地综合通信的理论和关键技术，高速磁悬浮车地通信系统快速时变信道建模，高速条件下无线通信系统的导频密度、信道估计算法、网络架构和高层协议设计，单载波毫米波通信在金属管道中的适应性，高速磁悬浮车-地通信系统的多业务综合以及与感知计算能力结合的综合资源管理等。预期解决以上悬浮导向及运行控制关键问题，服务交通强国战略。

高速运行条件下电磁悬浮控制系统的适应性问题研究

Research on adaptability of electromagnetic levitation control system under high speed operation

1 科学问题概述

近年来，对轨道交通工具平稳性与可靠性的研究受到越来越多的重视。磁浮列车悬浮导向系统的稳定性对于磁浮列车的安全运营起着至关重要的作用。悬浮导向系统是高速磁浮列车的核心系统，悬浮系统使车体悬浮于轨道上方，导向系统为列车转弯提供导向力，其性能好坏直接影响列车高速运行的平稳性与可靠性。随着时速600km高速磁浮的稳步推进，随速度提升所带来的新的问题与挑战将在接下来的试验测试阶段浮现出来。高速运行状态下，轨道线路不平顺、电磁铁涡流效应、直线电机牵引法向力等因素对高速运行的列车悬浮导向系统带来的挑战更大。因此有必要为此做好准备，就磁浮列车悬浮导向系统的适应性问题展开研究。

2 科学问题背景

高速运行条件下，线路轨道的不平顺因素对悬浮导向系统影响更强，电磁铁涡流效应更加明显，加减速过程中直线电机法向干扰力更大，系统在中低速条件下未被激发的模态可能在此时显现出来。考虑到悬浮导向系统是一个开环不稳定的系统，需要施加主动控制保证闭环系统的稳定，但这种施加主动控制后的闭环系统其稳定裕度仍是有限的，因此运行速度提升带来的影响可能使系统发生失稳现象，具体表现为电磁铁剧烈抖动、砸轨等现象。目前磁浮交通迎来了蓬勃发展之势，但在运营方面仍有许多工作需要提前做好。

磁浮列车悬浮导向系统在大功率、高负荷、长时间工作条件下,系统部件的老化难以避免,造成系统出现故障的可能性增加。磁浮列车是轨道交通领域的新生力量,长时间运营导致的性能退化乃至系统元部件发生故障的问题仍有待探索。未雨绸缪做好有关技术储备,保障磁浮列车长时间安全稳定运营是本研究的应用价值之所在。

3 科学问题研究进展

受磁浮试验线长度所限,目前进行的试验运行速度相比较于设计运行速度仍有较大差距,速度提高带来的新问题仍需要进行探索,高速运行条件下磁浮列车悬浮导向控制系统的适应性问题有待解决。考虑磁浮列车高速运行条件下的轨道不平顺、电磁铁涡流效应、外界干扰力、内部故障等因素,从以下三个方面展开具体的研究。

3.1 各类磁轨随机不平顺对悬浮动态特性作用的分析与抑制策略研究

磁浮轨道上的各类不平顺是难以避免的,各类磁轨不平顺对于悬浮系统的影响不仅与磁轨不平顺的类型、幅值有关,也与列车运行的速度相关。因此需要分析各类轨道不平顺条件下,悬浮系统的动态响应与列车运行速度之间的关系。首先建立考虑磁浮轨道因素的悬浮系统模型,然后依靠技术指标提出的磁浮轨道精度要求模拟不平顺时域样本来测试悬浮系统响应情况,通过改变磁轨不平顺的形态参数与运行速度来分析悬浮系统动态特性的变化趋势规律,对高速磁浮列车在600km/h速度运行时的悬浮系统响应进行仿真分析,并根据轨道交通的安全性和平稳性评价指标,对高速磁浮列车的悬浮能力进行判断,在此基础上,对磁浮线路的轨道精度提出建议,最后将仿真结果与实际运行数据进行对比来验证仿真模型的准确性。

磁轨不平顺是影响悬浮系统波动的直接因素,需要研究从控制的角度来抑制其影响。沿轨道方向布置的两个悬浮传感器反映了等距位置的间隙信号,综合利用相邻传感器的间隙信息可以用来对轨道不平顺的特性进行判断。分析磁浮轨道不平顺情况下两路信号之间的关系,然后利用信号处理算法辨识出磁轨不平顺的关键信息,最后通过插入过渡过程等方式来减弱磁轨不平顺对悬浮系统的影响。另一个方面是通过对加速度、间隙、电流、输出电压等信号进行综合滤波处理得到敏感轨道不平顺的控制量,该部分控制量在平稳线路上近似为零,仅当轨道不平顺出现时用于对磁浮轨道不平顺进行抑制。

3.2 端部电磁铁涡流和扰动力对悬浮导向系统能力影响分析与抑制策略研究

磁浮列车运行过程中,端部电磁铁与轨道之间的涡流效应会削弱电磁铁产生的电磁力,且端部电磁铁涡流效应的作用随着速度提升而愈发明显。在时速600km条件下,需要对端部电磁铁的悬浮导向能力受涡流效应的影响程度进行计算分析。因此需要分析计算端部电磁铁涡流对悬浮导向能力影响,首先通过理论分析得到电磁铁涡流效应下电磁力与列车运行速度之间的解析表达式,然后通过有限元仿真方法搭建电磁铁模型,模拟列车不同速度下的运行条件,计算涡流对电磁力的影响,对理论计算结果进行校正,在此基础上分析评价涡流效应对电磁铁悬浮导向能力的影响。

在分析计算端部电磁铁涡流效应基础上,对悬浮系统模型进行修正,最终建立考虑涡流效应的悬浮导向系统模型,并通过实际系统的运行数据验证所修订模型的准确性。研究速度、悬浮导向间隙、电流等状态量与控制参数之间的适应规律,采用自适应方法实时调整控制器参数,使控制器结构参数随列车运行条件的不同而进行变化,来抑制涡流对悬浮导向系统的影响,所得结论可用于指导时速 600km 条件下的悬浮系统算法设计与现场调试。另一种途径是分析电磁铁尺寸与涡流效应的关系,得出涡流随电磁铁尺寸变化的规律,综合考虑承载力、散热、涡流等因素得出电磁铁的优化设计方案并利用有限元仿真对结果进行校对。针对端部电磁铁,可从结构上进行差异化设计,着重增强端部电磁铁的涡流抑制能力。所得结论可用于指导电磁铁的优化设计。

高速运行条件下,牵引电机法向力和列车交会时的气动力等干扰力对悬浮导向系统的影响更大,对悬浮导向系统的抗干扰能力提出了更高的要求。牵引电机法向力主要影响到悬浮系统,在垂向施加了额外的力扰动。除此之外,列车在高速情况下的加减速过程也会引起车体的运动,并通过二次悬挂系统将干扰力传导到悬浮系统。对于导向系统,最主要的挑战来自高速会车情况下气动力的横向干扰,因此有必要分析不同速度条件下会车会与导向系统的影响程度。对于悬浮导向系统的抗干扰控制,其难点在于对干扰力的估计,以及非线性自适应控制补偿控制算法的设计。

3.3 高速运行条件下悬浮导向系统安全控制策略

高速运行条件下,系统故障的危害性更大,如果没有合适的安全控制策略,可能会导致严重的安全事故。为了保障高速运行条件下系统在故障突发时可以平稳运行,有必要对悬浮导向系统的安全控制策略进行研究。

系统故障的部位以及程度与故障的危害性是直接相关的,安全控制策略首先应该是分层展开的。目前的悬浮算法都是以悬浮最小单元为对象进行研究的,并没有把整列车不同悬浮单元之间的复杂耦合关系考虑进去。系统数据能够真实地反映出各控制单元之间的耦合关系,借助这些信息可以丰富系统分析与控制手段,提高悬浮系统的容错能力。基于以上考虑,该部分研究内容主要如下:磁浮列车各控制单元结构对称,且相互之间存在耦合关系。考虑利用与各控制单元紧密相关的正常工作控制单元数据来获取被测量的观测值,该观测值构成传感器信号的冗余信号。即针对传感器信号构建冗余备份信号,这样当故障仅发生在单个控制单元的单个传感器时,可以通过将信号源由传感器信号切换至获取的冗余信号,完成针对控制单元内部传感器故障的容错控制。磁浮列车各控制单元是共同承担整车负载的。当控制单元的执行器发生部分故障或者整个控制单元完全故障时,考虑针对正常工作的控制单元重新进行任务分配,使正常工作的悬浮单元共同承担故障单元损失的那部分等效负载。即通过调整正常控制单元之间的任务分配关系,来弥补该控制单元故障造成的影响,从而完成悬浮系统容错控制任务。该部分需要考虑正常控制单元之间的协同运动,在调整过程中保证平稳可靠,使故障后系统的整体性能达到最优状态。

主要参考文献

[1] 吴祥明. 磁浮列车[M]. 上海:上海科学技术出版社,2003.

[2] Liu Z, Long Z, Li X. Maglev Trains: Key Underlying Technologies[M]. 1st ed. Heidelberg: Springer, 2017.

[3] Hong M, Wang Q, Su Z, et al. In Situ Health Monitoring for Bogie Systems of CRH380 Train on Beijing—Shanghai High-Speed Railway[J]. Mech Syst Signal Process, 2014, 45(2): 378-395.

[4] Chen H, Jiang B. A Review of Fault Detection and Diagnosis for the Traction System in High-Speed Trains[J]. IEEE Trans Intell Transp Syst, 2019: 1-16.

[5] Song Q, Song Y D. Data-Based Fault-Tolerant Control of High-Speed Trains with Traction/Braking Notch Nonlinearities and Actuator Failures[J]. IEEE Trans Neural Networks, 2011, 22(12): 2250-2261.

[6] Zhai M, Hao A, Li X, et al. Research on the Active Guidance Control System in High Speed Maglev Train[J]. IEEE Access, 2019, 7: 741-752.

[7] Luo H, Krueger M, Koenings T, et al. Real-Time Optimization of Automatic Control Systems with Application to BLDC Motor Test Rig[J]. IEEE Trans Ind Electron. 2017, 64(5): 4306-4314.

撰稿人:王志强(国防科技大学) 龙志强(国防科技大学)

磁浮列车长期服役下的悬浮性能退化评估与在线恢复研究

Research on levitation performance evaluation and recovery of maglev trains in the long-term operating condition

1 科学问题概述

目前国内投入运营的磁浮列车均采用常导电磁悬浮加主动控制的制式。需要特别指出的是，高速磁浮列车长期服役下车轨特性变化引起的悬浮性能退化将会导致车体悬浮稳定性下降，引起悬浮失稳、砸轨等问题，对现有高速磁浮列车的可靠运行提出了严峻挑战。

高速磁浮列车长期服役下将面临元器件老化、轨道老化、路基沉降、悬浮架结构特性变化等因素影响，其体现为车轨特性的变化，进而导致悬浮控制系统的悬浮性能退化。因此，需研究长期服役下性能退化评估与在线恢复方法，确保高速磁浮列车可靠安全运营。

2 科学问题背景

我国在常导型磁浮交通领域进行了多年的研究与工程实践，我国首条完全自主设计并建设的中低速磁浮商业运营线路——长沙磁浮快线于2016年5月6日正式在长沙载客运营。长沙磁浮快线的顺利开通标志着我国成为全球第三个完全掌握该项核心技术的国家。继长沙磁浮快线开通之后，北京磁浮S1线也于2017年12月30日正式载客运营。目前，北京磁浮S1线日均发送乘客已突破3万人次。2019年5月23日，时速600km国产高速磁浮试验样车正式在中车青岛四方下线。这预示着目前我国在高速磁浮交通领域已逐步完成了技术储备，拥有我国自主知识产权的技术与标准体系已经开始初步建立。

常导电磁悬浮型磁浮列车在室温下即可依靠安装在车体上的普通电磁铁和轨道之间的电磁吸力使列车悬浮于指定悬浮间隙，因此应用广泛。该悬浮功能由悬浮控制系统来完成，其实时接收悬浮间隙信号并生成控制量，经驱动电路放大后悬浮车体于指定间隙。列车在长期服役过程中因轨道沉降变形、元器件老化、温湿度变化等因素悬浮性能会退化，这将直接危及其悬浮稳定性。尤其是对于时速600km高速磁浮，悬浮性能退化引起的危害将会更为显著，这成为了高速磁浮商业化可靠运营必须论证和解决的问题。此外，当列车悬浮控制系统部件发生故障时，容错能力较差的悬浮控制器也难以确保高速磁浮列车的行车安全。针对上述两方面问题，如何对长期服役下的性能退化进行在线恢复，使得列车可靠平稳悬浮至关重要。因此，必须开展高速磁浮列车长期服役下的性能退化评估与在线恢复研究。

3 科学问题研究进展

我国政府自"八五"以来,持续支持磁浮列车相关技术的研究,历经"九五""十五""十一五""十二五"国家重点研发计划的科技攻关,取得了丰硕的研究成果。经过多年以来的技术积累和发展,目前具有完全自主知识产权的中低速磁浮列车已商业化运营,并逐步形成较为完整的磁浮交通系统产业链,我国已基本具备高速磁浮交通系统相关装备的产业化能力。多年的实际应用表明,磁浮列车运行过程中悬浮系统控制性能的优劣直接影响高速磁浮列车运行的安全性和舒适性。然而磁浮列车长期服役情况下车轨特性会发生变化,因此即便是设计并调试良好的控制回路也会出现控制性能退化的问题。同时,高速磁浮列车速度提升到时速600km后,为应对速度提升给悬浮控制系统带来的挑战,对悬浮控制系统的要求也更高。因此,需要设计可靠性更高的悬浮控制系统,确保列车无接触平稳运行;此外,高速列车走向商业运营必然要求高效率、高性能与可靠控制,这需要对列车长期服役下的性能衰退和故障提出一套监测、评估、维护体系。具体而言,高速列车长期服役下的性能退化与在线恢复需要解决以下三方面的关键问题。

3.1 高速磁浮列车长期服役下悬浮性能预测与评估

高速磁浮列车在长期服役过程中,轨道沉降变形、元器件老化、温湿度变化等因素会使得其悬浮性能退化,对悬浮性能退化的监测与评估是列车平稳安全运营的关键;建立悬浮性能预测评估模型,研究引起悬浮性能变化的因素的定位隔离方法;开展悬浮系统悬浮稳定性、平稳性等关键性能的实时监测、评估与预测方法研究。

3.2 高速磁浮列车长期服役下退化悬浮性能的恢复

针对高速磁浮列车在长期服役过程中面临的轨道梁徐变、功率驱动板性能衰退等情形,研究高速磁浮列车退化悬浮系统性能的恢复方法;研究智能算法,实现针对轨道不平顺等重复性扰动的自主学习与抗扰控制。

3.3 高速磁浮列车长期服役下悬浮系统故障诊断和容错控制

针对高速磁浮列车长期服役情况下悬浮系统中的各类故障开展故障诊断方法研究;研究基于学习的故障诊断方法;研究系统关键部件剩余使用寿命预测方法;开展高速磁浮列车悬浮系统智能运维方法和技术研究;开展对各类故障的容错控制方法研究,以确保悬浮系统安全运行。

主要参考文献

[1] Liu Z, Long Z, Li X. Maglev Trains[J]. Springer Tracts in Mechanical Engineering, 2015.

[2] Wang P, Long Z, Xu Y. Component-Level Fault Detection for Suspension System of Maglev Trains Based on Autocorrelation Length and Stable Kernel Representation[J]. IEEE Transactions on Vehicular Technology, 2021, 70(8):7594-7604.

[3] Wang Z, Li X, Xie Y, et al. Maglev Train Signal Processing Architecture Based on Nonlinear Discrete Tracking Differentiator[J]. Sensors, 2018, 18(6).

[4] Wang Z, Long Z, Li X. Fault Tolerant Control for Joint Structure in PEMS High Speed Maglev Train[J]. Asian Journal of Control, 2020(7).

[5] Y Xu, Z Long, Z Zhao, et al. Real-Time Stability Performance Monitoring and Evaluation of Maglev Trains' Levitation System: A Data-driven Approach[J]. IEEE Transactions on Intelligent Transportation Systems, 2020:1-12.

[6] 周丹峰,等.磁浮交通轨排耦合自激振动分析及自适应控制方法[J].自动化学报,2019,45(12).

[7] 李云钢,等.磁浮列车悬浮系统的串级控制[J].自动化学报,1999(02):247-251.

[8] Zhou D F, Hansen C H, Li J. Review of Coupled Vibration Problems in EMS Maglev Vehicles[J]. International Journal of Acoustics & Vibration, 2010, 15(1):10-23.

[9] Zhou D F, Li J, Hansen C H. Suppression of the Stationary Maglev Vehicle-Bridge Coupled Resonance Using A Tuned Mass Damper[J]. Journal of Vibration & Control, 2013, 19(2):191-203.

撰稿人:许雲淞(国防科技大学)　龙志强(国防科技大学)

复杂环境下高速磁浮交通的系统稳定性及主动控制方法研究

Research on system stability and active control method of high speed maglev traffic in complex environment

1　科学问题概述

目前,高速磁浮商业运行的最高速度是上海磁浮线的430km/h,采用的是带主动控制的常导型磁悬浮形式。然而高速磁浮列车运行速度的提升势必导致磁浮列车在复杂环境下的悬浮稳定性下降,容易产生悬浮系统"掉点""砸轨""吸死",甚至悬浮失效等问题,对现有高速磁浮列车的悬浮控制系统可靠性、复杂环境下的适应性、悬浮系统的抗干扰性能以及突发情况下的控制策略提出更高的挑战。

更高速度下磁浮列车稳定性下降问题实质上是由磁浮列车速度,磁浮轨道的短波不平顺、长波不平顺、控制信号传输延时、环境状态约束等复杂因素综合影响下导致的。其科学问题的本质为非平稳随机激励下，具有时滞效应的非线性磁力耦合控制系统稳定性和鲁棒性问题。因此，需要在现有 430km/h 高速磁浮列车悬浮控制技术的基础上引入一系列的新型主动控制方式，应对提速后信号感知滞后、轨道不平顺高频激振、侧风干扰、状态约束等复杂情况，保障超高速下磁浮列车悬浮的稳定性和可靠性。

2　科学问题背景

从工程角度而言，目前已经商业运行的磁浮交通悬浮制式都是常导型磁悬浮。我国在常导型磁浮交通领域积累了丰富的工程经验，如上海高速磁浮线、长沙磁浮快线、北京 S1 磁浮快线等。常导型磁浮列车在常温下即可凭借安装在车体上的普通电磁铁和轨道之间的电磁吸力使列车悬浮，并且车辆环抱导轨运行，更为安全。由于悬浮电磁铁位于轨道的下方，开环状态下当电磁铁与轨道气隙变小时，电磁力会快速增加，导致电磁铁和轨道吸合；而气隙变大时，电磁力会迅速降低，导致电磁铁掉落，因此需要通过气隙传感器和有源主动悬浮控制器来保障悬浮的稳定性，磁铁和铁磁轨道之间的悬浮气隙一般为 10mm 左右。磁浮轨道具有典型的长波不平顺（波长约 25m，对应典型轨道梁长度）和短波偏差（约 3m 长度范围内的悬浮功能面 1～2mm 的垂向错位或折角偏差），在越高的速度下，这些不平顺性造成的垂向冲击越大。另外，悬浮控制信号传输和执行存在延时，控制系统反馈的悬浮间隙信息可能是上个时刻位置的信息，因为高速运行，下个时刻磁浮列车已经在下一个位置，当两个位置的垂向间隙存在较大偏差，就会大大降低悬浮控制效果，甚至会使悬浮失效。此外，600km/h 速度下的侧风影响、气动升力等也有新的空气动力学现象。目前使用的高速磁浮交通设计规范是按最高速度 500km/h 的要求编制的，如果 600km/h 的悬浮控制系统依旧使用现有规范，很有可能导致高速运行下的振动加剧、动态运行下的"掉点"和"砸轨"、甚至悬浮失效等问题，造成严重的安全事故，制约我国自主研制的速磁浮列车进一步提速。另外，当磁浮列车悬浮系统部分元件发生故障时，容错能力较差的悬浮/导向控制方法亦将严重威胁高速磁浮列车的行车安全。因此，必须开展高速磁浮列车的系统稳定性研究，进而实现对复杂环境下磁浮列车的高可靠性主动控制。

3　科学问题研究进展

目前按照磁悬浮车辆采用的悬浮原理及方式的不同，悬浮系统一般划分为常导吸引型、电动悬浮型以及高温超导型等。其中，常导吸引型的磁悬浮技术发展较为成熟，已经有多条商业运行线，其中，上海高速磁浮线已经开通 18 年。常导吸力型高速磁浮列车的电磁悬浮和导向控制一直都是磁浮交通系统技术研究的关键和核心。

磁浮交通与传统的轮轨交通最大的区别在于车辆与轨道的接触方式，传统的轮轨交通是被动的轮轨接触方式,而磁浮交通则采用有源主动控制的电磁悬浮力来使列车保持稳定的悬浮间隙。最初对于磁浮列车稳定性的研究大多数都是将磁浮列车简化成定常均布力,车桥的相互作用简化为均布力对桥梁的作用问题,忽略悬浮控制系统,或者是将电磁悬浮力简化成弹簧-阻尼力。但实际应用表明,对磁浮列车系统稳定性问题而言,悬浮控制系统是解决稳定性的关键。

不同的控制方法会影响磁浮列车的动态性能和乘坐舒适度。自20世纪70年代以来,学者们开始利用悬浮系统中容易测量得到的悬浮气隙、电磁铁加速度、电磁铁线圈电流或磁通等物理量作为反馈变量,进而在线性化模型基础上利用经典PID(比例-积分-微分)控制理论进行各种控制算法的开发。近年来,学者们对磁悬浮控制方法的研究逐渐由线性控制方法转向非线性控制方法。利用中间变量将原非线性系统以线性形式表达,但本质仍然是非线性系统,进而可以利用丰富的线性理论对控制器进行设计。随着状态观测器的发展,很多基于观测器的悬浮/导向控制方法被提出,可以保证获取信号的方便性和准确性。而针对磁悬浮列车悬浮控制系统的执行器饱和,提出了体现磁饱和的非线性磁悬浮模型和非线性模型预测控制策略,对抑制轨道不平顺性的影响起到了良好的效果。随着人工智能的发展,很多科研团队在磁浮列车悬浮/导向系统的控制方法研究中做了大量的工作,基于重复学习、强化学习、滑模变结构、模糊逻辑、神经网络等智能控制方法设计出了一系列改进悬浮/导向动态性能的悬浮控制器。在磁浮列车提速后,如何在动态特性研究中将智能悬浮控制器、延时环境和线路轨道的平顺性及行驶速度等有效结合在一起,值得进一步深入研究。

虽然目前高速磁浮交通的稳定性分析和控制技术取得了一系列成果,但是随着列车速度的提高,磁浮列车在复杂运行环境下仍旧存在以下难点需逐渐攻克。

3.1 考虑轨道柔性和不平顺环境的自适应/鲁棒悬浮轨迹跟踪控制策略

高速磁浮交通系统经常受到轨道柔性、参数不确定、未建模动态、轨道不平顺性、风力等各种不利因素的影响,且悬浮间隙变化速度信号往往难以直接测量。提出有效的自适应/鲁棒跟踪控制律,使得磁浮车辆在高速运行下能更有效地跟踪规划的悬浮轨迹,抑制并消除轨道环境因素的影响,减小高速下系统内外干扰的影响,并进行严格的稳定性分析,是本项目需要解决的核心问题之一。

3.2 考虑信号传输时滞环境的非线性悬浮/导向控制策略

时滞效应伴随着磁浮车辆的反馈控制系统,高速运行将放大时滞效应。能减小时滞效应的非线性控制策略是值得研究的关键问题。同时,当磁浮轨道发生柔性变形和时滞效应耦合时,提出行之有效的非线性控制技术,确保磁浮车辆的精确悬浮的同时,抑制时滞效应的不利影响,实现磁浮车辆高速下的平稳运行,并对所提控制方法进行理论分析、仿真和试验是本项目需要攻克的一个关键问题。

3.3 考虑环境状态约束的时间/能量最优悬浮/导向控制策略

磁浮列车悬浮系统的状态是有约束的,如悬浮间隙只能在 0~20mm 范围内,如果间隙为 0 将发生"砸铁"(电磁铁和轨道吸死),如果间隙为 20mm 将发生"砸轨"。此外,斩波器输出的悬浮/导向电流也是有限的。这些状态约束和系统状态之间的耦合给悬浮/导向控制系统的控制方法设计以及稳定性的严格证明提出了挑战。那么,针对其复杂动力学方程,如何充分考虑轨道振动及气隙/变化速度/加速度/悬浮电流等约束,并充分考虑能耗/时间最优的要求,提出最优的悬浮/导向控制方法,确保精准悬浮与导向的双重目标,是本项目亟待解决的一个关键问题。

主要参考文献

[1] 翟婉明,赵春发.磁浮车辆/轨道系统动力学(Ⅰ)——磁/轨相互作用及稳定性[J].机械工程学报,2005(7):1-10.

[2] 赵春发,翟婉明.磁浮车辆/轨道系统动力学(Ⅱ)——建模与仿真[J].机械工程学报,2005(8):163-175.

[3] Gottzein E, Brock K H, Schneider E, et al. Control Aspects of A Tracked Magnetic Levitation high Speed Test Vehicle[J]. Automatica,1977,13(3):205-223.

[4] 李云钢,常文森.磁浮列车悬浮系统的串级控制[J].自动化学报,1999,25(2):247-251.

[5] Wai R J, Lee J D. Adaptive Fuzzy-Neural-Network Control for Maglev Transportation System[J]. IEEE Transactions on Neural Networks,2008,19(1):54-70.

[6] Zhou D, Yu P, Wang L, et al. An Adaptive Vibration Control Method to Suppress the Vibration of the Maglev Train Caused by Track Irregularities[J]. Journal of Sound and Vibration,2017,408:331-350.

[7] Schmid P, Eberhard P, Dignath F. Nonlinear Model Predictive Control for a Maglev Vehicle regarding Magnetic Saturation and Guideway Irregularities[J]. IFAC-Papers OnLine,2019,52(15):145-150.

[8] Sun Y, Xu J, Qiang H, et al. Adaptive Neural-Fuzzy Robust Position Control Scheme for Maglev Train Systems with Experimental Verification[J]. IEEE Transactions on Industrial Electronics,2019,66(11):8589-8599.

撰稿人:孙友刚(同济大学)

高速磁浮列车运行控制理论和关键技术研究

Research on operation control theory and key technology of high speed maglev train

1 科学问题概述

磁浮交通具有快速、安全、高平稳性的特点,其运行控制系统通过计算机控制、计算机网络、通信及信息处理等先进技术与磁浮交通系统的列车、牵引、线路及道岔等设备或系统相连,实现对列车运行的控制、安全防护、自动运行及调度管理等任务,运行控制系统是磁浮交通系统中对列车运行进行自动控制与安全防护的核心。然而,磁浮运行控制是一个集机械工程、控制工程、土木工程等多学科的复杂机电系统,各系统间具有较强的相互影响,列车运行的动力学特性、车轨关系与高速列车显著不同,高速磁浮列车在运行过程中受到磁浮轨道的短波不平顺、长波不平顺、控制信号传输延时、空气动力学干扰等复杂因素的影响,如何实现高速磁浮列车在长大区间内的安全、平稳以及节能驾驶是亟待解决的科学问题。

2 科学问题背景

磁浮列车的运行过程是一个非线性、复杂的过程,列车模型、牵引系统以及列车与轨道的关系都与高速铁路和城市轨道交通密切相关。由于运行速度高,更加容易受到线路条件多变、磁浮气隙动态变化等因素的影响,很难构建精确的磁浮列车动态模型。磁浮列车的运动学分析以及准确地建立模型是实现列车运行控制的关键。

在磁浮列车高速运行时,支撑和导向电磁铁由车载感应发电机供电;列车低速运行或静止时,支撑和导向电磁铁由车载电池供电(车载电池通过铺设在车站和辅助停车点上的供电轨充电)。当车载系统没有磁浮电能,列车将不能磁浮和导向,只能降落在轨道上,不能行驶。因此,与传统的轮轨列车不同,在运行过程中要保证高速磁浮列车能够到达"安全停车区域"。由于常导高速磁浮按照步进+双曲线安全防护控制,列车离开辅助停车区前列车必须具有合适的初速度,保证其能够运行至下一个安全停车区域,同时,列车必须能靠附带的储备电能供应自身而不依赖于地面电源的支持,到达下一个允许停车点;并且,应保证列车在没有地面控制系统的作用条件下,能独立到达一个安全停车区域,这就要求磁浮列车运行控制系统同时监控最大运行速度曲线和最小运行速度曲线,最大运行速度曲线与最小运行速度曲线之间,就是列车的允许运行速度范围。因此,现有以防护最大速度为主的轮轨列车的安全防护方法不能完全适用于高速磁浮列车防护控制的要求。

此外，由于高速磁浮列车在牵引方式上与传统的轮轨列车有着很大的不同，传统轮轨列车是旋转牵引电机来驱动列车运行，而高速磁浮列车是靠长定子直线电机来驱动列车。高速磁浮列车的牵引供电系统设置在地面，正常情况下列车的运行完全由地面控制系统进行实时控制，这与传统轮轨列车依靠驾驶员或者车载自动驾驶系统（ATO）操纵的控制方式存在较大的差异。因此，传统的车载系统自动驾驶功能需要迁移到地面系统来实现，而磁浮列车与轨道之间存在着复杂的耦合关系，车轨的振动会给磁浮列车高速运行的稳定性造成一定的影响，因此面向高速磁浮列车的精确控制就比传统的轮轨列车更加困难。

3 科学问题研究进展

目前的高速磁浮运行控制系统具有很高的自动控制和防护性能，它是一个分布式系统，由三层结构组成：一是位于中央控制室的中央控制系统（中央控制层）；二是位于牵引变电站或道岔控制房的，与牵引区段对应的分区控制系统（分区控制层）；三是位于列车上的车载运行控制系统（车载控制层）。高速磁浮运行控制系统的基本防护功能包括：操作与显示、自动调度、驾驶顺序控制、列车防护、进路防护、道岔防护、列车安全定位、速度曲线监控和牵引安全切断等。

与传统轮轨列车相比，磁浮交通系统具有轨道不平顺、空气阻力、电磁涡流阻力、悬浮气隙动态变化等特点，一般很难建立准确的列车动态模型。在面向磁浮列车的运行控制方面，张梦乡等提出针对磁浮列车的模糊 PID 速度闭环控制器，跟踪目标速度曲线运行。张文静等提出一种基于分数阶 PID 的磁浮列车运行控制方法，针对列车目标速度曲线跟踪问题，设计分数阶 PID 控制器。基于 PID 的运行控制方法比较简单，无法满足磁浮列车运行环境复杂多变的特点。Gao 等针对磁浮列车提出了一种滑模周期自适应学习运行控制方法，提出了比例加积分加微分的滑模曲面，利用滑模控制减小位置跟踪误差，增强控制系统的鲁棒性。随着对高速磁浮列车运载能力以及运行效率要求的提高，高速磁浮列车的多车协同控制就显得格外重要。在磁浮交通中，列车运行间隔等于一个供电区段（牵引分区）的长度，这是由一个变电所只能控制一辆列车决定的。其供电区段为一个闭塞分区（与轮轨铁路的闭塞概念相同），当供电区段有列车占用时，后行列车不允许进入。如果要实现多车协同控制就必须要解决多车之间的耦合问题。现有的研究显然是无法解决以上问题。此外，高速磁浮列车运行能耗不仅包括列车的动能损耗还应考虑定子段及馈电电缆的电能损耗。因此，高速磁浮列车能耗模型的建立方法比较复杂，实现磁浮列车的节能运行控制面临更大难题。

虽然目前高速磁浮列车运行控制在控制对象建模、安全防护以及协同运行控制技术方面取得了一系列成果，但是面向高速磁浮列车实际应用，在长大干线自动追踪运行、复杂运营场景下的多车协同控制等方面仍然存在未解决的科学问题。

3.1 高速磁浮列车运行多模态建模方法

列车在运行过程中存在四种运行状态：加速状态、匀速状态、惰性状态和制动状态。一方面，随着列车运行速度的提高，列车在高速运动下在直线运行、通过缓和曲线以及线路坡度时会出现不同的运行模态，如何刻画列车在高速状态下以及不同线路条件下的运行模态具有挑战性；另一方面，高速磁浮列车的牵引方式与轮轨列车相比发生了较大变化，磁浮列车沿轨道梁运动时系统的动态响应是一个复杂的多点激扰耦合振动过程，因此在研究高速磁浮列车建模时，除了考虑列车自身动力学特性外，还需要考虑地面牵引系统与列车之间的复杂耦合关系。如何精确地刻画高速磁浮列车的动力学特性具有极大挑战，是亟待解决的关键科学问题之一。

3.2 停车点受限条件下的列车运行安全防护方法

高速磁浮列车运行距离长、速度高，高速磁浮列车的制动距离相应变长，列车安全制动时，由涡流制动与滑橇制动一起形成了整个车辆的安全制动，如何考虑不同制动系统的特性，辨识潜在的行车安全风险，构建安全风险分析模型，从不同的维度分析各类应用场景下的行车安全风险致因因素，并进一步设计相应的运行安全防护方法值得深入研究。考虑到列车再次启动的需求，在制定安全制动防护策略时需要同时考虑最大运行速度曲线和最大运行曲线的约束（图1），如何动态计算最大运行速度曲线和最小运行速度曲线以及在停车点受限条件下实现列车运行安全防护控制。

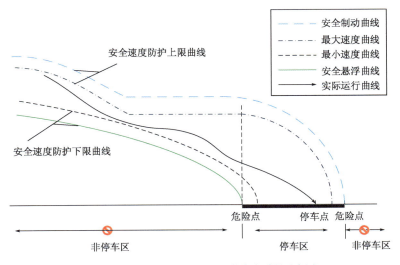

图1 磁浮列车双限速度防护及停车点受限示意图

3.3 面向长大区间运行的多车协同运行控制技术

高速磁浮列车与轨道之间具有复杂耦合特征,运行过程中受到磁浮轨道的短波不平顺、长波不平顺、控制信号传输延时、空气动力学干扰等复杂因素的影响,如何实现列车的精确控制是需要解决的关键问题之一。进一步,如何建立有效的多车协同运行控制策略,实现高速磁浮列车在长大区间内的安全、准时、平稳以及节能驾驶是重点和难点,也是需要攻克的一个关键问题。

主要参考文献

[1] 黄玲.轨道交通行业发展综述[J].中国基础科学,2018,20(6):61-64.

[2] 马卫华,罗世辉,张敏,等.中低速磁悬浮车辆研究综述[J].交通运输工程学报,2021,21(1):199-216.

[3] TRAN X T, KANG H J. Arbitrary Finite-Time Tracking Control for Magnetic Levitation Systems[J]. International Journal of Advanced Robotic Systems, 2014, 11:157.

[4] 吴丹.高速磁悬浮列车运行控制与传统轮轨列车运行控制的比较[J].交通运输系统工程与信息,2003(4):79-81+88. DOI:10.16097/j.cnki.1009-6744.2003.04.016.

[5] 肖乾,许旭,陈光圆.磁悬浮列车动力学研究方法综述[J].华东交通大学学报,2019,36(1):25-32+40.

[6] 赵斌.磁悬浮车载安全防护及控制仿真系统的设计与实现[D].北京:北京交通大学,2009.

[7] 张梦乡,陈建政.基于 Fuzzy-PID 的磁悬浮列车速度控制系统[J].科技创新与应用,2019(8):14-16.

[8] 张文静,曹博文,李宽欣,等.中速磁悬浮列车的分数阶运行控制方法[J].铁道学报,2022,44(2):42-48.

[9] Gao Y, Wang Y, Zhang J, et al. A Sliding Mode Periodic Adaptive Learning Operation Control Method for Medium-Speed Maglev Trains[C]// 2029 39th Chinese Control Conference(CCC). 2020. DOI:10.23919/CCC50068.2020.9188741.

撰稿人:袁磊(北京交通大学)　王悉(北京交通大学)

高速磁浮系统车地综合通信理论和关键技术研究

Research on communication theory and key technologies of high speed maglev train-ground communication system

1 科学问题概述

高速磁浮列车安全、高效运行离不开无线通信系统的支持。在高速磁浮系统中,高速列车运行速度高达 600km/h 以上,因此对车地之间的通信稳定性、可靠性要求更高。高速磁浮列车的车地通信数据主要可分为两方面:一方面,要求控制中心和列车之间进行实时的双向安全类数据(列车控制反馈、列车运行状态、列车设备监测、维护等信息)传输,这类数据传输需要满足"低时延高可靠"的要求;另一方面,需要传输面向乘客的非安全类数据业务,要求满足"大容量、高带宽"的传输要求。相比传统高速列车,高速磁浮列车主要有两个特点——超高速移动和可能需要在真空管道中运行,因此高速磁浮列车无线通信需要解决以下几个问题。

(1)高速磁浮列车的超高速移动引起了极其频繁的越区切换和严重的多普勒效应问题。传统的轮轨/磁悬浮高铁无线通信系统的设计不支持移动速度超过 600km/h,因此不能承担低真空磁浮列车车地通信这一重任。

(2)在超高速磁浮系统中,如果采用真空管道传输的方式,由于真空管道内无线自由波/非接触耦合的传播环境特殊,并且金属密闭管道内无线电波传播存在波导现象,因此管内信道特性与传统高铁开阔场景完全不同,导致管道内无线覆盖困难。

(3)超高速磁浮系统中,地面的牵引控制系统直接通过车地无线通信系统获取磁极相角信息,为确保对牵引力的实时控制,磁浮列车牵引控制系统要求列车位置信息的传输延迟应不大于 5ms,对无线通信系统的实时性提出了巨大的挑战。

2 科学问题背景

作为国际尖端技术,高速磁浮是世界轨道交通领域的一大"制高点",是全球交通科技竞争的战略高地。我国目前处于运营状态的 3 条磁悬浮线路中,于 2002 年开通的上海磁浮线时速最高,为 430km/h。如今,时速 600km 高速磁浮交通系统下线,是当前世界上速度最快的地面交通工具,同时可填补高铁和航空运输之间的速度空白,助推我国立体交通网络的构建,但尚需进行实际线路的达速试验验证。

无线通信系统是高速磁浮列车安全运行的关键。在高速磁浮列车中,列车与地面之间不存在有线连接,必然是选择采用无线通信方式。为了保证列车的安全平稳运行,要求控制中心和列车之间进行实时的双向数据传输,实现安全、可靠、高速、高容量的信息传输。同时,随着互联网的发展,要求高速磁悬浮列车通信也能处理各种高速率应用,例如高清视频监控、车载实时高速率乘客服务和磁悬浮系统物联网。

高速磁浮列车采用磁浮技术,系统应满足磁浮交通系统的常规运行、降级运行和维护与逆行的多种模式要求,综合参考磁浮列车和轮轨高铁的车地通信需求,高速磁悬浮列车与地面之间传输的安全类数据可分为如下几类。

2.1 运行控制系统通信

高速磁浮列车运行控制系统可分为三级架构:中央运行控制系统、分区运行控制系统和车载运行控制系统。

中央运行控制系统通过运行控制核心网与分区运行控制系统进行通信,分区运行控制系统通过车地无线通信系统与车载运行控制系统进行信息交换,三者共同构成车地全域的移动分布式系统,传输的信息主要包括列车运行控制安全数据(包括控制指令、行车许可、速度曲线、速度信息、位置信息等)和列车运行状态信息等。

2.2 牵引控制系统通信

地面的牵引控制系统直接通过车地无线电系统获取磁极相角信息,为牵引控制系统提供磁浮列车当前的速度和位置信息;同时,牵引控制系统与分区运行控制系统通过以太网交换信息,获取中央运行控制系统的运行控制指令(如加速、制动、停车等)。牵引控制系统基于既定的控制算法,针对运行控制系统的要求,以直线同步电机为控制对象,自动控制高速磁悬浮列车牵引力,完成列车从启动加速到恒定速度的运行过程,同时完成列车减速、停车等多种运行操作,从而使列车按照既定的速度曲线高速、安全和舒适地运行。为确保对牵引力的实时控制,磁浮列车牵引控制系统要求列车位置信息的传输延迟应不大于 5ms。

2.3 运行语音通信

运行语音用于各部门间通话及业务联系、列车工作人员与内部及外部进行公务电话联络,为列车工作人员提供语音、数据、传真等通信业务,可作为专用电话系统的应急通信手段。

2.4 安全监控及检测

高密度行车要求通信设备持续运行,因此必须要求车地无线通信系统具备完善的设备状态监视和故障诊断功能,可以对地面无线控制设备、车载无线控制设备、地面基站、车载移动基站、光纤网设备等进行最小可替换单元的状态诊断并收集诊断信息,将诊断信息及时反馈给中央控制中心。主要包括设备故障诊断与监控、列车状态监控、安防业务、真空管道环境监测等。

2.5 面向乘客的非安全类数据

在列车运行期间,旅客也可以通过无线终端实现与外界通信,避免成为"信息孤岛"。面向乘客的数据业务主要包括互联网、旅客在途语音数据、高清视频、在线办公、云数据业务等。

3 科学问题研究进展

最近几年,移动无线通信技术发展迅速,为优化铁路通信系统的性能,多种技术涌现并在铁路通信中得到实现。实现满足高速磁悬浮系统车地通信需求,需要研究以下科学和技术问题。

3.1 高速磁浮车地通信系统快速时变信道建模

高速磁悬浮车地通信的信道为快速时变信道,多径信号会产生信道冲激响应。无线信号经过普通的天线发送接收时,磁浮列车的超高速移动会引起严重的多普勒效应。采用漏泄波导或漏泄电缆覆盖的无线通信系统,一定程度上可以减少高速运行带来的多普勒频移影响。列车在高速前进中,安装在列车顶上的天线与漏泄波导或漏泄电缆的电波直射径入射角总是约90°,多普勒频移为0,因此多普勒频移可得到抑制。但是,漏泄电缆或漏泄波导覆盖方式下,在某些环境如金属真空管道环境下仍然可能存在多径反射,多径分量有可能产生大的多普勒频移,对系统性能产生影响。

要研究高速磁浮车地通信系统,应以未来无线电通信的新技术模式为基础,通过抽象快速时变信道下无线电信号几种传输的基本问题,运用电磁场以及通信的理论予以概括与抽象,总结普适性的结论,建立高速磁悬浮系统车地通信不同传输媒介下的无线信道模型。

3.2 高速条件下无线通信系统的导频密度、信道估计算法、网络架构和高层协议设计

高速移动条件下,影响无线通信最主要的因素为多普勒频移和信道的高时变特性。由于多普勒频移的影响,LTE(长期演进)系统支持的最高移动速度仅为350km/h,且在此移动速度下数据的传输速率指标仅为100kbps,高速磁悬浮系统中无法直接应用LTE系统进行车地信息传输。而5G通信系统导频结构支持最高移动速度也只能达到500km/h。可见无论是4G还是5G通信系统都不支持600~1000km/h及以上的移动性,无法支撑高速磁悬浮列车车地无线通信需求。

分析 4G/5G 车地通信系统的物理层特征可以发现,其不适应 600km/h 以上时速的主要问题在于其导频的插入密度不足,导致高速运行时信道估计不准确,使得误码率增加,通信可靠性下降。另外,其数据传输的过程通过高层信令进行控制,而现有通信系统是为公网设计的,网络架构过于复杂,高层信令的传输和控制需要经过很多网元,导致车地通信时延通常在 20~50ms 之间,无法达到牵引控制需要的 5ms 以下时延要求。另外,频繁的小区间切换也进一步增加了车地通信传输的时延,降低了车地通信的可靠性。因此,要满足高速磁浮系统的业务要求,需要从导频密度、信道估计算法、网络架构和高层协议简化等多方面进行重新设计。

3.3 单载波毫米波通信在金属管道中的适应性

单载波毫米波通信系统的频谱极其宽裕,虽然磁浮列车高速运动带来的多普勒频移很大,但多普勒频移相比于频谱宽度却很小,因此单载波毫米波通信不存在多普勒效应导致的车地通信性能下降问题。38GHz 单载波毫米波无线通信技术目前应用于上海磁浮列车系统,该无线电传输系统在磁浮车辆与地面系统之间建立了一种可靠的、双通道的数据传输途径。这个传输途径可以传送操作控制数据、牵引控制数据、诊断数据及旅客信息数据,同时为车辆与中心的操作人员提供语音服务。无线电传输系统沿轨道及在列车的两端架设天线,用来传输无线电信号。但是单载波毫米波通信是一种私有通信技术,不遵循公开的通信技术标准,在低真空管道或隧道等存在丰富多径信号的环境下能否正常工作仍然有待研究。

3.4 高速磁浮车地通信系统的多业务综合以及与感知计算能力结合的综合资源管理

高速磁浮通信系统需要承载安全业务,也需要承载非安全业务。因此,需设计一种综合承载多种业务的通信系统,要求在保证安全业务高可靠低时延的同时,尽可能满足乘客上网等安全业务的要求。现在的 5G 系统用切片的方式实现不同业务的端到端的统一管理,但由于地铁安全业务的重要性,应进一步加强多业务之间的安全隔离,并对系统的资源包括无线资源、计算资源等进行综合调度管理。通过对周围环境的智能感知,考虑周围的可用资源以及业务的目标,对通信和计算资源进行统一的管理,提高系统的安全性和资源利用率。

主要参考文献

[1] Ai B, Cheng X, Kürner T, et al. Challenges Toward Wireless Communications for High-Speed Railway[J]. IEEE Transactions on Intelligent Transportation Systems, 2014, 15(5):

2143-2158.
[2] 裘陈成,刘留,张嘉驰,等.基于漏波电磁透镜的高速飞行列车无线接入研究[J].电波科学学报,2020,35(5):776-784.
[3] 王凯,刘留,于蒙,等.超高速列车车地无线通信系统性能分析[J].北京交通大学学报,2021,45(4):117-126.
[4] 刘畅,蒋志勇.低真空管道超高速磁悬浮铁路车地无线通信系统的需求及现状调研[J].铁道通信信号,2021,57(1):32-36.
[5] IMT-2030(6G)推进组.6G总体远景与潜在关键技术白皮书[R].北京:IMT-2030(6G)推进组,2021.
[6] 刘振玉,杨凯,樊亮,等,真空管道超高速磁悬浮列车通信信号系统展望,控制与信息技术[J].2021(4):103-108.
[7] Park H S, Lee Y, Kim T J, et al. Handover Mechanism in NR for Ultra-Reliable Low-Latency Communications[J]. IEEE Network,2018,32(2):41-47.
[8] Popovski P, Nielsen J J, Stefanovic C, et al. Wireless Access for Ultra-Reliable Low-Latency Communication (URLLC): Principles and Building Blocks[J]. IEEE Network,2018,32(2):16-23.
[9] 卡斯柯信号有限公司.一种超高速磁悬浮列车运行控制系统和方法:CN20190209130.9[P].2019-03-19.

撰稿人:蒋海林(北京交通大学) 李开成(北京交通大学)

第4章
磁浮交通牵引供电

牵引供电系统是高速磁浮交通核心关键系统之一,是磁浮列车高速运行的动力来源。牵引供电系统的性能直接决定了高速磁浮列车的可运行速度。高速磁浮牵引供电系统主要包括牵引变流系统、牵引直线同步电机以及地面供电设备等。

牵引供电系统从功能架构上分为牵引控制及牵引供电两大部分,两者互相配合实现整个系统的正常运行。牵引控制系统根据列车运行控制系统的指令,对牵引变流系统和直线同步电机进行实时控制,可提供列车运行方向的牵引力或者反方向的制动力。高速磁浮交通牵引电机采用长定子直线同步电机,由动子和定子两部分组成,动子安装在车辆上,通入直流电后产生悬浮磁场,实现车辆悬浮;定子敷设在轨道两侧,电枢绕组通入地面整流-逆变设备产生可变幅值、可变频率的三相电流,进而产生可控的行波磁场,与动子磁场作用,产生牵引/制动力,驱动车辆运行。供电系统负责高速磁浮系统的全部供电需求,按供电功能和位置划分为主变电站、牵引供电系统、动力供电系统三大部分。地面供电设备可为牵引变流设备供电,并通过动力轨或无接触供电为磁浮列车车载电网提供辅助用电,同时为沿线牵引设备、通信设备和道岔等线路设备提供电源。

目前高速磁浮交通仅限于单线运行,为了应对未来600km/h运行速度及长大干线网络化运行,提升高速磁浮交通系统运行性能,牵引供电系统仍有诸多科学问题亟需进行深入研究。经过梳理总结,高速磁浮交通牵引供电系统方向重点关注以下六个方面的科学问题,分别为:网络化高速磁浮交通系统的地面牵引设备高效控制技术及优化配置方法;高速磁浮列车非接触高效供电原理与关键技术;高速磁悬浮长初级多相永磁直线同步电机驱动系统;高速磁浮系统直线同步牵引电机优化与控制策略关键技术研究;高速磁浮列车悬浮牵引供电一体化基础理论与关键技术;电动式高速磁浮系统直线发电机的设计与阻尼特性研究等。相关专家从不同的视角解读了牵引供电系统的设备配置、牵引变流控制、非接触供电、牵引悬浮电机系统优化、直线发电机设计等方面关键科学问题,必将对高速磁浮牵引供电系统的研究和发展起到一定的促进作用。

网络化高速磁浮交通系统的地面牵引设备高效控制技术及优化配置方法

High efficiency control technology and optimization of the ground traction equipment in the networked high speed maglev transportation system

1 科学问题概述

高速磁浮轨道交通是目前世界上最快的陆上轨道交通工具,以此为技术基础的上海示范运营线路全长30km,最高试验速度达到501km/h。牵引供电技术是高速磁浮交通核心技术之一,主要涉及长定子直线电机技术、大功率变流器技术、高性能牵引控制技术等。

"十三五"期间,结合我国高铁运营最高速度已达到350km/h,并把400km/h作为应用目标速度进行研发的状况,为让高速磁浮更好填补飞机(800~1000km/h)和高铁(现在350km/h,将来400km/h)速度的空档,把高速磁浮的应用目标速度从500km/h级提高到了600km/h,并针对新的目标进行关键技术攻关和设备开发。

通过近5年的努力,我国开发了针对600km/h速度的车辆、牵引动力和运行控制设备,后续将重点进行600km/h速度及以上高速磁浮工程化实验及创新性研究。然而,目前高速磁浮牵引供电方面研究仅限于单线运行,随着未来高速磁浮网络化运行,网络化高速磁浮交通系统的地面牵引设备高效控制技术及优化配置方法亟待进行深入研究。

2 科学问题背景

高速磁浮交通牵引系统主要包括牵引变流器、双端供电长定子直线电机、轨旁开关站、长电缆、输入输出变压器、输入输出开关设备和相关牵引控制系统组成。牵引控制系统主要包括电机控制系统、变流器控制系统、运行控制系统等。牵引控制系统分布在牵引变电所、轨旁开关站内,其通信网络应采用冗余结构设计。牵引控制系统要根据列车运行控制系统的指令,对大功率电力电子变流装置的输出电压和电流的幅值、频率与相位进行实时控制。通过馈电电缆、沿线的轨旁开关站分段地对磁浮列车所在的定子段提供牵引电能,完成对列车的牵引、制动、实时监控、保护等。

上海高速磁浮交通30km运营示范线的牵引系统包括2座牵引变流站,每座牵引变流站各设置 3 台 15MVA 牵引变流器，2 台长定子直线同步电机牵引列车运行，每台电机的定子绕组由 2 台 15MVA 三电平变流器并联供电，并联的 2 台 15MVA 变流器分别设置在 1 号变流站和 2 号变流站，提供列车加减速所需的大电流。两台直线电机绕组长度达到 30km，为了减小漏磁和线路损耗，定子段采用分段供电方式，约每 1.2km 作为一个定子段，列车运行到相应的定子段，通过轨旁开关设备将该段与变流器连接，其他定子段断开。轨旁开关站通过长电缆和牵引变流站连接，电缆长度最大达到 30km，因此电缆等效阻抗在列车运行中不能忽略。由此可见，高速磁浮交通牵引系统是个多变流器供电复杂电力电子驱动系统，未来高速磁浮交通长大干线组网运行时，必须获得牵引系统的优化配置及其高效控制技术。

3 科学问题研究进展

当前，全球投入应用的高速磁浮交通系统只有起源于德国的常导电磁式高速磁悬浮系统。2000 年我国从德国引进常导高速磁浮交通技术建设高速磁浮上海示范线，2003 年初开始载客运行。上海高速磁浮示范线长期运营最高速度为 430km/h，最高试验速度为 501km/h（2002 年 11 月于上海高速磁浮示范线）。上海高速磁浮示范线全长约 30km，其地面牵引系统主要由 2 座牵引变电站组成（各设置 2 台高功率模块 15MVA 牵引变流器）。磁浮列车用长定子直线同步电机的长定子绕组由地面牵引变流站供电。牵引变流站输入电压 110kV，经过主变压器后产生 20kV 电压，20kV 交流电经过整流器产生 5kV 直流电压，再经过逆变器产生可调频调压的三相交流电供给定子绕组。区别于高铁的牵引控制系统，高速磁浮的牵引控制系统不在车上，而是在车辆及轨道外部单独设立牵引控制单元。为了针对高速磁浮长距离的牵引控制，且具有一定的安全冗余性，高速磁浮往往采用多分区的架构，每一个分区都有一个牵引控制单元，但是只有一个分区作为主控制单元，当列车运行到分区切换点时执行分区切换，主控分区将控制权交接给下一个分区的牵引控制单元。如果检测到分区的主控制单元发生故障，则另一个分区可以及时接管控制权，保证列车的继续运行。牵引控制系统采用转子磁场定向控制，具有速度、位置闭环控制功能。牵引控制系统与分区运行控制系统进行数据交换，接收确定车辆运行方式和速度的数据包，以确定运行所需的位移和速度运行曲线用于直线电机闭环控制；接收运行控制系统无线通信传输的车辆位置和动子极相角信息用于直线电机的矢量控制。列车的位置信号是通过装在车辆上的定位测速系统检测定子齿槽并将信息细分获得的。位置信号每隔 20ms 更新一次，由无线通信系统将检测的位置信息传递给地面接收装置，最终再传递给牵引控制系统。为了获得列车的绝对位置，沿线还安装了定位标志板，以保证列车无位置累积误差。当列车运行速度高于 30km/h 后，采用无机械传感器控制策略，利用反电动势估算位置信息，最终实现无机械传感器的牵引控制。

目前,高速磁浮牵引系统方面的研究和工程化工作主要针对单线系统,尚未见高速磁浮网络化长大干线牵引系统高效控制及优化配置方面的研究工作。针对高速磁浮列车的运行速度从500km/h提高到600km/h及以上,以及高速磁浮交通网络化系统牵引控制技术方面仍然存在一些需要深入研究的关键问题。

3.1 高速磁浮列车稳定运行多分区分布式控制系统时钟同步及数据传输延时补偿方法

高速磁浮牵引系统是一种多分区分布式控制系统,具有多个不同功能控制单元,主要包含电机控制单元(MCU)、变流器控制单元(CCU)、变流器功率子单元(CPS)等,每个控制单元均含有一个中央处理器(CPU)。在高速磁浮交通长距离组网运行时,多CPU网络控制系统的时钟同步及数据传输延时问题对控制系统性能及稳定性影响较大。研究时钟同步模型及方法和网络数据传输延时补偿方法对高速磁浮牵引控制系统的多分区分布式控制系统性能的提高具有十分重要意义。

3.2 基于新型开关器件的高速磁浮多电平变流器及其控制技术

在高速运行条件下,高速磁浮大功率三电平牵引变流器谐波问题尤为突出。谐波会污染电网,干扰通信和控制系统,严重时会使通信中断,系统瘫痪;谐波电流也会使电机损耗增加、效率及功率因数下降,甚至会使电机不得不降额使用。在高速运行状态下,牵引变流器效率问题也愈发重要。采用不同主回路的拓扑结构,使用功率器件的种类、数量多少,以及变压器、滤波器等的使用都会对系统效率产生影响。为了提高系统效率,必须减小功率开关器件和牵引变流器的损耗。基于碳化硅等第三代宽禁带半导体器件的多电平变流器具有开关频率高、开关损耗低、耐高温等优点,可以有效降低变流器谐波,提高牵引系统效率。然而,低开关频率下的高输出电压频率的脉宽调制(PWM)控制实现,以及高压大功率变流器的主电路参数设计,是变流器设计所面临的关键问题。因此,亟需研究多电平变流器合理的参数设计方法以及低开关频率下的高性能PWM控制方法,以满足高速磁悬浮列车高速运行对变流器的特殊要求。

3.3 时速600km及以上高速磁浮高效牵引控制技术

高速磁浮直线同步电机牵引悬浮系统为一体化设计,为了减少牵引力对悬浮系统的干扰,直线同步电机采用励磁电流分量为零的转子磁场定向控制策略。然而,随着运行速度的进一步提高,负载加大时,定子电流增大,由于电枢反应的影响,气隙磁链和定子反电动势都加大,迫使定子电压升高。为了保证足够的电源电压,变流装置必须有足够的容量,这会使其有效利用率降低,同时,定子电压矢量和电流矢量的夹角也会增加,由于电枢反应的电抗压降大,造成功率因数降低,该方法的缺陷愈显强烈。因此高速运行情况下,高效牵引控制技术研究尤为重要。

3.4 时速600km以上高速磁浮高精度高可靠性无位置传感器控制技术

现有高速磁浮牵引系统高速运行时需采用无位置传感器控制技术,然而随着运行速度的进一步提高,高速磁悬浮列车牵引控制系统无位置传感器控制算法将面临一些特殊问题,如电压调制载波比(逆变器输出PWM频率与电流基波频率之比)的进一步降低,导致牵引系统电流、电压谐波的进一步加大,基于电流电压采样信号的位置观测精度必然受到较大影响;同时,位置信号观测处理时延及误差等对系统性能的影响愈发显著。因此,高精度高可靠性无位置传感器控制技术对于高速磁浮高速的稳定运行至关重要。

主要参考文献

[1] 周厚文,陈旭. 我国发展高速磁浮必要性及发展战略分析[J]. 机车电传动,2021(2):1-5.

[2] 熊嘉阳,邓自刚. 高速磁悬浮轨道交通研究进展[J]. 交通运输工程学报,2021,21(1):177-198.

[3] Gao Z, Ge Q, Li Y, et al. Hybrid Improved Carrier-Based PWM Strategy for Three-Level Neutral-Point-Clamped Inverter With Wide Frequency Range[J]. IEEE Transactions on Power Electronics,2021,36(7):8517-8538.

[4] 余浩伟,寇峻瑜,李艳. 600km/h高速磁浮在国内的适应性及工程化发展[J]. 铁道工程学报,2020,37(12):16-20+88.

[5] 刘金鑫. 高速磁浮交通多分区牵引控制关键技术研究[D]. 北京:中国科学院大学,2015.

[6] Ma Z, Zhang X. FPGA Implementation of Sensorless Sliding Mode Observer With a Novel Rotation Direction Detection for PMSM Drives[J]. IEEE Access,2018,6:55528-55536.

[7] Liu Z, Wang Y, Tan G, et al. A Novel SVPWM Algorithm for Five-Level Active Neutral-Point-Clamped Converter[J]. IEEE Transactions on Power Electronics,2016,31(5):3859-3866.

[8] 刘金鑫,葛琼璇,王晓新,等. 高速磁浮牵引控制系统半实物实验研究[J]. 电工技术学报,2015,30(14):497-503.

[9] Pizá R, Salt J, Sala A, et al. Hierarchical Triple-Maglev Dual-Rate Control Over a Profibus-DP Network[J]. IEEE Transactions on Control Systems Technology,2014,22(1):1-12.

[10] 夏文杰,陈盼,周华,等. 高速磁悬浮双端并联供电模式下环流特性研究[J]. 中国铁

路,2021(1):105-110.

撰稿人:马志勋(同济大学)

高速磁浮列车非接触高效供电原理与关键技术

The principle and key technology of high efficiency wireless power supply for high speed maglev

1　科学问题概述

高速磁浮交通是我国战略性新兴产业,有高速快捷、安全可靠、运输力强、舒适准点、绿色环保、维护成本低等优点,可以形成速度梯度更加合理、高效、灵活便捷的航空、高速磁浮、高铁和城市交通多维交通架构,满足不同人群的出行需求。目前上海高速磁浮列车示范运营线采用低速受流轨+直线发电机方案实现车辆供电,增加了运维成本、列车气动阻力及气动噪声,对安装精确度要求较高,且运行状况易受天气等因素影响,大大降低了列车的运行可靠性。

为突破磁浮列车供电系统安全可靠性瓶颈,国内外诸多高校、科研院所纷纷开展磁浮非接触供电研究,其中感应无线电能传输技术的研究最为广泛。德国蒂森克虏伯公司2008年研发的新一代TR09高速磁浮列车采用非接触式感应供电技术取代低速受流轨;日本高速磁浮列车L0系统2020年改进型样车采用动态无线输电技术,取代了传统燃气轮发电机组;这两种技术方案均能够将电能无接触地从地面轨道传输给列车,体现了磁场耦合式无线电能传输技术在列车非接触供电方面的显著技术优势。

基于磁场耦合式的非接触供电高速磁浮交通系统,其利用电源侧的线圈产生高频交变磁场,耦合到列车负载侧的线圈,进而将电能传递给列车的车载储能系统,是实现高速磁浮列车的高效、高可靠性非接触供电的有效途径。

基于磁场耦合的高速磁浮非接触供电系统亟待解决的关键科学问题如下:

1.1　探究高速磁浮非接触系统动态高频电磁耦合机理及能量传输规律

能量在轨道与列车间的传输通过气隙高频电磁场实现,然而,在磁浮列车高速运行中,运行工况跨域时空尺度大、气候环境严苛多变。同时,由于车体与轨道间的气隙波动会引起原副边传输线圈互感数值变化,这将直接影响能量传输过程。目前的相关研究大多借鉴电动汽车动态无线供电相关理论方法体系,在磁浮应用中,与之相比运行速度更快(5~8倍)、传输气隙更小(约1/10)、功率等级更高、传输线圈更多,其电磁场分布特性在运行中更为复杂，现有电动汽车动态无线供电相关理论方法体系的设计、分析方法不能直接借鉴。因此，如何阐明高速磁浮非接触系统动态高频电磁耦合机理，建立计及高速磁浮浮列车气隙变化、速度波动影响的车-轨能量传输规律是一个需要深入研究的科学问题。

1.2　车轨金属环境下动态非接触供电电磁分布规律及电磁干扰抑制

磁浮列车由长定子直线电机驱动，车体下方安装动子绕组，轨道铺设定子绕组。受空间尺寸影响，用于供电的传输线圈与绕组距离较小，在绕组铁芯影响下能量传输气隙磁场漏磁严重。同时，由于气隙空间向外部开放，高频、大功率的磁场逸散对于生物有一定危险，其在金属中可能产生的涡流加热现象更可能引发火灾等重大安全事故。除此之外，由于磁浮列车车辆与轨道之间无物理连接，地面控制信号通过无线通信传递，能量级高频电磁波对于通信信道的干扰极为严重，将造成收信信号灵敏度下降，发生通信阻塞，在通信中产生啸声现象，使数据与信令传输发生错误，影响通信的质量与可靠性，威胁列车运行安全性。故此，磁浮列车非接触供电系统在金属环境影响下的电磁分布规律及电磁干扰抑制亟需研究。

1.3　计及负载变化与耦合参数波动，高速移动、高度可变气隙的磁场耦合式动态无线电能传输系统的强鲁棒与高动态控制理论

考虑高速磁浮列车用电需求与车载微网配置情况，划分无线电能传输系统负载的工作模式，确定允许传输的功率范围；高速磁浮列车运行速度快，线圈快速切换，导致移动状态下磁场耦合式无线电能传输系统的互感存在剧烈波动，直接影响系统功率传输特性；高速磁浮列车运行中悬浮间隙波动也会影响原、副边耦合机构之间的耦合关系，引起原、副边传输线圈偏移，进而影响系统功率传输特性，所以对无线电能传输系统的抗偏移能力具有较高要求。因此，如何结合高速磁浮列车的运行特征和次级悬浮、牵引动力特性，提出计及负载变化、耦合参数波动的功率平稳控制原理，实现供电平稳约束下的系统鲁棒性与动态性提升是亟待解决的另一科学问题。

2　科学问题背景

目前，上海磁浮采用的长定子直线同步电机动力系统在低速时必须采用受流轨以满足车载供电需求。该接触式受流结构影响了列车空气动力性能、声学品质，违背磁浮非接触牵引的目标，同时也带来了较为严重的安全可靠性隐患。若引入基于磁场耦合原理的非接触供电技术，沿轨道铺设能量发射线圈代替原受流轨，可实现列车的高效、高可靠非接触能量供给。目前磁浮列车的高性能非接触供电已成为理论研究和工程实际急需解决和处理的科研难点和工程热点。

与传统无线电能传输技术不同的是,高速磁浮在运行中,将跨越大空间、时间尺度完成客运、货运任务,沿途气温、海拔变化,风沙、雨雪等严苛天气将难以避免。与此同时,磁浮列车悬浮气隙小,运行中带来的气隙波动对于原、副边能量传输线圈的互感参数影响更为严重,互感的波动将进一步引起磁链变化从而改变传输能量,将使得系统偏离预设额定工作点,将引发系统过流或供电不足等后果。此外,沿轨铺设的发射线圈在高速运行中需要进行分段导轨切换控制,车体安装的接收线圈与其的相对位置将受车速影响实时改变,且产生数值变化的感应电动势影响能量传输。综上所述,考虑磁浮非接触供电系统动态电磁耦合影响,如何进一步实现在双端控制器独立运行情况下实现系统的鲁棒控制是系统高效可靠运行的基础及必须攻克的难题。

3 科学问题的研究进展

3.1 高速磁浮非接触供电系统的动态电磁耦合负效应抑制方法

高速磁浮运行跨越时空尺度大,经历的风霜雨雪等气候环境复杂,能量传输磁场受运行速度、气隙波动影响严重。由于线圈移动时互感参数波动大,通过对能量拾取线圈的电磁结构、参数进行优化,优化设计线圈的尺寸结构,拾取端采用双线圈结构,改变发射线圈间的重叠程度,能够有效地降低移动状态下线圈之间的互感波动,从而实现系统输出功率稳定性的提高,同时实现电流应力分担与均衡,解决了输出端低压大电流效率低下、大偏位输出不稳定问题。此外,还有文献提出通过电场、磁场混合型非接触供电,提高系统耦合器的抗失准、抗偏移能力,降低电磁场波动影响。然而,现有文献大都选择正线圈尺寸结构等参数,并没有综合考虑速度、气隙、环境等影响因素。如何结合现有的电磁负效应抑制方法,对高速磁浮非接触供电系统而言,是值得深入研究的问题。

3.2 高速磁浮非接触供电电磁屏蔽方法

高速磁浮列车运行沿线环境复杂,存在金属、生物等多因素影响,导致非接触供电系统电磁分布特性复杂,其高频强磁场在沿线排布的金属附件及车体设备干扰下,将存在严重漏磁现象,威胁电磁安全性及供电可靠性。电磁屏蔽技术作为目前非接触供电系统电磁辐射抑制的主流措施,在无源屏蔽技术、有源屏蔽技术以及谐振无功电流环等抑制措施上已经拥有许多进展性的研究成果。铁磁性屏蔽材料可以为耦合线圈产生的磁场提供一条高磁导率的通道,这有利于减小线圈产生的漏磁场;而非铁磁性屏蔽材料通过导电材料产生反向的涡流磁场,从而对原磁场进行一定程度的抵消。KAIST利用带有开关阵列和调谐电容的无功电流回路控制屏蔽线圈回路的谐振频率,实现了一定频率下的漏磁场抵消,采用磁场传感回路反馈系统测定测量点位置的磁场强度,通过控制器找到使总电动势最小的电容组合。如何针对磁浮列车沿线环境工况及高安全性要求,根据完整的电磁分布模型,建立电磁屏蔽设计理论方法体系以及在确保能量传输前提下的有源、无源方法综合优化应用,这两点在磁浮列车非接触高效供电中尤为重要。

3.3 动态无线电能传输系统传输功率鲁棒控制方法

列车高速移动以及线圈动态偏移过程中的功率平稳控制,是实现高速磁浮列车磁场耦合式动态无线电能传输的关键。列车运行过程中无线电能传输系统耦合机构沿水平方向或垂直方向发生偏移是不可避免的,原、副边线圈间耦合系数随耦合机构偏移发生变化,导致系统输出电压平稳性下降、传输效率降低、稳定性变弱,影响其在高速磁浮列车上的应用。目前功率平稳策略一般通过优化拾取线圈结构、滑模变结构控制等方法来实现,有学者提出分析系统结构奇异值采用一种保持输出电压恒定的鲁棒控制器,采用广义状态空间平均法建立了系统的频域标称模型。通过上线性分式变换将标称块和不确定块分离,得到了一个标准的 M-Δ 配置,通过 D-K 迭代得到 μ 控制器。但这些方法针对控制信号反馈都具有一定需求,无法满足磁浮非接触系统双端独立控制要求。因此,综合考虑磁浮运行工况、气隙波动、耦合参数宽范围变化等问题,一定程度上限制了上述方法的应用,因此提出强鲁棒、高动态的无线电能传输系统功率控制方法尤为必要。

主要参考文献

[1] Brecher A, Arthur D. Review and Evaluation of Wireless Power Transfer(WPT)for Electric Transit Application[J]. Journal of the Human Factors and Ergonomics Society,2014,49(5):832-841.

[2] Kim J H,Lee B S,Lee J H,et al. Development of 1-MW Inductive Power Transfer System for a High-Speed Train[J]. IEEE Transactions on Industrial Electronics,2015,62(10):6242-6250.

[3] 李龙祥.高速磁浮列车长定子直线同步电机的性能分析[D].杭州:浙江大学,2020.

[4] 杨庆新,章鹏程,祝丽花,等.无线电能传输技术的关键基础与技术瓶颈问题[J].电工技术学报,2015,30(5):1-8.

[5] B. Luo,T. Long,L. Guo,et al. Analysis and Design of Inductive and Capacitive Hybrid Wireless Power Transfer System for Railway Application[J]. IEEE Transactions on Industry Applications,2020,56(3):3034-3042.

[6] S. B. Lee,I. G. Jang. Coil Layout Optimization for Maximizing the Power Transfer Efficiency of Wireless Power Transfer Systems With Multiple Transmitter Coils[J]. IEEE Journal of Emerging and Selected Topics in Power Electronics,2020,8(3):2672-2681.

撰稿人:康劲松(同济大学)

高速磁浮长初级多相永磁直线同步电机驱动系统

Long primary permanent magnet linear synchronous drive system for high-speed maglev train

1　科学问题概述

长期以来,受电力系统供电制式的束缚,三相电机驱动系统始终占据着主导地位,对多相电机驱动系统的研究和应用尚不充分。伴随着现代电力电子变换技术和电机理论的发展,电机驱动系统摆脱了电源供电相数的约束,多相电机驱动技术得到了快速发展。相较于三相电机,多相电机驱动系统具有如下优势:①具有较强的容错运行能力。传统三相电机驱动系统,当某一相定子绕组或逆变器桥臂发生故障时,电机将不能容错运行。多相电机驱动系统具有冗余特性,缺相故障发生时,通过适当的控制,电机可以持续运行。②采用常规器件实现大功率输出。增加牵引传统系统功率是提升磁浮列车运行速度的必然途径。多相电机驱动系统通过增加电机绕组和逆变器相数,在不增加每相桥臂功率器件电压电流应力的前提下,可以有效提升牵引系统输出功率。

另一方面,相较于直线感应电机,永磁直线同步电机优势明显,其具有推力密度大、功率因数高、损耗低、响应速度快和可控性好等优点,在常导型高速磁浮列车等大容量场合尤其适用。此外,由于次级励磁功率较小,同时高速磁浮列车速度等级为600km/h甚至更高,接触式供电方式面临巨大挑战,长初级的技术路线更加适用。初级沿线路安装于地面,通过地面大功率变流器供电;次级安装于车上,通过直线谐波发电机无接触励磁。

目前,国内外关于长初级多相永磁直线同步电机驱动技术的研究尚处在起步阶段,亟需进一步深入研究。

2　科学问题背景

在高速轮轨列车牵引传动系统中,功率器件是故障率最高的部件之一。功率器件损坏将会直接导致牵引逆变器产生缺相故障,进而导致三相牵引电机无法继续运行,影响列车正常运行。高速磁浮列车速度等级为600km/h甚至更高,且长初级直线同步电机同时肩负牵引、悬浮和发电三项功能,牵引逆变器或牵引电机发生缺相故障影响更大,甚至会产生严重的安全事故。多相电机具有冗余特性,理论上只要剩余的正常相数大于3相,通过采用适当的控制技术,在不改变硬件电路拓扑结构的前提下,可实现故障状态下的安全运行。因此,有必要开展长初级多相永磁直线电机容错控制技术研究,进而提高高速磁浮列车的可靠性。

准确的位置信息是永磁直线电机取得良好控制效果的必要前提,因而对位置检测的精度和可靠性提出了严格的要求。然而,对处于开放环境中的高速磁浮列车系统,位置传感器易受外界温度、振动、电磁噪声等干扰,导致传感器精度降低,甚至不能稳定工作。另一方面,在高速磁浮列车这样的高速长行程场合,位置传感器的安装及信号线的铺设会显著增加系统成本和维护难度。因此,研究无位置传感器控制方法,提高系统环境适应能力、可靠性与实用性,具有重要的工程实际意义。

长初级永磁直线同步电机定子绕组安装在地面,无需车载受流装置和牵引变流设备,可以有效降低列车自重。但是,该类直线电机定子较长,绕组电阻、电感较大,直流母线电压要求较高,损耗大,效率低,尤其是高速磁浮列车这样的长行程系统,整段供电的可行性非常低。然而,长定子分段也带来了控制困难的问题,若控制不当,次级在运行时将会产生明显的推力波动,严重恶化列车运行性能。因此,必须研究分段供电技术,减小电机损耗,提高系统效率。

高速磁浮列车运行速度快,对控制系统响应速度提出了较高的要求。矢量控制算法作为一种成熟的电机变频调速控制技术,稳态性能优良,但其动态响应速度较慢,同时需要整定多个PI(比例-积分)参数,难以满足高速磁浮列车永磁直线同步电机的控制要求。因此,必须研究具有快速动态响应的先进控制技术。

3 科学问题研究进展

3.1 容错控制技术

长初级多相永磁直线同步电机作为磁悬浮列车的动力源,其定子侧内部故障是一种常见且危害性很大的故障。定子内部故障主要分为相断路和相短路,其中相短路故障可转变为开路故障,因此目前的直线电机容错控制策略主要针对开路故障的情况。相比传统三相电机,多相电机具有较高的自由度,在系统中的一相或多相出现问题的情况下,只需通过合适的容错控制策略便可保证电机继续运行,适用于对可靠性要求较高的电磁推进系统。多相电机缺相故障下的容错控制的基本思想是根据故障前后磁动势相同的原则,计算剩余相的容错电流并进行跟踪,从而生成与正常运行时相同的磁动势,实现电机的正常运行。缺相故障后的容错电流参考计算是一个多解问题,因此通常根据不同的优化约束条件获得唯一解,如最小铜耗约束和最小转矩约束等。获得参考容错电流后,可采用电流滞环控制、矢量控制、直接转矩控制和模型预测控制等控制策略实现容错电流的准确跟踪。然而对于磁悬浮列车中的长初级永磁直线同步电机,不仅需要完成牵引功能,还需完成悬浮和发电功能。轨道上的长初级和悬浮臂次级间产生电磁推力,实现列车的牵引;初级和次级间的法向力则实现列车的悬浮功能,并通过负反馈调节保证悬浮气隙的稳定;次级磁极上的直流发电机则通过无接触式供电为列车用电设备提供电能。目前的直线电机容错控制策略都是针对电磁推力展开研究的,暂无研究成果涉及多相永磁直线同步电机缺相故障对悬浮和发电功能的影响。

3.2 无位置传感器控制技术

为了实现永磁直线电机的良好控制,准确的次级位置信息不可或缺。然而,位置传感器的使用增加了系统的成本和体积;同时传感器易受外界温度、湿度及振动等条件的影响,导致测量精度变差,严重情况下甚至会发生损坏从而影响系统的可靠性。尤其在高速磁浮列车应用领域,过长的行进距离给传感器的安装和数据线缆的铺设带来了困难。以上诸多不利因素都制约了位置传感器在高速长行程永磁直线电机中的应用,利用无位置传感器方法可以有效地解决上述问题,极大地提升系统的环境适应能力、可靠性与实用性。

永磁直线电机的无传感器技术研究包括三个方面:零速初始位置判断、高速区速度及位置观测、低速区速度及位置观测。为了解决永磁直线电机的磁极初始位置判断问题,国内外学者开展了一系列研究。由于电机绕组具有磁饱和特性,绕组饱和度不同电感值也有所不同。当给电机施加不同方向的电压脉冲矢量后,电流响应也会因电感值的变化而变化,当电压矢量方向和永磁体磁极方向一致时电流达到最大值。因此,通过注入不同方向的电压矢量,检测电流的变化情况可以有效估计动子磁极的初始位置信息。在永磁旋转同步电机中,适用于高速区的速度及位置观测方法已经非常成熟。适用于中、高速阶段的无传感器控制技术,大多都是直接或间接地从反电动势中提取位置信号,进而实现对动子位置的估计。目前适用于中、高速阶段的无传感器控制技术主要包括:磁链观测器法、模型参考自适应法和基于各种状态观测器的估算方法,如降阶状态观测器、扩展卡尔曼滤波观测器、龙伯格观测器、滑模观测器、非线性观测器等。到目前为止,永磁直线电机无传感器控制方法大多借鉴于永磁同步旋转电机,如扩展反电动势法、模型参考自适应法等。然而在绕组分段式永磁直线电机系统中,无位置传感器控制的研究面临更大的挑战。在动子跨越相邻两段定子过程中动子与定子耦合面积发生变化,导致电感、磁链等参数剧烈变化,同时反电势信号随动子位置的变化而呈现出非周期性的突变。此外,由于段间过渡区域涉及两个驱动器之间的切换问题,需要同步处理相邻定子段的观测反电势信息,因此常规无位置传感器控制方法在绕组分段式永磁直线电机系统中难以直接应用。

在低速运行工况下,永磁直线电机的反电势较小、信噪比较低,且低速运行时电机参数变化对反电势影响显著,难以利用反电势提取动子位置信息。在传统永磁同步旋转电机中,一般通过向控制系统中注入高频电压信号,从其高频激励电流信号中提取转子位置信息,根据注入信号的方式不同可分为旋转高频信号注入和脉振高频信号注入。高频注入法利用的是电机的凸极效应,不依赖于电机的参数和数学模型,但注入的高频信号会产生噪声,同时会增加额外的转矩脉动,因此在特定场合的应用受到一定限制。由于永磁直线电机独特的结构,其产生的端部效应影响了高频注入法的观测精度,目前关于改进方法的研究成果较少,仍处于探索阶段。

3.3 长初级分段供电技术

长初级结构永磁直线同步电机定子绕组安装在轨道下方固定不动,无需车载受流装置和牵引变流设备,这对降低列车自重和提高列车运行可靠性都具有十分重要的意义。但是,该类直线电机定子较长、绕组电阻、电感较大,直流母线电压要求较高,损耗大、效率低,尤其在高速磁浮这样的长行程应用场合,整段供电可行性非常低。现有技术通常将初级绕组进行分段,采取分段供电方式,减小电机损耗,提高系统效率,同时分段也符合模块化拼装的要求,有利于电机的结构设计、制造安装以及维护使用等。然而,长初级分段也带来了控制困难的问题,若控制不当,动子在段间运行时将会产生明显的推力波动,严重恶化列车运行性能。磁浮列车牵引系统中应用比较广泛的分段供电方法有两步法、三步法等。两步法将轨道两侧的定子绕组交错分段,由两组变流器和馈电电缆分别供电,在定子断切换过程中首先要控制列车正在离开的定子段电流逐渐下降到零并关断,正在进入的定子段电流逐渐增大,由于在切换过程中只有一侧电机输出功率,不可避免地造成切换过程牵引力损失,严重影响列车运行速度和舒适度。三步法通过设置三组变流器轮流给轨道两侧定子段供电,使得在切换过程中两个定子段分别由两组不同的变流器供电,避免了采用两步法列车在切换过程中牵引力损失的问题。但是采用三步法在非切换区间只有两组变流器工作,造成了一组变流器的闲置,增加建设成本,此外为保证切换过程平滑过渡,前后两个定子段电流应相等,这样逆变器的控制将十分复杂。

工业场合应用的长初级永磁直线同步电机驱动供电系统按照驱动电源数量的多少可分为单逆变器驱动和双逆变器驱动方案。单逆变器驱动方案采用单一逆变器同时驱动多段初级,该方案成本低,驱动控制策略相对简单。然而该方案对初级绕组的切换时间要求极为严格,由于存在开关延时、位置检测误差和控制器的延时等,实际系统中很难做到开通和关断的完美配合,当动子在段间运行时将不可避免地出现电磁推力波动,目前国内外关于该驱动方案的研究很少。采用双逆变器供电方法时两组逆变器可以独立控制,电流调节相对灵活,系统效率大幅提升。因此,双逆变器并联供电方案在系统成本和效率上优势较为明显。然而,定子段间电流协调控制技术尚不成熟,此外由于每段定子相对独立,导致每段初级参数在次级移入或移出某段定子时会剧烈变化,不易估算动子位置,给无位置传感器控制带来极大挑战。

3.4 参数失配模型预测控制技术

模型预测控制思想简单，动态响应较快，近年来在电机驱动系统中得到了快速发展。然而，当模型预测算法应用到多相电机系统中时仍存在诸多问题。有限控制集模型预测算法中需要对所有待选电压矢量进行遍历计算，而多相电机系统中的电压矢量的个数较多，会给数字控制器带来极大的运算量。无差拍优化的模型预测控制算法通过计算参考电压矢量，并选取与参考电压相邻的电压矢量进行预测，可以有效减小计算量。此外，在功率等级较高的应用场合中，为了减小开关损耗，应尽可能降低开关频率。多步长模型预测控制算法利用改进的球形译码算法解决多步长预测中的优化问题，能够在保证控制性能的情况下有效降低开关频率，在保证控制性能方面优于空间矢量调制算法。上述研究成果有效减小了模型预测控制算法的计算量，降低了开关频率。

此外，模型预测控制依赖于准确的电机模型，参数失配会降低控制性能甚至威胁系统的稳定性。与传统永磁旋转电机相比，参数变化问题在永磁直线同步电机驱动系统中更加严峻。由于永磁直线电机具有开断结构和较大气隙，在实际运行中存在动态边端效应的问题，导致电机参数发生变化。尤其当动子跨段运行时，各段绕组的电感、永磁体磁链、反电势系数及推力系数等参数均会变化，且与动子当前的位置相关。因此，为了提高永磁直线电机的控制性能，需要对变化的电机参数进行在线辨识，以获取准确的动态电机数学模型。目前国内外学者对电机参数的辨识主要集中在旋转电机，对于永磁直线电机的研究较少。在各类在线辨识算法中，最小二乘法因其简单稳定的特点得到了广泛应用，但是随着辨识对象的观测数据增加，使用最小二乘法辨识参数对计算资源占用量过大。除此之外，状态观测器法、模型参考自适应法、卡尔曼滤波器等基于模型的辨识方法也取得了一定的研究成果。然而，这类方法往往存在欠秩的问题，即待辨识参数多于方程数目，导致方程组欠秩从而辨识失败，因此这类方法仅选用部分参数进行辨识。

采用长初级多相永磁直线同步电机驱动系统可以有效提高高速磁浮列车的系统可靠性，降低其系统损耗。该系统存在以下难点需要逐步攻克。

(1) 直线电机缺相故障对列车悬浮和发电影响的理论分析和容错控制技术。长初级永磁同步直线电机除牵引磁浮列车运行外，还兼具悬浮和发电两个重要功能。当发生缺相故障时，分析缺相故障对悬浮和发电的影响机理，建立解耦故障模型，从而构建容错控制策略保证电机牵引、悬浮和发电功能的正常运行，是保障高速磁浮列车多相永磁直线同步牵引系统稳定运行的技术难点之一。

(2) 在动子跨越相邻两段定子过程中无位置传感器控制技术。在长初级多相永磁直线同步电机系统应用中，当动子跨越相邻两段定子时，动子与定子耦合面积发生变化，导致电感、磁链等参数剧烈变化，同时反电势信号随动子位置的变化而呈现非周期性的突变。此外，由于段间过渡区域涉及两个驱动器之间的切换问题，需要同步处理相邻定子段的观测反电势信号，常规无位置传感器控制方法在绕组分段式永磁直线电机系统中难以直接应用。在低速运行工况下，由于反电动势较小，一般采用高频注入法实现动子速度和角度的观测。然而，高频注入信号会产生噪声，且由于永磁直线电机独特的结构，其产生的端部效应影响了高频注入法的观测精度，目前关于改进方法的研究仍处于探索阶段。因此，如何实现动子跨越相邻两段定子过程中的反电势信号准确观测和平稳过渡，和如何提高高频注入法在永磁直线电机系统中的观测精度，是长初级永磁直线同步电机系统无位置控制技术的难点。

（3）初级分段供电协调控制技术。多逆变器并联供电方案在成本和效率方面优势明显，但对不同定子段间电流协调控制要求较高，稍有不慎就会产生较大推力波动。因此，开展高速磁浮列车长初级分段供电协调控制技术研究，着重解决供电系统端容量分配以及多相定子间过分相问题，是保障高速磁浮列车多相永磁直线同步牵引系统稳定运行的技术难点之一。

（4）参数失配模型预测控制技术。模型预测控制依赖于准确的电机模型，参数失配会降低控制性能甚至威胁系统的稳定性。与传统永磁旋转电机相比，参数变化问题在永磁直线同步电机驱动系统中更加突出。因此，建立多相永磁直线同步电机多物理场耦合模型，揭示电机关键参数变化规律，研究快速准确的参数在线辨识方法，构建参数失配下模型预测控制技术，是提高长初级多相永磁同步直线电机控制性能的难点之一。

主要参考文献

[1] 孙兆龙,刘德志,马伟明.计及铁心饱和直线感应电动机模型及参数研究[J].中国电机工程学报,2011,31(33):144-150.

[2] Ren J Q, Li Y H. MARS Based Online Magnetizing Inductance Estimation of Linear Induction Motor[C]// Proceeding of the International Conference on Electircal Machines and System. Seoul: EMS, 2007.

[3] 王惠民,张颖,葛兴来.基于全阶状态观测器的直线牵引电机励磁电感在线参数辨识[J].中国电机工程学报,2017,37(20):6101-6108.

[4] 贾少锋,刘紫薇,梁得亮.多相电机容错控制策略综述[J].西安交通大学学报,2021(6):1-9.

[5] 吕刚.直线电机在轨道交通中的应用与关键技术综述[J].中国电机工程学报,2020,40(17):5665-5675.

[6] Huang S J, Ching T W, Li W L, et al. Overview of Linear Motors for Transportation

Applications[C] // 2018 IEEE 27th International Symposium on Industrial Electronics (ISIE). Cairns, QLD, Australia: IEEE, 2018: 150-154.

[7] 许金,马伟明,鲁军勇,等. 分段供电直线感应电机气隙磁场分布和互感不对称分析[J]. 中国电机工程学报, 2011, 31(15): 61-68.

[8] Wang W, Feng Y, Shi Y, et al. Fault-Tolerant Control of Primary Permanent-Magnet Linear Motors with Single Phase Current Sensor for Subway Applications[J]. IEEE Transactions on Power Electronics, 2019, 34(11): 10546-10556.

[9] Wang W, Lu Z, Feng Y, et al. Coupled Fault-Tolerant Control of Primary Permanent-Magnet Linear Motor Traction Systems for Subway Applications[J]. IEEE Transactions on Power Electronics, 2021, 36(3): 3408-3421.

[10] Alonge F, Cirrincione M, D'Ippolito F, et al. Parameter Identification of Linear Induction Motor Model in Extended Range of Operation by Means of Input-Output Data[J]. IEEE Transactions on Industry Applications, 2014, 50(2): 959-972.

撰稿人：宋文胜（西南交通大学）

高速磁浮系统直线同步牵引电机优化与控制策略关键技术研究

Research on the key technologies of optimization and control of linear synchronous traction motor in high speed maglev system

1 科学问题概述

高速磁浮交通的牵引系统主要由长定子直线同步电机、牵引控制系统、三电平大功率变流器以及相应的轨旁设备等组成。因此,高速磁浮系统用长定子直线同步电机的结构参数优化设计和高性能控制策略是高速磁浮系统的关键核心技术。

在高速磁浮列车滚动角以及偏航角的干扰下,直线同步牵引电机的运行气隙的长度和形状都会发生变化。此外,在高速磁浮系统运行过程中,直线同步牵引电机的初次级耦合面积、运行气隙大小和运行气隙形状还会受到其他三个子系统和列车运行姿态的影响。因此,对高速磁浮系统用直线同步牵引电机进行优化设计时,不仅要考虑到电机结构参数对气隙磁场分布、推力大小、推力波动、效率和功率因数的影响,还要研究牵引电机与其他三个子系统耦合时的电磁特性,综合分析牵引电机在受到列车多姿态扰动时的电磁特性变化规律,得出适用于高速磁浮系统的最优直线同步牵引电机参数优化设计方案。

在高速磁浮列车滚动角以及偏航角的干扰下,直线同步牵引电机的运行气隙的长度和形状都会发生变化。此外,当磁浮列车高速运行时,为了降低单个变流器的输出容量并保证供电的可靠性,将采用供电距离较长的馈电电缆对长定子进行双端供电。与传统直线同步电机相比,由于电机运行气隙的多变性和复杂性,以及馈电电缆等效电感和电阻不可忽略的特点,使得高速磁浮用直线同步牵引电机的等效电路模型更加复杂。而且,在高速运行状态下,如果控制延时,将会引起推力波动,甚至会造成电机失步,影响高速磁浮系统运行稳定性。因此,研究建立高速磁浮系统直线同步牵引电机的等效电路模型,设计精准有效和实时稳定的控制策略,具有重要的理论价值和工程实践意义。

2 科学问题背景

2.1 高速磁浮系统直线同步牵引电机本体优化

高速磁浮系统的高速运行工况对直线同步牵引电机的电磁力幅值、波动情况、效率及功率因数等提出了更高要求。此外,高速磁浮系统用直线同步牵引电机有别于一般的直线同步电机,不仅其气隙长度与气隙形状与列车运行姿态相关,而且初级与次级间的耦合面积还会受到其他子系统电磁特性的影响,同时,由于悬浮绕组、导向绕组和集电绕组的存在,其气隙磁场的组成也更加复杂。这些都导致高速磁浮系统用直线同步牵引电机的电磁力不仅受到了电机结构参数、定子电流、功角和定子供电长度的影响,还会受到悬浮系统、导向系统、集电系统和列车运行姿态的影响。因此,在掌握电机结构参数对电磁特性影响规律的基础上,研究分析与悬浮系统、导向系统和集电系统耦合时的牵引电机电磁特性,探索电机不同结构参数与列车俯仰、滚动、偏航姿态间的映射规律,不仅有利于保证高速磁浮系统驱动稳定性,还可为电机控制策略的制订提供理论依据。

2.2 高速磁浮系统直线同步牵引电机控制策略

与传统直线同步牵引电机不同,应用于高速磁浮系统中的直线同步牵引电机一般与悬浮子系统或导向子系统共用同一气隙,悬浮高度或横偏位移的变化会不可避免地影响到牵引系统的电磁特性。同时,高速磁浮列车特殊的多姿态运行工况也会对牵引电机的气隙长度和气隙形状产生影响。因此,为了严格保障列车驱动系统的运行稳定性,高速磁浮系统直线同步牵引电机控制策略的制订需要在掌握悬浮、导向、滚动、俯仰和偏航运动与牵引电机气隙之间的变化规律的基础上,根据反馈得到的运动偏移量,驱动电机按给定的操作指令运行。

对于高速磁浮直线同步牵引电机而言,快速精确的位置反馈是保证电机在运行过程中精准控制的基础前提,也是实现直线同步电机高加速度和高效率的关键因素之一。然而,与传统直线同步牵引电机相比,超高速用直线同步牵引电机的高速运行状态对电机运行速度和次级所在位置的精确和快速反馈要求更为严格。因为在电机极距确定的情况下,速度和位置信号的延迟将导致电机失步,严重时将导致电机失控。例如在500km/h的运行速度下,对于极距1.35m的电机,0.1ms就会滑过5°电角度。此外,磁浮列车运行于强电磁场干扰环境下,因此,需要提出一种具有高检测精度和低检测误差的高速磁浮系统直线同步牵引电机速度和位置估计控制策略,以满足高速磁浮列车在低、中和高速运行状态下直线同步牵引电机的牵引控制要求。

为了克服次级在高速运行工况下产生的反电势,当列车运行到速度大于100km/h的高速工况时,会采用双端供电模式向定子段供电,以保证在提供一定的牵引电流的条件下,输出更大的电压。然而,在双端供电模式下,磁浮列车是强耦合、非线性、多输入多输出系统,每台变流器电流不仅与自身的电流和电压交叉耦合项相关,而且还与另外一台变流器的电流、电压和电机励磁电流相关。定子长度会直接影响该电机的效率及功率因数。为了解决定子长度与轨道长度相同而导致的电机功率因数低、端电压高、损耗严重以及效率低等问题,需要对直线牵引电机分段供电。然而,当磁浮列车从一个定子段过渡到另一个定子段时,列车一侧的定子会经历电流降为零再增大的过程。随着磁浮列车速度的提高,逐渐增大的耦合作用、换步过程中较大的电流波动,都不利于磁浮列车的稳定运行。因此,需要在现有控制方法的基础上建立双端供电模式下高速磁浮系统直线同步牵引电机的等效电路模型,创建新型电流解耦控制策略,降低磁浮列车在定子段换步过程中的电流波动,提高系统动态性能。

3 科学问题研究进展

高功率密度、高可靠性和高精度是高性能电机的目标需求。在不同应用领域,对电机性能的要求不同。高速磁浮系统用直线同步牵引电机主要特点有:电磁环境复杂,易受列车多姿态运行工况的干扰;双端分区供电方式;运行速度高,加减速度大;对推力波动要求严格。针对这四个特点,高速磁浮系统用直线同步牵引电机本体设计的优化目标可归纳为:优化推力值,改善推力波动,与其他磁浮子系统耦合时电磁性能最优化,列车多姿态运行工况下电磁性能最优化;高速磁浮系统用直线同步牵引电机控制策略的关键技术可归纳为:磁浮系统多姿态运行工况下牵引电机抗干扰平稳运行控制策略,有效抑制换步过程中电流波动的电流解耦控制策略,以及实时精准的位置和速度反馈。

针对高功率密度、高可靠性和高精度的高速磁浮系统直线同步牵引电机展开研究,需要对以下两个关键核心问题进行展开。

3.1 基于多姿态电磁特性分析的高速直线同步牵引电机多目标全局优化技术

许多学者在优化本体参数和改善推力波动方面进行了深入的研究。采用合理的

Halbach 永磁阵列拓扑结构可实现理想的磁场分布,但增加了机械制造的难度。部分学者通过采用分数槽结构方法降低齿槽效应引起的齿槽力,减少了推力波动,但是势必要增加电机制作成本。部分学者通过调整电磁铁的结构参数,使感应电动势中的高阶谐波成分和推力的波动得到了降低,但同时也影响了悬浮系统的电磁性能。将永磁铁进行适当移位形成非对称分布可以减小推力波动,但这一方法同时也增大了电机制造难度。部分学者采用电磁场有限元法对高速磁浮列车电磁铁进行了分析,研究了电磁铁的磁场分布以及定子齿槽和安装发电线圈的齿槽对悬浮力的影响,对电磁铁结构和动子极距进行了优化设计,减小了悬浮力和推力的波动,但并未以公式形式给出变化规律,优化方案不具有一般性。

为对高速磁浮系统直线同步牵引电机进行全局优化,国内外学者进行了大量的研究工作。部分学者通过引入全局化的目标函数对高速磁浮系统的总体性能进行控制,并以有限元分析软件作为基础,采用全局优化理论对电磁铁的几何参数进行自动调整,这一方法虽然取得了较好的优化结果,但是并未揭示直线同步牵引电机与悬浮系统和集电系统耦合的一般规律。基于全局目标函数,通过使用解析公式,选择合适的权重系数,将直线同步牵引电机与各子系统性能作为几何函数进行评估,与有限元方法相比,速度更快。

综上所述,目前对于直线同步牵引电机的优化研究都未同时将优化推力值和改善推力波动作为电机优化的共同目标,且未考虑经济性要求。并且,现有研究也都并未以列车多姿态运行工况下的直线同步牵引电机电磁性能为优化目标进行全局优化,忽略了推力波动这一优化条件,导致电机最终优化结果不能满足高速磁浮系统的要求。因此,电机结构参数与电磁特性间的变化规律分析,与悬浮系统、导向系统和集电系统耦合时的牵引电机电磁特性研究,电机结构参数与列车俯仰、滚动、偏航姿态间的映射规律探索,兼顾电机本体优化和全局优化的整体优化目标都是十分必要的,不仅有利于保证高速磁浮系统驱动的稳定性,还可为电机控制策略的制订提供理论依据。

3.2 基于抗干扰控制算法的高速直线同步电机速度反馈控制系统研究

为提高直线同步电机的干扰抑制能力,近年来许多国内外学者投入了各类抗干扰平稳运行电机控制策略的研究工作。复合前馈 PID(比例-微分-积分)控制方法采用了固定参数模型对电机进行速度、加速度补偿,可显著提高系统的跟踪精度但该方法的跟踪效果受模型参数估计误差影响较大,鲁棒性欠佳,不能消除干扰影响。神经网络自适应逆模型控制方法采用了神经网络构建控制对象的逆模型,具有较好的跟踪性和鲁棒性,但在该方法中,神经网络把电机与干扰作为一个整体进行学习时,往往会忽略对高频干扰部分的补偿。自适应前馈控制与 PID 控制相结合的控制方法通过对误差信号作频谱分析得出推力波动所包含的主要谐波,在前馈补偿中植入"木马"的方法来减少推力波动对系统影响,具有较好的控制效果,但该方法采用离线方式对误差信号进行傅立叶变换分析时,只能得到干扰的频域信息,因此并不能完全实现对干扰的在线估计与补偿。

国内外学者提出了许多电流解耦控制策略,以求精准进行电机控制。其中,传统的PI电流控制忽略了交叉耦合项,动态性能差。电压前馈解耦控制,利用电机参数计算前馈项来实现电流解耦,与传统PI相比,动态性能有所提高,但在磁浮列车运行过程中,由于电机参数的变化,系统动态性能受到影响。基于内模的解耦控制器,鲁棒性好,但系统进入稳态前存在振荡。基于扰动观测器的偏差解耦控器,利用扰动观测器估算出的扰动补偿量,克服了偏差解耦的振荡问题,鲁棒性好,扰动观测器在一定程度上依赖系统数学模型。复矢量解耦控制器,动态性能好,但抗扰动能力较弱。逆系统方法实现非线性反馈线性化解耦,具有良好的动态性能和稳定性,但它的实现需要精确的被控对象数学模型,并且计算比较复杂。

为进行实时精准的位置和速度反馈,国内外学者进行了大量的研究工作。基于观测器的无速度传感器控制策略有隆贝格全阶或降阶观测器、模型参考自适应观测器、滑模观测器和卡尔曼滤波器等。这些方法虽然在理论上能获得较高的估算精度,但却受到控制算法复杂、实现困难、调节器参数难以选择或对电机参数依赖性强等限制,目前多处在实验室研究阶段。模型参考自适应观测器控制方法在无速度传感器控制的工业领域得到了一定程度的应用,其中参考模型的构建严重依赖于电机的参数,系统鲁棒性较差,且自适应调节参数难以选择,实际应用也有一定的难度。高频信号注入法和齿谐波检测法的估算精度较高,可以实现全速域的高精度位置、速度观测,但是这两种方法的算法复杂,对系统的软硬件要求较高,且高速磁浮系统长定子直线同步牵引电机的结构不适合采用高频信号注入法估算列车运行的位置和速度信息。反电动势估算法是利用电机电枢电流、电压来计算磁链和速度信息,该方法简单易实现,但需要用电压电流的检测值参与计算,低速时电压电流开关器件的非线性等因素使系统产生较大的噪声误差,降低了辨识的精度。

综上所述,目前已有控制策略仍无法完全解决在复杂电磁环境下直线同步牵引电机的推力波动问题,不能完全应对高速磁浮系统多姿态运行对直线同步牵引电机所带来的电机参数扰动现象,并具有动态性能差、抗扰动能力弱、控制算法复杂、系统鲁棒性差、实际应用难度高等问题,不适用于高速磁浮系统直线同步牵引电机。因此,在制订高速磁浮系统直线同步牵引电机控制策略时,应创新出具有高检测精度和低检测误差的直线同步牵引电机速度和位置估计方法,并基于悬浮、导向、滚动、俯仰和偏航运动与牵引电机气隙之间的变化规律和双端供电模式下电机等效电路模型,提出新型电流解耦控制策略,从而保障列车驱动系统的运行稳定性。

主要参考文献

[1] Lv G, Liu Y, Zhou T, et al. Analysis of Suspension and Guidance System of EDS Maglev Based on A Novel Magnetomotive Force Model[J]. IEEE Journal of Emerging and Selected Topics in Power Electronics, 2020: 1-1.

[2] Boldea, Tutelea L N, Xu W, et al. Linear Electric Machines, Drives, and MAGLEVs: An Overview[J]. IEEE Transactions on Industrial Electronics, 2018, 65(9): 7504-7515.

[3] Lv G, Zhang Z, Liu Y, et al. Characteristics Analysis of Linear Synchronous Motor Integrated with Propulsion, Levitation and Guidance in High-speed Maglev System[J]. IEEE Transactions on Transportation Electrification, 2021, 7(4): 3185-3193.

[4] Lv G, Zhang Z, Liu Y, et al. Analysis of Forces in Linear Synchronous Motor with Propulsion, Levitation and Guidance for High-speed Maglev[J]. IEEE Journal of Emerging and Selected Topics in Power Electronics, 2022, 10(3): 2903-2911.

[5] Chen M, Tsai C, Fu L. A Novel Design and Control to Improve Positioning Precision and Robustness for a Planar Maglev System[J]. IEEE Transactions on Industrial Electronics, 2019, 66(6): 4860-4869.

[6] Lv G, Zhou T, Zeng D, et al. Influence of Secondary Constructions on Transverse Forces of Linear Induction Motors in Curve Rails for Urban Rail Transit[J]. IEEE Transactions on Industrial Electronics, 2019, 66(6): 4231-4239.

[7] Kim C. Robust Control of Magnetic Levitation Systems Considering Disturbance Force by LSM Propulsion Systems[J]. IEEE Transactions on Magnetics, 2017, 53(11): 1-5.

[8] Lv G, Zeng D, Zhou T. An Advanced Equivalent Circuit Model for Linear Induction Motors[J]. IEEE Transactions on Industrial Electronics, 2018, 65(9): 7495-7503.

[9] Min S G and Sarlioglu B. 3-D Performance Analysis and Multiobjective Optimization of Coreless-Type PM Linear Synchronous Motors[J]. IEEE Transactions on Industrial Electronics, 2018, 65(2): 1855-1864.

[10] Lv G, Zhou T, Zeng D, et al. Design of Ladder-Slit Secondaries and Performance Improvement of Linear Induction Motors for Urban Rail Transit[J]. IEEE Transactions on Industrial Electronics, 2018, 65(2): 1187-1195.

撰稿人：吕刚（北京交通大学）

高速磁浮列车悬浮牵引供电一体化基础理论与关键技术

The basic theory and key technology of suspension traction power supply integration for high speed maglev

1 科学问题概述

高速磁浮是引领轨道交通未来发展的重要方向之一,是战略性新兴产业制高点,是助力我国交通强国战略的有力支撑。目前已经商业运营的上海高速磁浮列车采用长定子直线同步电机驱动,沿轨布置牵引变电站,为保证列车动子励磁和辅助供电,在动子铁芯上嵌放了一套直线感应发电机的绕组,在高速运行下,利用牵引电机齿槽效应产生的6次磁通谐波获取电能。但是,当列车运行速度低于100km/h时,直线发电机的输出功率不足以支撑列车用电功率,此时需要通过受流轨为列车供电,增加了运维成本、列车气动阻力及气动噪声,且对安装精确度要求较高,且运行状况易受天气等因素影响,大大降低了列车运行可靠性。

为突破磁浮列车供电系统安全可靠性瓶颈,国内外诸多高校、科研院所纷纷开展磁浮非接触供电研究,无线电能传输技术是一种技术解决方案,但仍存在一些问题需要解决。德国帕德博恩大学在2000年左右提出了采用双馈直线电机驱动的新型铁路系统RailCab,能够将电能无接触地从地面轨道传输给小车,体现了双馈直线电机在非接触供电、直线驱动方面的显著技术优势。

基于长定子双馈直线电机的悬浮/牵引供电一体化高速磁浮交通系统,是利用双馈直线电机能量双向流动传输特性,配合车载储能,实现高速磁浮列车的高效、高可靠非接触供电的有效途径。同时,利用双馈直线电机定动子铁芯之间的法向力以补偿列车重力,实现列车稳定悬浮,利用双馈直线电机产生的牵引力实现磁浮列车高速牵引。

基于双馈直线电机的磁浮牵引供电一体化系统亟待解决的关键科学问题如下。

1.1 计及双馈直线电机模型复杂性,探究高速磁浮双馈直线电机的多目标优化设计方法

精确的电机数学模型是实现电机优化设计和高性能控制的基础,不同于旋转电机以及机械加工用直线电机,磁浮列车用直线电机气隙存在波动,直接影响气隙磁场,进而影响电感参数与输出性能。电机气隙磁场谐波、磁饱和与气隙波动给电机的精确建模带来了挑战。另一方面,在直线电机的优化设计中,通常会选择以减小力的波动、降低齿槽效应的影响和削弱边端效应中的单一目标或者两个目标为最终的优化目标,这样并没有形成真正意义上的全局多目标优化。同时,由于双馈直线电机自身存在的边端效应和齿槽

效应等突出问题,导致其不能直接借鉴现有电机设计方法,因此针对双馈直线电机的优化设计方法是一个需要深入研究的科学问题。

1.2 计及漏磁通和端部效应,高度可变气隙双馈电机复杂机电能量转换机理和电磁耦合规律研究

电磁力产生与功率传输均依赖双馈直线电机空间磁场实现。在车-轨的双端电流激励作用下,双馈直线电机同时具有垂向和切向运动自由度,因此呈现为双电端口和双机械端口的机电能量转换装置。特别的,气隙和悬浮支撑结构又决定了其漏磁通和端部效应影响不容忽略,考虑工程实现条件,高次空间谐波、气隙长度摄动不可避免。从电磁域视角来看,需揭示定、动子双侧磁动势动态平衡机理;从机械域视角来看,需精确表征垂向悬浮力和切向牵引力之间的耦合规律。因此,如何阐明长定子双馈直线电机的多端口机电能量转换与电磁耦合机理,建立计及高速磁浮运行悬浮间隙变化、磁场空间谐波与漏磁通影响的双馈直线电机数学模型是一个亟需解决的科学问题。

1.3 参数宽范围变化、强干扰作用下,本征不稳定大惯量悬浮次级直线电机系统的解耦理论研究

高速磁浮系统悬浮结构是本征不稳定系统,车辆载荷等动力学参数宽范围摄动,切向牵引力与悬浮力耦合且动态变化剧烈。长定子双馈直线电机作为多端口电机,初、次级电端口的电流状态决定悬浮力/牵引力机械输出与次级电功率输出,各变量调节相互影响,存在复杂耦合关系。车-轨双侧控制下,控制器存在通信时延,电机初、次级控制非同步;耦合磁场作用下,初、次级电流存在自耦合与交叉耦合问题,恶化动态响应性能;列车运行期间,悬浮间隙变化、电感磁饱和效应与电阻温升效应导致双馈直线电机存在参数不确定问题,影响控制稳定性。因此,如何结合高速磁浮列车运行特征和次级悬浮动力学特性,提出计及电机参数宽范围变化的解耦控制原理,实现恒悬浮力约束下的牵引力与功率调节是亟待解决的另一科学问题。

2 科学问题背景

目前,上海磁浮采用的长定子直线同步电机动力系统在低速时必须采用受流轨以满足车载供电需求,该接触式受流结构影响了列车空气动力性能、声学品质,违背磁浮非接触牵引的目标,同时也带来了较为严重的安全可靠性隐患。若引入基于电磁感应式无线电能传输原理的非接触供电技术,沿轨道铺设能量发射线圈代替原受流轨,可实现列车的非接触能量供给。但列车车辆、轨道等结构中含有大量的铁磁材料,高频的动态非接触供电将不可避免地带来涡流、发热和系统电磁干扰(EMI)等问题。目前磁浮列车的高可靠非接触供电已成为理论研究和工程实际急需解决和处理的科研难点和工程热点。

双馈直线电机的定、动子绕组能量传输与电磁力产生共同基于车-轨行波磁场，受电磁耦合影响，不仅电机初、次级电流间存在自耦合交叉耦合，而且电磁力控制内部及其与传输功率控制之间也存在耦合通路，悬浮力、牵引力、传输功率之间存在紧密联系，难以对三者进行独立控制。三者耦合关联如下：电机牵引力与悬浮力互相影响，调节电机牵引力，悬浮力同时改变，影响直线电机气隙，导致励磁磁链变化，进一步影响电机牵引力，闭环系统控制复杂、稳定性差、易发散，无法实现磁浮列车的稳定悬浮与高速牵引；同时，电磁力调节会影响车-轨间功率传输。综上，悬浮力、牵引力、传输功率解耦是高速磁浮双馈直线电机系统高效非接触供电与运行的基础及必须攻克的难题。

3 科学问题研究进展

3.1 高速磁浮双馈直线电机的精确建模与多目标优化设计

双馈直线电机采用双边绕组结构，齿槽效应突出，气隙磁场存在大量谐波，同时受端部效应影响，存在定位力，输出牵引力与悬浮力均存在波动。基于数据驱动的半解析建模是电机高精度建模的发展方向，尤其是基于欧拉-拉格朗日模型与磁共能半解析重构的电机建模方法，具有理论精度高，形式简洁，拟合变量少的优点。在直线电机设计方面，目前多采用粒子群算法和模拟退火算法等先进算法实现多目标优化，这些算法应用于双馈直线电机优化设计的有效性有待进一步验证。在优化目标的选择方面，现有文献大都选择降低力的波动，削弱边端效应和削弱齿槽效应等单一目标，并没有形成真正意义上的多目标优化设计。同时，目前针对高速磁浮双馈直线电机的设计文献较少，如何结合现有的直线感应电机以及直线同步电机的设计方法，对双馈直线电机进行多目标优化设计是值得深入研究的问题。

3.2 双馈直线电机悬浮力、牵引力、传输功率解耦控制策略

长定子双馈直线电机悬浮力、牵引力、传输功率的独立可控是高速磁浮列车安全平稳运行的基础。已有文献表明双馈电机的悬浮力和牵引力完全由初、次级电流幅值、相位与动子位置决定，双馈电机初级到次级的传输功率取决于初、次级电流的幅值与频率，此外，初、次级电流与输出电磁力及传输功率并非双射关系，电流到电磁力/功率存在多对一映射，悬浮力、牵引力、传输功率之间相互耦合。因此实现双馈直线电机悬浮力、牵引力、传输功率解耦控制首要任务是确定初、次级电流运行策略。针对双馈直线电机悬浮力、牵引力、传输功率解耦控制的研究目前尚不充分，有待开展悬浮力、牵引力、传输功率控制耦合下的双馈直线电机最优矢量定向坐标系研究，探究电磁力/功率-电流分配策略，提出励磁磁链鲁棒观测方法。

3.3 双馈直线电机电流鲁棒解耦控制方法

精确、高动态的初、次级电流控制,是实现双馈直线电机悬浮力、牵引力、传输功率的基础。由于电机各相绕组共用气隙磁场,耦合磁场作用下各次电流相互影响,产生耦合电势,减慢电流动态响应速度,影响稳定性。由于双馈直线电机结构的特殊性,初、次级电流不仅内部存在耦合,初、次级电流回路间也存在着耦合,电流耦合影响不可忽视。目前解耦控制策略一般采用前馈补偿、反馈补偿、逆系统解耦等方法。但这些方法对模型精度依赖性高,由于磁浮运行工况复杂、气隙波动、电机参数宽范围变化等问题,限制了上述方法的应用,因此提出高鲁棒的双馈直线电机电流解耦控制方法尤为必要。

主要参考文献

[1] ILSU J, KWANGHEE N. Analytic Expressions of Torque and Inductances via Polynomial Approximations of Flux Linkages[J]. IEEE Transactions on Magnetics, 2015, 51(7): 1-9.

[2] EBADI F, MARDANEH M, RAHIDEH A, et, al. Analytical Energy-Based Approaches for Cogging Torque Calculation in Surface-Mounted PM Motors[J]. IEEE Transactions on Magnetics, 2019, 55(5): 1-10.

[3] 李雄松,崔鹤松,胡纯福,等.平板型永磁直线同步电机推力特性的优化设计[J].电工技术学报,2021,36(5):916-923.

[4] 巫川,李冠醇,王东.永磁电动悬浮系统三维解析建模与电磁力优化分析[J].电工技术学报,2021,36(5):924-934.

[5] 蒋钱,卢琴芬,李焱鑫.双三相永磁直线同步电机的推力波动及抑制[J].电工技术学报,2021,36(5):883-892.

[6] Cai J J, Lu Q F, Huang X Y, et al. Thrust Ripple of A Permanent Magnet LSM with Step Skewed Magnets[J]. IEEE Transactions on Magnetics, 2012, 48(11): 4666-4669.

撰稿人:康劲松(同济大学)

电动式高速磁浮系统直线发电机的设计与阻尼特性研究

Research on design and damping characteristics of electric high-speed maglev linear generator

1 科学问题概述

铁路作为交通运输技术革命的产物,从20世纪初至20世纪50年代间,德国、法国、日本所开展的大量铁路研究工作,为现在高速铁路发展奠定了理论基础。21世纪初,德国、法国、日本、美国等高速铁路研究起步较早的国家,高速铁路时速不断攀升,然而随着列车速度的提升,其运行的安全性却在不断地降低,供电可靠性也有待加强。限制列车速度提升最重要的一点因素就是轮轨系统中的摩擦,因此,列车提速的关键就是解除轮轨约束,磁悬浮技术的问世有效地解决了列车轮轨摩擦带来的速度限制。日本拥有目前世界上最快的磁悬浮列车——L0型磁浮列车,高速运行时,铺设在轨道侧壁的"8"字线圈会产生感应电流,进而与车辆转向架两侧的超导强磁场相互作用,产生悬浮力与导向力。2015年在山梨试验线的运行速度达到603km/h,打破了高速磁浮列车运行速度纪录。

磁浮列车高速运行时,接触式供电方式随着列车速度的提高已不再可靠,同时,车辆的振动也成为了制约其速度提升的另一个关键问题。磁浮列车的振动源于转向架上超导线圈与悬浮线圈相对运动所产生的悬浮力,在列车运行过程中每个悬浮点会受到不同程度的电流摄动以及轨道桥梁不平顺等外界因素的影响,导致稳定悬浮状态下不同悬浮点的悬浮间隙之间存在差异,使得列车在运行中出现振动,这种现象在高速运行区间尤为突出。

2 科学问题背景

由于电动式高速磁悬浮列车的稳定运行速度在500km/h以上,且列车处于悬浮离地状态,采用受电弓供电方式时摩擦起热会使电网的起火故障概率增加,同时存在断线、刮弓等问题,接触网供电线路上也时常由于气候原因而悬挂异物,导致列车停运。因此,利用接触供电的方式无法实现对磁浮列车的车载供电,高速磁浮列车必须采用一种无接触供电方式来满足车载用电需求。此外,由于磁浮列车在高速运行时的固有阻尼很小,且电流摄动以及轨道桥梁的弯曲变形所导致的气隙不均匀,会使得车辆在运行时极易发生颠簸振动,影响乘客的舒适度。尽管转向架与车体之间加入的二次减振阻尼装置能减小振动幅度,但减振效果不佳,因此,有必要引入一种主动阻尼调节装置来增加转向架的刚度,提高车辆运行稳定性。

3 科学问题研究进展

为解决列车无接触供电和列车高速运行时阻尼力不足的问题,可在磁浮列车两侧放置集电线圈与专用阻尼线圈。集电线圈放置在超导线圈杜瓦外壳的外侧,通过收集悬浮线圈谐波磁场来为磁浮列车的车载用电设备供电,其结构如图1所示。当磁浮列车运行速度达到350km/h后,集电线圈中的感应电动势经PWM变换电路整流调压后可直接为列车供电,其剩余能量可为车载蓄电池充能,当列车处于停靠阶段或速度过低时,由蓄电池为列车供电。

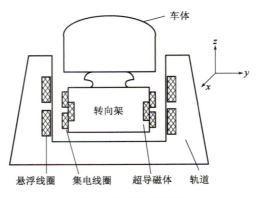

图 1 直线发电机结构

集电线圈利用"8"字线圈谐波磁场进行发电的方法无须在轨道两侧建立专用的供电线路,极大地节省了运营成本,且利用磁浮列车自身系统中的谐波磁场进行发电,极大地减少了设备的冗余,节约经济成本。但采用集电线圈供电的方式在当磁浮列车处于停车或低速运行时只能依靠蓄电池来维持车载供电,当突发紧急情况,长时间中途停车时,无法有效持续的保证车内用电设备正常工作,而且利用电磁感应原理进行发电,其效率并不高,经计算约为40%左右,大部分能量以热量形式散失。

为了解决磁浮列车高速情况下阻尼不足问题,可以将专用阻尼线圈放置在集电线圈的外侧,通过传感器实时监测磁浮列车在垂直方向、水平方向上的速度变化,利用电力转换器将电流注入阻尼线圈中,控制阻尼线圈中电流使其产生与振动速度变化量相关的电磁阻尼力,以此来减小转向架在高速运行时的振动幅度,提高磁浮列车运行时的稳定性。放置专用的阻尼线圈,虽然能够增大列车的电磁阻尼,但集电线圈与专用阻尼线圈的同时放置会进一步减小转向架与U形轨道之间的距离。超导线圈与U形轨道上的悬挂线圈的距离只有 185 mm,集电线圈放置在超导线圈的杜瓦外壳外侧,其中心距离悬浮线圈 110mm,在集电线圈外侧放置专用阻尼线圈后,转向架最外侧与U形轨距离仅剩 70mm 左右,在磁浮列车发生振动时会增大发生碰撞的风险。

由于集电线圈的感应电流所产生的磁场也会与"8"字线圈磁场相互作用,从而产生电磁力,且该电磁力的大小及方向可通过控制集电线圈的功率因数角来调节。这种可以调节阻尼大小的集电线圈被称为无功电流型集电线圈,与专用阻尼线圈相比,兼有阻尼与发电两种功能,且在水平方向上,车体与U形轨之间的距离也得到了保证。但无功电流型集电线圈与专用阻尼线圈相比,产生的阻尼力较小,无法将磁浮列车振动的幅度减小到满意的程度。当线圈内的电流同为 100A 时,专用阻尼线圈可产生约 6000N 的垂直力,而无功电流型集电线圈在功率因数角 $\theta=45°$ 时,垂直方向上的最大电磁力约 1000N,当 $\theta=-45°$ 时,产生的垂直力大小相同但方向相反。由于转向架的振动是不规则的,需要根据列车的运行姿态,通过 PWM 转换装置实时调节集电线圈的功率因数,而在调节过程中集电线圈的输出功率又会随着功率因数的改变而改变,因此,最大集电功率以及最优阻尼控制难以兼得。这种无功电流型集电线圈的结构及控制策略简单,虽然不能完全地将磁浮列车在超高速运行时的振动消除,但在 500km/h 以下,还是可以有效地起到抑制作用。无功电流型集电线圈的结构设计,首先需要确定"8"字线圈最大谐波磁场含量,利用空间谐波法将"8"字线圈感应电流进行分解后,得到其五次谐波磁场含量最高。

"8"字线圈五次谐波磁场周期为:

$$T_5 = \frac{2\pi}{k_{x5}} = \frac{2\tau}{5}$$

因此,可根据其特点来设计集电线圈的长度与极距。五次谐波磁场等效磁极分布如图 2 所示,把磁场分布作为一对磁极时,悬浮线圈等效磁极极距为 $\tau_5 = T_5/2 = \tau/5$。为更充分利用磁场,采取整距线圈排布,使集电线圈的长度与等效磁极的极距相等。选择在两对磁极下放置三个集电线圈,每个集电线圈的极距都相同,故集电线圈的极距为 $\tau_2 = 2T_5/3 = 4\tau/15$,长度为 $a_2 = \tau/5$。无功电流型集电线圈排布如图 3 所示。

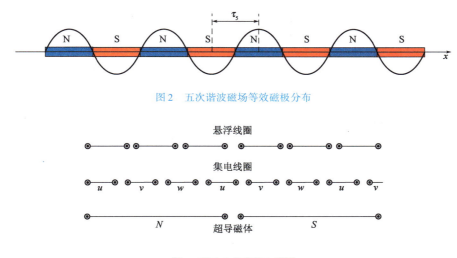

图 2　五次谐波磁场等效磁极分布

图 3　无功电流型集电线圈
u、v、w-电机的三相

为得到更大的阻尼,将无功电流型集电线圈改良后可得到零序型集电线圈,如图 4 所示,该方法是将集电线圈设计为不规则排布结构进而产生零序电流,通过电力转换器将零序电流转变为与垂直振动速度变化量和水平振动速度变化量成比例的参数,再将电流注入集电线圈中,由此可根据磁浮列车实时运行姿态来主动调节转向架的阻尼。零序型集电线圈与无功型集电线圈的集电功率相近,且在注入额外电流后,其物理本质与专用阻尼线圈类似,因此,其相较于无功电流型集电线圈来说会产生更大的电磁力。通入零序型集电线圈的电流为 100A 时，可使其产生约 4000 N 的垂向电磁力，极大地改善了集电线圈电磁阻尼不足的问题。

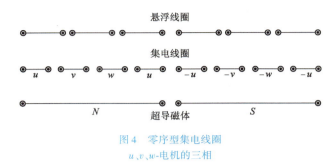

图 4　零序型集电线圈
u、v、w-电机的三相

虽然零序型集电线圈同样可以在列车运行速度达到 350km/h 后满足用电需求，但集电线圈的效率远低于应用磁耦合谐振式无线电能传输方式的线圈。磁耦合谐振式无线电能传输方式由电磁发射系统与电磁接收系统两大部分组成，发射线圈与接收线圈的品质因数与谐振频率完全相同，发射系统通过激磁电路将工频电流通入至发射线圈中，发生谐振后产生高频电流，高频电流产生高频磁场后发射出去，电磁接收系统与高频电磁场发生耦合，此时，接收线圈再次发生谐振后产生感应电流。该系统运用了共振原理，通过合理地调节电磁发射部分与电磁接受部分的参数，可以使整体达到谐振状态，实现最高效的能量传递。磁耦合谐振式无线电能传输距离在 M 级别，一般用于电动汽车的无线电能传输，其效率最高可达 90%，但该传输方式的铺设成本过大，需要增加额外的输电线路。未来在考虑进一步提高发电能力以及电磁阻尼的设计方案中，可以通过引入耦合谐振式无线电能传输方式以及新型专用阻尼线圈结构相配合来实现电能的传输能力与电磁阻尼的最大化。

主要参考文献

[1] Lv G, Zeng D H, Zhou T, et al. Investigation of Forces and Secondary Losses in Linear Induction Motor with the Solid and Laminated Back Iron Secondary for Metro[J]. IEEE Transactions on Industrial Electronics, 2017, 64(6): 4382-4390.

[2] Yazdanpan R, Mirsalim M. Axial-Flux Wound-Excitation Eddy-Current Brakes: Analytical Study and Parametric Modeling[J]. IEEE Transactions on Magnetics, 2014, 50(6): 8000710.

[3] Lv G, Zeng D H, Zhou T, Influence of the Ladder-Slit Secondary on Reducing the Edge Effect and Transverse Forces in the Linear Induction Motor[J]. IEEE Transactions on Industrial Electronics, 2018, 65(9): 7516-7525.

[4] Lv G, Liu Z M, Sun S G. Analysis of Torques in Single-Side Linear Induction Motor with

Transverse Asymmetry for Linear Metro[J]. IEEE Transactions on Energy Conversion, 2015,31(1):165-173.

[5] Cho S Y,Liu H C,Han W A,et al. Eddy Current Brake with A Two-Layer Structure: Calculation and Characterization of Braking Performance[J]. IEEE Transactions on Magnetics,2017,53(11):8110205.

[6] Lv G,Zeng D H,Zhou T,Analysis of Secondary Losses and Efficiency in Linear Induction Motors with Composite Secondary Based on Space Harmonic Method[J]. IEEE Transactions on Energy Conversion,2017,32(4):1583-1591.

[7] Lv G,Liu Z M,Sun S G. Electromagnetism Calculation of Single-Sided Linear Induction Motor with Transverse Asymmetry Using Finite-Element Method[J]. IET Electric Power Applications,2016,10(1):63-73.

[8] Brusa E,Cala A,Ferretto D. Systems Engineering and its Application to Industrial Product Development[J]. Cham,Switzerland:Springer International Publishing,2018.

[9] Lv G,Zeng D H,Zhou T,et al. An Equivalent Circuit of the Single-Sided Linear Induction Motor Considering the Discontinuous Secondary[J]. IET Electric Power Applications,2017,31(3):393-398.

[10] 吕刚,曾迪晖,周桐. 初级横向偏移时直线感应电机磁场与推力的有限元分析[J]. 电机与控制学报,2016,20(4):64-68.

撰稿人:吕刚(北京交通大学)